大数据与裁判规则
系列丛书

公司纠纷
裁判精要与裁判规则

张嘉军 等 —————— 著

河南省高等学校哲学社会科学研究优秀学者资助项目

《民事诉讼程序实证研究》 (2019-YXXZ-17)

人民法院出版社 | People's Court Press

图书在版编目（CIP）数据

公司纠纷裁判精要与裁判规则 / 张嘉军等著. ––北
京：人民法院出版社，2020.8
（大数据与裁判规则系列丛书）
ISBN 978-7-5109-2918-2

Ⅰ.①公⋯ Ⅱ.①张⋯ Ⅲ.①公司－经济纠纷－民事
诉讼－审判－中国 Ⅳ.①D925.118.2

中国版本图书馆CIP数据核字（2020）第152579号

公司纠纷裁判精要与裁判规则

张嘉军 等 著

策划编辑	李安尼	
责任编辑	巩　雪	
出版发行	人民法院出版社	
地　　址	北京市东城区东交民巷27号（100745）	
电　　话	（010）67550667（责任编辑）　67550558（发行部查询）	
	65223677（读者服务部）	
客 服 QQ	2092078039	
网　　址	http：//www.courtbook.com.cn	
E - mail	courtpress@sohu.com	
印　　刷	保定市中画美凯印刷有限公司	
经　　销	新华书店	

开　　本	787毫米×1092毫米　1/16	
字　　数	525千字	
印　　张	31	
版　　次	2020年8月第1版　2020年8月第1次印刷	
书　　号	ISBN 978-7-5109-2918-2	
定　　价	96.00元	

《公司纠纷裁判精要与裁判规则》
撰稿人名单

撰稿人 （以撰写先后为序）

张嘉军　马　磊　郑金玉　李世宇　马　斌

裴净净　韩婷婷　安帅奇　靳　楠　杜瑶瑶

统稿人　张嘉军

序

党的十八大以来，以习近平同志为核心的党中央高度重视司法案例对于推进法治建设、促进司法公正、加强法治宣传教育的重要作用。党的十八届四中全会作出决定，要求加强和规范案例指导，统一法律适用标准。最高人民法院院长周强强调，要充分运用大数据全面推进司法案例工作，积极构建司法案例研究大格局，将其作为一项重要的基础性、全局性、常态性工作规划和部署，进审判体系和审判能力的现代化，实现司法为民、公正司法。

司法案例是总结审判经验、诠释法律精神的重要载体，我国自古以来便有重视案例研判的传统，律例并行、以例补律是中华法系的突出特点，"比附援引"是中国古代的一种重要法律形式。周代断狱的"邦成"，秦代的"廷行事"，汉代的"决事比"，隋朝的"断罪无正条"，唐代的"出罪举重以明轻，入罪举轻以明重"，宋代的"断例"，元代的"格例、条格"，清代的比附"成案"，都是重视司法案例、以典型案例作为裁判指引和参考的表现。

中国历史上，司法案例与成文法曾出现过三次较为明显的结合现象。从西周初年的以例断狱到战国时期的成文法，再到西汉时期的律例并用，两者出现了首次融合。汉代《九章律》不足，于是就有了"决事比"，当时仅死罪的"决事比"就高达14372条。这一现象贯穿中国古代始终，唐律疏议、大明律、大清律等法典的条文之后都附有数目众多的"例"，在当时起到了注释法律的作用。第二次融合现象出现在"清末修律"之后，大理院在当时创制了大量案例，以解决日本学者仿效欧洲移植到中国的成文法的适应性问题。国民党时期，尽管"六法全书"被认为建立了较为完备的法律体系，但该体系中仍然包含了众多案例。20世纪40年代后，由于多重因素使然，旧法统曾出现过由成文法"一边倒"的局面转而向英美法靠拢、对案例进行制度化建设的趋势。第三次融合，则发生在新中国成立之后。

新中国成立以来，我国通过案例提炼司法智慧和审判经验的努力历程久远。新中国成立初期，我国成文法尚不完备，运用案例积累立法经验、回应司法实践需求、以案例指导审判工作成为当时一项重要的司法探索和实践。毛泽东同志针对当时法制方面的问题指出:"不仅要制定法律,还要编案例。"自1953 年开始,最高人民法院历时数年调集各地案例,起草了著名的《1955 年以来奸淫幼女案件检查总结》,并于 1957 年下发执行。1955 年 10 月,针对当时确定罪名、适用刑罚司法尺度不一的现象,时任最高人民法院院长董必武同志主持最高人民法院调阅各级法院审结的 19 200 件案件,总结拟定了当时审判工作通用的 9 类罪、92 个罪名和 10 个刑种。①1956 年董必武同志提出:"要注重编纂典型案例,经审定后发给各级法院比照援引。"1962 年 12 月,《最高人民法院关于人民法院工作若干问题的规定》要求"总结审判工作经验,选择案例,指导工作"。1976 年,最高人民法院印发"刘殿清案"等 9 个典型案例,②指导各级法院开展工作,在当时对国家拨乱反正、匡扶社会正义、树立司法权威等中起到了关键作用。

党的十一届三中全会召开之后,刑法、民法通则、婚姻法、刑事诉讼法等法律相继颁布施行,针对审判实践中出现的法律适用问题,最高人民法院开启了运用案例解释法律、配合有关法律和司法解释指导审判实践的尝试,并将其作为对下级法院审判工作进行监督和指导的重要措施。1983 年,时任最高人民法院院长郑天翔指出,要利用具体案例指导各级人民法院的审判工作,对人民群众进行具体、生动而实际的法律教育。1983 年至 1988 年间,最高人民法院以内部文件形式下发了一些案例,对一些重大、复杂、新型的刑事案件的定罪、量刑问题提供范例,为改革开放中新出现的民事、经济纠纷案件提供审判参考。1985 年,《最高人民法院公报》在创刊号上发布了 15 个案例,并于其后的十年间发布了 168 个案例。将案例定期在《公报》上发布,表明我国的司法案例制度逐渐步入规范化轨道。

1989 年 4 月 29 日,时任最高人民法院院长任建新提出,在法制不健全、法律不完备的情况下,中央要求最高法院"要更多地搞点案例","案例对下级法院做好审判工作是很有指导作用和参照作用的,而发布案例只能由最高人民

---

① 参见《建立中国特色案例指导制度》,载四川法制报官网,https://legal.scol.com.cn/2011/01/11/20110111852324050023.htm#,最后访问时间:2020 年 8 月 11 日;《"两高"高层力推中国案例指导制度构建》,载新浪网,http://news.sina.com.cn/c/sd/2010-08-18/110420923277.shtml,最后访问时间:2020 年 8 月 11 日。

② 石磊:《人民法院司法案例体系与类型》,载《法律适用》2018 年第 6 期。

法院来做。"这一时期，所有的案例都在《公报》上公开发布，公开性和透明度大大提高，发布案例的程序也较过去规范。1996 年后，公报案例不再经最高人民法院审委会讨论确认后公布，最高人民法院的下属单位也开始编辑典型案例，案例的发掘、推广、研究和运用逐步由自发性生长、制度化探索走向多元化发展的道路。

党的十五大以后，最高人民法院着手进行案例指导的制度性建设。1999年，《人民法院五年改革纲要》明确提出要编选典型案例，供下级法院审判类似案件时参考。2005 年，《人民法院第二个五年改革纲要》首次以正式文件的形式提出"建立和完善案例指导制度"。2008 年 12 月，《中央政法委员会关于深化司法体制和工作机制改革若干问题的意见》将案例指导作为国家司法改革的一项重要内容。2010 年 11 月 26 日，最高人民法院《关于案例指导工作的规定》要求："最高人民法院发布的指导性案例，各级人民法院在审判类似案件时应当参照。"这标志着中国特色的案例指导制度正式确立。

自 2011 年年底最高人民法院发布第一批指导性案例以来，截至 2018 年 10月，最高人民法院颁布了 18 批共 96 件指导性案例，在解释法律、统一法律适用标准、规范司法行为等方面发挥了积极的作用。

司法案例是我国法治进程的真实记录和见证，蕴藏着法律的经验和秩序，浓缩着人类法律智慧赋予的温情与正义。作为法治的基本单位，案例几乎蕴涵着所有与法有关的信息，其不仅集中展现制度的冲突与整合，而且充分显示了司法运行的实际及制约因素。相较于司法解释固有的局限性，司法案例在弥补制定法不足方面更具有针对性、及时性和明确性，更有利于将法官的自由裁量权约束到一个相对合理的限度内。作为司法公共服务产品，以及国家立法的先行验证和实践支撑，其已然成为国家治理的重要依据。

强调司法案例重要作用的同时，不容忽视的是，司法案例作为经验主义哲学的产物，其本身也存在一定的局限性。重视案例并不意味着要以案例改变甚至取代法律及司法解释的地位和作用。对司法案例进行的类似性判断，是逻辑上类比推理等方法的运用，对此必须谨慎对待，不仅应注重类比推理过程的合理性，同时更应重视规范分析的根基地位。类似性比对应以案件要素事实为基础，考量案件关键事实、法律关系、案件争点、争议法律问题是否具有相似性。在对实定法秩序进行体系化解释的过程中，要坚持司法中心主义，既给价值判断留出适当的弹性空间，同时也应注重保持法律体系的相对封闭性，在尊重案例事实的基础上完成理论抽象，以此保证案例作用发挥的科学性。

当前，我国裁判文书公开的全面性、及时性、公开内容的规范化程度还存在一定的提升空间，指导性案例在数量、质量，以及援引适用的状况距离司法实践需求还存在一定的距离。在我国法学发展和法治建设的时代背景下，案例研究理应成为法学研究的重要方法。

中国司法案例研究中心自成立以来，始终致力于发现、树立、推广具有独特价值的案例，深度挖掘其中蕴含的裁判方法和法律思维，充分发挥这些案例独特的启示、指引和示范功能，目前已经基本建设成较为智能、高效、便捷的典型案例推广平台、法学理论研究平台、法律工作者服务平台、普及法律知识平台和司法交流合作平台，发挥了以案例分析法律、丰富法律、普及法律的作用，为探索和推动切合我国国情和司法实际的本土案例研究范式树立了较为成功的典范。

本套丛书不仅是中国司法案例研究中心多年研究成果的总结和回顾，同时也是对司法大数据与审判经验深度融合进行制度探索的经验归纳与凝练。从内容上看，丛书囊括民事、行政与刑事裁判规则，集中选取了一批权威度高、影响力广泛的案例进行精心编排、整理编辑，其中也不乏一些适用法律和司法解释准确、说理充分的文书范例。本套丛书基于案例，但又不局限于汇编案例，中心学者在案例的基础上，对其裁判要旨、争议要点、相关法律条文进行了重点解读、详尽阐述和深入解析，对案件事实认定和法律适用过程中可能出现的容易引起混淆和误解的问题进行了尽可能全面、客观的适用指引。通读本套丛书，不仅可以全面掌握蕴藏在典型案例中的制度规则，以及该制度规则的理论背景、学术观点，了解权威法律机关对具体法律适用问题的司法政策、观点，准确理解和掌握法律条文及司法解释的精神和原义，而且还能够获取大量可参照、可复制的释法说理的思路与方法，其中的分析与观点深具启发，具有一定的指导及参考价值。

本套丛书契合我国司法实际，无论是内容编排还是案例选取，都始终注重其典型性、代表性和实用性，不仅对司法实务有重要的参考价值，可资成为审判人员、律师、仲裁员在审判实践中参考的工具书，而且也能够为法学理论研究提供生动的素材。本套丛书在编排过程中，注重结构体系的系统性，以及案例来源、法律观点的权威性，故而也能够为法科学生以及法律爱好者进行法学专业知识学习提供参考和帮助。使用本书时，应注意国家最新公布的法律和最高人民法院最新颁布的司法解释，凡与前者有抵触的，应以前者为准。

是为序。

河南省高级人民法院副院长　王韶华

二〇二〇年八月

前　言

　　由于法学传统渊源之差异，两大法系形成了截然不同的裁判规范路径。大陆法系形成了以成文法为主体的裁判规范体系，英美法系则形成了以案例为主体的裁判规范体系。尽管二者的终极目标都是为了判决的公正，但是二者对法官的要求却有所不同。前者需要法官对现有法律规定有全面把握与理解，后者需要法官对过往案例了然于心。两大法系在裁判思路上的差异，并不影响其在各自反思基础上相互吸收与靠拢。大陆法系国家在继续坚持成文法裁判规范思路之时，开始发布部分案例，指导各级法院的审判。英美法系在继续秉持案例法裁判规范思路的同时，也开始颁布部分成文法，也注重依据法律规定进行裁判。任何体系或制度貌似拥有抵御外来知识或文化侵入的坚硬外壳，但并非说明其坚不可摧甚或恒久不变。变与不变主要取决于这一体系或制度在历史变迁中适应社会经济发展的能力，当这一能力并不能完全契合社会经济发展需要时，就应做出自身的调整和变革，否则这一体系或制度只能被抛弃，可能会被其他新的体系或制度所取代。大陆法系的成文法裁判规范体系与英美法系案例法裁判规范体系的相互吸收与借鉴，一方面固然说明了两大法系在世界全球化背景下的相互融合与接近，另一方面也说明了这两种裁判规范体系在历史发展进程中已经遭遇到了需要作出改变的内外压力。两大法系在裁判规范思路上的变化，让两大法系各自不同的裁判规范体系更具有张力与适应性。

　　就法学传统渊源而言，我国属于大陆法系的成文法体系，法律的明文规定系我国法院裁判规范的主要依据。随着改革开放的不断深入，我国的法学和司法也成为世界全球化浪潮的"弄潮儿"。两大法系的法学和司法知识大量传入我国，我国的法学和司法也走出了国门。我国众多法律制度的制定或修改，在注重本土化的同时，也或多或少地吸收和借鉴了两大法系其他国家或地区的相关制度。在这一过程中，我国关注到了英美法系的案例法制度，也注意到了大陆法系开始建设有限的案例制度。这些新变化和新走向，对我国裁判规范体系的影响无疑是深远的。我国于 2012 年建立了指导性案例制度，之后最高人民法院发布多批次指导性案例用以指导各级法院法官的裁判。尽管我国的指导性案例并不具有英美法系案例较高的法律位阶层次，但是指导性案例也可以作为裁判主文的引用规范，即指导性案例具有司法解释的功用。具有我国特色的案例指导制度在我国已经形成并已深深嵌入我国的司法体系之中，这一点是毋庸置疑的。但是这一我国特色的案例指导制度却存在问题：一是指导性案件多为新颖性、造法性案例。对于广大一线法官而言，指导性案例并"不接地气"。二是指导性案例的数量有限，涵盖面不足，指导性案例与广大一线法官需求之间的张力日益明显。

对我国裁判具有划时代意义的"中国裁判文书网"于 2013 年 7 月 1 日正式上线，在中国裁判文书网上公布生效裁判文书至今有 9300 万余份。这些"浩如烟海"的"海量"裁判文书为一线法官办案时查找相关案例作为参考提供了极大的便利。中国裁判文书网上公布的案例，弥补了指导性案例对一线法官办案指导性不足以及有时"不接地气"问题。正是看到了这一点，不少纸质媒体以及新媒体等都及时发布各类案件的裁判规则以及裁判精要，这些"短平快""快餐式"的裁判规则和裁判精要，内容丰富、灵活多样，契合司法实践的需求，受到司法实践者和法学爱好者的青睐与追捧。河南省高级人民法院与郑州大学联合成立的"中国司法案例研究中心"以最高人民法院的生效判决为基础梳理了大量类案并形成了一系列"裁判精要和裁判规则"，这些"裁判精要与裁判规则"涉及实体法和程序法的诸多内容。其中部分"裁判精要与裁判规则"已经在该中心的微信公众号——"判例研究（Chinese Case）"上推送，反响大、社会效果好。是故，本中心将已经在"判例研究（Chinese Case）"上推送的以及尚未推送的"裁判规则"整理出版，以飨读者。该书具有但并不限于以下特点：

一是权威性。本书收录的裁判规则优先选择最高人民法院的生效裁判文书，对相同案件的裁判规则和思路进行梳理。在此基础上提炼形成的裁判规则和裁判思路一定程度上代表了这一时期的司法水准，对各级法院法官裁判的参考性和权威性更强。

二是适用性。本书紧扣当前司法实践中的热点或难点，梳理相关生效判决中的裁判规则与裁判思路。这样的进路，更能贴近司法现实的需要。该书所收录的裁判规则和裁判精要更契合一线法官甚或广大律师和检察官的办案需求，本书的适用性更强。

　　三是专题性。本书收录的有关最高法院等生效裁判的裁判规则与思路仅限于公司纠纷领域，详细梳理了公司设立、公司运营、公司诉讼以及公司纠纷疑难法律问题等公司纠纷领域的裁判规则与思路。这样的裁判规则内容，更有助于法官、检察官、律师、学者以及法科学生的专题化使用与学习。

　　四是体系性。本书所归纳的裁判规则和裁判思路，不仅包括具体案件的裁判规则本身，还在此之前就该问题有关的基本知识以及相关法律或司法解释的规定予以简单介绍，最后还对上述裁判规则与思路予以总结和提升，凸显其体系性。

　　我国司法案例研究中心推出的"大数据与裁判规则"系列丛书，显然并非传统意义上的学术专著，其更在于归纳整理相关知识点以及相关法律和司法解释规定基础上，再归纳梳理相关案件的裁判规则和裁判思路。这样的"研究"进路意在探寻和发现司法实践中最为鲜活生动的一面——法官裁判的精髓，即承载着法官对法律和案件事实经验智慧的裁判规则，并将其呈现在广大学者、法官、检察官、律师以及法科学生面前，供其研究、参考办案与学习之用。尽管其深度有限，但其对于我国法治建设的贡献或许并不亚于深奥的学术专著。当然，"公司纠纷司法裁判精要与裁判规则"一书仅为这一研究进路的第三部有关"裁判规则"书籍，今后我们将秉持这样的进路继续跋涉，陆续推出"大数据与裁判规则"系列丛书，为法治建设尽绵薄之力！

　　是为前言。

张嘉军
二〇二〇年五月三十日于盛和苑

目　录

第一章　公司设立

第二章　公司运营

第三章　公司诉讼

第四章　公司纠纷疑难法律问题

第一章
公司设立

序　论

公司是市场经济最主要的主体和微观基础，是现代经济社会中最活跃、最基本的组织形态，在当今经济社会中扮演着非常重要的角色。随着社会主义市场经济体制的建立和完善，公司在经济社会中的地位越来越重要，因此以公司作为调整对象的公司法的地位也逐渐提升。司法实践中，与公司有关的纠纷案件在法院受理的民商事案件中占有相当大的比例，这类案件涉及问题多，法律关系复杂，历来是民商事审判的热点和难点。现行《中华人民共和国公司法》（以下简称《公司法》）自 1993 年颁布施行以来，分别于 1999 年、2004 年、2005 年、2013 年和 2018 年进行了修改，尽管《公司法》经过了五次修改，但由于社会主义市场经济的快速发展，现行的部分公司法律制度仍不能很好地适应社会的需要。公司设立系现代公司运营的第一步，亦是公司资本制度成立与形成阶段，涉及公司设立之法律效果、股东出资责任、股东资格确认、股东权利与义务设置等重大公司法律问题，关系着今后公司运营阶段诸多法律行为的效力评价。然而。虽然《公司法》对公司设立相关法律问题作了较为详细的规定，但是正如上文所述，依然存在诸多法律问题亟待立法和司法的进一步完善和解释，比如本章第八节关于股东优先购买权，我国采取"同意规则＋优先购买规则"双重限制模式，但是"应当购买"缺乏具体规则，同意规则没有发挥实质作用，后悔权的设置也缺乏明确的法律依据，法官需要参照相关法条进行裁判，因此研究、总结和归纳法院作出的相关裁判文书中的裁判要点具有重要的现实意义。

在体例上，本章共十一节，每一节包括导论、基本理论、裁判规则、结语四部分；在素材上，本章以人民法院的裁判文书为主，辅以与此相关的理论；在内容上，本章共包括公司的设立、股东出资责任、股东出资瑕疵、公司章程效力、股东资格确认、股权代持、股东知情权、股东优先购买权、股东利润分配请求权、股东的义务、董事和高级管理人员的义务十一节，每一节均以本节相关理论为基础，精选五至六篇裁判文书，提炼、归纳和总结裁判文书中的实务要点。本章归纳、总结的实务要点紧扣实务中关于公司设立、成立和发展过程中的热点和难点问题，对于相关领域的理论研究和司法实践均有所帮助，也希望以此为中国公司法律制度的建设尽一份绵薄之力。

第一节　公司的设立

一、导　论

现行《公司法》第 23 条和第 76 条规定了有限责任公司和股份有限公司设立的条件。公司设立行为,是指公司发起人为取得公司法人格而依法完成法律所规定的各种要件的行为。任何公司的设立都必须有严格的制定法上的依据,否则任何公司均不得设立。因此,公司的设立必须同时符合制定法所规定的实质性要件和程序性要件。公司发起人在设立公司时如果违反制定法的规定,不具备或不完全具备制定法所规定的条件,不履行或不完全履行制定法所规定的程序,即便公司已经获得有关公司登记机关所颁发的设立证书,公司的设立也存在瑕疵。本节以公司设立案件的裁判文书为研究对象,以 2013 年以来人民法院作出的相关裁判文书为主要范围,归纳、提炼公司设立裁判的理念和趋势,以期通过对我国案例的研究来指导司法实践。

截至 2020 年 1 月,在中国裁判文书网中输入"公司的设立"(关键词)检索出民事裁判文书 1073 篇,其中,由最高人民法院裁判的有 5 篇,由高级人民法院裁判的 48 篇,由中级人民法院审判的有 274 篇,由基层人民法院裁判的有 746 篇,本节选取其中 4 例典型案例梳理其裁判规则。在具体案例的选取上,本节遵循以下"三个优先"原则。第一,优先选择审判层级较高的裁判文书。第二,优先选择中国裁判文书网公布的裁判文书。第三,优先选择审判日期较近的裁判文书。通过形式和内容两个方面的筛选,本节最终选择(2019)黑 0603 民初 2555 号、(2013)合民四初字第 00001 号、(2019)粤 03 民终3574 号、(2019)内 04 民终 2153 号等 4 篇裁判文书作为本节研究对象,其中由中级人民法院裁判的有 3 篇,基层人民法院裁判的有 1 篇,裁判日期为 2019年(含)之后的案例有 3 篇。

二、公司设立的基本理论

（一）公司设立概述

1. 公司设立的概念。公司设立是指公司设立人为取得公司法人资格而依法完成法律所规定的各种要件的行为。[①]

2. 公司设立的特征。公司设立包括以下特征：（1）公司设立的主体是发起人，发起人在公司设立时对外代表设立中的公司，进行各种设立中的行为，对内执行公司设立中的一系列事务。（2）公司设立需要遵守法律规定。（3）公司设立的目的是促成公司成立并取得法人资格。

3. 公司设立与公司成立的区别。（1）行为性质不同，公司设立是一种兼有民事和行政双重性质的法律行为，而公司成立则是一种行政行为。（2）行为发生阶段不同，公司设立发生于公司成立之前。（3）行为效力不同，公司设立并未使公司取得法律资格，而公司成立使公司取得法律资格。

（二）公司设立的法律性质

1. 合伙契约说。该学说认为，公司设立是发起人之间的合伙契约，这些契约包括发起人之间的协议、公司章程等反映发起人合意的约定。

2. 合同行为说。又称共同行为说，认为公司设立行为是设立人为了同一目的，依多数发起人的意思表示完成的共同一致的设立行为。

3. 单独行为说。该说认为公司设立单独行为，当公司的设立人为两人以上时，便是共合的单独行为。

（三）公司瑕疵设立

公司设立瑕疵，实际上是公司在设立时不具备公司法所规定的实质要件。[②]从外观上看，公司已经取得了法人资格，但是由于公司设立时没有按照《公司法》规定的条件和程序设立公司，从而使"公司"处于设立瑕疵的状态。

1. 设立人主体瑕疵。主要包括资格瑕疵、人数瑕疵和意思瑕疵三个方面。

---

① 张民安：《公司设立制度研究》，载《吉林大学社会科学学报》2003 年第 1 期。

② 张民安：《公司法上的利益平衡》，北京大学出版社 2003 年版，第 28 页。

（1）设立人的资格瑕疵是指公司的设立人不具备《公司法》规定的完全民事行为能力或者被国家法律限制为公司设立人的。比如，我国《公司法》第58条关于一人有限责任公司不能投资设立新的一人有限责任公司。若是一人公司股东投资设立另一个一人公司，此时便是设立人的资格瑕疵。（2）设立人的人数瑕疵是指公司法中对某些类型的公司的股东人数做出了明确的限制，公司设立时的设立人数不符合该限制便出现设立人数瑕疵。（3）设立人的意思瑕疵是指某一个或某部分设立人由于公司其他设立人的欺诈、胁迫行为而参与发起设立公司。

2. 公司章程瑕疵。公司章程的内容包括绝对必要记载事项、相对必要记载事项和任意记载事项。绝对必要记载事项，是指公司法规定的公司章程必须记载的事项，若是公司章程缺少绝对必要记载事项，那么就属于公司章程瑕疵，至于相对必要记载事项和任意记载事项则不影响公司章程的效力。

3. 公司设立目的瑕疵。公司设立目的瑕疵包括公司设立目的违法或者违反社会公共利益和公司设立以合法形式掩盖非法目的两种情况。

三、关于公司设立的案例及裁判规则

（一）若股东或者发起人对公司设立过程中的出资、亏损分担、责任承担比例等未作约定，公司不能成立时，对设立行为所产生的债务和费用参照相关司法解释按均等份额承担责任

【案例来源】

案例名称：马某波与郭某成公司设立纠纷案

审理法院：黑龙江省大庆市龙凤区人民法院

案　　号：（2019）黑0603民初2555号

【争议点】

马某波与郭某成因公司设立纠纷起诉至黑龙江省大庆市龙凤区人民法院，在庭审中，当事人就设立黑龙江浩鑫新能源科技开发有限责任公司产生的前期投资费用如何分担产生争议。

【法院认为】

法院在裁判时认为：原、被告在洽谈合作、筹备设立公司过程中，并未对

公司设立过程中的出资、亏损分担、责任承担比例达成明确意见，故在双方终止合作设立公司的情况下，对于设立公司中因公司设立而产生的债务，应当参照《最高人民法院关于适用〈中华人民共和国公司法〉若干问题的规定（三）》（以下简称《公司法司法解释（三）》）第4条第2款的规定，按照均等份额分担责任，故原告要求判令被告支付合伙期间的支出费用，符合法律规定，但计算数额有误（经核算原告提交的票据，应为213 908元），故应支付106 954元（213 908÷2=106 954元）。至于原告诉请的利息，因终止合作设立公司系双方经过协商确定，且原告亦没有证据被告在公司设立中存在过错，故原告要求被告给付从2017年7月28日起按同期人民银行贷款利率标准计算至实际给付之日止的利息，理据不足。

（二）未尽设立义务的股东或者发起人有权要求成立后的公司补办设立审批手续；股东或者发起人怠于履行请求成立后的公司补办公司设立审批手续的，在股权转让合同成立的前提下，股权受让人有权代位行使上述权利，而不受股权转让合同生效与否的影响

【案例来源】

案例名称：范某琦、范某芳等与深港贸易公司等股权转让纠纷案

审理法院：安徽省合肥市中级人民法院

案　　号：（2013）合民四初字第00001号

【争议点】

范某琦、范某芳等与深港贸易公司（以下简称深港公司）等因股权转让纠纷起诉至安徽省合肥市中级人民法院，在庭审中，当事人就原告有权请求办理涉案股权转让协议审批手续，其能否一并请求安徽省临泉银泉实业开发有限公司（以下简称银泉公司）补办公司设立审批手续产生争议。

【法院认为】

法院在裁判时认为：深港公司有权请求银泉公司补办设立审批手续。设立审批手续是发起人的职责，应当于银泉公司设立之前完成，现银泉公司设立而未办理设立审批手续，发起人未尽职责而有过错。深港公司作为发起人之一，属于该过失发生的实际责任方。但其现有权请求银泉公司补办设立审批手续。第一，根据《公司法》第198条、第199条之规定，虚假出资的发起人应承担改正责任，但是与未办理设立审批手续性质更为接近的，是提交虚假材料或者

采取其他欺诈手段隐瞒重要事实行为。对于这两种行为,《公司法》规定改正的责任仅在于公司。据此,补办设立审批手续的责任也宜由银泉公司承担。第二,公司设立后即具独立法人格,发起人与公司是两个各自独立的主体(实际上此时发起人也已不存在,仅为股东身份),设立审批手续是关于公司自身资格的事项,应当由具备独立人格的公司主体承担自身资格合法化的义务。第三,由于银泉公司设立审批手续的缺位,公司设立存在缺陷,股东持有的公司股权受到限制(比如股权转让的权利难以正常行使),全体股东均成为该审批手续补办行为的利害相关方。深港公司作为股东,有权请求银泉公司实施该补办行为。

再者,在深港公司怠于请求银泉公司补办公司设立审批手续时,六原告有权代位请求银泉公司补办。虽然涉案股权转让合同成立未生效,但依据股权转让合同,深港公司已经对六原告负有两项义务。一是六原告要求深港公司办理股权转让合同报批手续的请求权已经成立,深港公司负有办理涉案股权转让合同报批手续的义务。报批义务要求,深港公司应当提供正常报批时均应提供的材料。二是依诚实信用原则,深港公司对合同标的的品质保证义务。上述两项义务均要求,深港公司应当请求银泉公司补办公司设立审批手续。在深港公司怠于请求的情况下,参照《公司法司法解释(三)》第12条、第13条关于公司法上的代位权规则,此时由六原告代位请求银泉公司予以补办,并无不可。该种代位与前述《公司法》以及《合同法》上的既有代位权规则相比,前者仅起到为主债权的行使创造前置条件的效果,后两种既有代位权则引发了主债权的直接实现或部分实现。不过,上述差别仅是表面上的,不能成为阻却前者的理由。银泉公司设立审批手续补办成功以后,涉案股权转让合同的报批手续即可办理,亦即主债权因被行使而将同样获得实现,与既有代位权行使的后果并无本质差异,均是通过对次债务人本应履行的次债务的保全,来实现对主债权的保护。从次债务(代位权指向对象)与主债务之间的关系看,既有代位权指向的对象与主债务无直接关联,而前者指向的对象与主债务存在牵连,与主债务具有密切关系。从对次债务人是否具有损害看,既有代位权引发了次债务人实际财产的减少,前者对次债务人并无损害,而且实际上对次债务人有益,令其有可能获得外商投资企业的合法资格。从对合同相对性的损害程度看,既有代位权指向的是次债务人的财产,而前者指向的最终标的即股权已属于债务人的财产,前者对合同相对性的损害显著弱于后者。进一步从代位后果看,该案代位不仅促进了合同目的的实现，而且对银泉公司有益，对银泉公司的全体股东有益，客观上还起到了对失范的公法管理秩序的矫正效果。综上所述，根据"举重以明轻"的法律原则，该院支持六原告关于银泉公司补办公司设立审批手续的诉请。

（三）公司设立失败的，公司设立过程中形成的财产视为发起人共有的合伙财产

【案例来源】

案例名称：夏某与众云智健大数据服务（深圳）有限公司公司设立纠纷案

审理法院：广东省深圳市中级人民法院

案　　号：（2019）粤 03 民终 3574 号

【争议点】

夏某与众云智健大数据服务（深圳）有限公司（以下简称众云公司）因公司设立纠纷产生诉讼，该案历经广东省深圳市宝安区人民法院、广东省深圳市中级人民法院两个阶段。在二审中，夏某与众云公司双方就众云公司应否返还夏某投资款产生争议。

【法院认为】

法院在裁判时认为：公司设立失败后，由于发起人之间的关系为合伙关系，公司设立过程中形成的财产视为发起人共有的合伙财产。夏某主张众云公司返还出资款，其实质系要求对合伙财产进行分割。根据《合伙企业法》第21条规定，合伙人在合伙企业清算前，不得请求分割合伙企业的财产。该案签订意向书后已履行出资义务的发起人都有请求清算的权利及义务，夏某主张众云公司返还投资款，但其未能举证证明合伙财产已进行清算，应承担举证不能的不利后果。因此，夏某该项主张依据不足，广东省深圳市中级人民法院不予支持。

（四）公司设立成立的，设立过程中产生的债务由设立后的公司承继，若公司不能清偿债务的，则由未足额缴纳出资的股东在未缴纳出资范围内承担给付责任

【案例来源】

案例名称：鲁能集团有限公司与赤峰中能电力投资有限公司执行异议案

审理法院：内蒙古自治区赤峰市中级人民法院

案　　号：（2019）内 04 民终 2153 号

【争议点】

鲁能集团有限公司（以下简称鲁能公司）与赤峰中能电力投资有限公司（以下简称中能公司）因执行异议产生诉讼，该案历经内蒙古自治区克什克腾旗人民法院、内蒙古自治区赤峰市中级人民法院两个阶段。在二审中，当事人就被上诉人是否为（2018）内 0425 执 768 号执行案的被执行人，并按其出资比例在其未实际缴纳出资范围内对公司债务承担补充清偿责任产生争议。

【法院认为】

法院在裁判时认为：鲁能公司作为债权人有权就广恒公司承继的设立公司产生的前期费用向设立后的广恒公司主张权利，广恒公司现已无力支付，应由未足额缴纳出资的股东在未缴纳出资的范围内承担给付责任。广恒公司的股东鲁能公司与中能公司虽在章程订立后另行签订的补充协议中约定中能公司附条件缴纳二期出资，但该出资系认缴性质，而缴纳期限又具有不确定性，承认其对广恒公司的债权人具有约束力必然导致债权人债权的实现无法合理预期，从而损害债权人的合法权益，因此该补充协议对债权人不具有约束力，中能公司理应在未足额缴纳出资范围内承担给付责任。鉴于鲁能公司在其未足额缴纳出资的范围内按比例自行承担大部分前期费用，因此，由中能公司在未足额缴纳出资的范围内按比例承担部分责任亦属公平。故，上诉人鲁能公司主张依据《最高人民法院关于民事执行中变更、追加当事人若干问题的规定》第 17 条规定，以债权人身份追加未足额缴纳出资的股东在尚未出资范围内承担责任，要求中能公司按照出资比例承担相应比例的责任，于法有据，该院予以支持。

四、结　语

公司的有效存在是公司在经济生活中发挥有效作用的前提和基础。在公司设立中应注意以下问题：其一，若公司设立终止，且发起人未对公司设立过程中的出资、亏损分担、责任承担比例达成一致意见，那么对于设立公司中因公司设立而产生的债务，按照均等份额分担责任，并且由于发起人之间的关系为合伙关系，公司设立过程中形成的财产视为发起人共有的合伙财产。其二，若是公司设立成功，对于公司设立期间产生的费用，在设立各方未对费用负担作出明确约定的情况下，为设立新公司支付的费用应由各方合理分担。其三，公司设立后，由于发起人与公司是两个各自独立的主体，应当由具备独立人格的公司主体承担自身资格合法化的义务，而非由发起人继续承担，实际上此时发起人也已不存在，仅为股东身份。其四，公司的债权人有权就公司承继的设立公司产生的前期费用向设立后的公司主张权利，若公司无力支付，则应由未足额缴纳出资的股东在未缴纳出资的范围内承担给付责任。

第二节 股东出资责任

一、导 论

2013 年《公司法》修订以后实行公司注册资本认缴制。但是，《公司法》在拆除公司设立门槛，敞开准入大门的同时，并未对公司成立后的出资缴纳作出相配套的安排。由此，可能诱发股东不履行出资义务，规避有限责任，导致公司经营资本不到位、不充足，甚至空壳运营，从而转移经营风险，损害债权人利益。[①] 本节以股东出资责任案件的裁判文书为研究对象，以 2016 年以来人民法院作出的相关裁判文书为主要范围，归纳、提炼股东出资责任裁判的理念和趋势。

截至 2020 年 1 月，在中国裁判文书网中输入"股东出资责任"（关键词）检索出民事裁判文书 447 篇，其中，由高级人民法院裁判的有 40 篇，由中级人民法院裁判的有 165 篇，由基层人民法院裁判的有 242 篇，本节选取其中 6 例典型案例梳理其裁判规则。在具体案例的选取上，本节遵循以下"三个优先"原则。第一，优先选择审判层级较高的裁判文书。第二，优先选择中国裁判文书网公布的裁判文书。第三，优先选择审判日期较近的裁判文书。通过形式和内容两个方面的筛选，本节最终选择（2018）新 01 民初 296 号、（2017）云民初 176 号、（2016）沪民终 444 号、（2016）粤民破 70 号等 4 篇裁判文书作为本节研究对象，其中由高级人民法院作出的有 3 篇，中级人民法院作出的有 1 篇，裁判日期为 2018 年（含）之后的案例有 3 篇。

[①] 郭富青：《资本认缴登记制下出资缴纳约束机制研究》，载《法律科学（西北政法大学学报）》2017 年第 6 期。

二、股东出资责任的基本理论

（一）公司资本制度

1. 法定资本制。法定资本制，是指在公司设立时，必须在章程中明确规定公司资本总额，并一次性发行、全部认足或募足，否则公司不得成立的资本制度。该种制度有利于公司资本的稳定和确定、利于防止公司设立中的欺诈行为，但是由于并不是所有公司在设立之初就需要大量的资金，因此容易造成资金的闲置和浪费，同时公司增资程序繁杂，也会给公司增加额外负担。

2. 授权资本制。授权资本制，是指在公司设立时，虽然应在章程中载明公司资本总额，但公司不必发行资本的全部，只要认足或缴足资本总额的一部分，公司即可成立。其余部分，授权董事会在认为必要时，一次或分次发行或募集。公司成立后，如因经营或财务上的需要欲增加资本，仅须在授权资本数额内，由董事会决议发行新股，而无须股东会议变更公司章程。[①]该种制度降低了设立公司的难度，简化了公司的增资程序，避免了资金的闲置和浪费，但是容易造成公司的实缴资本与其实际经营规模和资产实力的严重脱节，发生欺诈性的商业行为。

3. 折中资本制。折中资本制，是指公司成立后，公司章程所确定的资本总额可以不必认足，而授权董事会随时发行新股，但是这种发行必须在法定期限内进行，并且首次发型股份不得少于法定最低数额。[②]折中资本制综合了法定资本制和授权资本制的优点，是一种比较好的资本制度。

（二）公司资本认缴制

现行《公司法》实行公司资本认缴制，但这并非对传统法定资本制的颠覆，认缴制下仍属于法定资本制的范畴。[③]认缴制符合法定资本制下的资本确定原则，即在设立公司的章程中确定资本额，以此作为缴纳出资和确定投资者的重要依据，同时认缴制下的增资也要履行严格的程序，这都与法定资本制类

---

① 赵旭东主编：《新公司法制度设计》，法律出版社 2006 年版，第 279 页。
② 施天涛：《公司法论》，法律出版社 2006 年版，第 167 页。
③ 甘培忠、周游：《注册资本认缴登记之语义释疑及制度解构》，载《中国工商管理研究》2013 年第 5 期。

似。认缴制仍然需要履行出资义务，它通过合同方式将资本缴纳义务分配到股东名下。

（三）公司资本认缴制下的股东出资责任

1. 公司资本充实责任。资本充实责任一般被认为是股东出资义务的合理性基础之一，[1] 股东的出资义务未得到履行会对公司资本充实产生影响，很可能导致公司正常的生产经营活动无法进行下去，所以，违反出资义务的股东在公司资本没有达到充足时要承担补缴责任。[2] 现行《公司法》第3条第2款和第28条第1款都明确规定了股东对公司的资本充实责任

2. 对其他已出资股东的违约责任。现行《公司法》第28条第2款和第83条第2款均规定了股东违反出资义务时，需要对其他已出资股东承担违约责任。但是《公司法》第28条第2款存在一个问题，若是全体股东违反了出资义务，此时可能不存在其他"已按期足额缴纳出资的股东"，那么是否还存在违约责任？有观点认为违约股东在这种情形下失去了履行违约责任的对象，便免除了违约责任的承担，[3] 笔者赞同此种观点。

3. 股东认缴出资加速到期责任。认缴出资的加速到期责任，是指认缴期限未届满即要求股东向公司履行出资的义务。[4] 对于是否应该认可认缴出资的加速到期责任，学界有不同的观点，有学者认为股东约定的出资期限在公司登记注册时一经公示，即承担着法定的出资义务，认缴资本制虽然极大地放宽了股东的缴纳出资期限，但股东仍须按其认缴承诺履行出资义务。[5] 有学者否认股东出资加速到期责任，主要理由是加速到期责任的适用没有法律依据，不能轻易对法律条文做扩张解释，必须做严格解释。[6] 还有学者认为，应严格限制加速到期制度的适用，只有满足特定情况时，股东出资责任加速到期制

---

① 邓海桑：《公司股东出资义务合理性的基础分析》，载《中南大学学报（社会科学版）》2003年第5期。

② 刘俊海：《新公司法的制度创新：立法争点与解释难点》，法律出版社2006年版，第116页。

③ 朱慈蕴：《股东违反出资义务应向谁承担违约责任》，载《北方法学》2014年第1期。

④ 彭真明：《论资本认缴制下的股东出资责任——兼评"上海香通公司诉吴跃公司等股权转让纠纷案"》，载《法商研究》2018年第6期。

⑤ 罗培新：《论资本制度变革背景下股东出资法律制度之完善》，载《法学评论》2016年第4期。

⑥ 林晓镍、韩天岚、何伟：《公司资本制度改革下股东出资义务的司法认定》，载《法律适用》2014年第12期。

度方可适用。①

三、关于股东出资责任的案例及裁判规则

（一）股东期限利益危及债权人利益的情形下，债权人请求股东提前在未出资范围内对公司债务承担补充赔偿责任的，人民法院应予支持

【案例来源】

案例名称：乌苏福升工程建筑有限公司与杨某股东出资纠纷案

审理法院：新疆维吾尔自治区乌鲁木齐市中级人民法院

案　　　号：（2018）新01民初296号

【争议点】

乌苏福升工程建筑有限公司（以下简称福升公司）与杨某因股东出资纠纷起诉至新疆维吾尔自治区乌鲁木齐市中级人民法院，当事人在庭审中就杨某将1500万元投资款转出的行为是否构成抽逃出资，以及福升公司请求杨某返还抽逃出资1500万元有无事实及法律依据产生争议。

【法院认为】

法院在裁判时认为：在注册资本采认缴制的情形下，股东作出缴纳出资的意思表示即可，出资缴纳的时间由公司章程规定。在该案中，第一，福升公司章程中明确规定股东出资时间为2024年7月10日，出资缴纳时间至今尚未届至，福升公司在一审庭审中也未能举证证实该公司通过修改公司章程已将股东的出资缴纳时间予以提前。依照现行《公司法》规定及相关法理，即便福升公司在设立时，股东杨某及徐某某均将其认缴的出资额实缴至福升公司的验资账户并办理了验资手续，但杨某、徐某某将出资款缴入验资账户并办理验资手续的行为并不能产生致使福升公司章程规定的股东出资认缴期限提前到期的法律后果。依据2013年修正后的《公司法》的相关规定，福升公司股东认缴出资期限仍应以公司章程规定为准，福升公司主张杨某存在抽逃出资行为，请求其补足出资缺乏事实及法律依据。第二，损害公司权益是认定抽逃出资行为的必

---

① 俞巍、陈克：《公司资本登记制度改革后股东责任适法思路的变与不变》，载《法律适用》2014年第11期。

要条件。实践中，对其认定主要是对公司资产减少的认定和对资产减少是否有合理的理由的认定。该案已查明，福升公司原股东杨某、徐某某认缴的出资款 3000 万元在办理完验资手续后随即转出，而杨某在转让其持有的福升公司 50%股权时，虽与两名受让人签订了股权转让合同并约定了转让价款，但杨某并未实际收取股权转让款，新的股东王某军、王某在受让杨某股权进入福升公司时并未支付任何对价。依现有证据，尚不能证明杨某转让福升公司股权的行为损害了福升公司的权益。第三，审判实践中，股东出资责任并不能随意认定加速到期，只有在公司不能清偿对外债务时，即发生了股东期限利益危及债权人利益的情形时，债权人有权请求股东提前在未出资范围内对公司债务承担补充赔偿责任，而该案中亦不存在上述情形，故而不适用股东出资期限加速到期的相关规定。综上所述，福升公司王张杨某将 1500 万元投资款转出的行为构成抽逃出资，请求其补足认缴出资 1500 万元并承担相应利息缺乏事实及法律依据，该院不予采信。

（二）若股东或者发起人对出资问题另行作出约定的，应当认定该约定无效；以公司章程或者股东（大）会的决议等形式免除股东出资责任的，人民法院不予认可

【案例来源】

案例名称：江西省煤炭集团云南矿业有限责任公司与福建双林农业开发有限责任公司、云南恒达华星矿业有限公司股东出资纠纷案

审理法院：云南省高级人民法院

案　　号：（2017）云民初 176 号

【争议点】

江西省煤炭集团云南矿业有限责任公司（以下简称江煤云南公司）与福建双林农业开发有限责任公司（以下简称双林公司）、云南恒达华星矿业有限公司（以下简称恒达华星公司）因股东出资纠纷起诉至云南省高级人民法院，当事人在庭审中就未履行全面出资义务的原始股东是否应当补足出资以及受让股东承担连带责任问题产生争议。

【法院认为】

法院在裁判时认为：根据《公司法》第 30 条和《公司法司法解释（三）》第 13 条、第 18 条的规定，原告认为，恒达华星公司、广丰公司、永灿经营部

系未履行出资义务的股东，此后将所持原告股份转让给双林公司。永灿经营部系林毅为经营者的个体经营组织，其注销后应由林毅作为责任承继主体。依原告的诉讼逻辑，该案系目标公司作为原告，起诉未向其履行全面出资义务的原始股东，要求补足出资，同时，受让股东承担连带责任。被告提出，原告公司设立时的另一发起人股东，即原江煤集团，现在的江西能源公司应共同作为该案被告，承担连带责任。对此，原告明确表示，江煤集团系足额出资股东，该案终局的责任承担主体应是未足额出资的各被告股东，在该案中其不要求江煤集团承担连带责任。该院认为，虽然资本充实责任是公司法上的法定责任，不以公司设立者的约定为必要，亦不能以公司章程或股东大会的决议来免除，但就该案股东出资纠纷的具体情形而言，原告明确表示不需要出资到位的发起人股东承担责任。

（三）出资不实的股东对公司债权人承担补充赔偿责任不因公司性质属于内资或者外资而有所区别

【案例来源】

案例名称：上海浦东江夏发展公司与上海贞元投资管理有限公司股东损害公司债权人利益责任纠纷案

审理法院：上海市高级人民法院

案　　　号：（2016）沪民终444号

【争议点】

上海浦东江夏发展公司（以下简称江夏发展公司）与上海贞元投资管理有限公司（以下简称贞元投资公司）因损害公司债权人利益责任纠纷产生诉讼，该案历经上海市第一中级人民法院、上海市高级人民法院两个阶段。在二审中，江夏发展公司与贞元投资公司就江夏发展公司是否应对东北贸易公司的涉案债务承担连带赔偿责任产生争议。

【法院认为】

法院在裁判时认为：第一，《中外合资经营企业法》和《中外合资经营企业法实施条例》（以下简称《条例》）没有涉及出资不实的股东对公司债权人承担补充赔偿责任以及其余发起人股东的连带赔偿责任的相关规定，上海浦东江夏发展公司（以下简称江夏发展公司）主张的合营各方按注册资本比例分享利润和分担亏损系指合营各方的内部权利义务分配事宜，属公司运营过程中产生的债务承担问题，与该案所涉因注册资本出资不实而需承担的对外法律责任并不相同。由于《公司法司法解释（三）》第 13 条在原来立法空白的基础上规定了发起人的资本充实义务，贞元投资公司诉请具有明确的法律依据，一审法院适用或参照适用新法的观点并无不当。第二，江夏发展公司主张应结合 1994年 12 月 31 日上海浦东新区梦中梦水乡俱乐部有限公司（以下简称梦中梦俱乐部）设立之时，设立外资企业主要为吸引外方投资技术和资金的经济发展背景来理解，认为梦中梦俱乐部属于纯粹的资合性质，不应对中方股东科以较重的注意义务。《条例》第 16 条第 1 款已明确合营企业采取有限责任公司形式，故江夏发展公司主张适用第 16 条第 2 款中外合资双方应以出资额为限各自承担对合营企业的责任，实质上系对合营各方有限责任的进一步解释。值得注意的是，我国公司法律制度始终处于不断补充完善过程中，虽以股东的有限责任制为基本责任形式，但并非牺牲以债权人为代价的制度。有限责任制与资本充实责任制同属现代公司制度的两大原则，无论公司性质为内资还是外资，公司股东要享有有限责任，即必须承担资本充实责任，才能真正体现权利与义务统一，故东北贸易公司在合资公司章程规定的两年出资期限内未出资的事实成立，理应对梦中梦俱乐部债务不能清偿的部分承担补充赔偿责任，江夏发展公司据此需承担连带赔偿责任，上述责任负担并不违背公平原则。

（四）在股东未全面履行出资义务时，不应将股东未全面履行出资义务的责任一概归因于公司董事

【案例来源】

案例名称：斯曼特微显示科技（深圳）有限公司、胡某生损害公司利益责任纠纷破产案

审理法院：广东省高级人民法院

案　　　号：（2016）粤民破 70 号

【争议点】

斯曼特微显示科技（深圳）有限公司（以下简称深圳斯曼特公司）与胡某生因损害公司利益责任纠纷产生诉讼，该案历经广东省深圳市中级人民法院、广东省高级人民法院两个阶段。在二审中，深圳斯曼特公司与胡某生就胡某生等六名深圳斯曼特公司董事是否应对公司股东所欠出资承担连带赔偿责任问题产生争议。

【法院认为】

法院在裁判时认为：如果董事仅仅是怠于向未全面履行出资义务的股东催缴出资，以消极不作为的方式未尽忠实勤勉义务，而该不作为与公司所受损失之间没有直接因果关系，那么要求董事对股东未履行全面出资义务承担责任，则缺乏事实和法律依据。深圳斯曼特公司股东开曼斯曼特公司未全面履行出资义务，深圳斯曼特公司可依法向其主张权利。涉案胡某生、贺某明等六被上诉人在不同时期分别担任深圳斯曼特公司中方董事，在公司章程没有明确规定其负有监督股东履行出资义务、没有证据显示其消极未向股东催缴出资与公司所受损失存在因果关系情况下，深圳斯曼特公司请求上列六中方董事对股东欠缴的出资承担连带赔偿责任，于法无据，不予支持。

四、结　语

现行《公司法》实行注册资本认缴制取消了法定注册资本最低限额的限制、股东缴纳出资期限的限制以及股东出资的验资程序，赋予股东更大的自主权限和公司更多的自治空间。认缴制使股东出资更加便利，同时更容易侵害债权人的利益。然而，需要注意的是，其一，"认缴制"在刺激创业、盘活市场及促进市场经济发展等方面发挥了积极作用，任何新制度的产生、发展过程中必然会带来一些问题和负面影响，但是法院不宜径行裁判公司股东所认缴出资加速到期。如果股东存在欺诈或者其他恶意损害债权人利益的情形时，需要承担认缴出资加速到期责任。其二，公司股东应当履行资本充实义务。股东需要承担的资本充实责任时，无论是内资公司还是外资公司，公司股东要承担有限责任，就必须承担资本充实责任。其三，在股东未全面履行出资义务时，不应将股东未全面履行出资义务的责任一概归因于公司董事。

第三节　股东出资瑕疵

一、导　论

现行《公司法》取消了公司设立注册资本最低限额，这在一定程度上将避免注册资本过高所引发的"虚假出资、抽逃出资"的股东出资瑕疵问题，同时该法第 27 条以一个富有弹性的标准取代了列举式的规定，以多元的出资方式扩大了股东出资的范围，最大限度地满足实践中股东和公司投资的客观实际需求。[①] 本节以股东出资瑕疵案件的裁判文书为研究标的，以 2016 年以来人民法院作出的相关裁判文书为主要对象，归纳、提炼股东出资瑕疵裁判的理念和趋势以期通过对我国案例的研究来指导司法实践，并希望对此进行一些有益的探讨。

截至 2020 年 1 月，在中国裁判文书网中输入"股东出资瑕疵"（关键词）检索出民事裁判文书 246 篇，其中，由最高人民法院裁判的有 4 篇，由高级人民法院裁判的有 31 篇，由中级人民裁判的有 94 篇，由基层人民法院裁判的有 117 篇，本节选取其中 5 篇典型案例梳理其裁判规则。在具体案例的选取上，本节遵循以下"三个优先"原则。第一，优先选择审判层级较高的裁判文书。第二，优先选择中国裁判文书网公布的裁判文书。第三，优先选择审判日期较近的裁判文书。通过形式和内容两个方面的筛选，本节最终选择（2016）晋民终 1 号、（2017）新民终 363 号、（2018）苏民终 1357 号、（2016）最高法民再 205 号、（2018）吉民终 204 号等 5 篇裁判文书作为本节研究标的，其中由最高人民法院裁判的有 1 篇，高级人民法院裁判的有 4 篇，裁判日期为 2018 年（含）之后的案例有 2 篇。

---

① 李卓:《论新〈公司法〉与股东出资瑕疵的法律救济》，载《法律适用》2006 年第 3 期。

二、股东出资瑕疵的基本理论

（一）股东出资瑕疵的概念

有学者认为，股东出资瑕疵是指股东缴付的现物存在品质上或权利上的瑕疵的情形，包括法律瑕疵和自然瑕疵，如所交付的标的物不符合章程约定或国家规定的品质标准，不具有相应的功能或效用，或者所交付的标的物存在第三人的合法权利，影响公司对标的物的占有、使用和处分。[①] 有学者认为，股东出资瑕疵，是指股东对依公司法相关规定或出资协议、公司章程等约定的缴纳出资义务的违反。[②] 有学者认为，在法律对股东出资设定了明确规则的情况下，若股东出资未符合这些规则，股东用以出资的财产或财产权利本身存在瑕疵，或其他出资行为有瑕疵，即构成出资瑕疵。[③]

综上所述，本书认为股东出资瑕疵是指违反《公司法》、发起人协议公司章程关于股东出资的规定，未按照规定缴纳出资或出资后抽逃的行为。

（二）股东出资瑕疵的表现形式

1.完全未出资。股东完全未出资又包括以下几种类型：（1）拒绝出资，即股东拒绝依发起人协议和公司章程的规定出资；（2）出资不能，即股东因为客观原因无法按照发起人协议和公司章程的规定出资；（3）抽逃出资，即股东按照发起人协议和公司章程的规定出资后，又将其出资全部抽离公司的行为；（4）虚假出资，即股东未按照发起人协议和公司章程的规定出资却宣称自己出资的行为。

2.不适当出资。不适当出资指股东虽履行了部分出资义务，但出资的数额、时间、形式或者程序不符合法律规定及当事人约定。[④] 股东不适当出资又包括以下几种类型：（1）未完全出资，即股东未按照发起人协议和公司章程的规定足额缴纳认股数额；（2）迟延履行，即股东未按照发起人协议和公司章程的规定及时向公司认缴出资；（3）出资物瑕疵，即指股东交付的非货币财产存

[①] 郑曙光：《股东违反出资义务违法形态与民事责任探究》，载《法学》2003年第6期。
[②] 李卓：《论新〈公司法〉与股东出资瑕疵的法律救济》，载《法律适用》2006年第3期。
[③] 蒋大兴：《公司法的展开与评判——方法·判例·制度》，法律出版社2001年版，第137页。
[④] 李建伟：《公司法学》，中国人民大学出版社2008年版，第233页。

在品质质量瑕疵或权利瑕疵。

（三）出资瑕疵股东的法律地位

1.股东资格取得的标准。形式要件说，以股东是否被记载于公司章程、股东名册、公司登记机关、股东出资证明等形式要件是作为确认股东资格的标准。实质要件说，以是否履行出资义务作为确定股东资格的标准。但是，无论是形式要件说还是实质要件说，均认为股东的出资和股东资格的取得之间并非一一对应的关系。

2.股东出资瑕疵后股权的限制。《公司法》第34条对股利分配请求权的规定，就是对股东出资瑕疵后股权的限制，对于股东出资瑕疵后哪些股权可以限制，本书认为应以具体股东权利性质而定。对于自益权，股东应当按实缴资本来行使权利；对于共益权来看，股东权利是否应当限制需要具体分析。比如知情权、质询权等权利，其行使的前提是具有股东资格，而不以出资的多少来限制。

三、关于股东出资瑕疵的案例及裁判规则

（一）当事人以出资不足为由否认股东资格的取得的，人民法院不予支持

【案例来源】

案例名称：张某货、王某文与巩某荣公司盈余分配纠纷案

审理法院：山西省高级人民法院

案　　号：（2016）晋民终1号

【争议点】

张某货、王某文与巩某荣因公司盈余分配纠纷产生诉讼，该案历经山西省忻州市中级人民法院、山西省高级人民法院两个阶段。在二审中，张某货、王某文与巩某荣就王某文是否享有静乐县中庄乡红崖上石盆圪洞煤矿（以下简称圪洞煤矿）25%的股权以及圪洞煤矿兼并重组整合补偿款是否应进行分配产生争议。

【法院认为】

法院在裁判时认为：关于王某文是否有权分配补偿款以及补偿款是否可

以进行分配问题，根据已经发生法律效力的（2013）忻中民终字第 193 号民事判决，已确认当事人之间签订《股权转让协议》有效，即巩某荣占有 50% 股权，张某货、王某文各占 25% 股权。该案一审法院据此确认三人按股权比例分配圪洞煤矿补偿款具有法律依据并无错误，因考虑到巩某荣对王某文部分出资行为存在异议，一审法院将包括巩某荣认为王某文取走煤矿价值 500 万元的煤炭，巩某荣自述支出整合费用及留守管理费用合计 600 万元，审计煤矿亏损483.3533 万元，巩某荣被认定以虚假诉讼方式取走的 2 714 200 元与 6 508 580元，合计 922.2780 万元，以及圪洞煤矿因拖欠国家税款被扣 7 087 797 元，支付河南工程队押金及利息款 400 万元，以上各项共计 3614.4110 万元，从已到账的 8800 元（总补偿款）× 80%=7040 万元补偿款中扣除作为有争议款项暂不分配，将剩余 3425.5890 万元作为可分配款项按股权比例进行分割并无不当，有争议的 3614.4110 万元加上另 20% 补偿款 1760 万元共计 5374.4110 万元作为解决纠纷留置款，用于处理对外债及内部纠纷问题。先行分配部分补偿款有利于充分保护出资人利益，否则因部分合伙人异议导致长期不分配补偿款不仅侵害全体合伙人权益，也影响当地经济环境，同时不利于兼并重组企业平稳过渡，严重破坏地方稳定，一审判决对此认定系从法律与社会综合效果考虑，并无明显不当，应予以维持。对于巩某荣否认王某文出资问题，根据现有证据，如静乐县人民法院委托审计部门出具的《审计报告》（晋乾元审〔2012〕068号），载明王某文在煤矿确有出资，结论为圪洞煤矿欠付王某文 4 185 615 元。结合该审计报告及当事人提交证据和陈述可以证明王某文在圪洞煤矿经营期间就存在多笔投资，根据张某某陈述，其代巩某荣支付李某某煤矿股权转让款1160 万元中有 299 万元系王某文出资款，巩某荣虽只承认代付股权款为 860 万元，但也承认其中 299 万元系王某文出资，王某文出资事实存在，而且忻州市中级人民法院（2013）忻中民终字第 193 号生效判决已确认巩某荣、张某某、王某文股权转让协议效力，明确了王某文具有 25% 股权，该判决现仍为生效判决，具有法律效力。另外，股东是否全额出资与股东资格的取得没有必然联系，不能仅以股东出资瑕疵否认其股东身份，法律并没有禁止未全额出资的出资人取得股东权，故巩某荣认为王某文出资不足而不享有股权，不能参与分配补偿款的主张缺乏事实与法律依据，该院不予支持。根据兼并重组整合协议约定以及三人经营煤矿性质，三人分配补偿款后，并不当然免除三人前期经营期间圪洞煤矿产生的债务，对上述债务三人对外仍应承担责任。巩某荣认为个人无权代替圪洞煤矿分享债权和承担债务的观点不符合该案实际与法律规定，山西省高级人民法院不予支持。

（二）股权受让人以出资存在瑕疵为由要求确认股权转让协议无效的，人民法院不予支持

【案例来源】

案例名称：党某荣与庄某成股权转让纠纷案

审理法院：新疆维吾尔自治区高级人民法院

案　　号：（2017）新民终 363 号

【争议点】

党某荣与庄某成因股权转让纠纷产生诉讼，该案历经新疆维吾尔自治区博尔塔拉蒙古自治州中级人民法院、新疆维吾尔自治区高级人民法院两个阶段。在二审中，党某荣与庄某成就《内部股权转让协议》是否有效产生争议。

【法院认为】

法院在裁判时认为：根据已查明案件事实，党某荣向中博水泥公司投资入股 3 200 000 元的事实属实，虽然中博水泥公司财务凭证记载将该 3 200 000 元退还党某荣，但根据博乐市农村信用合作联社 2011 年 7 月 27 日电汇凭证（回单）显示，该笔款项实际由中博水泥公司通过电汇的方式付给中博水泥公司的另一股东曹某光，汇款用途明确注明为退投资款。党某荣向乌苏建材公司实际投资 1 280 000 元的事实亦属实，虽公司记账凭证显示于 2011 年 9 月 20 日退党某荣投资款 1 280 000 元，但根据一审法院调取的，新疆乌苏农村商业银行股份有限公司于 2017 年 6 月 8 日出具的甲账户流水及李某义的账户流水所载内容显示，该笔款项实际于 2011 年 9 月 20 日由乌苏建材公司账户汇入乌苏建材公司会计李某义账户中。故根据上述事实，不能证实庄某成关于党某荣抽逃出资，"内部股权"已不存在的上诉主张。且按照庄某成的主张，党某荣"抽逃"出资的行为均发生在双方签订《内部股权转让协议》之前，庄某成作为对案涉三个公司均有控制权的股东，其对三个公司的股权构成情况必然充分知悉，其与党某荣签订了股权转让协议，且又在之后几年的时间内一直陆续向党某荣支付股权转让款，在党某荣向其主张剩余股权转让款时，才提出《内部股权转让协议》中约定的"内部股权"不存在，转让协议应属无效，显然不符合常理。即使庄某成所主张的党某荣出资瑕疵（抽逃出资）的事实真实存在，该

出资瑕疵行为影响的亦是公司的外部关系，其法律后果是公司的债权人有权请求具有瑕疵出资行为的股东在未出资或抽逃出资本息范围内对公司债务不能清偿的部分承担补充赔偿责任。而该案中党某荣与庄某成之间的股权转让，并不涉及公司外部关系，股东出资瑕疵原则上也不影响股权份额的确定及股权转让协议本身的效力，故庄某成不能以此为由否定《内部股权转让协议》的效力并以此拒绝履行协议约定的付款义务。

（三）无论是虚假出资还是抽逃出资均属于出资瑕疵，公司有权要求瑕疵出资股东承担补足出资责任

【案例来源】

案例名称：何某元与南通锴炼实业（集团）有限公司、张某等公司增资纠纷案

审理法院：江苏省高级人民法院

案　　号：（2018）苏民终 1357 号

【争议点】

何某元与南通锴炼实业（集团）有限公司（以下简称锴炼公司）、张某等因公司增资纠纷产生诉讼，该案历经江苏省南通市中级人民法院、江苏省高级人民法院两个阶段。在二审中，何某元与锴炼公司、张某等就张某等增资时是否存在未履行出资义务的情形，是否需要补缴出资并承担利息损失产生争议。

【法院认为】

法院在裁判时认为：《公司法》第 28 条、第 178 条对公司股东履行出资、增资义务作了明确规定，若股东出资有瑕疵的，应依法承担责任。而无论是虚假出资还是抽逃出资均属于出资瑕疵，公司有权要求瑕疵出资股东承担补足出资责任。该案中，锴炼公司于 2008 年召开股东会，决议增加注册资本，其中何某元应增资 1825 万元。事实上包括何某元在内的股东所增资总额 7300 万元于 2008 年 3 月 25 日通过何某元个人银行账户存入、取出，当日锴炼公司账户入账 7300 万元，次日被转给苏州永达投资咨询有限公司（以下简称永达公司）、苏州永联商务咨询有限公司（以下简称永联公司），而锴炼公司各增资的股东均提供不出证据证明锴炼公司与永达公司、永联公司有正常业务往来。一审法院认定锴炼公司各增资股东均存在虚假增资行为，应依法承担补足增资款的责任。何某元上诉主张其增资款已到账，履行了增资义务，其后的抽逃出资

非其所为，其不应承担责任。何某元的上诉主张不足成立。公司增资行为经过全体股东同意，但该增资款项合计 7300 万元却是共同存入何某元个人账户，再取出入公司账，次日又被转出，不管款项进出行为是谁操作，但所有增资行为是一体完成，在性质上应作出共同认定。现张某、吴某红认可其为虚假增资，陈某、张某某拒不到庭，而何某元对其增资款向何人所借避而不答，也无证据证明其在增资后到锴炼公司于 2015 年起诉之间长达 7 年之久对所借款项的归还情况。故原审将款项入账与转出作为一个完整行为，进而认定锴炼公司各股东的增资行为实为虚假增资是正确的。何某元有意将款项到账行为与转出行为区分解释，认可增资完成，否认转出行为与其有关，明显有违诚信原则，若其系借款增资，不可能不关心该借款向何人所借、利息多少，出借人也不可能直至锴炼公司进入破产也不向各借款增资的股东主张返还。资金到账次日被转出的行为即便非何某元操作，何某元否认其知情难以成立。故原审认定何某元等股东补足出资有事实和法律依据。

（四）股东增资出资存在瑕疵的，应当承担与公司设立时的出资瑕疵相同的责任

【案例来源】

案例名称：十堰市市政建设工程有限责任公司与王某玉合资、合作开发房地产合同纠纷案

审理法院：最高人民法院

案　　号：（2016）最高法民再 205 号

【争议点】

十堰市市政建设工程有限责任公司（以下简称十堰市政公司）与王某玉因合资、合作开发房地产合同纠纷产生诉讼，该案历经湖北省宜昌市中级人民法院、湖北省高级人民法院、最高人民法院三个阶段。在再审中，十堰市政公司与王某玉就十堰市千龙房地产开发有限公司（以下简称千龙公司）增资时股东未尽增资义务应当如何承担责任的争议，不应适用《公司法司法解释（三）》第 13 条第 3 款的规定，而应适用该条第 4 款的规定产生争议。

【法院认为】

法院在裁判时认为：该案系千龙公司增资时股东未尽增资义务应当如何承担责任的争议，不应适用《公司法司法解释（三）》第 13 条第 3 款的规定，

而应适用该条第 4 款的规定；《公司法司法解释（三）》第 13 条第 4 款对公司增资时的股东出资瑕疵，仅规定由公司董事和高级管理人员承担责任，而未规定由全部增资股东承担责任。该院认为，这一主张没有法律依据。《公司法司法解释（三）》第 13 条第 4 款规定："股东在公司增资时未履行或者未全面履行出资义务，依照本条第一款或者第二款提起诉讼的原告，请求未尽公司法第一百四十七条第一款规定的义务而使出资未缴足的董事、高级管理人员承担相应责任的，人民法院应予支持；董事、高级管理人员承担责任后，可以向被告股东追偿。"此款适用于：股东在公司增资时未履行或者未全面履行出资义务，公司或其他股东、公司债权人认为公司董事、高级管理人员对此未尽到《公司法》第 147 条第 1 款规定的忠实和勤勉义务，要求公司董事、高级管理人员承担相应责任的情形。因此，此款并非规定公司增资时的股东出资瑕疵仅由公司董事和高级管理人员承担责任。由于公司增加注册资本是扩张经营规模、增加责任能力的行为，与公司设立时的初始出资并没有区别，公司股东有增加出资瑕疵的，应承担与公司设立时的出资瑕疵相同的责任。原审据此认定，十堰市市政建设工程有限责任公司、王某玉、乔某某、侯某某、王某学、时某某、焦某、王某书是千龙公司设立时的股东，也是 2003 年 12 月 25 日千龙公司申请增加注册资本时的股东，更是 2004 年 3 月 31 日千龙公司与十堰市机械电子物资（集团）公司签订《联合开发合同》时的股东，判决其对王某玉、刘某某出资瑕疵对外承担连带责任，适用法律并无不当。

（五）在公司增资时未履行全面出资义务，应由瑕疵股东承担补充赔偿责任，其他股东不承担连带责任

【案例来源】

案例名称：吉林省人民政府国有资产监督管理委员会、大连港集团有限公司与马某、吉林粮食集团收储经销有限公司、吉林粮食集团有限公司、四川中恒信实业有限公司民间借贷纠纷案

审理法院：吉林省高级人民法院

案　　号：（2018）吉民终 204 号

【争议点】

吉林省人民政府国有资产监督管理委员会（以下简称国资委）、大连港集团有限公司（以下简称大连港）与马某、吉林粮食集团收储经销有限公司（以

下简称收储公司）、吉林粮食集团有限公司（以下简称吉粮集团）、四川中恒信实业有限公司（以下简称中恒信公司）因民间借贷纠纷产生诉讼，该案历经吉林省吉林市中级人民法院、吉林省高级人民法院两个阶段。在二审中，国资委、大连港、与马某、收储公司、吉粮集团、中恒信公司就国资委和大连港是否与增资股东中恒信公司一并承担连带责任产生争议。

【法院认为】

法院在裁判时认为：（1）其他股东与发起人的职责范围不同。首先，发起人是公司设立时，基于其发起人身份而享有的权利、义务和职责。在公司设立时，各种设立行为均是发起人实施，发起人在公司设立的各种法律关系中处于核心地位，对外代表公司，对内执行设立任务，对公司具有实质影响。而公司成立后，发起人也因签署章程、缴纳出资而成为股东。除公司设立阶段之外，发起人作为公司股东，与其他股东权利义务相同，均是以股东会的方式间接参与公司经营。其次，其他股东是在公司成立后，股东会作出增资决议的所有股东，依其出资情况，可分为增资股东和其他股东。根据权责一致原则，发起人和增资股东、其他股东，在公司设立和增资不同阶段，各自具有不同的法律地位，各自具有不同职责范围，故发起人对设立行为所产生的债务负有连带责任，而增资股东和其他股东对设立行为不承担责任。（2）其他股东与发起人的民事责任不同。根据《公司法》规定，发起人负有资本充实责任。之所以发起人要承担连带责任，是因为公司设立时，发起人共同订立设立协议，性质属于合伙协议，彼此对外担保出资义务的履行。因此，设立协议是发起人承担连带责任的法理基础。公司成立后，公司即具有独立的法人资格，对外独立承担责任，公司股东包括发起人不再代表公司。在公司增资时，股东会形成增资决议，由增资股东与公司签订出资协议，履行出资义务。但是，股东会的增资决议不是协议，决议是由多数人意思表示一致就可以成立，不需要所有当事人意思表示一致，属于按公司章程的议事方式和表决程序作出的民事法律行为，与设立协议具有明显区别。若出现增资瑕疵时，增资股东对内向公司承担违约责任，对外向公司债权人承担补充赔偿责任。由此可见，增资股东与发起人，均应当承担资本充实责任。而其他股东与增资股东、发起人的责任范围不同，其他股东未与公司形成增资协议关系，无出资义务；与增资股东之间无合伙关系，不承担彼此担保出资的义务。如将公司增资时等同于公司设立时，要求增资股东全体对外承担连带责任，无疑是将其他股东与增资股东之间的关系等同于设立协议的合伙关系，直接否定了公司的独立人格。因此，资本充实责任是法定责任，其承担者不能随意扩张到其他股东。（3）其他股东对瑕疵增资承担连带责任的法律依据不足。第一，其他股东与增资股东对外承担连带责任，在公司法及司法解释中无明文规定。第二，属于对具体应用法律问题的请示所作的答复，不适用该案，其主要理由为：其一，该复函认为"公司增加的注册资金与公司设立时的原始出资在本质上是没有区别的"，进而认定"公司股东在公司设立后若有增资瑕疵，其应当承担与公司设立时的出资相同的责任"，即增资股东与发起人一样，对出资不足部分承担连带责任。该责任方式与《公司法司法解释（三）》第13条规定承担补充赔偿责任方式不一致。其二，2003年《复函》的意见，在2005年和2013年公司法修正时，以及历次司法解释修正过程中，都未吸收和采用《复函》的精神。其三，《公司法司法解释（三）》第13条第3款规定："股东在公司设立时未履行或者未全面履行出资义务，依照本条第一款或者第二款提起诉讼的原告，请求公司的发起人与被告股东承担连带责任的，人民法院应予支持；公司的发起人承担责任后，可以向被告股东追偿"；第四款关于"股东在公司增资时未履行或者未全面履行出资义务，依照本条第一款或者第二款提起诉讼的原告，请求未尽公司法第一百四十七条第一款规定的义务而使出资未缴足的董事、高级管理人员承担相应责任的，人民法院应予支持；董事、高级管理人员承担责任后，可以向被告股东追偿"的规定，前述解释对瑕疵出资的具体情形，还是责任承担主体及责任承担方式，均有具体、清晰、明确的规定，从法律解释上，不能得出其他股东对瑕疵增资承担连带责任的结论。据此，该《复函》的意见与《公司法》解释就瑕疵出资的规定不一致，应当依据《公司法司法解释（三）》对该案各方当事人的权利义务进行调整，故一审判决对其他股东责任论述错误，属于适用法律不当，吉林省高级人民法院予以纠正。

四、结　语

股东出资是公司制度中的一个基本问题。在我国，因股东瑕疵出资的情形屡见不鲜，公司、股东以及债权人的利益遭受损害。因此，在司法实践中，应当注意：其一，股东出资瑕疵仅影响公司的外部关系，即公司的债权人有权请求瑕疵股东在未出资或抽逃出资本息范围内对公司债务不能清偿的部分承担补充赔偿责任，原则上不影响公司的内部关系，即股东出资瑕疵原则上不影响股权份额的确定及股权转让协议本身的效力，同时也不能仅以股东出资瑕疵否认其股东身份。其二，公司增资时股东出资瑕疵的，瑕疵股东需要承担与公司设立时的出资瑕疵相同的责任，并且由瑕疵股东承担补充赔偿责任，其他股东不承担连带责任。

第四节　公司章程的效力

一、导　论

现行《公司法》规定设立公司应当制定公司章程，《公司法》的亮点之一就是赋予了公司章程更大的自由空间，强制型规则的比例减少，补充型与赋权型的规则比例增加，这有利于公司章程更好地发挥作用。公司章程是对公司法规则的具体化。公司章程的作用在于股东们根据本公司的具体情况，为股东讨论、决策公司事项提供议事规则，为公司管理者的经营管理行为提供行为准则。[①] 本节以公司章程效力案件的裁判文书为研究对象，以 2015 年以来人民法院作出的相关裁判文书为主要范围，归纳、提炼公司章程效力裁判的理念和趋势，以期通过对我国判例的研究来指导司法实践。

截至 2020 年 1 月，在中国裁判文书网中输入"公司章程的效力"（关键词）检索出民事裁判文书 589 篇，其中，由高级人民法院裁判的有 335 篇，由中级人民法院裁判的 44 篇，由基层人民法院裁判的有 210 篇，本节选取其中 5 篇典型案例梳理其裁判规则。在具体案例的选取上，本节遵循以下"三个优先"原则。第一，优先选择审判层级较高的裁判文书。第二，优先选择中国裁判文书网公布的裁判文书。第三，优先选择审判日期较近的裁判文书。通过形式和内容两个方面的筛选，本节最终选择（2017）沪 0112 民初 30883 号、（2019）新 01 民终 3129 号、（2019）吉民申 288 号、（2019）京 03 行终 1125 号、（2017）穗 0112 民初 1822 号等 5 篇裁判文书作为本节研究标的，其中由高级人民法院作出的 1 篇，裁判日期为 2019 年（含）之后的案例有 3 篇。

[①]　石纪虎：《公司法·公司章程·股东大会决议——三者效力关系的"契约论"解读》，载《法学杂志》2010 年第 2 期。

二、公司章程效力的基本理论

（一）公司章程的概念和内容

关于公司章程的概念及内容，学者有不同的观点。有学者认为公司章程应区分为形式意义和实质意义两种，形式意义的公司章程是指关于公司组织和公司行为的基本规则的书面文件，实质意义的公司章程则是指对公司及其成员具有约束力的关于公司组织和行为的自治性规则。[1] 有学者认为司章程是对公司法规则的具体化，公司章程的作用在于股东们根据本公司的具体情况，为股东讨论、决策公司事项提供议事规则，为公司管理者的经营管理行为提供行为准则。[2] 有学者认为公司章程乃规定公司组织及活动之根本规则，可谓居于宪法之地位，举凡公司之基本权益关系与组织架构，皆须透过公司章程加以厘清，借此对于公司员工、股东、债权人甚或社会大众产生规制的作用。[3]

综上所述，我们可以看出，公司章程由全体股东制定，反映全体股东的一致意思，对全体股东具有约束力。公司章程是公司的必备文件，记载公司的名称、公司的经营范围、公司内部机构的职权、公司的解散与清算等关于公司运作的全面性和根本性的事项，其作用在于指导公司的经营，规制公司高管、股东和债权人的行为。

（二）公司章程的性质

1. 契约说。该学说认为公司章程是股东之间在平等协商的基础上就设立和管理公司的权利义务达成的文件，是股东自由意志的体现。该学说充分体现了当事人的意思自治，但公司章程的部分内容需要遵守《公司法》的强制性规则，因此，该学说不能完全表达公司章程的性质。

2. 自治法说。该学说认为公司章程是在国家强制性规范的指导下订立的旨在调整股东权益和公司运营方式的内部根本法。该学说是大陆法系国家的主流学说，更好地体现了公司的社团属性。

---

[1] 施天涛：《公司法论》，法律出版社 2006 年版，第 117 页。

[2] 石纪虎：《公司法·公司章程·股东大会决议——三者效力关系的"契约论"解读》，载《法学杂志》2010 年第 2 期。

[3] 王文宇：《公司法论》，我国台湾地区元照出版有限公司 2006 年版，第 92 页。

3.宪章说。该学说认为公司章程既不是契约也不是自治法，而是带有宪章性质的法律文件。[①]

（三）公司章程的作用

1.在公司内部的作用。出资人出资设立公司是为了追求利润，但出资人并非都具有良好的管理才能，因而出资人将公司经营交给专业的人才，公司章程是出资人为了保护自己的利益给专门管理公司的人设定的规则，因此，公司章程在公司内部的作用就是把关于公司的权力和利益分配的事前安排以书面形式确定下来，这为将来公司的运营、权力和利益分配以及纠纷的解决提供依据。

2.在公司外部的作用。公司章程的许多内容都需要遵守公司法的强制性规则，这是为了保护股东、债权人和高管等相关人员的利益。比如公司章程必须公开，这可以使与公司进行交易的其他公司或者个人对未来交易的风险产生合理的心理预期。同时公司章程具有公开性的特征，公开的意义在于便于股东了解公司的情况，行使法律赋予他们的监督权利，保护债权人的合法权益以及公众了解公司，为他们的投资决策提供可靠的参考。[②]

三、关于公司章程效力的案例及裁判规则

（一）公司章程系股东真实意思表示且符合法律法规等规定的，应当认定有效

【案例来源】

案例名称：王某诉上海讯奇无线传媒有限公司公司决议纠纷案

审理法院：上海市闵行区人民法院

案　　号：（2017）沪0112民初30883号

【争议点】

王某与上海讯奇无线传媒有限公司（以下简称北京讯奇公司）因公司决议纠纷起诉至上海市闵行区人民法院，当事人在庭审中就北京讯奇公司和上海峻

---

① 周友苏：《新公司法论》，法律出版社2006年版，第196页。
② 梁慧星主编：《民商法论丛》（第6卷），法律出版社1997年版，第202页。

岭广告传播有限公司（以下简称峻岭公司）于2013年4月30日签订的《股权转让协议书》被判决解除后，上海讯奇公司2016年股东会决议应依据2010年章程还是2013年章程或无公司章程可依产生争议。

【法院认为】

　　法院在裁判时认为：根据我国《合同法》规定，合同解除后，尚未履行的，终止履行；已经履行的，根据履行情况和合同性质，当事人可以要求恢复原状、采取其他补救措施，并有权要求赔偿损失。单就股权转让合同而言，通常具有一次或一时给付即可完成的特征，可视为非继续性合同。对非继续性合同解除后果的处理，理论上能够适用恢复原状，即将已经进行给付的股权返还给付人。然而，由于股权并非单纯包含财产性权利，股权还体现为股东对公司资产的收益权及参与决策和选择管理等人身性权利。有限责任公司的股权交易，涉及诸多方面，如其他股东对受让人的接受和信任，记载到股东名册和在工商部门登记股权，社会成本和影响已经倾注其中。同时，股权转让还可能涉及公司、公司债权人、公司股东及公司员工等众多利害关系人的利益。该案中股权转让协议成立生效后，上海讯奇无线传媒有限公司（以下简称上海讯奇公司）已变更为一人有限责任公司，峻岭公司作为上海讯奇公司唯一股东制定了新的公司章程即2013年章程。《公司法》对一人有限责任公司的设立及组织机构均有特别的规定，故变更后上海讯奇公司组织机构显然区别于变更之前。合同解除恢复原状是要根据履行情况和合同性质为基础，法律并未强行规定绝对的复原，解除合同的效果也非自始无效。正如"人不能两次踏进同一条河流"一样，涉案《股权转让协议》解除后，股权份额的归属可以恢复原状，峻岭公司基于股权受让对上海讯奇公司进行了一年多的经营管理，原来股权所包含的价值以及公司资产、形态等发生了根本变化，故由此产生的后果无恢复原状的法律依据，且事实上已经无法恢复原状。据以上分析，制定公司章程系公司自治的范畴，只要股东意思表示真实，符合法律法规的规定，均为有效。现无证据显示2013年章程的产生违反法律法规，故其已将2010年章程所替代，2010年章程已然不可用。2013年章程是峻岭公司作为唯一股东制订的，且上海讯奇公司当时为一人有限责任公司，故在北京讯奇公司依生效判决重新获得股东身份后，上海讯奇公司的组织结构发生了根本性的变化，2013年章程无法体现北京讯奇公司的意志，也不可能适用于目前公司，因此，2013年章程也已无法适用。再次强调制定公司章程系公司自治的范畴，目前无证据显示北京讯奇公司与峻岭公司作出恢复 2010 年章程的约定，故认为 2010 年章程因为股权转让协议被解除而自动恢复的意见，并无法律及事实依据。

（二）公司章程对公司外部不具有法律效力，股东违反公司章程规定对外转让股权，给其他股东造成利益损害的，其应当对其他股东承担损害责任，但并不影响股权转让协议的效力认定

【案例来源】

案例名称：新疆雷奇投资管理有限公司、吴某红股权转让纠纷案

审理法院：新疆维吾尔自治区乌鲁木齐市中级人民法院

案　　号：（2019）新 01 民终 3129 号

【争议点】

新疆雷奇投资管理有限公司（以下简称雷奇投资公司）与吴某红因股权转让纠纷产生诉讼，该案历经新疆维吾尔自治区乌鲁木齐市水磨沟区人民法院、新疆维吾尔自治区乌鲁木齐市中级人民法院两个阶段。在二审中，雷奇投资公司与吴某红就《股权转让协议》效力的认定问题产生争议。

【法院认为】

法院在裁判时认为，《新疆欧亚在线金融信息服务有限公司章程》第 35 条规定："所有股东持有的股份一年内不得转让，公司高级管理人员持有的股份，在任职期间内不得转让，期满后如需转让股份，需经董事会同意，可依法转让。"据此规定，雷奇投资公司认为吴某红作为新疆欧亚在线金融信息服务有限公司（以下简称欧亚金融公司）股东同时担任该公司总经理，其作为公司高管人员，违反了上述规定，其转让行为当属无效，对此主张的意见该院不予采纳。公司章程是公司全体股东意志的体现，其一经制定并登记生效，即对公司全体股东具有法律约束效力。但公司章程约束效力仅限公司的全体股东，并不对公司之外的交易主体产生约束的法律效力，公司股东违反公司章程规定，给其他股东造成利益损害，其应当对其他股东承担损害责任，并不产生其对外订立《股权转让协议》无效的法律后果。该案诉讼中，吴某红已向法庭证实其在向雷奇投资公司转让股权过程中，已向公司其他股东发出了通知，征求其他公司股东是否优先购买其出让的股权，对此其他股东在收到通知后，并未明确表示购买。根据《公司法》第 71 条第 2 款规定："股东向股东以外的人转让股权，应当经其他股东过半数同意。股东应就其股权转让事项书面通知其他股东

征求同意，其他股东自接到书面通知之日起满三十日未答复的，视为同意转让。其他股东半数以上不同意转让的，不同意的股东应当购买该转让股权；不购买的，视为同意转让。"据此规定，因欧亚金融公司其他股东对吴某红提出转让的股权均未表示购买意愿，应视为其他股东同意吴某红的转让。且公司其他股东同意转让与否，本身就不是股权转让合同生效的要件，公司其他股东的意思表示只能影响股权转让合同的能否得以履行，对合同效力并不产生影响。

（三）公司章程向工商行政管理机关登记与否，不影响公司章程的效力和股东资格的确认

【案例来源】

案例名称：赵某、长岭赵氏水艺园旅游项目开发有限公司与王某春、石某、赵某艳、张某良股东资格确认纠纷案

审理法院：吉林省高级人民法院

案　　号：（2019）吉民申 288 号

【争议点】

赵某、长岭赵氏水艺园旅游项目开发有限公司（以下简称赵氏公司）与王某春、石某、赵某艳、张某良因股东资格确认纠纷产生诉讼，该案历经吉林省松原市中级人民法院、吉林省高级人民法院两个阶段。在再审中，赵某、赵氏公司与王某春、石某、赵某艳、张某良四人投资经营成立的是大英方舟公司，其投资行为与赵氏公司无关以及会议纪要、章程、汇款单、工资表等对赵氏公司均不具有证明力产生争议。

【法院认为】

法院在裁判时认为，有限责任公司既具有资合性，又具有人合性。该案中，一方面，从王某春等四人提交的收据可见，其中大部分盖有赵氏公司的公章并由该公司出纳吴某签或加盖名章，另有一部分虽无赵氏公司的公章，但有吴某签字，二审法院结合收款票据、两公司人员职务及投资比例数额认定王某春等四人履行了出资义务并无不当；另一方面，从《水艺园第一次会议纪要》及长岭赵氏水艺园旅游项目开发有限公司的公司章程可见，各方对于投资和共同经营赵氏公司已经达成合意。公司章程为公司设立和存在的法定要件，该章程经全体公司签字后已发生效力，且各方已实际履行。现赵氏公司就该章程向工商行政管理机关登记与否，并不影响公司章程效力，亦不能因此否定各投资

者的股东资格。此外，该案中王某春等四人系依据其向赵氏公司的投资和赵氏公司的公司章程主张确认股东资格，至于赵氏公司与其他公司是否存在人格混同，并不影响其在赵氏公司的股东资格确认。

（四）公司变更登记事项涉及修改公司章程的，应当提交由公司法定代表人签署的修改后的公司章程或者公司章程修正案

【案例来源】

案例名称：杨某芳等与北京市平谷区市场监督管理局纠纷案

审理法院：北京市第三中级人民法院

案　　号：（2019）京 03 行终 1125 号

【争议点】

杨某芳等与北京市平谷区市场监督管理局产生诉讼，该案历经北京市平谷区人民法院、北京市第三中级人民法院两个阶段。在二审中，杨某芳等与北京市平谷区市场监督管理局就平谷市监局认为杨某芳未提交转让协议或者能够涵盖转让协议的相关文件不予变更登记是否有事实依据产生争议。

【法院认为】

法院在裁判时认为：根据《公司登记管理条例》第 27 条规定，公司申请变更登记，应当向公司登记机关提交下列文件：（1）公司法定代表人签署的变更登记申请书；（2）依照《公司法》作出的变更决议或者决定；（3）国家工商行政管理总局规定要求提交的其他文件。公司变更登记事项涉及修改公司章程的，应当提交由公司法定代表人签署的修改后的公司章程或者公司章程修正案。该案中，杨某芳提交的股东会决议缺少其他股东签字，公司变更登记申请书、修正后的章程等材料填写不完整、亦未签字盖章。平谷市监局依据上述条例第 51 条第（4）项"申请文件、材料不齐全或者不符合法定形式的，应当当场或者在 5 日内一次告知申请人需要补正的全部内容；当场告知时，应当将申请文件、材料退回申请人"的规定，当场告知杨某芳重新提交签字文件或者马某粮本人到场签字确认，并将申请文件、材料退回杨某芳的行为符合规定。杨某芳主张分割协议效力未被否定，其提出申请平谷市监局即应当办理变更登记的主要诉讼意见缺乏事实和法律依据。

（五）修改的公司章程在工商行政管理部门的备案登记被撤销，并不意味着该公司章程当然无效或不成立，只是对外不发生公示效力

【案例来源】

案例名称：阜康投资有限公司与广州美亚股份有限公司公司决议撤销纠纷案

审理法院：广东省广州市黄埔区人民法院

案   号：（2017）穗 0112 民初 1822 号

【争议点】

阜康投资有限公司（以下简称阜康公司）与广州美亚股份有限公司（以下简称广州美亚）因公司决议撤销纠纷起诉至广东省广州市黄埔区人民法院，当事人在庭审中就泰顺兴业（内蒙古）食品有限公司（以下简称泰顺兴业）、阜康公司、江苏吴中实业股份有限公司（以下简称吴中实业）诉求所依据的 2014 年广州美亚公司章程是否有效产生争议。

【法院认为】

法院在裁判时认为：首先，因生效判决维持了广州市工商局作出的撤销核准广州美亚 2014 年修改的公司章程备案登记，故在无相反证据足以推翻上述事实的情况下，2014 年的公司章程应视为不存在，对外不具有法律效力；其次，虽然广州美亚 2014 年修改的公司章程在工商行政管理部门的备案登记被撤销，并不意味着该公司章程当然无效或不成立，只是对外不发生公示效力，但因该公司章程被撤销工商备案登记的根本原因是广州美亚的股东百门公司的代表吴某在 2014 年股东会决议及相关授权委托书上的签名系伪造的，因此 2014 年公司章程不能体现系全体股东的真实意思表示，因此也无法认定该公司章程的有效性；最后，广州开发区管理委员会也撤销了广州美亚 2014 年 9 月 30 日签署的章程修改条款的批复，且新修订的《中外合资经营企业法》第 15 条规定不涉及国家规定实施准入特别管理措施的中外合资经营企业，对其公司章程等适用备案管理制度，因此，对阜康公司主张 2014 年公司章程因已经过广州开发区管理委员会批复而生效的意见，缺乏依据，原审法院不予采纳。综上分析，阜康公司主张案涉股东会决议应以广州美亚 2014 年的公司章程来判断是否违反公司章程的规定缺乏事实和法律依据，原审法院不予支持。因此，案涉股东会决议是否应当撤销应以 2007 年公司章程及公司法

的规定作为判断依据。

四、结　语

公司章程与公司法不同，公司法制定时不需要考虑每个公司的具体情况，公司章程却因"公司"而异，不可能千篇一律，因此公司章程除遵守《公司法》强制性规则外，只需依全体股东意思制定即可，公司章程对全体股东均具有拘束力。其一，公司股东若是违反公司章程规定，给其他股东造成利益损害的，需要对其他股东承担损害责任，同时该公司股东损害其他股东利益对外签订的协议并非当然无效。其二，根据《公司法》的规定，公司制定公司章程后需要向工商登记机关进行登记，但该规则并非强制性规则，公司未将公司章程向工商登记机关登记并不影响公司章程效力，同样不能因此否定投资者的股东资格。其三，公司需要修改公司章程，必须有公司法定代表人的签名。此外，未备案的公司章程虽无对外公示作用，但是不能据此否定其效力。

第五节　股东资格的确认

一、导　论

现行《公司法》在第 75 条关于股权继承问题中表述了"股东资格"的概念，但并没有对其进行界定。股东资格是出资人因与公司之间建立取得股份的法律关系而具有的法律地位或身份，是投资人取得和行使股东权利、承担股东义务的基础。股东资格确认是目前公司治理以及公司诉讼实践中的疑难问题之一，股东资格确认纠纷在各地法院的审判中面临难题，本节以股东资格确认案件的裁判文书为研究标的，以 2018 年以来人民法院作出的相关裁判文书为主要对象，归纳、提炼股东资格确认裁判的理念和趋势。

截至 2020 年 1 月，在中国裁判文书网中输入"股东资格的确认"（关键词）检索出民事裁判文书 30 487 篇，由最高人民法院裁判的有 130 篇，由高级人民法院裁判的有 2510 篇，由中级人民法院裁判的有 10 162 篇，由基层人民法院裁判的有 17 685 篇，本节选取其中 5 篇典型案例梳理其裁判规则。在具体案例的选取上，本节遵循以下"三个优先"原则。第一，优先选择审判层级较高的裁判文书。第二，优先选择中国裁判文书网公布的裁判文书。第三，优先选择审判日期较近的裁判文书。通过形式和内容两个方面的筛选，本节最终选择（2018）云民初 130 号、（2019）甘民终 19 号、（2018）鲁民终 1119 号、（2019）京民终 95 号、（2018）最高法民终 88 号等 5 篇裁判文书作为本节研究标的，其中，由最高人民法院作出的有 1 篇，裁判日期为 2018 年（含）之后的案例有 5 篇。

二、股东资格确认的基本理论

（一）股权、股东与股东资格

1. 股权与股东资格。股权不是基于股东资格而产生，而是与股东资格同时产生，获得股权就意味着取得股东资格，取得股东资格也意味着拥有股权，两者不是先后发生，不存在原因与结果的关系。股权与股东资格在本质上是相同的，只是侧重点不同，前者是一种权利，具有财产性和价值性；后者则侧重于身份性和人格性。

2. 股东与股东资格。对股东来说，其拥有的股份是股权的载体，股权依赖于股份而存在，多少决定股权大小。[①] 可以说股东资格是股东的价值内核，股东是股东资格的外在体现。

（二）股东资格的取得和确认

股权的原始取得，是出资人直接向公司出资而取得股权的方式。通过这种方式取得股权的股东属于公司的原始股东。股权的继受取得，又称传来取得、派生取得，是指因受让、继承、赠与等概括承继而取得股东资格。股东资格的确认，是指股东身份不明或者发生争议时，利害关系人请求确认归属、解决争议的行为。

（三）股东资格确认的基本原则

1. 意思自治原则。股东资格确认属于私法范畴，而意思自治原则是私法领域最基本的原则，在确认股东资格当然应当遵守意思自治原则。意思自治原则在股东资格确认中表现为当事人应有成为股东的真实意思表示，没有成为股东的真实意思表示就不应当被认定为股东，更不能把股东的权利义务强加给没有真实意思表示成为有限责任公司股东的当事人。

2. 利益平衡原则。出资人对公司出资或公司成立后投资者加入公司的行为，其目的主要在于分配利益。而未获合法途径确认股东资格的出资人或投资人加入公司，即意味着对公司其他出资人或股东权益的稀释，这会有损有限责

---

① 王保树、崔勤之:《中国公司法原理》，社会科学文献出版社 2000 年版，第 167 页。

任公司的人合性，因此需要确立公平的股东资格法律制度，来维护公司各项利益关系的平衡。

3.公司维持原则。公司作为社团，所涉及的利益主体多、法律关系复杂，应当保持公司内部各种法律关系的相对稳定。因此，认定股东资格应尽可能考虑到使公司的成立有效，使公司已成立的行为有效，不轻易否定公司已成立的行为，不轻易否定股东资格。对于瑕疵的行为，只要不给第三人或社会公众利益带来损害，瑕疵能够补正的，应当允许当事人补正，不宜轻易使之无效，从而确保公司主体的存续和股东资格的保有。

（四）股东资格确认的依据

1.出资行为。出资是出资人成为股东，确认股东资格最主要的方式，但出资人出资并非一定能够成为股东，在出资人出资之后，可能存在阻碍其成为股东的多种情况，如出资人在公司成立前撤回出资，其已经用行为表示拒绝成为公司股东的真实意思。再如公司由于各种原因的存在最终未能成立，那么公司成立前向设立中公司出资的人就无法成为股东。

2.公司章程。根据我国《公司法》规定，有限责任公司的公司章程由全体股东共同制定，公司章程应当记载股东的姓名或名称、股东的权利和义务、出资方式和出资额等，股东应当在公司章程上签字、盖章。在公司设立时，应当将记载有股东姓名或名称的公司章程提交公司登记机关核准。从以上的法律规定可以看出，就有限责任公司的股东来说，被记载于公司章程并在公司章程上签名、盖章对于确定其股东资格具有决定性意义。

3.出资证明书。根据我国《公司法》规定，有限责任公司成立后，应当向股东签发出资证明书。出资证明书应当记载公司的名称、登记日期、注册资本、股东的姓名或名称、缴纳的出资额和出资日期、出资证明书的编号和核发日期。从以上的法律规定可以看出，出资证明书代表出资额的具体内容，但其与股东资格之间的关系并无明确规定。

三、关于股东资格确认的案例及裁判规则

（一）具有成为股东的意思表示是当事人成为公司股东的重要标准；公司章程或股东名册中对股东进行记载在股东资格认定中具有法律效力；出资瑕疵不能成为否认股东资格的唯一标准

【案例来源】

案例名称：武汉冷储物流管理有限公司、谭某等与昆明食品（集团）冷冻冷藏有限公司等股东资格确认纠纷案

审理法院：云南省高级人民法院

案　　号：（2018）云民初 130 号

【争议点】

武汉冷储物流管理有限公司（以下简称武汉冷储公司）、谭某等与昆明食品（集团）冷冻冷藏有限公司（以下简称冷冻冷藏公司）等因股东资格确认纠纷起诉至云南省高级人民法院，当事人在庭审中就原告要求分别确认的股东资格及 85% 股权出资是否成立产生争议。

【法院认为】

法院在裁判时认为：第一，双方具有武汉冷储公司和谭某成为股东的意思表示。在双方签订的多个协议中均明确约定，武汉冷储公司在战略合作过程中出资 5877.24 万元，占 85% 的股权，并细化为武汉冷储公司持有冷冻冷藏公司 85% 的股权，安排谭某持有民联工贸公司和采购批发公司 85% 的股权。因此，武汉冷储公司及其安排的人员成为三个公司的股东、持有 85% 股权的意思表示明确。第二，由于公司章程由全体股东共同制定，并记载了有关公司的主要事项，包括公司名称和住所、公司的注册资本、股东的出资方式、出资额等，股东要在公司章程上签字并盖章。据此，公司章程不仅表现了出资者向公司出资，有作为公司股东的真实意思表示，而且在一定程度上起到了公示的作用。公司章程所记载的有关股东身份的内容可以作为确定股东资格和股权比例的依据。第三，从本案的合同目的来看，双方签订协议的主要目的是履行《分立协议》中昆明食品集团管理层的出资义务，由武汉冷储公司出资，履行《分立协议》中应由昆明食品集团管理层履行的 90% 的出资义务，把昆明食品集团已经出卖给黄龙山公司的 10% 资产拿回来。由于武汉冷储公司履行了大部分出资义

务，已经将《分立协议》中约定的资产分立至昆明食品集团相关公司名下，股权已转至昆明食品集团管理层的代表唐某峰名下。因此，本案的主要合同目的已经实现，应该继续履行合同。确认股东的资格需综合考虑多种因素，而在有限责任公司，最关键的是公司对股东的承认或认可。公司股东完成了获得股东身份的必经程序，且受让人在受让股份后，以股东身份行使权力（参与股东会、参与公司运营决策等），此时否认其股东资格缺乏事实依据。在本案的诉讼之前，被告方也一直没有对尚欠款项提出异议，而在公司章程和协议中明确武汉冷储公司已经足额缴款，因此，武汉冷储公司的出资瑕疵不能成为否认股东资格的理由。

（二）股东资格的确认需依据公司章程、工商登记、股东名册、出资证明的记载内容来判断。《公司法》不要求股东实际出资与股东资格互为条件，且股东未出资或者虚假出资并非必然丧失股东资格

【案例来源】

案例名称：张某锋、张某臣等与高某某、定西市熙海油脂有限责任公司股东资格确认纠纷案

审理法院：甘肃省高级人民法院

案　　号：（2019）甘民终 19 号

【争议点】

张某锋、张某臣等与高某某、定西市熙海油脂有限责任公司（以下简称熙海公司）因股东资格确认纠纷产生诉讼，该案历经甘肃省定西市中级人民法院、甘肃省高级人民法院两个阶段。在二审中，张某锋、张某臣等与高某某、熙海公司就股东资格问题产生争议。

【法院认为】

法院在裁判时认为：股东资格的确认需依据公司章程、工商登记、股东名册、出资证明的记载内容来判断。根据《公司法司法解释（三）》第1条"为设立公司而签署公司章程、向公司认购出资或者股份并履行公司设立职责的人，应当认定为公司的发起人，包括有限责任公司设立时的股东"及第22条第（1）项"当事人之间对股权归属发生争议，一方请求人民法院确认其享有股权的，应当证明以下事实之一：（一）已经依法向公司出资或者认缴出资，且不违反法律法规强制性规定"的规定，高某某在熙海公司章程及公司登记机

关有承诺认购出资和认缴出资的行为并履行公司设立职责，其作为股东对熙海公司承担的是注册资金范围内的民事责任。从《公司法》第 26 条第 1 款"有限责任公司的注册资本为在公司登记机关登记的全体股东认缴的出资额"的规定可知，《公司法》并不要求股东实际出资与股东资格互为条件。《公司法》另规定了股东对其出资不足或不实应承担补足出资责任、违约责任、损害赔偿责任及虚假出资的责任，并不认为股东未出资或者虚假出资就必然丧失股东资格。在该案中，高某某以原永新公司土地使用权作抵押贷款 200 万元，其中173.5 万元用于其个人对熙海公司的出资，其余 26.5 万元为部分职工进行了配股。该出资行为已完成验资和工商登记，其中虽有政府协调的因素，但高某某通过竞价成为永新公司资产受让人，和其他股东共同出资，按照有限责任公司的设立程序，经工商注册设立熙海公司，符合有限责任公司设立的基本要件，且贷款也是以高某某个人名义作为其对熙海公司的出资，上述事实已经定西市中级人民法院（2007）定中刑二终字第 18 号刑事判决予以认定。根据《公司法》第 27 条规定，股东可以用货币出资，也可以用实物、知识产权、土地使用权等可以用货币估价并可以依法转让的非货币财产作价出资。该案系高某某请求确认其享有熙海公司股权的股东资格确认之诉，而非股东出资不实、出资不足之诉。熙海公司设立之前高某某的抵押贷款行为并不影响熙海公司设立的事实及效力，故应当确认其在熙海公司的股东资格。

（三）关于股东资格的确认，应当分公司外部和公司内部两种情形进行处理。若是公司内部法律关系，确认股东资格并不能简单以公司章程等形式要件来认定，应以是否签署公司章程、是否实际出资、是否享有并行使股东权利等实质要件作为认定依据

【案例来源】

案例名称：山东中惠泽贸易有限公司、管某甲股东资格确认纠纷案

审理法院：山东省高级人民法院

案　　号：（2018）鲁民终 1119 号

【争议点】

山东中惠泽贸易有限公司（以下简称中惠泽公司）与管某甲因股东资格确认纠纷产生诉讼，该案历经山东省济南市中级人民法院、山东省高级人民法院两个阶段。在二审中，中惠泽公司与管某甲就管某乙是否具备中惠泽公司的股

东资格产生争议。

【法院认为】

法院在裁判时认为：关于股东资格的确认，应当分公司外部和公司内部两种情形进行处理。该案系公司内部法律关系，故确认股东资格并不能简单以公司章程、股东名册以及工商登记等形式要件来认定，应以签署公司章程、实际出资、享有并行使股东权利等实质要件作为认定依据。

（四）若没有足以推翻公司外观登记事项的相反证据，人民法院不宜否认登记股东的股东资格

【案例来源】

案例名称：李某与北京曙光明电子光源仪器有限公司等股东资格确认纠纷案

审理法院：北京市高级人民法院

案　　　号：（2019）京民终95号

【争议点】

李某与北京曙光明电子光源仪器有限公司（以下简称曙光明公司）等因股东资格确认纠纷产生诉讼，该案历经北京市第三中级人民法院、北京市高级人民法院两个阶段。在二审中，李某与曙光明公司就曙光明公司的股权产生争议。

【法院认为】

法院在裁判时认为：根据《公司法》第32条第3款"公司应当将股东的姓名或者名称向公司登记机关登记；登记事项发生变更的，应当办理变更登记。未经登记或者变更登记的，不得对抗第三人"的规定，如果没有足以推翻该登记事项的相反证据并经法定程序，不得否定其股东资格。李某关于曙光明公司属于家庭共有财产，曙光明公司股权由三位家庭成员共有的主张，因涉及已经去世的李某某及案外人张某某，且系另一法律关系，故该院不在该案中进行审理和认定。虽然李某某隐瞒其外籍身份，骗取公司登记的行为，致使曙光明公司因违反《公司登记管理条例》相关规定，已被北京市工商行政管理局顺义分局予以行政处罚，但未对相关登记的效力产生影响。故李某未能提交足以推翻现有曙光明公司股东登记事项的证据，其上诉请求没有事实和法律依据，北京市高级人民法院无法予以支持。

（五）公司章程对股东资格继承问题作出例外规定的，依照公司章程约定处理

【案例来源】

案例名称：启东市建都房地产开发有限公司、周某股东资格确认纠纷案

审理法院：最高人民法院

案　　号：（2018）最高法民终 88 号

【争议点】

启东市建都房地产开发有限公司（以下简称建都公司）与周某因股东资格确认纠纷产生诉讼，该案历经江苏省高级人民法院、最高人民法院审理两个阶段。在二审中，建都公司与周某就周某要求确认其股东资格，并要求建都公司办理股权变更手续是否有事实和法律依据产生争议。

【法院认为】

法院在裁判时认为：该案中，2007 年 9 月 12 日建都公司章程第 20 条规定"自然人股东死亡后，其合法继承人可以继承股东资格"。2009 年 2 月 11 日、2009 年 4 月 29 日、2012 年 3 月 29 日建都公司章程删除了 2007 年 9 月 12 日章程第 20 条股东资格允许继承的条款；同时，第 7 条规定"股东不得向股东以外的人转让股权……股本金实行动态持股管理办法。对免职、调离、终止合同、退休等人员及时办理股权转让手续……"2015 年 1 月 10 日，建都公司章程第 7 条在前述章程规定的基础上增加第 3 款规定"对正常到龄退休、长病、长休、死亡的股东，应及时办理股权转让手续，股东退股时，公司累计有盈余的，持股期间按本人持股额每年享受 20% 以内的回报"。周某自 2011 年诊断患病，至 2015 年 12 月 4 日去世，前述章程的修订，其作为法定代表人均有参与，且签字确认。公司章程作为公司的自治规则，是公司组织与活动最基本与最重要的准则，对全体股东均具有约束力。正确理解章程条款，应在文义解释的基础上，综合考虑章程体系、制定背景以及实施情况等因素加以分析。首先，如前所述，建都公司自 2007 年以来先后经历五次章程修订。自 2009 年起章程中删除了继承人可以继承股东资格的条款，且明确规定股东不得向股东以外的人转让股权，可以反映出建都公司具有高度的人合性和封闭性特征。其次，周某去世前，2015 年 1 月 10 日的公司章程第 7 条第 3 款对死亡股东股权的处理已经作出了规定，虽然未明确死亡股东的股东资格不能继承，但结合该

条所反映的建都公司高度人合性和封闭性的特征，以及死亡股东应及时办理股权转让手续的表述，可以认定排除股东资格继承是章程的真实意思表示。最后，周某去世之前，股东郁某某、曹某某在离职时均将股权进行了转让，不再是建都公司的在册股东，建都公司亦根据章程规定支付了持股期间的股权回报款。该事例亦进一步印证了股东离开公司后按照章程规定不再享有股东资格的实践情况。因此，综观建都公司章程的演变，并结合建都公司对离职退股的实践处理方式，该案应当认定公司章程已经排除了股东资格的继承。

四、结 语

股权保护水平是检验一个国家公司法是否公正、成熟的重要标准之一，而保护股权的首要内容就是确认股权的归属。其一，当事人应有成为股东的真实意思表示是成为公司股东的重要标准，这也是意思自治原则在股东资格确认中的体现。其二，出资瑕疵不能成为否认股东资格的唯一标准。其三，关于股东资格的确认，应当分公司外部和公司内部两种情形。若是公司外部法律关系，那么确认股东资格以公司章程、股东名册以及工商登记等形式要件来认定；若是公司内部法律关系，应以是否签署公司章程、是否实际出资、是否享有并行使股东权利等实质要件作为认定依据。其四，股东资格的确认需依据公司章程、工商登记、股东名册、出资证明的记载内容来判断，且股东是否完全出资并非当事人具有股东资格的前提，故股东未出资或者虚假出资不是必然丧失股东资格。

第六节　股权代持

一、导　论

现行《公司法》中并无规定股权代持制度，但《公司法司法解释（三）》第 25 条、第 26 条对有限责任公司股权代持作了相关规定。股权代持，又称隐名投资或隐名出资行为。国内理论界关于股权代持的研究主要集中于隐名股东的股东法律地位认定上，形成了实质说、形式说和折中说三种学说，理论界未形成统一观点。由于缺乏系统的理论指导，股权代持纠纷使各地法院在审判中面临难题，本节以股权代持案件的裁判文书为研究对象，以 2015 年以来人民法院作出的相关裁判文书为主要范围，归纳、提炼股权代持裁判的理念和趋势。

截至 2020 年 1 月，在中国裁判文书网中输入"股权代持"（关键词）检索出民事裁判文书 8748 篇，由最高人民法院裁判的有 82 篇，由高级人民法院裁判的有 545 篇，由中级人民法院裁判的有 3520 篇，由基层人民法院裁判的有 4601 篇，本节选取其中 5 篇典型案例梳理其裁判规则。在具体案例的选取上，本节遵循以下"三个优先"原则。第一，优先选择审判层级较高的裁判文书。第二，优先选择中国裁判文书网公布的裁判文书。第三，优先选择审判日期较近的裁判文书。通过形式和内容两个方面的筛选，本节最终选择（2015）民二终字第 96 号、（2019）云民终 1066 号、（2016）青民初 91 号、（2019）最高法民再 45 号、（2016）最高法民再 360 号等 5 篇裁判文书作为本节研究标的，其中，由最高人民法院作出的有 3 篇，裁判日期为 2019 年（含）之后的案例有 2 篇。

二、股权代持的基本理论

（一）股权代持的概念

股权代持是隐名股东在参与公司经营和管理中，由于个人种种原因与他人签订协议，通过契约方式确定股权的处置方式，即由显名股东代替其来履行股东义务，享受股东权利。[①] 股权代持又称隐名出资，一般是指实际出资方出于某种目的（合法或者非法）与他人约定，由该他人代实际出资方履行权利义务，将该他人记载于公司商事登记公示材料中的一种股权结构处置。

隐名股东是股权代持关系中的实际出资人，关于隐名股东的概念，理论界有不同的表述，包括隐名股东，是指根据书面或口头协定委托他人代其持有股权者；[②] 公司中的隐名股东，是指隐名投资人实际认购出资，但公司的章程、股东名册或工商登记材料记载的投资人却为他人（名义持股人）的现象。[③]

显名股东，是指虽未实际出资但基于与隐名出资人存在法律上的关联关系而在公司商事登记公示事项中被记载为公司股东，并以自己的名义行使股东权的民事主体。[④]

（二）股权代持的类型

1. 完全隐名的股权代持与不完全隐名的股权代持。前者是指名义股东以自己的名义持股，不表明代持关系。此时在其他股东、公司以及其他利害关系人看来，不用揣测和怀疑名义股东的股东身份，不存在任何威胁股东关系和股权结构的潜在疑问。后者是指名义股东持股时表明代为他人持股，既可能指明实际出资人，也可能不指明实际出资人而仅表明代持关系的存在。[⑤]

2. 协议型股权代持和非协议型股权代持。前者是指在隐名股东出资前就与显名股东就双方关于股权代持的意思表示和法律关系达成一致，而不论该协议属

① 王小莉：《公司治理视野下股权代持之若干法律问题》，载《仲裁研究》2015 年第 2 期。
② 虞政平：《股东资格的法律确认》，载《法律适用》2003 年第 8 期。
③ 参见赵旭东主编：《公司法学》，北京高等教育出版社 2006 年版，第 313 页。
④ 刘韶华：《有限责任公司隐名出资法律问题研究》，中国人民公安大学出版社 2012 年版，第 9 页。
⑤ 葛伟军：《有限责任公司股权代持的法律性质——兼评我国〈公司法司法解释（三）〉第 24 条》，载《法律科学》2016 年第 5 期。

于何种类型。后者是指隐名股东出资前未与显名股东就双方关于股权代持的意思表示和法律关系达成一致的协议，在此种类型中可能出现隐名股东与显名股东对彼此之间的法律关系认识不一致的情况。

（三）股权代持的原因

1. 规避法律对投资主体的限制规定。根据我国《公司法》规定，有限公司可以拥有的股东人数上限为 50 人，现实中人们希望投资发展较好的公司，因此，为了规避法律对有限公司人数的限制，就出现了由一人作为显名股东代多名隐名股东向公司出资，形成股权代持关系。

2. 规避对外商投资的限制性规定。《中外合资经营企业法》规定外国投资者的单独投资比例必须在 25% 以上，此最低投资比例是中外合资企业享有国家在税收、外汇等方面优惠的最基本条件。因此，在利益的驱动下，一些中方公司与外国公司合谋，由中方公司隐名出资，外国公司显名代持部分股份以此来规避《中外合资经营企业法》。

三、关于股权代持的案例及裁判规则

（一）当事人未签订委托代持股协议但客观上存在代持股事实行为的，人民法院可认定存在委托代持股关系

【案例来源】

案例名称：刘某与王某股东资格确认纠纷案

审理法院：最高人民法院

案　　号：（2015）民二终字第 96 号

【争议点】

刘某与王某因股东资格确认纠纷产生诉讼，该案历经江苏省高级人民法院、最高人民法院两个阶段。在二审中，刘某与王某就隐名股东请求确认股东资格产生争议。

【法院认为】

法院在裁判时认为：根据该案现有证据查明的案件事实，王某为江苏圣奥化学科技有限公司（以下简称江苏圣奥公司）登记股东，以股东身份完成出

资、增资、分红及股权转让行为等。王某取得的股东身份登记，具有公示效力。刘某在诉讼中主张其与王某之间存在代持股关系，证据不充分。代持股关系应当基于委托关系形成，委托关系为双方法律行为，需双方当事人有建立委托关系的共同意思表示，签订委托合同或者代持股协议，对未签订合同但双方当事人有事实行为的，也可以依法认定存在委托代持股关系，并以此法律关系确定双方当事人的民事权利和义务。单方法律行为不能建立委托代持股份关系。在该案中，刘某未提交其与王某之间关于建立委托关系或者代持股关系的协议，其提交的其他证据也不能证明其与王某之间对委托关系或者代持股关系形成了共同意思表示或者其间实际形成了事实上的代持股份关系。因刘某在该案中未能提供直接证据证明其主张，提交的间接证据未能形成完整的证据链，不具有排他性，举证不具有优势，其在该案中的诉讼主张，最高人民法院不予支持。

（二）名义股东违反代持股协议约定的，实际出资人有权根据协议内容要求名义股东承担违约责任，但若仅以存在代持股关系要求确认其取得股东资格，人民法院不予支持

【案例来源】

案例名称：何某根与云南能投资本投资有限公司申请执行人执行异议之诉案

审理法院：云南省高级人民法院

案　　号：（2019）云民终 1066 号

【争议点】

何某根与云南能投资本投资有限公司（以下简称能投公司）因执行异议产生诉讼，该案历经云南省昆明市中级人民法院、云南省高级人民法院两个阶段。在二审中，何某根与能投公司就能投公司是否享有足以排除该案执行行为的民事权益产生争议。

【法院认为】

法院在裁判时认为：首先，根据《公司法司法解释（三）》第 24 条的规定分析，实际出资人与名义股东的代持股法律关系本质上属于一种债权债务关系，名义股东与实际股东分离时，隐名股东的财产利益需经过合同请求权，由名义股东向实际股东转移而取得，若隐名股东请求成为公司股东，则需经过半

数股东同意,其并非当然取得股东地位。在该案中,上诉人能投公司即使对涉案股份真实出资,其因此而形成的财产权益也是一种对昆明国兴创业投资中心(以下简称国兴中心)享有的债权,如国兴中心违反其与能投公司之间签订的代持股协议,能投公司可以依据双方签订的相关协议向国兴中心主张违约责任,能投公司并不当然享有对涉案股份的所有权,也不当然地取得股东地位。

(三)《公司法司法解释(三)》第24条之规定仅解决实际出资人与名义股东之间的债权纠纷,不能据此对抗善意第三人或排除人民法院的强制执行

【案例来源】

案例名称:青海百通高纯材料开发有限公司与青海交通银行股份有限公司青海省分行执行异议案

审理法院:青海省高级人民法院

案　　号:(2016)青民初91号

【争议点】

青海百通高纯材料开发有限公司(以下简称百通材料公司)与青海交通银行股份有限公司青海省分行(以下简称交通银行青海省分行)因执行异议起诉,当事人在庭审中就百通材料公司是否享有足以排除强制执行的民事权益产生争议。

【法院认为】

法院在裁判时认为:一方面,原告百通材料公司提供证据材料,拟证明其为百通小贷公司股东,其与第三人之间是委托持股关系。但是依法进行登记的股权具有对外公示的效力,无论对执行异议的审查还是对异议之诉案件的审理,判断股权的法律依据应当一致。根据《公司法司法解释(三)》第24条的规定,是对实际出资人与名义股东之间委托持股合同效力及双方因投资权益的归属发生争议的判断依据,仅解决实际出资人与名义股东之间的债权纠纷,不能据此对抗善意第三人或排除人民法院的强制执行。另外,根据《最高人民法院关于人民法院办理执行异议和复议案件若干问题的规定》第25条第2款以及《最高人民法院关于执行权合理配置和科学运行的若干意见》之规定,冻结股权后,法院作出的185号民事判决书不能排除对该股权的执行。

（四）在代持股利益与公司债权人利益发生冲突时，应根据二者利益形成时间先后确定何种利益优先得到保护。若代为持股利益形成在先，则优先保护债权人利益；反之，隐名股东的代持股利益得到优先保护

【案例来源】

案例名称：黄某鸣与李某俊再审案

审理法院：最高人民法院

案　　号：（2019）最高法民再45号

【争议点】

黄某鸣与李某俊因案外人执行异议产生诉讼，该案历经四川省高级人民法院、最高人民法院两个阶段。在再审中，黄某鸣与李某俊就黄某鸣、李某俊对案涉股权享有的实际权益，能否阻却其他债权人对名义股东名下持有的案涉股权的执行产生争议。

【法院认为】

法院在裁判时认为：根据已查明事实不足以证明新设小贷公司需要至少一家企业法人作为出资人的强制性规定，且在成都市新津融金小额贷款有限公司（以下简称新津小贷公司）的出资人中广元市蜀川矿业有限责任公司（以下简称蜀川公司）并非唯一的企业法人。同时，在股权锁定期届满后，黄某鸣、李某俊也未举示证据证明其曾积极督促蜀川公司进行股权变更登记，黄某鸣、李某俊作为具有完全民事行为能力的自然人，应当具有预知法律风险的能力，基于对风险的认知黄某鸣、李某俊仍选择蜀川公司作为代持股权人系其对自身权利的处分，产生的不利后果也应由其承担。对于黄某鸣、李某俊称因债务纠纷导致蜀川公司下落不明，无法办理股权变更的意见，因自股权锁定期届满至股权被查封前，黄某鸣仍担任蜀川公司的法定代表人长达一年多，其陈述蜀川公司下落不明无法办理股权变更的意见明显不成立，该院不予采信。且按照一般的商事裁判规则，动态利益和静态利益之间产生权利冲突时，原则上优先保护动态利益。该案所涉民间借贷关系中债权人皮某享有的利益是动态利益，而黄某鸣、李某俊作为隐名股东享有的利益是静态利益。根据权利形成的先后时间，如果代为持股形成在先，则根据商事外观主义，债权人的权利应当更为优先地得到保护；如果债权形成在先，则没有商事外观主义的适用条件，隐名股东的实际权利应当得到更为优先的保护。因案涉股权代持形成在先，诉争的名

义股东蜀川公司名下的股权可被视为债务人的责任财产，债权人皮某的利益应当得到优先保护。故黄某鸣、李某俊的该项再审理由不成立，最高人民法院不予支持。

（五）在实际出资人与公示的名义股东不符的情况下，法律不仅应优先保护信赖公示的与名义股东进行交易的善意第三人，也应优先保护名义股东的债权人的权利

【案例来源】

案例名称：中信银行股份有限公司济南分行、海航集团有限公司执行异议之诉案

审理法院：最高人民法院

案　　号：（2016）最高法民再 360 号

【争议点】

中信银行股份有限公司济南分行（以下简称中信济南分行）与海航集团有限公司（以下简称海航集团）因执行异议产生诉讼，该案历经山东省高级人民法院、最高人民法院两个阶段。在再审中，中信济南分行与海航集团就海航集团系涉案股份实际出资人的事实，能否排除人民法院的强制执行产生争议。

【法院认为】

法院在裁判时认为：从实际出资人与名义股东的内部代持法律关系的性质分析，代持法律关系其本质属于一种债权债务关系，受《合同法》相对性原则的约束，隐名股东就该债权仅得以向名义股东主张，对合同当事人以外的第三人不产生效力。从《公司法》第32条规定看，公司应当将股东的姓名或者名称及出资额向公司登记机关登记，登记事项发生变更的，应当变更登记，未经登记或者变更登记的，不得对抗第三人。公司股东的登记事项主要体现在公司章程、股东名册和工商登记这三种材料中，该案营口沿海银行股份有限公司（以下简称营口沿海银行）的公司章程、股东名册、工商登记资料中，涉案股份均登记于中商财富融资担保有限公司（以下简称中商财富）名下，中商财富可以据此主张行使股东权利，在公司对外关系上，名义股东具有股东的法律地位，隐名股东不能以其与名义股东之间的约定为由对抗外部债权人对名义股东的正当权利。《公司法司法解释（三）》第24条规定对此进一步细化："有限责任公司的实际出资人与名义出资人订立合同，约定由实际出资人出资并享有投资权

益，以名义出资人为名义股东，实际出资人与名义股东对该合同效力发生争议的，如无合同法第五十二条规定的情形，人民法院应当认定该合同有效。前款规定的实际出资人与名义股东因投资权益的归属发生争议，实际出资人以其实际履行了出资义务为由向名义股东主张权利的，人民法院应予支持。名义股东以公司股东名册记载、公司登记机关登记为由否认实际出资人权利的，人民法院不予支持。实际出资人未经公司其他股东半数以上同意，请求公司变更股东、签发出资证明书、记载于股东名册、记载于公司章程并办理公司登记机关登记的，人民法院不予支持。"上述法律和司法解释规定虽是针对有限责任公司，但该案中营口沿海银行为非上市的股份公司，参照上述法律规定处理相关法律关系从性质上而言亦无不妥。从上述法律依据看，在代持情况下，即名义股东与实际股东分离时，通过合同法规制解决。即使海航集团为涉案股份的实际出资人，也并不当然地取得营口沿海银行的股东地位。在代持情形下，隐名股东的财产利益是通过合同由名义股东向实际股东转移，需经过合同请求而取得，若隐名股东请求成为公司股东，则需经过半数股东同意，其并非当然地取得股东地位。综合上述分析可知，海航集团即使对涉案股份真实出资，其对因此形成的财产权益，本质上还是一种对中商财富享有的债权。如中商财富违反其与海航集团之间签订的委托协议，海航集团得依据双方签订的相关协议向中商财富主张违约责任，并不当然地享有对涉案股份的所有权、享受股东地位。

四、结　语

股权代持是实践中最为普遍、最具争议、疑难问题特别多的一类案件，隐名股东与显名股东在法律上是一种债权债务关系，此种法律关系基于委托关系形成，系双方法律行为。其一，委托关系的形成不以签订合同为前提，隐名股东与显名股东之间有事实行为，也可被认定股权代持成立。其二，《公司法司法解释（三）》第24条的规定仅解决实际出资人与名义股东之间的债权纠纷，不能据此对抗善意第三人或排除人民法院的强制执行。其三，在涉案股份的实际出资人与公示的名义股东不符的情况下，法律不仅应优先保护信赖公示的与名义股东进行交易的善意第三人，也应优先保护名义股东的债权人的权利。但是该条也存在一个问题，即我国现有的法律框架无法解释当投资权益与股权若是分别归属实际出资人与名义股东而导致的股权代持性质与双方法律地位。

第七节　股东的知情权

一、导　论

现行《公司法》中并无知情权这一说法，在《公司法》的第33条和第97条，用查阅权和质询权对股东知情权进行了细化，作为该权利主动行使的表现形式。股东知情权是一种股东可以将公司信息进行汇总集合并进行查阅分析的权利，不是某一种单一的权利，其中包含了很多内容，根据行使方式的不同可以细化为不同的权利内容。本节以股东知情权的案件裁判文书为研究对象，以2015年以来人民法院作出的相关裁判文书为主要范围，归纳、提炼股东知情权裁判的理念和趋势。

截至2020年1月，在中国裁判文书网中输入"股东的知情权"（关键词）检索出民事裁判文书19 028篇，由最高人民法院裁判的有50篇，由高级人民法院裁判的有677篇，由中级人民法院裁判的有7077篇，由基层人民法院裁判的有11 224篇，本节选取其中6篇典型案例梳理其裁判规则。在具体案例的选取上，本节遵循以下"三个优先"原则。第一，优先选择审判层级较高的裁判文书。第二，优先选择中国裁判文书网公布的裁判文书。第三，优先选择审判日期较近的裁判文书。通过形式和内容两个方面的筛选，本节最终选择（2015）鲁民四重初字第1号、（2019）鄂民终403号、（2019）京民终323号、（2019）冀民终883号、（2019）闽民终1330号、（2019）皖民终291号等6篇裁判文书作为本节研究对象，均为高级人民法院的裁判文书，裁判日期为2018年（含）之后的案例有5篇。

二、股东知情权的基本理论

（一）股东知情权的性质

1. 股东知情权兼具自益权或共益权。[①] 根据目的划分的不同，股东为了自身利益而行使权利的称为自益权，同时为了自身和集体利益的称为共益权。理论界通说认为股东知情权兼具自益权和共益权两种性质，股东知情权行使的主观目的本身很难确定，无法获悉股东在行使知情权时是否仅考虑自身的利益，在实际的效果中，股东行使知情权可能不仅保护了股东自身的利益，也能作出一定的决策来保护公司的利益，因此股东知情权同时具有自益权与共益权两种性质。

2. 股东知情权属于固有股东权。[②] 固有股东权，是指公司法赋予股东的，任何人不得以公司章程或股东会决议予以剥夺或限制的权利。股东知情权的产生是随着股东资格的获得而自然享有的，来源于法律的直接赋予，公司章程、股东大会决议等不可通过约定的方式限制或者剥夺此种权利，即使股东因为其他原因不具备其他的股东权利，只要股东能够登记在股东名册上，就认为其具备相应的股东资格，这一权利的行使不受任何影响。如果没有股东知情权，将会导致大股东欺骗小股东、伪造会计报告等情形出现，因此，股东知情权属于固有股东权。

3. 股东知情权是工具性权利和目的性权利。作为工具性权利，股东知情权在整个股权体系中具有基础性作用，是其他股东权利得以实现的基本前提之一。[③] 同时，股东知情权的行使是为了保障股东其他股东权利行使，保障了股东能够在公司的经营管理中作出正确的决策，此即是工具性权利。

4. 股东知情权属单独股东权。单独股东权，是指可以由股东一人单独行使的权利。这种权利只要普通股东持有一股即可享有，而不论持股数额的多少，且每一股东均可依自己的意志单独行使。[④]

---

① 赵旭东主编：《公司法学》，高等教育出版社 2003 年版，第 282 页。
② 赵旭东主编：《公司法学》，高等教育出版社 2003 年版，第 282 页。
③ 李建伟、姚晋升：《论股东知情权的权利结构及其立法命题》，载《暨南学报（哲学社会科学版）》2009 年第 3 期。
④ 赵旭东主编：《公司法学》，高等教育出版社 2003 年版，第 282 页。

（二）股东知情权的内容

1. 股东查阅权。股东查阅的内容：第一，股东财务会计报告，股东通过查阅公司的财务会计报告，可以便捷而快速地了解公司的经营状况和财务状况，从而作出理性的判断；[1] 第二，股东账簿，公司的财务会计报告毕竟不是原始的会计账簿，且财务报告是董事会专门为股东提供查阅的资料，比较笼统，其真实性也有待确定，股东想要获取更充分的公司经营管理信息就必须查阅公司的会计账簿。

2. 股东质询权。股东质询权，是指出席股东大会的股东，在股东大会上为行使其股东权，而请求董事会或监事会，就会议议题和议案中的有关问题进行说明的权利。股东质询权可以与查阅权相辅相成，弥补股东查阅权的不足，使股东可以在一定范围内就公司提供文件的遗漏、错误之处，要求公司作出解释说明。

（三）股东知情权的行使主体

1. 出资瑕疵的股东。股东的出资瑕疵不影响其享有的知情权，因为股东资格的获取与其出资情况无关，无论其是否有出资瑕疵，都可以将其视为股东从而具有股东的权利，因此，享有作为基础性权利的股东知情权。

2. 原股东。《最高人民法院关于适用〈中华人民共和国公司法〉若干问题的规定（四）》(以下简称《公司法司法解释（四）》）中提到股东如果有证据证明公司在其股权转让前做出损害了其利益的行为，可以允许该股东行使知情权。尽管股东转让股东权利后不再享有股东资格，股东仍有权对于其享有股东权利期间受到的利益损害向法院请求予以救济，因此，在满足特殊条件后原股东享有股东知情权。

3. 新股东。我国股东资格的判定在于是否登记在股东名册，对新股东来说，在继受股权后，需要一定的时间才能登记在股东名册上，在此期间是否享有股东知情权，理论界存在争议。此外，新任股东在完成股权变更后取得股东资格，对其成为股东前的公司信息是否可以查阅也存在争议。

4. 隐名股东。隐名股东是否可以行使知情权，学界中存在外观主义和实质

---

[1] 赵旭东主编：《公司法学》，高等教育出版社 2003 年版，第 397 页。

主义两种观点。前者认为由于商事外观主义的存在，登记在股东名册即认为具有相应的股东资格，隐名股东并未登记在册，因此，不认为其具有股东资格，也就不具有基本的股东权利；后者则认为股东资格与其出资情况有关，认为其既具有股东资格也具有基本的股东权利，而登记在股东名册的行为只是一种公示行为，不具有实际意义。

三、关于股东知情权的案例及裁判规则

（一）股东主张知情权的对象应是目标公司，且知情的内容仅限于股东知情权限于查阅、复制公司章程、股东会会议记录、董事会会议决议、监事会会议决议、财务会计报告和查阅公司会计账簿等；对于会计账簿的查阅需以股东向公司提出查阅公司会计账簿的书面请求为前提

【案例来源】

案例名称：仲圣控股有限公司与鲁能仲盛置业（青岛）有限公司、山东慧谷商贸有限公司与公司有关的纠纷案

审理法院：山东省高级人民法院

案　　　号：（2015）鲁民四重初字第1号

【争议点】

仲圣控股有限公司与鲁能仲盛置业（青岛）有限公司（以下简称鲁能仲盛）与山东慧谷商贸有限公司（以下简称慧谷公司）因公司有关的纠纷起诉至山东省高级人民法院，当事人在庭审中就知情权产生争议。

【法院认为】

法院在裁判时认为：因鲁能仲盛的公司章程未规定股东知情权的相关事项，该院根据《中外合资经营企业法》及《公司法》的相关规定确定仲圣控股主张的知情权能否得以支持。根据《公司法》第34条的规定，股东主张知情权的对象应是目标公司，且知情的内容有范围限制，即股东知情权限于查阅、复制公司章程、股东会会议记录、董事会会议决议、监事会会议决议、财务会计报告和查阅公司会计账簿；其中对会计账簿的查阅还需以股东向公司提出查阅公司会计账簿的书面请求为前提。在该案中，慧谷公司是目标公司的另一股东，不应是仲圣控股主张知情权的对象，故仲圣控股对慧谷公司知情权的主

张，不能成立，该院不予支持。因鲁能仲盛系中外合资经营企业，不存在股东会，故对仲圣控股要求查阅、复制股东会会议记录的请求，不予支持。

（二）查阅公司文件材料是公司法赋予股东的基本权利之一，公司章程或股东之间的协议可以对股东查询公司文件材料等作出约定，但该约定不得对股东的查询权利造成实质性剥夺

【案例来源】

案例名称：武汉华益路桥管理有限公司、长益资源路桥有限公司股东知情权纠纷案

审理法院：湖北省高级人民法院

案　　号：（2019）鄂民终 403 号

【争议点】

武汉华益路桥管理有限公司（以下简称华益公司）与长益资源路桥有限公司（以下简称长益公司）因股东知情权纠纷产生诉讼，该案历经武汉海事法院、湖北省高级人民法院两个阶段。在二审中，华益公司与长益公司就长益公司是否有权要求查阅账簿资料产生争议。

【法院认为】

法院在裁判时认为：根据《公司法司法解释（四）》第 9 条规定分析，华益公司所谓的"前置程序"和"公司自治"是要求长益公司查询会计账簿以书面申请为前提，并取得董事会的批准。然而，根据一审查明事实，长益公司曾多次致函华益公司，要求查询公司账目，华益公司均以其公司章程第十一章第11.08 款规定为由未予安排。华益公司章程第 11.08 款则规定："经合作公司董事会同意，合作各方有权自费聘请注册会计师审查合作公司账簿，查阅时合作公司应提供方便。"华益公司董事会成员分别由武汉路桥公司和长益公司两方委派，在各方因汉施公路收费站被撤销发生争议的情况下，要求长益公司取得董事会同意方能查询华益公司会计账簿，无异于实质性剥夺了长益公司作为股东依据《公司法》第 33 条规定查阅或者复制公司文件材料的权利，华益公司以此为由拒绝长益公司行使股东知情权的主张，不应予以支持。

（三）《公司法》规定股东有查阅公司会计账簿的权利不包括查阅制作公司会计账簿涉及的有关凭证

【案例来源】

案例名称：海融博信国际融资租赁有限公司与富巴投资有限公司股东知情权纠纷案

审理法院：北京市高级人民法院

案　　　号：（2019）京民终 323 号

【争议点】

海融博信国际融资租赁有限公司（以下简称海融博信公司）因与富巴投资有限公司（以下简称富巴公司）因股东知情权纠纷产生诉讼，该案历经北京市第四中级人民法院、北京市高级人民法院两个阶段。在二审中，海融博信公司与富巴公司就富巴公司行使股东知情权的范围产生争议。

【法院认为】

法院在裁判时认为：根据《公司法》第 33 条的规定，第一，股东知情权是股东的法定权利、固有权利，是行使其他权利的前提。第二，公司章程、股东会会议记录、董事会会议决议、监事会会议决议和财务会计报告等是公司应当制备的文件，在公司内部也属于需要公开的资料，应当允许股东不受限制地查阅、复制。在该案中，富巴公司是海融博信公司的股东，其要求行使股东知情权，查阅、复制自公司设立以来的公司章程、股东会会议记录、董事会会议决议、监事会会议决议和财务会计报告，符合我国《公司法》规定。我国《公司法》未对股东行使查阅、复制公司章程、股东会会议记录、董事会会议决议、监事会会议决议和财务会计报告的股东知情权设置限制性条件，前述文件资料本身亦属于公司内部公开并理应提供给股东的材料范围，故股东富巴公司行使该权利时不必书面说明目的。第三，富巴公司书面请求查阅公司会计账簿并说明了目的，海融博信公司称富巴公司申请查阅会计账簿是为其不正当目的，允许其查阅会损害海融博信公司利益，对此海融博信公司应当根据《公司法司法解释（四）》第 8 条"有限责任公司有证据证明股东存在下列情形之一的，人民法院应当认定股东有公司法第三十三条第二款规定的'不正当目的'"的规定，负有举证证明富巴公司存在为不正当目的查阅公司会计账簿的责任。一审法院将该举证义务分配给海融博信公司符合前述司法解释规定，北京市高级人民法院予以确认。第四，我国《公司法》规定股东有查阅公司会计账簿的权利，未将制作公司会计账簿涉及的有关凭证列入股东可以行使该项股东知情权的范围，故富巴公司诉讼请求中有关查阅的范围和方式超出我国《公司法》规定的部分，北京市高级人民法院不予支持。

（四）股东以向公司发送律师函（该函表明了查阅的请求、范围并说明了查阅目的）的行为要求查阅公司账簿的，应视为履行了《公司法》第33条第2款规定前置程序规定

【案例来源】

案例名称：黄某龙、张家口市万龙运动旅游有限公司股东知情权纠纷案

审理法院：河北省高级人民法院

案　　号：（2019）冀民终883号

【争议点】

黄某龙与张家口市万龙运动旅游有限公司（以下简称万龙公司）因股东知情权纠纷产生诉讼，该案历经河北省廊坊市中级人民法院、河北省高级人民法院两个阶段。在二审中，黄某龙与万龙公司就黄某龙关于要求查阅万龙公司自2003年6月20日起至判决生效之日止的公司会计账簿（含总账、明细账、日记账及其他辅助性账簿）和会计凭证（含记账凭证、原始凭证及作为原始凭证附件入账备查的有关资料）产生争议。

【法院认为】

法院在裁判时认为：首先，根据《公司法》第33条第2款"股东可以要求查阅公司会计账簿。股东要求查阅公司会计账簿的，应当向公司提出书面请求，说明目的。公司有合理根据认为股东查阅会计账簿有不正当目的，可能损害公司合法利益的，可以拒绝提供查阅，并应当自股东提出书面请求之日起15日内书面答复股东并说明理由。公司拒绝提供查阅的，股东可以请求人民法院要求公司提供查阅"的规定，黄某龙作为公司股东在提出书面请求说明目的，且目的正当的情况下可以查阅公司会计账簿。其次，该案中虽然黄某龙并未以自己的名义直接向万龙公司提出书面请求并说明目的，但该法律规定上述前置程序的目的应是规范股东查阅对公司较为重要的会计账簿时的行为，并为公司档案留存相应书面材料，因此，对该前置程序的理解不应过于僵化，在该案中黄某龙委托律师向万龙公司发送律师函（该函表明了查阅的请求、范围并说明

了查阅目的）的行为也应视为履行了上述前置程序规定。再次，万龙公司在对涉案律师函的书面回复和该案审理中，均未提出黄某龙查阅会计账簿具有不正当目的，更未就此提供相应的证据。最后，虽然上述法律规定中只明确了股东可以查阅会计账簿，对会计凭证并未明确规定，但考虑黄某龙在该案中主张其查阅会计账簿的主要目的是了解公司的财务状况和经营状况，且其仅是万龙公司的小股东，从利益平衡以及确保信息真实的角度，也不应对股东知情权的范围限制过于严格，应当将会计凭证也纳入该案可以查阅的范围。

（五）股权受让股东自成为股东之日起继受前手股东包括知情权在内的股东权利

【案例来源】

案例名称：福建省飞驰科技股份有限公司、益盟国际有限公司股东知情权纠纷案

审理法院：福建省高级人民法院

案　　　号：（2019）闽民终 1330 号

【争议点】

福建省飞驰科技股份有限公司（以下简称飞驰公司）与益盟国际有限公司（以下简称益盟公司）因股东知情权纠纷产生诉讼，该案历经福建省龙岩市中级人民法院、福建省高级人民法院两个阶段。在二审中，飞驰公司与益盟公司就益盟公司要求查阅、复制讼争信息目的是否正当及知情权的行使范围问题产生争议。

【法院认为】

法院在裁判时认为，益盟公司系飞驰公司的股东，根据《公司法》第 33 条的规定，当然地享有复制、查阅公司章程及章程修正案、股东会会议记录、董事会会议决议、监事会会议决议、财务会计报告的权利。益盟公司亦已向飞驰公司提出了查阅公司会计账簿的书面请求，在飞驰公司未有证据证明益盟公司此次请求查阅会计账簿具有不正当目的前提下，该院对飞驰公司的主张不予支持。关于益盟公司行使知情权是否包括可以查阅其正式成为股东之前的公司资料问题，由于公司运营是一个整体的、动态的、延续性的过程，无论股东通过何种方式取得公司股份，自其成为股东之日起，其有权继受前手股东的相关权利，知情权亦不例外。如果拒绝公司的继受股东行使对之前公司信息的知情权，将导致股东获得

的信息不完整，减损股东知情权的制度价值。因此，益盟公司可以查阅其正式成为股东之前的飞驰公司上述相关资料。

（六）股东要求在破产程序中行使股东知情权的，人民法院应予支持

【案例来源】

案例名称：安徽大蔚置业有限公司、汪某卫股东知情权纠纷案

审理法院：安徽省高级人民法院

案　　号：（2019）皖民终291号

【争议点】

安徽大蔚置业有限公司（以下简称大蔚置业公司）与汪某卫因股东知情权纠纷产生诉讼，该案历经安徽省六安市中级人民法院、安徽省高级人民法院两个阶段。在二审中，大蔚置业公司与汪某卫就汪某卫的知情权范围如何确定的问题产生争议。

【法院认为】

法院在裁判时认为：第一，大蔚置业公司在管理人管理期间仍然会产生清算目的范围之内的相关资料，如债权申报材料、债权审核依据资料、债权人会议表决记录等，由此，汪某卫在大蔚置业公司破产期间有行使知情权的可能。第二，股东作为公司的投资人，其对公司的破产清算更加关注。而股东知情权是股东的固有权利，在公司破产程序中的体现就是股东对管理人基于清算目的形成相关资料享有知悉的权利。所以，汪某卫在大蔚置业公司破产期间有行使知情权的必要。第三，根据《最高人民法院关于审理企业破产案件若干问题的规定》第99条之规定，大蔚置业公司在破产程序期间形成的相关账册、文书等资料，在破产程序终结后将移交该公司的股东保存。也就是说，汪某卫作为大蔚置业公司的股东，其最终对上述相关资料享有知悉的权利。只是该条规定是股东在破产程序终结后的保管职责，而股东在破产程序中行使股东知情权，有利于在破产程序中平衡保护公司股东与债权人的合法权益，从而最大限度发挥破产程序的功能与价值。因此，一审判决对汪某卫要求查阅、复制大蔚置业公司的破产债权申报材料、债权审核结果及依据资料、四次债权人会议表决记录的诉讼请求予以支持，亦无不当。

四、结　语

　　股东知情权案件的裁判要遵循强化公司信息披露义务的公司透明治理理念。其一，鉴于股东知情权为固有性、基础性股东权利，与股东资格密不可分，《公司法司法解释（四）》第9条从裁判者角度间接重申公司章程、股东协议等无权实质性剥夺股东知情权，公司不得以此拒绝股东查阅或复制文件资料。其二，为了保护股东的知情权，向公司发送律师函（该函表明了查阅的请求、范围并说明了查阅目的）的行为，也应被视为履行了《公司法》规定的向公司提出书面请求，说明目的的前置程序。其三，值得注意的是，在破产程序中，股东知情权仍然受到保护，这有利于平衡公司股东与债权人的合法权益，从而最大限度发挥破产程序的功能与价值。

第八节　股东优先购买权

一、导　论

现行《公司法》第 71 条确立了有限责任公司股东优先购买权制度。我国理论界通说认为股东优先认购权是当有限责任公司的股东对外转让其全部或部分股份时，其他股东基于其公司股东的资格和地位，在同等条件下，对该股份享有的优先购买的权利。[①] 但在司法实践中，对其具体适用的问题，实务上还处于进一步探索的阶段。本节以股东优先购买权的案件裁判文书为研究对象，以 2015 年以来人民法院作出的相关裁判文书为主要范围，归纳、提炼股东优先购买权裁判的理念和趋势，以期通过对我国案例的研究来指导司法实践。

截至 2020 年 1 月，在中国裁判文书网中输入"股东优先购买权"（关键词）检索出民事裁判文书 1280 篇，由最高人民法院裁判的有 22 篇，由高级人民法院裁判的有 118 篇，由中级人民法院裁判的有 656 篇，由基层人民法院裁判的有 484 篇，本节选取其中 5 篇典型案例梳理其裁判规则。在具体案例的选取上，本节遵循以下"三个优先"原则。第一，优先选择审判层级较高的裁判文书。第二，优先选择中国裁判文书网公布的裁判文书。第三，优先选择审判日期较近的裁判文书。通过形式和内容两个方面的筛选，本节最终选择（2019）鄂民申 3497 号、（2018）黔民终 1025 号、（2017）最高法民再 266 号、（2019）最高法民终 686 号、（2015）民抗字第 14 号等 5 篇裁判文书作为本节研究对象，其中，由最高人民法院裁判的有 3 篇，裁判日期为 2018 年（含）之后的案例有 3 篇。

[①] 李国光等：《最新公司法条文释义》，人民法院出版社 2006 年版，第 222 页。

二、股东优先购买权的基本理论

（一）股东优先购买权的性质

1. 股东优先购买权是一种形成权。优先购买权"无论其为法定或约定，论其性质，系属形成权，即优先承买权人得依一方之意思，形成以义务人出卖与第三人同样条件为内容之契约，无须义务人（出卖人）之承诺。唯此项形成权附有停止条件，须俟义务人出卖标的物于第三人时，始得行使"。[1] 当有限责任公司股东对外转让股权时，享有优先购买权的其他股东单方面行使了该权利，那么不需要出让股东的承诺，就会在该股东和出让股东之间形成了与第三人合同内容条件相同的股权转让合同，因此，股东优先购买权性质上属于形成权。

2. 股东优先购买权是一种期待权。"期待权，是指成立要件尚未全部实现，将来有实现可能的权利。"[2] 在公司未发生股权外部转让的情形下，股东优先购买权是一种潜在的期待利益，当公司股权对外转让时，股东优先购买权才有现实行使的必要和前提，此时才由一种期待利益过渡为现实性权利，因此，股东优先购买权是一种期待权。

3. 股东优先购买权兼具财产权及身份权双重性质。一方面，股东优先购买权的行使会导致公司的资本结构以及公司内部的经济力量对比发生改变。另一方面，股东优先购买权的行使必须具备股东的资格和地位，具有身份上的依附性。因此，股东优先购买权是一项兼具财产权及身份权双重性质的民事权利。

（二）股东优先购买权的法理基础

1. 期待利益说。该学说将民法中的期待权理论引入公司法，其认为任何股东都是抱着一定的利益目的选择加入公司的。作为公司的投资者，股东有权期望公司按照自己信任的状态发展下去，不能随意改变公司的股权构成。如果公司股权对外转让，公司的股权构成有可能发生变化，其他股东所信任的合伙人有可能被替换，新股东之间的合作存在一定风险，[3] 因此，股东优先购买权是为

---

[1]　王泽鉴：《民法学说与判例研究》（第 1 册），中国政法大学出版社 2005 年版，第 476 页。

[2]　王利明：《民法总则研究》，中国人民大学出版社 2003 年版，第 231 页。

[3]　蒋大兴：《公司法的展开与评判：方法·判例·制度》，法律出版社 2001 年版，第 45 页。

了保护原股东的期待利益。

2. 秩序维护说。该学说认为股东优先购买权旨在对股东自由处分股权的限制，使公司股东能够更好地控制公司，追求公司稳定的秩序价值。"有限公司之组织，介乎于无限公司与股份有限公司之间，故其性质折中于人合公司与资合公司之特征而别具一格。"[1] 因此，有限责任公司具有人合性特征，其内部股东之间关系往往是有一定的信赖度的，多数在生活当中便是亲属或者朋友关系，他们之间会互相交流与合作，共同为经营公司出谋划策。而若是有第三人的加入则可能会给公司的发展带来不确定性因素，所以其他股东可以利用优先购买权在一定程度上进行股权垄断，拒绝第三人进入股东内部，从而保证原股东对公司的实际控制，维护原始股东团体的秩序稳定。

3. 出资产权说。学界通说认为，赋予其他股东在股东向外转让股权时的优先购买权，其制度设计旨在保护闭锁公司其他股东的"控制利益"或"先在利益"，即封闭或者限制外部人进入公司的渠道，维护有限公司的人合性。[2] 人合性的价值判断比较主观、抽象，出资产权作为法学基础更加客观。优先购买权只是股权转让权的法定附属权利，而股权转让是出资产权的实现形式。优先购买权只影响了股权的受让方，并不影响出资产权的最终实现。所以，该学说认为优先购买权在某种意义上并不是对股权转让的限制。

三、关于股东优先购买权的案例及裁判规则

（一）转让股权的书面通知中包含拟转让股权的类型、数量、价格、支付方式、履行期限等股权转让合同主要内容的，人民法院在认定股东的优先购买权是否存续时应考量其行使优先购买权的信息是否已为公司其他股东所知悉

【案例来源】

案例名称：娄某共、郑某庆股权转让纠纷案

---

[1] 梁贤宇：《公司法论》，我国台湾地区三民书局股份有限公司1990年版，第19页。

[2] 段威：《有限责任公司股权转让时"其他股东同意权"制度研究》，载《法律科学》2013年第3期。

审理法院：湖北省高级人民法院

案　　号：（2019）鄂民申 3497 号

【争议点】

娄某共与郑某庆因股权转让纠纷产生诉讼，该案历经湖北省咸宁市中级人民法院、湖北省高级人民法院两个阶段。在再审中，娄某共与郑某庆就娄某共是否丧失股权的优先购买权产生争议。

【法院认为】

法院在裁判时认为：根据《公司法》第 71 条第 2 款和《公司法司法解释（四）》第 19 条的规定，股权对外转让程序可分为"征求其他股东同意阶段"和"优先购买权的行使阶段"。规定相关期限的目的，既是保障公司其他股东行使同意权并在同等条件下对转让的股权享有优先购买权，也是保障转让股东对其私权的自由处分。如果出让股东在前期"书面通知"中只表达了拟将其股权进行转让的意愿，而未对拟转让的股权数量、价格、付款方式、付款期限等作出明确说明，即要求其他股东在收到通知后 30 日内表态是否同意转让并提出购买请求，对其他股东过于苛刻，也有违诚信和公平原则。如果转让股权的书面通知中，已经包含了拟转让股权的类型、数量、价格、支付方式、履行期限等股权转让合同的主要内容，考量是否行使优先购买权的信息已为公司其他股东所知悉和了解，综合平衡股权对外转让的效率和其他股东优先购买权的保障，优先购买权的期限可以从其他股东收到此通知之日时开始起算。在该案中，崇阳弘大房地产开发有限公司（以下简称弘大公司）只有娄某共、郑某庆两名股东（娄某共享有 43% 股权、郑某庆享有 57% 股权），郑某庆在欲转让其在弘大公司 57% 的股权之前，于 2018 年 5 月 9 日至 6 月 8 日，就其股权对外转让事项以《股权转让告知书》《催告函》及发送手机信息的形式三次通知娄某共，娄某共明确表示同意郑某庆转让股权并表示有购买意愿。郑某庆在 2018 年 5 月 9 日首次发给娄某共的《股权转让告知书》中，已经明确其"决定将所持有的弘大公司 1812.6 万元人民币股权（占注册资本的 57%）全部转让，转让价格为 1526.68 万元人民币。股权转让的付款方式为一次性付清"，并依据弘大公司章程第 29 条的规定设定了 30 日的行使期间。因此，郑某庆在转让其享有的弘大公司股权之前，向公司另一股东娄某共进行了多次书面通知，并将拟转让股权的数量、价格、支付方式、履行期限等股权转让合同的主要内容予以告知，决定是否行使优先购买权的信息已为娄某共所知悉和了解，充分保障了娄某共行使股东权利，并不违反法律、司法解释以及弘大公司章程的规定。

（二）当事人针对公司的股权主张享有优先购买权，并不导致相应的股权转让协议无效

【案例来源】

案例名称：陈某、许某文股权转让纠纷案

审理法院：贵州省高级人民法院

案　　　号：（2018）黔民终 1025 号

【争议点】

陈某与许某文因股权转让纠纷产生诉讼，该案历经贵州省铜仁市中级人民法院、贵州省高级人民法院两个阶段。在二审中，陈某与许某文就向某与贵州汉世矿业有限公司（以下简称汉世公司）签订的《矿山股权转让协议》是否有效产生争议。

【法院认为】

法院在裁判时认为：首先，《公司法》第 71 条第 2 款、第 3 款之规定并非法律的强制性规定，而系选择适用和推定适用的任意性规范，退一步来说，即便将其认定为强制性规范，该规定也属于强制性规定中的赋权性规定，而非禁止性规定，在违反法定规则与第三人签订转让合同的情况下优先购买权并未丧失，仍可以行使，这并不能说是已经侵犯了优先购买权而应当使合同归于无效。且是否行使优先购买权具有不确定性，如果认定相应的股权转让协议无效，当事人选择放弃优先购买权，股权转让双方则须重新缔结合同，这明显违反商事经济、效率的原则。其次，基于负担行为与处分行为的区分，处分行为无效不影响负担行为的效力，股权转让合同并不必然导致股权变动。即使认定股权转让协议有效，也并不必然对优先购买权产生实质性侵害，如果当事人主张行使优先购买权，该股权转让合同将难以实际履行，也就是说，股权转让的限制仅仅构成对股权物权性的限制，不会对股权转让合同的效力产生影响。最后，优先购买权仅具有债权效力，而不是具有可以对抗第三人的物权效力，仅产生内部效力；而且即便是物权效力的优先购买权，也只具有外部效力从而影响出卖人和第三人之间的法律关系，但该外部效力并不影响出卖人与第三人间买卖合同的效力，仅对标的物所有权之变动产生作用。故，一审判决认定向某与汉世公司的《矿山股权转让协议》无效，继而认定陈某、许某文等享有同等

条件下的优先购买权不当，贵州省高级人民法院予以纠正。

（三）股东知道或者应当知道股权转让事宜，且自股权转让合同签订后直至诉讼发生均未提出异议或主张优先购买权的，应当认定该股东放弃优先购买权

【案例来源】

案例名称：岑溪市国强商贸有限公司、冯某股权转让纠纷案

审理法院：最高人民法院

案   号：（2017）最高法民再 266 号

【争议点】

岑溪市国强商贸有限公司（以下简称国强公司）与冯某因股权转让纠纷产生诉讼，该案历经广西壮族自治区高级人民法院、最高人民法院两个阶段。在再审中，国强公司与冯某就合同中股权转让约定的效力产生争议。

【法院认为】

法院在裁判时认为：李某俊将其持有的国强公司 35% 的股权转让给冯某国、冯某志、冯某龙、曾某某四人，其中，除冯某国外，其余三人均为国强公司的股东。国强公司另一名股东冯某并非股权受让人，没有在《股权转让合同》上签字，但其作为国强公司的法定代表人，对于李某俊自合同签订后即退出公司经营、股权合同签订后国强公司办理土地使用权抵押贷款手续并向李某俊汇款等事项是明知的，二审法院综合该案证据及以上情形，认定冯某对李某俊转让股权事宜是知道且应当知道的，并无不当。国强公司原五名股东中，除李某俊外，另外四名股东中三人在《股权转让合同》上签字，同意人数占其他股东人数的四分之三，符合《公司法》第 71 条第 2 款以及国强公司的公司章程第 25 条规定。二审判决以冯某应知道股权转让事宜，且自合同签订后直至诉讼发生，没有对此提出异议或主张优先购买权为由，认定冯某同意该股权转让，并无不当。

（四）在股东优先购买权之诉中，股东履行通知并取得其他股东放弃优先购买权承诺的义务并非解除合同的法定理由

【案例来源】

案例名称：章某清、大兴烨扬（上海）资产管理有限公司股权转让纠纷案

审理法院：最高人民法院

案　　号：（2019）最高法民终 686 号

【争议点】

章某清与大兴烨扬（上海）资产管理有限公司（以下简称烨扬公司）因股权转让纠纷产生诉讼，该案历经云南省高级人民法院、最高人民法院两个阶段。在二审中，章某清与烨扬公司就《股权转让协议》应解除还是继续履行产生争议。

【法院认为】

法院在裁判时认为：章某清是否履行通知并取得其他股东放弃优先购买权承诺的义务、是否促使红河州和源农业开发有限公司（以下简称和源公司）召开股东会同意股权转让，并非解除合同的法定理由。首先，案涉《股权转让协议》"鉴于"部分载明，"和源公司其他股东自愿放弃对乙方转让的和源公司12%的股权的优先购买权"是章某清与烨扬公司达成协议的前提之一。从字面意思看，双方认可和源公司其他股东在该协议签署前已同意章某清转让股权并放弃了优先购买权。其次，和源公司在一审期间提交的《情况说明》表明，和源公司在案涉《股权转让协议》签订前将章某清拟转让股权事宜告知了其他股东，其他股东均表态配合，且和源公司已及时将该信息反馈给烨扬公司。再次，章某清在二审阶段提交了 17 份和源公司其他股东声明对案涉股权转让无异议并放弃优先购买权的公证书，证明了其他股东关于股权转让的态度。最后，《公司法》并未要求股权转让需要目标公司股东会的事先同意。双方约定促成目标公司召开股东会的目的在于保证股权的顺利转让，和源公司未召开股东会不影响章某清转出股权的效力。结合上述证据及案涉《股权转让协议》第5 条"违约责任"部分的相关约定，章某清就该两项约定承担责任的前提是和源公司其他股东行使优先购买权导致其违约。在一、二审庭审中，烨扬公司均陈述，至今未向和源公司其他股东向烨扬公司主张过优先购买权，烨扬公司依此主张解除合同缺乏事实与法律基础。

（五）在股东优先购买权之诉中，有限责任公司股东在对外转让股权时只要经其他股东半数同意，且不侵害公司其他股东的优先购买权的，则应认定股权转让成立

【案例来源】

案例名称：珠海市盛鸿置业有限公司、珠海祥和置业有限公司股权转让纠纷案

审理法院：最高人民法院

案　　号：（2015）最高法民抗字第 14 号

【争议点】

珠海市盛鸿置业有限公司（以下简称盛鸿公司）与珠海祥和置业有限公司（以下简称祥和公司）因股权转让纠纷产生诉讼，该案历经广东省珠海市中级人民法院、广东省高级人民法院、最高人民法院三个阶段。在审理中，盛鸿公司与祥和公司就关于涉案三份协议效力的问题产生争议。

【法院认为】

法院在裁判时认为：通过股权转让的方式实现对房地产项目的转让并不违反法律和行政法规的禁止性规定。原审判决认为涉案三份协议的实质是林某某等三人与祥和公司规避开发房地产业的监管，以转让盛鸿公司股权的形式转让盛鸿公司的"紫茵山庄"这一房地产开发项目，属于以合法形式掩盖非法目的，应当认定为无效。关于这一点，首先，该案股权转让不违反《公司法》的规定。理论上，股权作为股东的一项固有权利，自由转让性为其应有属性。股权的转让性使股权具有价值和价格，让股权得以游离于公司资本之外而自由流转，其流通不影响公司资本及经营的稳定性；股权的转让性使股东利益与公司的资本维持达成一致，若股东对按多数决议形成的公司决策不满，或不愿忍受投资回收的长期性，可通过转让股权达到目的，而股权的转让又不影响公司的正常运转；股权的转让性使股东对公司的股权约束强化，即股东可以通过转让股权的形式用"脚"投票，对公司施加强有力的股权约束，使公司营运符合股东资本增值的意愿。关于有限责任公司股权转让问题，《公司法》第71条规定，股东向股东以外的人转让股权，应当经其他股东过半数同意。股东应就其股权转让事项书面通知其他股东征求同意，其他股东自接到书面通知之日起满30日未答复的，视为同意转让。其他股东半数以上不同意转让的，不同意的

股东应当购买该转让的股权；不购买的，视为同意转让。经股东同意转让的股权，在同等条件下，其他股东有优先购买权。也就是说，有限责任公司股东在对外转让股权时只要经其他股东半数同意，不侵害公司其他股东的优先购买权即可。该案中盛鸿公司股东只有林某某等三人，他们在对外转让股权时不存在需要经过其他股东同意的问题，更不存在侵犯其他股东优先购买权的问题，股权转让符合法律规定。

四、结　语

赋予其他股东在股东向外转让股权时的优先购买权，旨在封闭或者限制外部资本进入公司的渠道，维护有限公司的人合性。其一，转让股权的书面通知应该包含拟转让股权的类型、数量等内容，优先购买权的期限可以从其他股东收到此通知之日时开始起算。股东的优先购买权仅具有债权效力，而不具有针对第三人的物权效力，即仅在股东与转让股权股东之间具有效力。其二，在股东优先购买权之诉中，推定股东知道或者应当知道公司股权的转让事宜，若是自合同签订至诉讼期间，上述股东未对转让的股权行使优先购买权或提出异议，应认定股东同意该股权转让。其三，值得注意的是，对于股东优先购买权，我国采取"同意规则＋优先购买规则"双重限制模式，但是"应当购买"缺乏具体规则，同意规则没有发挥实质作用，后悔权的设置也与股东优先购买权的立法目的存在一定的冲突。

第九节　股东的利润分配请求权

一、导　论

现行《公司法》中没有关于股东利润分配请求权这一概念的明确界定，仅是在第 4 条、第 35 条、第 38 条以及第 167 条等条款中有关于股东收益的规定。"利润分配请求权"的概念首次出现在《公司法司法解释（二）》第 1 条第 2 款。利润分配请求权是股东基于自身的股东资格和地位所享有的请求公司对自己分配利润的权利。一般而言，利润分配请求权是股东最重要的权利，自然人、法人或者其他组织之所以要对公司注资，就是为了获得经济上的回报。本节以股东利润分配请求权案件的裁判文书为研究对象，以 2014 年以来人民法院作出的相关裁判文书为主要范围，归纳、提炼股东利润分配请求权裁判的理念和趋势，以期通过对我国案例的研究来指导司法实践。

截至 2020 年 1 月，在中国裁判文书网中输入"股东利润分配请求权"（关键词）检索出民事裁判文书 59 篇，由最高人民法院裁判的有 2 篇，由高级人民法院裁判的有 5 篇，由中级人民法院裁判的有 27 篇，由基层人民法院裁判的有 25 篇，本节选取其中 3 篇典型案例梳理其裁判规则。在具体案例的选取上，本节遵循以下"三个优先"原则。第一，优先选择审判层级较高的裁判文书。第二，优先选择中国裁判文书网公布的裁判文书。第三，优先选择审判日期较近的裁判文书。通过形式和内容两个方面的筛选，本节最终选择（2016）最高法民再 357 号、（2019）冀 11 民终 2514 号、（2018）川 0821 民初 399 号、（2019）粤 19 民终 5196 号和（2014）玉中民二初字第 5 号等 5 篇裁判文书作为本节研究对象，其中，由最高人民法院裁判的有 1 篇，裁判日期为 2018 年（含）之后的案例有 3 篇。

二、股东利润分配请求权的基本理论

（一）股东利润分配请求权的法律性质

利润分配请求权可以分为具体利润分配请求权和抽象利润分配请求权两个方面。前者是指当公司存在可分配股利时，股东根据股东会或股东大会分派股利的决议而享有的按其出资和所持股份比例分得相应股利的权利，而后者则指股东基于其公司股东资格和地位而享有的一种股东权权能。[1]

之所以将利润分配请求权分为具体利润分配请求权和抽象利润分配请求权，是因为具体利润分配请求权就其本质而言是一种债权，股东可以通过起诉来保障该项权利的行使，即具体利润分配请求权具有可诉性，而抽象利润分配请求权是否具有可诉性则存在争议。关于抽象利润分配请求权，理论界有请求权[2]、期待权[3]和新型权利[4]等观点。我们赞同抽象利润分配请求权是一种新型的权利，首先，请求权既可以作为独立的权利，也可以作为实体权利的内容，而抽象利润分配请求权不能作为实体权利的内容，故抽象利润分配请求权不是请求权。其次，期待权作为因法律要件未充分具备而尚未取得的权利，在取得相关法律要件后即转化为既得权利，期待权本身不再存在，而抽象利润分配请求权在公司作出分配利润的决议后，仍然存在，故抽象利润分配请求权不是期待权。

抽象利润分配请求权就是股东享有的股利分配的权能，是一种新型的财产权利，它与具体利润分配请求权一起构成了利润分配请求权的有机组成部分。[5]抽象利润分配请求权表现为股东对公司分配股利的"合理预期"，这种预期并不以股东之间是否存在分红协议为前提。它是一种"消极性权利"，只有在受到侵害或者不合理限制时才能由权利人行使。[6]将抽象利润分配请求权界定为一种新型权利，当股东抽象利润分配请求权受到侵害时，赋予其可诉性更有利

---

[1]　车辉：《公司法理论与实务》，中国政法大学出版社 2009 年版，第 232 页。

[2]　乔宝杰、王兵：《论有限责任公司异议股东股份回购请求权之情势》，载《法律适用》2011 年第 10 期。

[3]　吴庆宝：《最高人民法院专家法官阐释民商裁判疑难问题（续）》，人民法院出版社 2008 年版，第 153 页。

[4]　王信芳：《公司纠纷案例精选》，上海人民出版社 2004 年版，第 397 页。

[5]　王信芳：《公司纠纷案例精选》，上海人民出版社 2004 年版，第 397 页。

[6]　李建伟、茅院生：《有限公司强制分配股利之诉的法理基础》，载《当代法学》2010 年第 2 期。

于对股东权利的保护。

（二）股东利润分配请求权的保护

有限责任公司是人合性公司，它的生存与发展依赖于股东之间的人合性，同时，有限责任公司缺少股份交易市场，股份流动性差，股东退出渠道狭窄，对于受到大股东压制的中小股东的权利难以得到保护，因此，有限责任公司的股东比股份有限公司的股东更渴求法院强制分配利润判决的救济。但是在现实中司法能否介入股东利润分配却存在争议，如有观点认为公司的股利分配数目，应该在公司和股东自治的区域之内，人民法院不能进行强加干预。[①]

本书认为应当加强司法对股东利润分配请求权的救济，主要是基于以下几点：（1）股东平等原则。无论是控制股东还是中小股东，都平等地享有请求分配利润的权利。（2）股东合理期待。股东合理期待，是指如果少数股东的合理期待确实存在，而该期待却因多数股东的压制行为而致落空，那么法院就会毫不犹豫地给予被压制的少数股东司法救济，而这种救济措施通常表现为判决解散公司或者强制多数股东收买少数股东的股份。[②]（3）控制股东的信义义务。即控股股东应当审慎经营，不仅要考虑自身的利益，还要考虑中小股东的利益。

三、关于股东利润分配请求权的案例及裁判规则

（一）在股东利润分配请求权之诉中，限制股东利润分配请求权应当具备以下条件：一是股东未履行或者未全面履行出资义务，或者有抽逃出资的行为；二是应当根据公司章程或者股东会决议作出限制

【案例来源】

案例名称：亿中制衣厂有限公司与惠州市乐生实业发展总公司南澳公司股东出资纠纷案

审理法院：最高人民法院

案　　号：（2016）最高法民再 357 号

---

① 李国光、王闯：《审理公司诉讼案件的若干问题》，载《人民法院报》2005 年 11 月 29 日。
② 史恒志：《美国闭锁公司股东压榨问题研究》，载《河南大学学报》2007 年第 1 期。

【争议点】

亿中制衣厂有限公司（以下简称亿中公司）与惠州市乐生实业发展总公司南澳公司（以下简称乐生南澳公司）因股东出资纠纷产生诉讼，该案历经广东省高级人民法院、最高人民法院两个阶段。在再审中，亿中公司与乐生南澳公司就关于乐生南澳公司应否被限制股东权利的问题产生争议。

【法院认为】

法院在裁判时认为：首先，乐生南澳公司并非未履行出资义务，而是未全面履行出资义务。其次，南澳亿湖厂房开发有限公司（以下简称亿湖公司）的章程中并未明确规定未全面履行出资义务的股东将被限制股东权利。最后，由于我国外商投资企业法的立法早于公司法立法，《中外合资经营企业法》及其实施条例关于合资企业的治理结构中没有股东会的规定，股东会的相应职责实际是由董事会行使。根据亿湖公司章程第 25 条的规定，出席董事会会议的法定人数不得少于全体董事的三分之二，不够三分之二人数时，其通过的决议无效。亿湖公司共有五名董事，而亿湖公司于 2012 年 3 月 30 日召开的关于限制乐生南澳公司股东权利的董事会仅有三名董事参加，显然不满足合资企业章程规定的条件，故当次董事会决议无效。已经生效的广东省高级人民法院（2013）粤高法民四终字第 49 号民事判决亦认为，2012 年 3 月 30 日亿湖公司董事会决议因未达到亿湖公司章程规定的通过比例而无效。因此，亿中公司、亿湖公司根据亿湖公司董事会决议，请求限制乐生南澳公司相应的股东权利，不能得到支持。一、二审判决认定乐生南澳公司不享有亿湖公司的利润分配请求权、新股优先认购权、剩余财产分配请求权等股东权利，缺乏事实和法律依据，应予纠正。

（二）股东转让股权后，对转让前的未分配利润应区别对待。若转让前公司已作出利润分配方案且无特别约定时，原股东享有利润给付请求权，新股东无权受偿。若转让前公司未作出利润分配方案，股权转让后，原股东即丧失了利润分配请求权，新股东可以依法主张分配利润

【案例来源】

案例名称：河北亿鑫通讯设备有限公司、景县市政工程有限公司公司盈余分配纠纷案

审理法院：河北省衡水市中级人民法院

案　　号：（2019）冀 11 民终 2514 号

【争议点】

河北亿鑫通讯设备有限公司（以下简称亿鑫公司）与景县市政工程有限公司（以下简称景县市政公司）因公司盈余分配纠纷产生诉讼，该案历经河北省景县人民法院、河北省衡水市中级人民法院两个阶段。在二审中，亿鑫公司与景县市政公司就河北景州农村商业银行股份有限公司（以下简称景州农商行）的盈余分配产生争议。

【法院认为】

法院在裁判时认为：根据《公司法》第 4 条之规定，利润分配请求权是股东基于股东资格和地位的一种专属性自益权利，股东转让股权或者被人民法院强制处分股权后，利润分配请求权随之丧失。在该案中，亿鑫公司在景州农商行的股权已经于 2018 年 11 月 29 日，以被人民法院强制拍卖的形式丧失，此时景州农商行股东大会并未作出 2018 年度利润分配方案，亿鑫公司的股东利润分配请求权随之丧失。景县市政公司是以参加竞拍方式取得案涉股权，并非亿鑫公司自愿转让而得，其应当享有完全的股东权利，包括利润分配请求权，亿鑫公司要求对景县市政公司在景州农商行持有股权对应的 2018 年度利润按照股权持有时间进行分配无任何法律依据。

（三）股东以利润分配请求权受到侵害为由作为公司解散事由的，人民法院不予支持

【案例来源】

案例名称：辜某丁、旺苍县弘晟房地产开发有限公司公司解散纠纷案

审理法院：四川省广元市旺苍县人民法院

案　　号：（2018）川 0821 民初 399 号

【争议点】

辜某丁与旺苍县弘晟房地产开发有限公司（以下简称旺苍弘晟公司）因公司解散纠纷起诉至四川省旺苍县人民法院，当事人在庭审中就能否解散公司产生争议。

【法院认为】

法院在裁判时认为：旺苍弘晟公司继续存续并不会使股东利益受到重大损失。前已述及，旺苍弘晟公司并不存在经营管理发生严重困难情形，在此前提

下，公司继续存续是否会使"股东利益受到重大损失"应结合股东利益的救济方式进行综合分析。如果有其他途径对股东的利益予以救济，则不宜通过解散公司的方式进行。辜某丁主要因要求旺苍弘晟公司财务不公开等事项而与旺苍弘晟公司及其他股东产生矛盾，属于股东利润分配请求权、知情权纠纷。股东认为上述权利受到侵害的，可以诉请要求分配利润或提供账册查询，性质上不属于公司解散诉讼的受理事由。旺苍弘晟公司目前出现亏损是与当前房地产企业的现状和公司去库存情况有关的，随着房地产市场回暖或者去库存力度的加大，回收成本、实现盈利是完全可能的。辜某丁主张旺苍弘晟公司经营亏损，继续经营会严重损害股东利益。根据《公司法》第182条和《公司法司法解释（二）》第1条的规定，公司经营亏损不属于法定解散事由，法院不予支持。在辜某丁尚未采取其他法律措施维护自己权利的情况下，就该案现有证据而言，尚不足以证实旺苍弘晟公司继续存续会使股东利益受到重大损失。

（四）公司章程或者股东会决议可以对未履行或者未全面履行出资义务股东的利润分配请求权等涉及股东个人的权利作出合理限制，但对股东为全体股东共同利益而享有的权利原则上不应受到限制

【案例来源】

案例名称：谢某华、黄某股东出资纠纷二审民事判决书

审理法院：广东省东莞市中级人民法院

案　　号：（2019）粤19民终5196号

【争议点】

谢某华与黄某因股东出资纠纷起诉至广东省东莞市中级人民法院，当事人在庭审中就黄某作为未履行实缴出资义务的股东是否具有提起本案诉讼的资格产生争议。

【法院认为】

根据《最高人民法院关于适用〈中华人民共和国公司法〉若干问题的规定（三）》第13条第1款"股东未履行或者未全面履行出资义务，公司或者其他股东请求其向公司依法全面履行出资义务的，人民法院应予支持"的规定，并没有对股东请求其他股东履行出资的资格进行限制。股东未履行或者未全面履行出资义务，公司章程或者股东会决议可以对股东利润分配请求权等涉及股东个人的权利作出相应的合理限制，但对股东为全体股东共同利益而享有的权利

原则上不应受到限制。股东是否足额出资涉及到全体股东共同利益，未履行实缴出资义务的股东也有权请求其他股东履行出资义务。

（五）对股东利润分配请求权进行合理限制是公司内部自治的范畴，且限制的前提是股东存在未履行或者未全面履行出资义务或者抽逃出资的情形

【案例来源】

案例名称：代某清诉丁某股东出资纠纷案

审理法院：云南省玉溪市中级人民法院

案　　号：（2014）玉中民二初字第5号

【争议点】

代某清与丁某因股东出资纠纷起诉至云南省玉溪市中级人民法院，当事人在庭审中就原告要求限制被告在未补缴出资期间对公司的利润分配请求权、新股优先认购权、剩余财产分配请求权等股东权利行使的请求是否成立产生争议。

【法院认为】

根据《公司法司法解释（三）》第16条之规定："股东未履行或者未全面履行出资义务或者抽逃出资，公司根据公司章程或者股东会决议对其利润分配请求权、新股优先认购权、剩余财产分配请求权等股东权利作出相应的合理限制，该股东请求认定该限制无效的，人民法院不予支持。"对股东利润分配请求权、新股优先认购权、剩余财产分配请求权等股东权利进行合理限制系公司内部自治的范畴，且其前提系股东存在未履行或者未全面履行出资义务或者抽逃出资的情形，而本案中丁起并不存在上述情形，故对于代某清提出的对丁起的上述权利进行限制的请求不予支持。

四、结　语

股东权利的保护是公司治理中的核心问题，对于股东请求司法介入公司利润分配的问题，法院应当慎之又慎。第一，公司没有召开股东会（股东大会）作出分配利润的决议，股东直接起诉到法院请求直接分配利润的，法院要区分情况予以对待，对于股东未穷尽其他救济方法而直接要求法院分配公司利润的，应当不予支持；对于股东穷尽所有方法自救且公司连续多年不向股东分配

利润的，法院应当介入。第二，在股东利润分配请求权之诉中，股东请求限制其他股东利润分配请求权时，应当满足两个条件：其一，其他股东有未全部出资或者抽逃全部出资；其二，股东会（股东大会）作出限制其他股东利润分配请求权的决议，或公司章程规定发生上述情形时限制股东的利润分配请求权。第三，同时要注意到股东的利润分配请求权受到侵害，不能作为股东起诉至法院要求解散公司的理由。

第十节　股东的义务

一、导　论

股东就是向公司出资或是取得公司的股份，并且按照其出资和所持有的股份在公司中享有一定的权利同时承担义务的人。股东对公司享有权利，同时相应地也应该对公司承担义务。股东义务，是指股东基于股东资格而对公司所承担的作为或是不作为的义务。股东义务包括出资义务、参加股东会会议的义务、不干涉公司正常经营的义务、不得滥用股东权利的义务、遵守公司的章程、特定情形下的表决权禁止义务等。股东的义务中不能滥用股东权利的义务以及出资义务是司法实践中的一个难点，对其具体适用的问题，实务上还处于进一步探索的阶段。本节以股东义务的案件裁判文书为研究对象，以2016年以来人民法院作出的相关裁判文书为主要范围，归纳、提炼股东义务裁判的理念和趋势，以期通过对我国判例的研究来指导司法实践。

截至2020年1月，在中国裁判文书网中输入"股东的义务"（关键词）检索出民事裁判文书1746篇，由最高人民法院裁判的有14篇，由高级人民法院裁判的有99篇，本节选取其中5篇典型案例梳理其裁判规则。在具体案例的选取上，本节遵循以下"三个优先"原则。第一，优先选择审判层级较高的裁判文书。第二，优先选择中国裁判文书网公布的裁判文书。第三，优先选择审判日期较近的裁判文书。通过形式和内容两个方面的筛选，本节最终选择（2017）苏07民终3495号、（2018）桂民申1773号、（2018）最高法民申790号、（2016）最高法民申字918号、（2016）最高法民再37号等5篇裁判文书作为本节研究对象，其中，由最高人民法院裁判的有3篇，裁判日期为2018年（含）之后的案例有2篇。

二、股东义务的基本理论

（一）股东的义务内容

1.股东的共同义务。

（1）出资义务。股东认购出资或股份后，就负有缴纳股款的义务，并按照规定的方式、条件、比例和期限缴纳。[①]股东违反出资义务的行为，主要有以下三种表现形式：根本没有出资，没有足额出资或者是出资的时间、形式或是手续不符合规定而造成未适当出资。此外，股东还有不得抽逃出资义务。抽逃出资行为主要包括制作虚假财务会计报表虚增利润进行分配、通过虚构债权债务关系将其出资转出、利用关联交易将出资转出、其他未经法定程序抽回出资的行为。抽逃出资的后果：向公司返还本息，向债权人承担补充赔偿责任，协助抽逃出资的其他股东、董事、高级管理人员或者实际控制人承担连带责任。抽逃全部出资，经催告后在合理期限内未返回，有限公司股东会可决议解除其股东资格。

（2）参加股东会会议的义务。该项义务与股东权中的"参与重大决策的权利"对应。参加股东会会议既是股东的权利，也是股东的一项义务。股东应当按照公司机构通知的时间、地点参加股东会会议，不能亲自参加时可以委托其他股东出席股东会会议并行使表决权。

（3）不干涉公司正常经营的义务。现代企业制度遵循"两权分离"原则，即所有权和经营权分离，公司经营权归属董事会，并不属于股东。本书认为，虽然在商业实践中，常常出现某人是公司股东，但又是董事长或经理的情况，具有双重身份。此时，其可参与公司的经营管理。但如果他仅具有股东一种身份，他只享有股东权（分红权、表决权、对公司经营的建议与质询权等），不能以股东身份直接干涉公司经营。

（4）不得滥用股东权利的义务。根据《公司法》第20条规定，公司股东应当遵守法律、行政法规和公司章程，依法行使股东权利，不得滥用股东权利损害公司或者其他股东的利益；不得滥用公司法人独立地位和股东有限责任损害公司债权人的利益。公司股东滥用股东权利给公司或者其他股东造成损失

---

① 赵旭东主编：《公司法学》，高等教育出版社2015年版，第236页。

的，应当依法承担赔偿责任。公司股东滥用公司法人独立地位和股东有限责任，逃避债务，严重损害公司债权人利益的，应当对公司债务承担连带责任。

（5）遵守公司的章程。这是股东的最基本义务。公司章程对股东有约束力，股东依照公司章程的规定享有权利承担义务。

（6）特定情形下的表决权禁止义务。根据《公司法》第16条第2款、第3款规定，公司为公司股东或者实际控制人提供担保的，必须经股东会或者股东大会决议。前款规定的股东或者受前款规定的实际控制人支配的股东，不得参加前款规定事项的表决。该项表决由出席会议的其他股东所持表决权的过半数通过。

2.控股股东、实际控制人的特别义务。

（1）注意义务。控制股东在作为业务执行和经营者处理公司事务时，应怀有善意，并从公司的最大利益出发来考虑问题。[1] 这种义务来自公司对董事的约束，之所以把这种义务施加于控制股东，那是因为控制股东在公司具有优势地位，其行为的做出可能会对公司产生举足轻重的影响，凭着对公司及少数股东负责的精神就得对控制股东负有注意义务。不得滥用控股股东的权利，损害公司和其他股东的利益。

（2）忠实义务。控制股东忠实义务指的是控制股东在行使权利时，不能只考虑自身的利益，还必须考虑到公司的利益和其他股东的利益，不得做出损害公司利益和其他股东的行为。[2] 一般认为，忠实义务是受信人向受益人所负的最高程度的忠诚和公平，是一种消极的义务。忠实义务是以信任、信赖为前提和基础，是控制股东义务的核心内容，其旨在禁止不忠诚和自我交易。忠实义务要求控制股东不得以损害公司和其他小股东的利益为前提而使自己获利。如果控制股东滥用其控制权为自己谋利益，而以损害公司的利益或中小股东的利益为代价，就构成了对忠实义务的违反。

我们认为，忠实义务和注意义务是一个问题的两个方面。如果把注意义务视作积极的为公司利益的作为义务，则忠实义务可以看作消极的不得损害公司利益的不作为义务。

---

[1] 王保树、杨雄：《论股份公司控制股东的义务与责任》，载《法学》2002年第2期。

[2] 张志伟：《控制股东义务法律问题研究》，河北经贸大学2013年硕士学位论文。

（二）加强股东义务建设

1.建立股东诚实信用义务机制。股东诚实信用义务机制，是指任何股东在行使其权利时，都要运用善意的方式，而不能使公司和其他股东的利益受到损害。诚信义务一般包括忠实义务和注意义务两个方面。上文已经介绍，此不再赘述。

2.要加强对中小股东的权利保护。为了追求更多的自我利益，控制股东经常会从中小股东那里去寻求额外的利益，严重损害了中小股东的权益。要维护中小股东的合法权益，可以从确立累积投票制度，进行表决权代理，即是股东委托他人参加会议并行使表决权，限制与排除股东的投票权等方式来进行。

3.建立完善的股东派生诉讼制度。股东派生诉讼，也称股东代表诉讼，是指当公司的董事、监事、高级管理人员等主体侵害了公司权益，而公司怠于追究责任时，符合条件的股东可以以自己的名义代表公司提起诉讼，而令公司获得赔偿的一种诉讼形态。[1] 股东代表公司诉讼制度是现代各国或者地区公司法上的一项重要内容，被认为是弥补公司治理结构缺陷及其他救济方法不足的必要手段，在保护中小股东权益方面发挥着重要的作用。我们认为，建立合法的股东派生诉讼激励机制，其目的就是确保当股东的利益受到侵害时，可以积极有效地提起股东派生诉讼。

三、关于股东义务的案例及裁判规则

（一）瑕疵出资的股东对外转让股权后，仍需承担对公司的出资责任。若原股东在与受让股东签订股权转让合同时，受让股东知道或者应当知道原股东出资不实的事实，受让股东与原股东应当就出资瑕疵的存在对公司的债权人承担连带责任。受让股东在向公司债权人承担清偿责任以后，有权向原股东追偿

【案例来源】

案例名称：曹某书与董某军股权转让纠纷案

---

[1] 赵旭东主编：《公司法学》，高等教育出版社 2015 年版，第 237 页。

审理法院：江苏省连云港市中级人民法院

案　　　号：（2017）苏 07 民终 3495 号

【争议点】

曹某书与董某军因股权转让纠纷引发诉讼，该案历经连云港市海州区人民法院一审、连云港市中级人民法院二审两个阶段。在二审中，当事人就董某军有为曹某书承担补足出资责任的法定义务产生争议。

【法院认为】

曹某书与董某军于 2011 年 9 月 18 日签订了股权转让协议，约定自本协议生效之日起，甲方（曹某书）不再享有股东权利，不再履行股东义务，乙方（董某军）按照所持股份享有股东权利、履行股东义务，并未明确约定曹某书应承担的补足出资责任由董某军承担。2011 年 9 月 30 日，董某军出具说明一份，内容为：曹某书与连云港庆瑞都置业有限公司（以下简称庆瑞都公司）于 2011 年 9 月 28 日后无任何经济关系，无任何业务关系，如曹某书与公司有纠纷，由本人负责处理。法院在裁判时认为：第一，生效裁判文书已经确认，曹某书未履行出资义务，应对庆瑞都公司承担补足出资责任。董某军作为明知该事实的受让股东，在庆瑞都公司或公司债权人对其主张权利时，应对曹某书的补足出资责任承担连带责任。但该案并非庆瑞都公司或公司债权人向董某军主张权利，曹某书要求董某军承担补足出资责任缺乏法律依据。第二，即使受让人董某军根据上述规定承担责任后，也可以向未履行出资义务的股东曹某书追偿，可见曹某书仍是补足出资责任的最终责任者，其无权就此向董某军主张权利。同时，当事人另有约定的除外。但如前所述，曹某书与董某军在转让股权时并未另作约定。因此，曹某书主张其有权向董某军追偿的观点无法律依据。同理，曹某书更无权向王某某追偿。

（二）名义出资人不得以隐名出资关系对抗公司、其他股东以及债权人向其主张相关股东义务与责任

【案例来源】

案例名称：南宁市东宇运输有限公司与朱某林合同纠纷案

审理法院：广西壮族自治区高级人民法院

案　　　号：（2018）桂民申 1773 号

【争议点】

南宁市东宇运输有限公司、朱某林因合同纠纷引发诉讼，该案历经南宁市兴宁区人民法院一审、广西壮族自治区南宁市中级人民法院二审以及广西壮族自治区高级人民法院再审三个阶段。在再审中，当事人就朱某林是否基于隐名出资合同法律关不须承担公司义务产生争议。

【法院认为】

法院在裁判时认为：隐名出资合同主要内容为公司实际出资人与名义出资人约定以名义出资人为名义股东但由实际出资人出资并享有投资权益、承担投资风险。对于该合同效力的判断以《合同法》第 52 条规定的情形为依据。该种协议属于实际出资人与名义出资人的内部法律关系，受合同相对性原则约束，当事人的权利仅为合同权利，不具有对世性，不得对抗合同关系之外的公司、其他股东、债权人等第三人。因此，名义出资人实质上具有股东资格，其在公司中享有股东权益并承担股东义务与责任，其不得以隐名出资关系对抗公司、其他股东及债权人向其主张相关股东义务与责任；实际出资人实质上并非公司股东，其不享有任何公司股东权利，其不得以隐名出资关系向公司直接主张股东权利，其仅有权依据隐名出资合同向名义股东主张合同权利。

（三）利用关联交易谋取私利或怠于履行管理职责，损害股东及公司利益的，应承担赔偿责任

【案例来源】

案例名称：北京新富投资有限公司、北京北大未名生物工程集团有限公司、神州数码信息服务股份有限公司、北京德恒有限责任公司、昆山市申昌科技有限公司、平安银行股份有限公司深圳分行、深圳市生物港投资有限公司与公司有关的纠纷案

审理法院：最高人民法院

案　　　号：（2018）最高法民申 790 号

【争议点】

新富投资有限公司（以下简称新富公司）、北京北大未名生物工程集团有限公司（以下简称北大未名公司）、神州数码信息服务股份有限公司（以下简称神州数码公司）、北京德恒有限责任公司（以下简称德恒公司）、昆山市申昌科技有限公司（以下简称申昌公司）、平安银行股份有限公司深圳分行（以下

简称平安银行）、深圳市生物港投资有限公司（以下简称生物港公司）因与公司有关的纠纷引发诉讼，该案历经江苏省苏州市中级人民法院一审、江苏省高级人民法院二审以及最高人民法院再审三个阶段。在再审中，当事人就关于新富公司有无实施关联交易将出资转出或抽回产生争议。

【法院认为】

法院在裁判时认为：新富公司明知上述资金在生物港公司设立后短期、大额、非正常的流转情况，但未提出异议，考虑到新富公司与生物港公司、太光电信公司的高度关联关系，结合生物港公司各股东认缴出资额的缴付与转出情况，应当认定新富公司利用其对生物港公司的关联关系在生物港公司验资后一个月内即将生物港公司注册资本中的 3660 万元汇至太光电信公司，该行为构成利用关联交易将出资转出。行为人利用关联关系将出资于公司设立后不久即大额、无正当理由地转出，构成抽逃出资，其是否从中直接取得出资款项并不影响抽逃出资的认定。因此，新富公司主张北大未名公司无证据证明新富公司取得案涉款项因而不构成抽逃出资的意见，法院不予支持。

（四）股东实施的不经公司批准而不能对外履行合同的行为，损害公司的法人独立地位，属于滥用股东权利的行为

【案例来源】

案例名称：山西建筑工程（集团）总公司与霍州煤电集团有限责任公司、霍州煤电集团晋北煤业有限公司建设工程施工合同纠纷案

审理法院：最高人民法院

案　　　号：（2016）最高法民申字 918 号

【争议点】

霍州煤电集团有限责任公司（以下简称霍州煤电）、山西建筑工程（集团）总公司（以下简称山西建设公司）、霍州煤电集团晋北煤业有限公司（以下简称晋北煤业）因建设工程施工合同纠纷引发诉讼，该案历经忻州市中级人民法院一审、山西省高级人民法院二审以及最高人民法院再审三个阶段。在再审中，当事人就霍州煤电对晋北煤业的管理、监督行为是否构成股东权利的滥用产生争议。

【法院认为】

法院在裁判时认为：霍州煤电与山西建设公司签订建设工程施工合同系双

方当事人的真实意思表示，双方当事人应当按照合同约定全面履行自己的义务。但是根据一、二审判决及本院审查查明事实表明，晋北煤业在履行建设工程施工合同时，无论在案涉工程设计变更、增加施工项目、调整材料价格、增加工程费用投资等方面均须按照霍州煤电要求，向霍州煤电请示，经其批准，方可履行。霍州煤电作为晋北煤业的股东，应当通过董事会、股东会等符合《公司法》规定的方式履行表决权，行使其权利。而霍州煤电以未经批准晋北煤业不能对外履行合同义务这一行为，损害了晋北煤业的法人独立地位，构成股东权利的滥用。

（五）股东作为清算义务人，怠于履行清算义务并不必然承担连带清偿责任，需同时满足以下四个要件：（1）股东怠于履行清算义务；（2）公司主要财产、账目、重要文件等灭失，无法清算导致债权人利益受损；（3）股东怠于履行清算义务与公司主要财产、账目、重要文件等灭失，无法清算导致债权人利益受损之间有因果关系；（4）主观上股东存在过错

【案例来源】

案例名称：上海丰瑞投资咨询有限公司、上海汽车工业销售有限公司、扬州市机电设备总公司借款合同纠纷案

审理法院：最高人民法院

案　　号：（2016）最高法民再37号

【争议点】

上海丰瑞投资咨询有限公司（以下简称丰瑞公司）、上海汽车工业销售有限公司（以下简称上汽公司）、扬州市机电设备总公司（以下简称机电公司）因借款合同纠纷引发诉讼，该案历经忻州市中级人民法院一审、山西省高级人民法院二审以及最高人民法院再审三个阶段。在再审中，当事人就清算义务人上汽公司应否对上海汽车工业扬州销售有限公司（以下简称上汽扬州公司）所欠丰瑞公司的债务本息承担连带清偿责任。

【法院认为】

法院在裁判时认为，尽管案涉被清算公司上汽扬州公司在2001年11月2日被吊销了营业执照后应予解散并清算，至今作为其清算义务人的两个股东上汽公司和机电公司均未履行清算义务，但对于上汽公司而言，该案并不符合《公司法司法解释（二）》第18条第2款规定的清算义务人应履行连带清偿责

任的条件，上汽公司不应承担案涉丰瑞公司对上汽扬州公司债权的连带清偿责任。主要有两个理由：第一，从上汽公司在主张自己对上汽扬州公司享有债权而申请强制执行的行为可以得出，上汽公司已对上汽扬州公司的资产进行了清算，其未履行清算义务与丰瑞公司的损失之间并无因果关系。第二，从法律、司法解释的规定、司法实务的现实以及避免当事人滥用连带责任规定的角度进行分析。在 2008 年，《公司法司法解释（二）》颁布实施前，我国并无关于清算义务人未履行清算义务应承担连带清偿责任的规定。该案被清算公司发生清算事由在 2001 年。在当时，尽管《公司法》有关于清算义务的规定，但并没有关于未履行清算义务应承担何种责任的明确规定，故在司法实践中，对清算义务人追究法律责任的案例极少。虽然根据"补缺例外"的法无溯及力的除外原则，该案应适用《公司法司法解释（二）》的规定，但考虑到对于当事人期限利益的保护，让当事人根据法律事实出现多年之后才颁布实施的《公司法司法解释（二）》的规定承担连带清偿责任，有失公正，尤其是在清算义务人已尽其所能未能在强制执行程序中使自己对被清算主体的 900 万元债权得到清偿的情形下。

四、结　语

股东的共同义务包括出资义务、参加股东会会议的义务、不干涉公司正常经营的义务、不得滥用股东权利的义务、遵守公司的章程、特定情形下的表决权禁止义务等。控股股东、实际控制人的特别义务还包括注意义务与忠实义务。其一，就股东的出资义务而言，人民法院审理时应注意：一是瑕疵出资的股东对外转让股权后，仍需承担对公司的出资责任；二是名义出资人不得以隐名出资关系对抗公司、其他股东及债权人向其主张相关股东义务与责任，即名义出资人仍需遵守股东的义务。其二，名义出资人不得以隐名出资关系对抗公司、其他股东及债权人向其主张相关股东义务与责任。其三，股东利用关联交易谋取私利或怠于履行管理职责，损害股东及公司利益的，应承担赔偿责任。其四，股东实施了不经公司批准而不能对外履行合同的行为，违反了股东义务应承担责任。其五，若股东作为清算义务人的，还需履行清算义务，怠于履行清算义务并不必然承担连带清偿责任。

第十一节　董事和高级管理人员的义务

一、导　论

改革开放以来，我国的经济发展极为迅速，相对应地公司发展也获得了长远的进步，不仅公司的数量越来越多，规模也在不断扩大，而且经营领域也在不断增加。为了更好地维护市场经济的发展秩序，规范公司的成立和经营管理，我国颁布实施了《公司法》，二十七年来经过对《公司法》的修改和完善，其立法精神、理念与制度等不断更新，更适应了社会的发展。我国《公司法》规定了董事和高级管理人员具有忠实义务与勤勉义务，应合理谨慎地处理公司事务。本节以董事和高级管理人员的义务的案件裁判文书为研究对象，以2016年以来人民法院作出的相关裁判文书为主要范围，归纳、提炼董事和高级管理人员的义务裁判的理念和趋势，以期通过对我国案例的研究来指导司法实践，并希望对此进行一些有益的探讨。

截至2020年1月，在中国裁判文书网中输入"董事和高级管理人员的义务"（关键词）检索出民事裁判文书有1440篇，由最高人民法院裁判的有14篇，由高级人民法院裁判的有130篇，本节选取其中6篇典型案例梳理其裁判规则。在具体案例的选取上，本节遵循以下"三个优先"原则。第一，优先选择审判层级较高的裁判文书。第二，优先选择中国裁判文书网公布的裁判文书。第三，优先选择审判日期较近的裁判文书。通过形式和内容两个方面的筛选，本节最终选择（2017）沪0113民初15982号、（2016）京01民终5551号、（2016）鲁民终1454号、（2018）最高法民再366号、（2017）粤民终1964号、（2017）最高法民申1602号等6篇裁判文书作为本节研究标的，其中，由最高人民法院裁判的有2篇，由高级人民法院裁判的有2篇，裁判日期为2018年（含）之后的案例有1篇。

二、董事和高级管理人员义务的基本理论

（一）董事和高级管理人员的义务的概述

1.对公司负有忠实义务和勤勉义务。《公司法》第147条第1款规定："董事、监事、高级管理人员应当遵守法律、行政法规和公司章程，对公司负有忠实义务和勤勉义务。"根据该条，董事、监事、高级管理人员不违反法律、不违反行政法规和公司章程，则可认定已经尽到忠实和勤勉义务。忠实义务又称信义义务，指董事、监事、经理管理经营公司业务时，应毫无保留地为公司最大利益努力工作，当自身利益与公司整体利益发生冲突时，应以公司利益优先。[①]勤勉义务，指董事、监事、高级管理人员须以一个合理的、谨慎的人在相似的情形和地位下所表现的谨慎、勤勉和技能履行其职责，为实现公司最大利益努力工作，若其履行职责时未尽合理的谨慎，则应对公司承担赔偿责任。[②]

2.遵守法律、行政法规和公司章程。

3.股东会或者股东大会要求董事、监事、高级管理人员列席会议的，董事、监事、高级管理人员应当列席，并接受股东的质询。

4.董事、高级管理人员不得有下列行为：（1）将公司资金以其个人名义或者以其他个人名义开立账户存储。（2）挪用公司资金。（3）违反公司章程的规定，未经股东会、股东大会或者董事会同意，将公司资金给他人或者以公司财产为他人提供担保。（4）违反公司章程的规定或者未经股东会、股东大会同意，与本公司订立合同或进行交易。（5）未经股东会或者股东大会同意，利用职务便利为自己或者他人谋取属于公司业机会，自营或者为他人经营与所任职公司同类的业务。（6）接受他人与公司交易的佣金归为己有。（7）擅自披露公司秘密。（8）违反对公司忠实义务的其他行为。董事、高级管理人员违反上述规定所得的收入应当归公司所有。

（二）董事和高级管理人员忠实义务的基本理论概述

1.信托说。"信托说"最早来源于英国的信托关系，根据"信托说"的观

---

① 赵旭东主编：《公司法学》，高等教育出版社2015年版，第312页。
② 范健、王建文：《公司法》，法律出版社2018年版，第365页。

点："董事和公司之间是一种信托关系，董事是一种信托，董事一旦承诺，董事要必须地、完全地遵守信托职位，并且遵守和履行所承担的责任与义务。"[①]当然也有反对者称不能从权利转移的角度来决定董事和公司之间的关系，并且信托关系是基于假设的角度，并不能将公司与董事之间的关系全部理想化，所以"信托说"并不能作为忠实理论的基础。

2. 代理说。"拟制说"是"代理说"的基础，"拟制说"中指出："公司是法律所拟定的主体，没有实际的行为能力，只能通过董事来进行一定的法律活动、法律合同、承担法律后果，来实现公司的收益活动。公司的权利即是法律上所赋予，并没有一定的实际行动力，所以公司要依靠董事来帮助公司进行代理。"[②]代理人在按照一定范围内实行代理权的义务与责任时，公司与董事之间即是代理关系，代理人必须取得一定的代理权，在代理时间内以代理人的名义进行一定的范围的法律活动，如若出现责任则由代理人进行责任的承担；公司作为一个主体相对于董事比较独立，公司的行为体现则由董事进行管理。

3. 委任说。"委任说"即是双方公司与董事之间的一种委托与被委托的关系，委托方向被委托方转移一定范围内的管理事务以及义务和责任，委托人将公司的资金财产、商业活动委托给被委托方董事，董事需要对公司进行善意行为的经营活动管理。"委任说"和"代理说"两者之间的最大区别在于，"委任说"认为公司与董事之间是以平等关系为基础的；而"代理说"则认为公司是拟制主体，但公司并无实际行动的能力，"委任说"的委任关系即是公司与董事之间良好信任度的体现。

我们认为，无论是以上三种学说中的哪一种学说，均是公司董事所履行的忠实义务，这不仅仅是基本理论，也是实际工作中董事需要遵守的基本规则，要使忠实义务在法律程度上得以保障。

（三）董事和高级管理人员勤勉义务履行的认定

1. 高级管理人员实施了管理公司的行为。高级管理人员的职责是维持公司的正常管理，保证公司的正常运转，高级管理人员应当在公司日常经营活动中实施管理公司的行为，这种管理行为的具体内容非常丰富，可能是制定公司的

---

① 张开平：《英美公司董事法律制度研究》，法律出版社 1998 年版，第 85 页。
② 孙光焰：《也论公司、股东与董事之法律关系》，载《法学评论》1999 年第 6 期。

重大决策，也可能是代表公司对外签订合同等。

2. 根据法律、行政法规和公司章程的规定，高级管理人员有权进行处理。这是高级管理人员实施正常经营行为的核心要素，即高级管理人员的行为必须符合法律、法规或公司章程的授权，具有正当权利来源。高级管理人员的行为只有获得了正当的授权，才能够受到免责的保护。

3. 高级管理人员的行为应以公司的最大利益为目的。这项要件实际上要求高级管理人员的行为动机应当是善意的。

4. 在高级管理人员行为造成公司利益损失的情况下，高级管理人员没有明显过错。这里的"过错"要高于一般过错的标准，即不仅是普通人能判别的、显而易见的"过错"，而且是作为同行普通高级管理人员才能够识别的"过错"，且"过错"要以"明显"为限，对于高级管理人员的轻微过错可以免责。本书认为，即以普通谨慎的高级管理人员在同类公司、同类职务、同类相关情形中所应具有的注意、知识和经验程度作为衡量标准，但若某人的知识经验和资格明显高于此种标准的证明时，应当以其是否诚实地贡献了实际拥有的全部能力作为衡量标准。

三、关于董事和高级管理人员义务的案例及裁判规则

（一）认定董事违反忠实义务，利用职务便利谋取属于所任职公司的商业机会，或者经营与所任职公司同类的业务，应当同时满足以下两个前提条件：一是担任公司董事未实际从事公司的经营决策等管理行为；二是未经过股东会的同意而实施特定行为

【案例来源】

案例名称：孙某才与侯某滨、山西联邦制药有限公司损害公司利益责任纠纷案

审理法院：山东省高级人民法院

案　　　号：（2016）鲁民终 1454 号

【争议点】

孙某才与侯某滨、山西联邦制药有限公司因损害公司利益责任纠纷引发诉讼，该案历经山东省济宁市中级人民法院一审、山东省高级人民法院二审两个

阶段。在二审中，当事人就候某滨的行为是否违反了《公司法》第 148 条第 1 款第（5）项规定的忠实义务问题产生争议。

【法院认为】

法院在裁判时认为：《公司法》第 148 条第 1 款第（5）项规定："未经股东会或者股东大会同意，利用职务便利为自己或者他人谋取属于公司的商业机会，自营或者为他人经营与所任职公司同类的业务。"根据上述规定，认定董事违反忠实义务，利用职务便利谋取属于所任职公司的商业机会，或者经营与所任职公司同类的业务，存在两个前提条件：一是担任公司董事未实际从事公司的经营决策等管理行为；二是没有经过股东会的同意而实施上述行为。候某滨虽然被选举为山东圣鲁制药有限公司董事，但并未实际参与公司的经营管理等具体事务，且自 2008 年 7 月被取消了董事资格，而孙某才等其他股东对于候某滨经营同类业务也是同意的，直到 2014 年 11 月仍然代为侯某滨加工药品。因此，孙某才虽然主张侯某滨的行为违反《公司法》第 148 条第 1 款第（5）项的规定，应当承担董事损害公司利益的相应责任，但其所提供的证据不足以证实该主张，应当承担举证不能的不利后果。

（二）追缴股东出资属于董事勤勉义务范围

【案例来源】

案例名称：斯曼特微显示科技（深圳）有限公司与胡某生损害公司利益责任纠纷案

审理法院：最高人民法院

案　　号：（2018）最高法民再 366 号

【争议点】

斯曼特微显示科技（深圳）有限公司与胡某生因损害公司利益责任纠纷引发诉讼，该案历经广东省深圳市中级人民法院一审、广东省高级人民法院二审以及最高人民法院再审三个阶段。在再审中，当事人就追缴股东出资是否属于董事勤勉义务范围产生争议。

【法院认为】

法院在裁判时认为：根据《公司法》第 147 条第 1 款的规定，董事、监事、高级管理人员应当遵守法律、行政法规和公司章程，对公司负有忠实义务和勤勉义务。上述规定并没有列举董事勤勉义务的具体情形，但是董事负有向未履行或未全面履行出资义务的股东催缴出资的义务；这是由董事的职能定位和公司资本的重要作用决定的。根据董事会的职能定位，董事会负责公司业务经营和事务管理，董事会由董事组成，董事是公司的业务执行者和事务管理者。股东全面履行出资是公司正常经营的基础，董事监督股东履行出资是保障公司正常经营的需要。《公司法司法解释（三）》第13条第4款规定："股东在公司增资时未履行或者未全面履行出资义务，依照本条第一款或者第二款提起诉讼的原告，请求未尽公司法第一百四十七条第一款规定的义务而使出资未缴足的董事、高级管理人员承担相应责任的，人民法院应予支持；董事、高级管理人员承担责任后，可以向被告股东追偿。"上述规定的目的是赋予董事、高级管理人员对股东增资的监管、督促义务，从而保证股东全面履行出资义务、保障公司资本充实。在公司注册资本认缴制下，公司设立时认缴出资的股东负有的出资义务与公司增资时是相同的，董事、高级管理人员负有的督促股东出资的义务也不应有所差别，追缴股东出资属于董事勤勉义务范围。

（三）人民法院在判断董事、高级管理人员是否违反勤勉义务时应以董事、高级管理人员在自己的专业范畴内是否存在过错及重大过失为标准

【案例来源】

案例名称：北京东方网信科技股份有限公司与何某泽损害公司利益责任纠纷案

审理法院：北京市第一中级人民法院

案　　号：（2016）京01民终5551号

【争议点】

北京东方网信科技股份有限公司（以下简称东方公司）与何某泽因损害公司利益责任纠纷引发诉讼，该案历经北京市海淀区人民法院一审、北京市第一中级人民法院二审两个阶段。在二审中，当事人就高级管理人员勤勉义务是否包括了要求何某泽分辨唐某的微信真假，识别网络诈骗产生争议。

【法院认为】

法院在裁判时认为：根据《公司法》第147条规定，董事、监事、高级管理人员应当遵守法律、行政法规和公司章程，对公司负有忠实义务和勤勉义务。东方公司章程中亦规定高级管理人员应当遵守法律、行政法规和章程，对公司负有勤勉义务，但对财务总监勤勉义务的具体内容章程并无详细列明。一

般来讲，对董事、高级管理人员的勤勉义务应理解为上述人员在管理公司、经营业务时，不得有疏忽大意或者重大过失，并尽合理的谨慎、注意和技能，履行自己的职能。董事、高级管理人员的勤勉义务应指向执行公司职务等专业性行为层面，应判断上述人员在自己的专业范畴内是否存在过错及重大过失，而不应包括识别网络诈骗。何某泽并非网络诈骗识别专家，其在面对诈骗发生时，并不具有比普通人更多的经验和辨别能力，何某泽并未主动追求或放任网络诈骗的发生，此时，仅应考虑其在履行职务行为层面是否有过错及重大过失，而不应将受骗完全认定为何某泽的责任。如前所述，若唐某真实微信指示何某泽付款，此时何某泽系正常履职行为，故本院认定，在该案中，何某泽未违反高级管理人员的勤勉义务。

（四）违反董事忠实勤勉义务而产生的责任系过错责任，以股东因过错而未能履行忠实勤勉义务给公司利益造成损害为前提

【案例来源】

案例名称：深圳市雪樱化实业有限公司、深圳市雪樱花食品有限公司、郭某婴股东出资纠纷案

审理法院：广东省高级人民法院

案　　号：（2017）粤民终 1964 号

【争议点】

深圳市雪樱花实业有限公司（以下简称雪樱花公司）、深圳市雪樱花食品有限公司（以下简称食品公司）、郭某婴因股东出资纠纷引发诉讼，该案历经广东省深圳市中级人民法院一审、广东省高级人民法院二审两个阶段。在二审中，当事人就作为郭某婴作为董事是否需要对股东虚假增资承担赔偿责任产生争议。

【法院认为】

法院在裁判时认为，《公司法》第 147 条第 1 款规定："董事、监事、高级管理人员应当遵守法律、行政法规和公司章程，对公司负有忠实义务和勤勉义务。"因违反该条规定的董事忠实勤勉义务而产生的责任，是过错责任，以股东因过错而未能履行忠实勤勉义务给公司利益造成损害为前提。郭某婴、食品公司作为雪樱花公司的股东，两次增资提供的验资报告显示的增资账户均经另案查明事实上不存在，郭某婴和食品公司使用同一虚假账户进行虚假增资，故

郭某婴对食品公司的虚假增资行为是明知的。郭某婴作为公司法定代表人和董事对食品公司的虚假增资未予监督，未履行忠实勤勉义务，存在过错。雪樱花公司上诉主张郭某婴未尽忠实勤勉义务，对食品公司的虚假增资承担相应赔偿责任理据充分。由于《公司法》及其司法解释均未对违反忠实勤勉义务应承担何种责任作出明确规定，为维护公司利益，法院认为郭某婴应对食品公司未出资本息承担补充清偿责任。

（五）公司高级管理人员在任职期间设立同类公司，利用职务便利谋取了任职公司的商业机会的，所得收入归属任职公司

【案例来源】

案例名称：上海扬智嘉达企业管理有限公司与金某俊损害公司利益责任纠纷

审理法院：上海市宝山区人民法院

案　　　号：（2017）沪 0113 民初 15982 号

【争议点】

上海扬智嘉达企业管理有限公司（以下简称扬智公司）与金某俊因损害公司利益责任纠纷起诉至上海市宝山区人民法院。当事人在庭审中就金某俊作为扬智公司原高级管理人员是否违反我国《公司法》有关高级管理人员竞业禁止的规定以及违反对公司的忠实义务的规定产生争议。

法院在裁判时认为，金某俊受聘担任扬智公司总经理，负责执行扬智公司的董事会决议，主持扬智公司全面工作，保证经营目标的实现，代表公司签署有关协议、合同、合约和处理有关事宜。然其在任职期间，另行与陈某共同设立上海博革企业管理咨询有限公司（以下简称博革公司）。博革公司的经营范围为企业管理咨询、商务信息咨询，会务服务，计算机软件的开发及销售，博革公司与原告的主营业务相同，经营范围都涉及精益管理课程，而且依据扬智公司提供的证据显示金某俊在扬智公司任职期间即以博革公司的名义与客户洽谈业务、签订合同。金某俊利用职务便利为自己及博革公司谋取了本属于扬智公司的商业机会，并为博革公司经营了与扬智公司同类的业务，违反了《公司法》中高级管理人员竞业禁止及忠实义务，损害了扬智公司的利益，并使自身获利，故而应当承担相应法律责任，所得收入应判决归还原公司。

（六）当事人以履行忠实义务为由，请求免除其在诉讼中对商业秘密采取合理保密措施的证明责任的，人民法院不予支持

【案例来源】

案例名称：蓝星商社、南通中蓝工程塑胶有限公司侵害技术秘密纠纷案

审理法院：最高人民法院

案　　号：（2017）最高法民申 1602 号

【争议点】

蓝星商社、南通中蓝工程塑胶有限公司（以下简称中蓝公司）因增资纠纷引发诉讼，该案历经江苏省高级人民法院一审、最高人民法院二审以及最高人民法院再审三个阶段。在再审中，当事人就《公司法》所规定的法定保密义务能否取代商业秘密合理保密措施产生争议。

【法院认为】

法院在裁判时认为：该案案由为侵害商业技术秘密和商业经营秘密纠纷，再审申请人原一审系以侵害商业秘密、构成共同侵权为由提出相应诉讼请求，其请求权基础并非《公司法》第 147 条、第 148 条所规定的董事、监事、高级管理人员违反忠实义务、勤勉义务所导致的损害公司利益责任。再审申请人虽在二审上诉理由中提及，但系主张周某敏、陈某新负有法定的保密义务，进而主张采取了合理的保密措施。侵害商业技术秘密和商业经营秘密纠纷与董事、监事、高级管理人员损害公司利益责任纠纷二者法律关系不同，构成要件不同，审理对象显然亦不同。同时，基于《公司法》所规定的董事、监事、高级管理人员忠实义务中的保密义务，并不能完全体现商业秘密的权利人对其主张商业秘密所保护的信息采取保密措施的主观意愿和积极态度，不能构成作为积极行为的保密措施，显然亦不能免除权利人诉讼中对商业秘密采取合理保密措施的证明责任。

四、结　语

公司制下的所有权与经营权分离导致了委托代理问题的产生，为了保护投资者的利益，公司高级管理人员信义义务作为一项法律制度得以产生。如今，在《公司法》中规定并要求公司高级管理人员履行信义义务已成为各国公司

立法的一项基本内容。信义义务内容的核心是忠实义务和勤勉义务，两者的履行对于维护公司和投资者的利益不可或缺，在司法实践中的判断也是一个重点与难点问题。其一，认定董事违反忠实义务的，有两个前提条件，担任公司董事并实际从事公司的经营决策等管理行为以及没有经过股东会的同意而实施上述行为。其二，就董事和高级管理人员的勤勉义务而言，人民法院在审理相关案件时，应注意以下几点：一是勤勉义务应指向执行公司职务等专业性行为层面，识别网络诈骗不属于勤勉义务的范畴；二是追缴股东出资属于董事勤勉义务范围；三是勤勉义务产生的责任是过程责任。其三，高级管理人员任职期间设立同类公司，利用职务便利谋取了任职公司的商业机会的，所得收入应归任职公司所有。其四，忠实义务为消极义务，不能代替董事和高级管理人员保护商业秘密的积极行为，免除证明责任。

第二章
公司运营

序　论

公司运营标志着现代公司正式进入市场经济的发展轨道之中，公司开始以资本为纽带连接公司与公司外部市场主体进行市场交易，以公司章程和《公司法》为依据开展内部管理与内部股权交易，从而通过公司内外部同时运作转化为公司发展的经济动力，但上述运作必须在法律的范围内依法进行。对此，我国多部法律、司法解释对公司运营进行了法律规制，如我国现行《公司法》与相关司法解释对公司的合并与分立、股权转让、股权流质、公司担保、公司增资与减资、公司投资等进行了明确规定，本章即围绕公司运营之法律问题展开研究。但随着现代公司制度的不断发展，实践中出现诸多新型、复杂案件，同时由于成文法的固有缺陷，亦导致法律适用中新型、疑难问题的不断涌现，比如本章第六节讨论的股权流质，在立法层面，我国法律禁止流质条款，但在实践中的股权转让纠纷中，人民法院对于能否依据流质条款无效的规定而直接否认当事人约定的效力仍然存在争议。因此，以人民法院作出的相关裁判文书为基础，归纳、提炼与公司运营有关的裁判规则具有重大的现实意义。

在体例上，本章共十二节，每一节包括导论、基本理论、裁判规则、结语四部分；在素材上，本节以最高人民法院、高级人民法院或其下级人民法院作出的裁判文书为主，辅以与此相关的理论；在内容上，不仅选取了司法实务中较为典型的公司运营作为研究标的，还涉及诸多公司运营过程中的共性问题以探究有关公司运营纠纷的独特之处，共包括公司的合并、公司的分立、股权转让协议效力、股权转让协议的解除、股权善意取得、股权流质、公司的收益分配、公司的担保、公司的增资、公司的减资、公司僵局认定、股东除名决议效力认定十二部分，每一部分皆以有关理论为基础，对裁判文书进行筛选、梳理与分析，精准归纳、提炼出相应的裁判规则。本节紧扣实务热点，立足实践、指导实践，相信定会对理论研究与司法实务界的人士起到参考指导作用。

第一节　公司的合并

一、导　论

公司合并是当今世界各国优化产业结构的重要手段，也是公司实现扩张、壮大发展的有效途径。公司合并作为公司资产重组的重要方式，可以有效地降低公司进入新行业的壁垒，降低企业扩张的成本和风险，使公司迅速获得科学技术上的竞争优势，占领更大的市场份额，获得新的发展。然而，从规则的角度考察我国有关公司的合并的法律制度，我们可以发现，由于公司的合并制度是一个包括多种相关法律如《公司法》《反垄断法》《合同法》《劳动法》等在内的法律体系，是多种法律相关规定的有机组合，而我国有关公司的合并的法律不同程度地存在制度空白、制度不统一等问题。因此，在实务中还处于进一步探索的阶段，本节期望通过对我国案例的研究来指导司法实践，并希望对此进行一些有益的探讨。本节以公司的合并的案件裁判文书为研究对象，以2016年以来人民法院作出的相关裁判文书为主要范围，归纳、提炼公司的合并裁判的理念和趋势。

截至2020年1月，在中国裁判文书网中输入"公司的合并"（关键词）检索出民事裁判文书25 122篇，由最高人民法院裁判的有173篇，由高级人民法院裁判的有2207篇，本节选取其中4篇典型案例梳理其裁判规则。在具体案例的选取上，本节遵循以下"三个优先"原则。第一，优先选择审判层级较高的裁判文书。第二，优先选择中国裁判文书网公布的裁判文书。第三，优先选择审判日期较近的裁判文书。通过形式和内容两个方面的筛选，本节最终选择（2017）鲁11民终1373号、（2018）豫13民终7424号、（2017）鲁0891民初2697号、（2016）苏民终187号、（2017）鲁16民终2108号等5篇裁判文书作为本节研究对象，其中，由高级人民法院裁判的有1篇，裁判日期为2017年（含）之后的案例有4篇。

二、公司合并的基本理论

（一）公司合并的概述

1. 公司合并的含义。公司的合并，是指两个或两个以上的公司，订立合并协议，依照《公司法》的规定不经过清算程序，直接合并为一个公司的法律行为。[①]

2. 公司合并的种类。公司的合并有吸收合并（又称存续合并或兼并）和新设合并（又称创设合并）两种形式。吸收合并，是指一个公司吸收其他公司而继续存续，被吸收的公司解散的合并方式。新设合并是两个或两个以上的公司在合并中同时解散，共同设立一个新公司。

3. 公司合并的程序。（1）合并需由股东会（股东大会）表决通过。①有限公司修改公司章程的决议，必须经代表 2/3 以上表决权的股东通过；②股份公司修改公司章程的决议，必须经出席股东大会的股东所持表决权的 2/3 以上通过。（2）合并应签订合并协议并编制资产负债表及财产清单。这说明在合并时就要进行清产核资，故因合并注销公司时，不需要再依《公司法》进行清算。（3）通知债权人并公告。公司均应当自作出合并决议之日起 10 日内通知债权人，并于 30 日内在报纸上公告。（具体公告的次数由公司自行决定）。（4）在合并程序中，债权人自接到通知书之日起 30 日内，未接到通知书的自公告之日起 45 日内，可以要求公司清偿债务或者提供相应的担保。（5）在债权人请求但公司不清偿债务或者不提供相应担保情况时，不影响公司的合并。（6）合并时，合并各方的债权、债务，应当由合并后存续的公司或者新设的公司承继。

（二）公司合并的特征

公司的合并是参与合并的公司之间的多方法律行为，性质属于契约法律行为。但又不同于一般的法律行为，具有以下显著的特征：

1. 公司的合并行为的主体是参与合并的两个或两个以上的公司。公司的合并行为的主体只能是参与合并的公司，即参与合并的公司才是公司的合并的决定者和实施者以及公司的合并效力的承受者，而不是参与合并公司的股东、董

[①] 赵旭东主编：《公司法学》，高等教育出版社 2015 年版，第 346 页。

事、经理等经营管理人员、债权人等利益相关者。

2.公司的合并是组织法性质的法律行为。公司的合并是公司之间的契约法律行为。公司的合并契约显然属于组织性契约，是团体法性质的法律行为，具有一定的涉他性，其效力不仅及于契约当事人（参与合并的公司），而且及于参与合并的公司的股东、经营管理者、职工、债权人等利益相关者。

3.公司的合并导致参与合并公司的组织实体的变更或消灭、公法和私法上权利和义务的概括转移。公司的合并是两个或两个以上公司归并为一个公司的法律行为，必然导致参与合并公司组织实体的变更或消灭。吸收合并和新设合并均导致参与合并一方或双方公司的解散。但与其他原因导致的公司解散区别在于，公司的合并而导致的公司解散无须经过清算程序，解散公司的法律人格并未归于绝对消灭，而是转由存续公司或新设公司无条件地予以概括承受。

（三）公司合并的法律后果

1.公司的设立、消灭或变更。无论何种形式的合并，都会使公司的人格发生变化，导致参与合并公司的组织实体的变更或消灭。在吸收合并中，被吸收的公司解散，主体资格消亡，吸收公司则继续存在在新设合并中，原有公司解散，主体资格消亡，新公司设立。在吸收合并的情形中，存续公司因承受消灭公司的权利义务还会发生组织变更，如注册资本、公司章程的变更。[①]因公司的合并而引起的上述公司人格的变化，皆须依法办理登记。

2.消亡公司权利义务的概括转移。公司的合并将导致消亡公司的权利义务概括转移给存续公司或新设公司。[②]这些权利包括被合并公司所有财产权利，如动产、不动产、知识产权、债权等，以及公法上的各种权利，如各种特许权、营业权等。义务包括债务、各项诉讼事务等。公司在合并时，被合并公司的全部资产和债务，都移转于存续公司，这种移转不仅在存续公司与被合并公司之间生效，而且对第三者也生效。根据我国《公司法》第175条规定，公司在合并时，合并各方的债权、债务，应当由合并后存续的公司或者新设的公司承继。另外，由于消亡公司权利义务的转移是概括转移，公司的合并不必像公司解散那样进行清算并终止有关公司的一切法律关系。

[①] 张如海：《公司合并法律制度研究》，中国政法大学2006年硕士学位论文。
[②] 范健、王建文：《公司法》，法律出版社2018年版，第389页。

3. 股东身份的变化。公司的合并会引起股东身份的变化。在吸收合并中，消灭公司的股东因合并对价的不同或成为吸收公司存续公司的股东，或将其股权转让给吸收公司而失去股东资格。在新设合并中，合并公司双方的股东都将失去其原来的股东资格，是否成为新公司的股东，亦因合并对价的不同而有所差异。

（四）公司合并与其他公司并购形式的差异

公司并购，是指一切涉及公司控制权转移与合并的行为，它包括资产收购（营业转让）股权收购和公司合并等方式。[①]

1. 公司合并与资产收购的差异。资产收购是一个公司购买另一个公司的部分或全部资产，收购公司与被收购公司在资产收购行为完成之后仍然存续。

公司合并与资产收购的差异在于：（1）资产转移不同。在公司合并中，资产转移是概括转移，所转移的是解散公司的全部财产，而非部分资产；而在资产收购中，所转让的既可以是全部财产，也可以是部分财产。（2）债务承担不同。在公司合并中，被合并的公司的全部债务转移至存续公司或新设公司；而在资产收购中，除合同中明确约定收购方承受被收购方的债务外，收购方不承担被收购方的债务。（3）股东地位不同。在公司合并中，存续公司为承继解散公司的资产而支付的对价如现金或存续公司的股份，直接分配给解散公司的股东，解散公司的股东因此获得现金或成为存续公司的股东；而在资产收购中，收购方为资产转让而支付的对价属于出售公司，而与出售公司的股东无直接关系。（4）法律后果不同。公司合并必然导致合并一方或双方公司的解散，被解散的公司的全部权利和义务由存续公司或新设公司承受；而资产收购则不必然导致一方公司或双方公司的解散。（5）法律性质不同。公司合并的本质是公司人格的合并；而资产收购的性质是资产买卖行为，不影响公司的人格。

2. 公司合并与股权收购的差异。公司的股权收购，是指一个公司收买另一个公司的股权，以取得控股权，收购公司和被收购公司在股权收购行为完成之后仍然存续。[②]

公司合并与股权收购的差异在于：（1）主体不同。公司合并的主体是公

---

① 赵旭东主编：《公司法学》，高等教育出版社 2015 年版，第 347 页。

② 赵旭东主编：《公司法学》，高等教育出版社 2015 年版，第 347 页。

司；而在股权收购中，一方主体是收购公司，而另一方主体则是目标公司的股东。（2）内容不同。在公司合并中，存续公司或新设公司承受解散公司的全部权利和义务；而在股权收购中，目标公司的股东将其对目标公司的股份转让给收购方。（3）法律后果不同。公司合并必然导致合并一方或双方公司的解散，被解散的公司的全部权利和义务由存续公司或新设公司承受；而股权收购则不必然导致一方公司或双方公司的解散。（4）法律性质不同。公司合并的本质是公司人格的合并；而股权收购的本质是股权的买卖行为，不影响公司的人格。

三、关于公司合并的案例及裁判规则

（一）公司的合并协议书上仅有股东签字而无公司盖章的，该协议书不能作为认定双方就公司的合并事宜达成合意的依据

【案例来源】

案例名称：刘某平与日照市七星汽车部件有限公司企业兼并合同纠纷案

审理法院：山东省日照市中级人民法院

案　　　号：（2017）鲁 11 民终 1373 号

【争议点】

刘某平与日照市七星汽车部件有限公司（以下简称七星公司）因企业兼并合同纠纷引发诉讼，该案历经日照市东港区人民法院一审、日照市中级人民法院二审两个阶段。在二审中，当事人就案涉山东驰源前轴有限公司（以下简称驰源公司）与七星公司间的企业兼并协议是否成立、有效产生争议。

【法院认为】

法院在裁判时认为：刘某平提交 2015 年 2 月 3 日驰源公司同意接受七星公司的合并的决议，虽有七星公司法定代表人陈某义签字，但从该决议内容来看，仅能证实系驰源公司全体股东同意接受七星公司接收驰源公司全部资产及债权债务及人员的初步方案。在此之后，双方实际进行了清产核资，编制资产负债表和财产清单，并对外通知合并事宜，但并不当然能够认定双方之间存在公司的合并。上述行为仅是按双方关于公司的合并的初步意向，进行公司的合并的准备事项。虽刘某平提交驰源公司与七星公司之间的公司的合并协议书复印件证实双方事实上存在合并，但该合并协议书仅有驰源公司股东即刘某平及

案外人邹某签字、捺印，未经七星公司盖章。因此，法院最终认定驰源公司与七星公司未就公司的合并事宜达成合意。

（二）公司合并协议自合同成立时生效，是否经过批准或登记不是其生效要件

【案例来源】

案例名称：邓州市上品酒店有限公司与我爱我家管理有限公司公司合并纠纷案

审理法院：河南省南阳市中级人民法院

案　　号：（2018）豫 13 民终 7424 号

【争议点】

邓州市上品酒店有限公司（以下简称邓州市上品酒店）与我爱我家管理有限公司（以下简称我爱我家公司）因公司合并纠纷引发诉讼，该案历经邓州市人民法院一审、南阳市中级人民法院二审两个阶段。在二审中，当事人就双方签订的合并协议是否生效产生争议。

【法院认为】

法院在裁判时认为：根据《合同法》第 44 条规定，依法成立的合同，自成立时生效。法律、行政法规规定应当办理批准、登记等手续生效的，依照其规定。本案的合并协议约定双方签字后生效，法律、行政法规没有规定此类合同需经批准或登记后生效，原审适用的《公司法》第 173 条、第 179 条也没有公司合并协议需要批准或登记后生效的规定，因此，原判认定双方签订的公司合并协议未发生法律效力，没有法律依据，处理不当。

（三）当事人一方仅以法定代表人口头陈述进行公司合并，且合并公司之间存在较大数额资金往来为由主张存在公司合并事实的，人民法院不予支持

【案例来源】

案例名称：黄某勇与山东兴迪尔置业集团有限公司股权转让纠纷案

审理法院：山东省济宁高新技术产业开发区人民法院

案　　号：（2017）鲁 0891 民初 2697 号

【争议点】

黄某勇与山东兴迪尔置业集团有限公司因股权转让纠纷起诉至济宁高新技术产业开发区人民法院，双方在庭审中就山东兴迪尔置业集团有限公司、山东万紫园旅游开发有限公司和山东高新迪尔投资有限公司是否在实质上进行了合并产生争议。

【法院认为】

法院在裁判时认为：对公司的合并的认定，应符合公司的合并的法律要件。首先是主体的变更。公司的合并包括吸收合并和新设合并。吸收合并是一个公司吸收其他公司，被吸收的公司解散；新设合并是两个或两个以上的公司合并成一个新的公司，合并各方解散；公司在合并时，合并各方的债权债务，由合并后存续的公司或者新设的公司承继。其次是要有合并事项的处理。公司的合并，应当由合并各方签订合并协议，编制资产负债表及财产清单，通知债权人并进行公告。原告以被告的控股股东法定代表人将要进行实质性合并，各合并单位出具了文件并且之间资金来往金额较大主张被告与其他两公司的合并，尚未完成公司的合并的要件。因此，该院最终认定山东兴迪尔置业集团有限公司、山东万紫园旅游开发有限公司和山东高新迪尔投资有限公司并未在实质上进行合并。

（四）若以终止所有参与合并的公司为公司合并目的，则属于违法越过清算环节，不适用基于合并而消灭的公司无须经过清算程序的规定

【案例来源】

案例名称：中国第十三冶金建设有限公司与上海致达科技集团有限公司股东损害公司债权人利益责任纠纷案

审理法院：江苏省高级人民法院

案　　号：（2016）苏民终187号

【争议点】

中国第十三冶金建设有限公司（以下简称十三冶公司）与上海致达科技集团有限公司（以下简称致达科技公司）因股东损害公司债权人利益责任纠纷引发诉讼。该案历经江苏省徐州市中级人民法院一审、江苏省高级人民法院二审两个阶段。在二审中，当事人就致达科技公司在江苏五洲纸业有限公司（以下简称五洲纸业公司）与江苏新大纸业有限公司（以下简称新大纸业公司）合并

过程中是否存在损害五洲纸业公司债权人十三冶公司权益的行为存在争议。

【法院认为】

法院在裁判时认为：五洲纸业公司和新大纸业公司之间的所谓"合并"，系以终止所有参与合并的公司为目的，违背公司的合并制度的立法目的。在该案中，合并后的新大纸业公司并无实际经营的意愿，这个通过合并而产生的新公司，其产生的直接目的是通过破产程序终止其法人资格。换言之，五洲纸业公司和新大纸业公司之间的所谓"合并"，虽然具备了《公司法》上合并的形式，但其目的是通过先合并然后直接破产的途径，终止所有参与合并的公司，属于特意安排的终止公司系列行为中的一个步骤，与合并制度的立法目的相违背。而且五洲纸业公司和新大纸业公司之间的所谓"合并"直接导致五洲纸业公司违法越过清算环节而终止。五洲纸业公司、新大纸业公司共同的唯一股东致达科技公司在合并目的明确为终止所有参与合并的公司的情形下，不按照《公司法》的规定对各公司分别解散、清算或者申请破产，而是将五洲纸业公司在不编制资产负债表、财产清单的情况下，无偿并入新大纸业公司，然后直接申请合并后的新大纸业公司破产，该行为的直接后果是五洲纸业公司的终止违法越过清算环节。

（五）若公司新设合并时，出现合并后的新公司设立但被合并的公司仍然存续的情形，则不属于公司的合并

【案例来源】

案例名称：十堰市东风建工集团房建有限公司、山东邹平顺新工程建设有限公司执行异议之诉案

审理法院：山东省滨州市中级人民法院

案　　号：（2017）鲁16民终2108号

【争议点】

十堰市东风建工集团房建有限公司与山东邹平顺新工程建设有限公司因执行异议引发诉讼。该案历经山东省邹平县人民法院一审、滨州市中级人民法院二审两个阶段。在二审中，当事人就十堰市东风建筑工程有限公司设立十堰市车城建筑工程有限公司的方式为合并还是出资存在争议。

【法院认为】

法院在裁判时认为：十堰市东风建筑工程有限公司系于2003年2月24日

成立，但十堰市东风建筑工程有限公司等"被合并"的公司在此后的 2003 年 6 月 18 日仍在作出公司的合并、成立清算组等股东会决议。法院在裁判时认为案涉公司是合并还是出资，应从公司的合并过程中法人人格的变化特征分析，公司新设合并时，被合并的公司人格消灭与新公司人格的产生应当同时发生，断不能出现合并后的新公司设立但被合并的公司仍然存续的情形。案涉公司的设立、变更、清算等发生在 2002 年至 2004 年，适用 1999 年 12 月 25 日第九届全国人民代表大会常务委员会第十三次会议修改后的《公司法》的规定。该法第 27 条第 4 款规定："公司营业执照签发日期，为有限责任公司成立日期。"十堰市东风建筑工程有限公司其法人人格与"合并后新设"的十堰市车城建筑工程有限公司同时存续，这明显违背公司新设合并的基本原理。因此，法院最终认定十堰市东风建筑工程有限公司设立十堰市车城建筑工程有限公司的方式为出资，而非合并。

四、结　语

公司的合并是当今世界各国优化产业结构的重要手段，也是公司实现扩张、壮大发展的有效途径。公司的合并作为公司资产重组的重要方式，可以有效地降低公司进入新行业的壁垒，降低企业扩张的成本和风险，使公司迅速获得科学技术上的竞争优势，占领更大的市场份额，获得新的发展。因此，对公司的合并应慎重适用，从严把握。其一，根据我国《公司法》的规定，公司的合并应签订合并协议，若该合并协议上只有股东签字而无公司盖章的，该合并协议无效。其二，公司合并协议于成立时生效。其三，若当事人仅以公司的控股股东法定代表人将要进行实质性合并并且与其他公司资金来往金额较大主张该公司与其他公司的合并的，人民法院不予支持。其四，根据公司合并的特征，即导致参与合并公司的组织实体的变更或消灭与不必经过公司清算程序，所以在司法实践中公司的合并后，一方公司的组织实体依旧存续，或者公司的合并的目的在于违法越过清算环节，二者均不属于公司的合并的情形。

第二节　公司的分立

一、导　论

公司的分立，是指公司经营规模发展到一定阶段时要谋求公司经营进一步专业化发展所必须对公司的经营结构以及公司规模采取的一种改造手段。通过完成公司的分立，分立公司能够提高专业化经营水平，进一步降低公司内部管理成本，提高经营管理效率和公司整体的竞争力。在我国，随着社会经济的进一步发展，公司的数量和规模都得到进一步扩大，公司的分立也逐步成为我国企业谋求进一步专业化发展的一种必然需求。然而，我国在现行法律中关于公司的分立制度的规定并不是非常完善，并且对于公司的分立制度的基础，即如何界定公司的分立行为也缺乏相应的明确规定。因此，可能导致司法机关对公司行为的界定缺乏一个统一的标准，但是对其具体适用的问题，实务上还处于进一步探索的阶段。本节以公司的分立的案件裁判文书为研究对象，以2016年以来人民法院作出的相关裁判文书为主要范围，归纳、提炼公司的分立裁判的理念和趋势，以期通过对我国案例的研究来指导司法实践。

截至2020年1月，在中国裁判文书网中输入"公司的分立"（关键词）检索出民事裁判文书5459篇，由最高人民法院裁判的有41篇，由高级人民法院裁判的有350篇，本节选取其中5篇典型案例梳理其裁判规则。在具体案例的选取上，本节遵循以下"三个优先"原则。第一，优先选择审判层级较高的裁判文书。第二，优先选择中国裁判文书网公布的裁判文书。第三，优先选择审判日期较近的裁判文书。通过形式和内容两个方面的筛选，本节最终选择（2016）黔民终74号、（2016）粤民终1116号、（2018）皖民申348号、（2018）苏执复166号、（2018）京执监28号等5篇裁判文书作为本节研究对象，其中，均由高级人民法院裁判，裁判日期为2018年（含）之后的案例有4篇。

二、公司分立的基本理论

（一）公司分立的概述

1.公司分立的含义。公司的分立，是指一个公司通过依法签订分立协议，将其营业分成两个以上公司的法律行为。[①]从而原公司不经清算程序而解散，或者以被缩小的状态存续，并且原公司股东取得承继分立公司权利与义务的股份。

2.公司分立的类型。公司的分立可分为新设分立与派生分立两种方式。新设分立，是指一个公司的分立为多个公司，原公司解散。派生分立，是指一个公司分立出后的一部分业务成立另一个公司，原公司继续存在。[②]

3.公司分立的程序。（1）分立须由公司股东大会决议通过，而不能由董事会决议通过。（2）公司的分立，应当编制资产负债表与财产清单。公司应当作出分立决议之日起10日内通知债权人，并于30日内在报纸上公告。（3）在分立程序中，债权人无"要求"公司清偿债务或者提供相应的担保。（4）公司的分立前的债务由分立后的公司承担连带责任。但是，公司在分立前与债权人就债务清偿达成的书面协议另有约定的除外。

4.公司分立的法律后果。一是引起原公司形态的变化。公司分立的形式不论采取哪一种，都会带来公司财产、人员的变化、公司的设立或公司的解散。二是股东的变化。公司分立将使原公司股东有的留在原公司，有的加入新设的公司，股东的资格不变。三是公司分立前的债务要按照协议由分立后的公司承担。

（二）公司分立的立法状况

关于公司的分立，我国在多部法律中都有所涉及，如《民法通则》《全民所有制工业企业法》《外资企业法》《公司法》等。1986年的《民法通则》在我国首先建立起公司的分立制度，该法第44条及第49条中都对公司的分立行为有规定，但均未对公司分立的定义进行界定。1993年12月29日通过的《公司

---

① 赵旭东主编：《公司法学》，高等教育出版社2015年版，第353页。
② 范健、王建文：《公司法》，法律出版社2018年版，第390页。

法》在第七章中增订了有关公司的分立制度的规定，但其中只是简单地规定了公司的分立的条件和相关程序。《合同法》在第 90 条中规定了公司的分立时分立公司处理其合同相关的权利义务的基本依据。原对外经贸部和国家工商总局在 1999 年发布了《关于外商投资企业合并与分立的规定》，该规定中的第 4 条中规定了公司的分立的定义以及公司的分立的两种形式。这是我国第一次以立法的形式规定公司的分立，但此类政府部门文件的效力较低，并且该文件的适用范围仅限于依照我国相关法律在我国境内设立的中外合资经营企业等外商投资企业之间的分立，而不具有普适性，因此，该文件中的相关规定不能普遍适用于我国所有类型的公司企业。2005 年修订公布的《公司法》中，原来的第七章变为第九章，并将通知债权人的次数由三次变为一次，分立后公司对债务的清偿责任变为连带责任。至此，在 2005 年的《公司法》中构建了我国当前公司的分立制度，在这一制度中并没有明确地规定如何界定公司的分立等问题。较 1993 年的《公司法》，公司的分立制度的规定已经得到一定的完善，但是，仍然没有明确公司分立的定义。此后，在 2013 年年底通过的《公司法》修订中没有涉及对公司分立部分的修改。本书认为，从以上法律法规中对公司的分立制度的相关规定以及立法沿革方面来看，我国立法中对公司分立的规定有些简单、笼统。

（三）公司分立与相关概念辨析

1. 公司的分立与投资。（1）公司的分立强调的是公司组织的变更，属于公司组织法的问题；而投资强调的是财产所有权的转移及投资人股东权的取得这种投资的行为过程，而不是组织变更过程。（2）公司的分立具有整体性营业转移的特性；而投资行为更多的是某些特定财产的转移，而不强调这些财产是否具有整体性营业的性质。（3）公司的分立是一种分离公司的营利机能并使其运行的手段，虽然分离出的只是原公司的一部分，但这一部分具有相对独立的营利机能，它包括可以作为整体性营业的全部积极、消极资产的总体资产及运行这些资产的职工、管理人员等；而转投资只是将特定财产出资给其他公司，这种特定财产一般仅指积极财产，不包括运营管理人员。（4）公司分立的后果将导致原公司注册资本的减少及相应的股份总数的减少；而公司转投资并不导致原公司注册资本的减少，在公司资产负债表上，资产总量并不减少，只是资产形态发生变化，有形资产或无形资产减少，长期投资增加。（5）公司分立的本质是公司人格的变化，而资产转让的本质则为买卖合同。①

2. 公司的分立与营业转让。（1）营业转让是买卖法上的问题；而公司的分立是组织法上的问题。营业转让合同的无效，适用《民法》《合同法》的一般原则；而公司的分立无效则适用《公司法》。如公司的分立已经过工商部门登记发生效力，公司股东等在一定期间内可提起主张分立无效的诉讼，但分立无效的判决没有溯及效力。（2）营业转让时，营业的转让与人与员工（除船员外）之间的劳动合同不当然延续；而公司的分立则不同，前述劳动关系当然延续到分立后各公司。（3）营业转让不产生股东接收的问题；而公司的分立，则会相应导致分立后股东权利的分割、承受等问题。因此，公司的分立制度有利于保护股东和职工的合法权益，维护社会的稳定，能够取得比营业转让更好的社会效果。（4）营业转让时转让公司的资本不会减少，但在公司的分立时由分立公司的股东取得承继公司的股份而对分立公司无对应的对价，所以会出现许多资本减少的情况。（5）营业转让时以解散转让公司为原则，但在公司的分立时既有分立公司解散的情况也有存续的情况。（6）公司分立的场合是将需要分立的部门、营业或资产一并转移，其转移的对象是包括该部分资产的所有权以及所涉及的债权债务的一并转让；而营业让与一般仅指将该部分营业、财产或某个部门的所有权转移，并不一定涉及与之相关的债务。②

3. 公司的分立与公司的合并。（1）公司的分立与公司的合并的共同点。第一，新设公司或既存的承继公司多多少少将承继分立公司的积极、消极的财产。第二，分立公司消灭时，不要求其他的清算程序。第三，股东或社员大会的分立承认决议是程序上的必要条件。第四，作为财产的部分承继的对价原则上是指对分立公司的股东赋予承继公司的社员权。第五，具有强有力的债权者保护程序。（2）公司的分立与公司的合并的不同点。第一，合并时合并公司的一方或双方将消灭，但在分立时有分立公司不消灭既存的情况。第二，合并时合并公司的前财产承继给其他公司，但分立时只有分立的一部分财产承继给其他公司。第三，合并时作为对价合并公司的股东将分配到承继公司的股份，但分立时作为对价分立公司自身将分配到承继公司的股份物之分立。第四，分立

---

① 赵旭东主编：《公司法学》，高等教育出版社 2015 年版，第 353 页。
② 陈英骅：《论公司分立在司法实践中的界定》，载《杭州师范大学学报（社会科学版）》2014 年第 2 期。

时债权者保护程序强于合并时。

三、关于公司分立的案例及裁判规则

（一）《公司法》第 175 条规定的财产分割，是指公司分立成不同的公司后，就公司财产在不同的公司之间进行分割，而不是指股东对公司的财产进行分割

【案例来源】

案例名称：贵州捷利达贸易有限责任公司、贵州中杭投资有限公司、姚某金与姚某宜股权转让纠纷案

审理法院：贵州省高级人民法院

案　　号：（2016）黔民终 74 号

【争议点】

贵州捷利达贸易有限责任公司（以下简称捷利达公司）与被告贵州中杭投资有限公司（以下简称中杭公司）、姚某金、姚某宜因股权转让纠纷引发诉讼，该案历经贵州省贵阳市中级人民法院一审、贵州省高级人民法院二审两个阶段。在二审中，当事人就案涉《捷利达公司的分立协议》中捷利达公司和中杭公司的分立的约定义务是否完成产生争议。

【法院认为】

法院在裁判时认为：根据《公司法》第 3 条与第 186 条的规定，公司成立后，公司对股东投入的资产或公司购入的资产享有所有权，股东对投入的资产享有股权，股东要收回投入的资产，可以转让股权，或通过解散公司，对公司资产进行清算后，按照自己的出资额或股权比例分配公司的剩余财产来实现。《公司法》第 175 条规定的财产分割，是指公司的分立成不同的公司后，就公司的财产在不同的公司之间进行分割，而不是指股东对公司的财产进行分割。股东要对公司的财产进行分割，如前所述，只能按照《公司法》第 186 条的规定，对公司进行清算后进行。因此，在该案中，上诉人姚某宜、姚某金提出捷利达公司要履行财产分割义务，返还上诉人在被上诉人捷利达公司投资款843.32 万元，这是作为股东的上诉人与作为公司的被上诉人之间的对公司财产进行的分割，这一理由并不符合上述《公司法》的规定，也不符合《捷利达公

司的分立协议》中的约定，贵州省高级人民法院对此不予支持。

（二）当事人以分立后新设公司承接分立前公司项目为由，主张该公司之间存在私自转让项目行为的，人民法院不予支持

【案例来源】

案例名称：深圳市横岗保安股份合作公司新坡塘分公司、深圳市中孚泰文化建筑建设股份有限公司与深圳市中孚泰文化地产集团有限公司合同纠纷案

审理法院：广东省高级人民法院

案　　号：（2016）粤民终 1116 号

【争议点】

深圳市横岗保安股份合作公司新坡塘分公司（以下简称新坡塘分公司）、深圳市中孚泰文化建筑建设股份有限公司（以下简称中孚泰建筑公司）、深圳市中孚泰文化地产集团有限公司（以下简称中孚泰地产公司）因股权转让纠纷引发诉讼，该案历经广东省深圳市中级人民法院一审、广东省高级人民法院二审两个阶段。在二审中，当事人就中孚泰建筑公司是否存在私自转让项目的行为产生争议。

【法院认为】

2006 年 9 月 14 日，中孚泰建筑公司与新坡塘分公司签订了一份《深圳市龙岗区横岗街道保安社区新坡塘居民小组城中村改造项目合作开发协议书》（以下简称《合作开发协议书》），约定双方合作，进行新坡塘村旧改项目开发。双方对合作模式、权利义务等作了约定。2007 年 6 月 11 日，双方又签订了《补充合同》，对合作内容作了进一步细化。2009 年 8 月 27 日，中孚泰建筑公司的分立成中孚泰建筑公司与中孚泰地产公司。法院在裁判时认为，新坡塘分公司主张中孚泰建筑公司存在私自转让项目的行为，但中孚泰地产公司系从中孚泰建筑公司的分立而来，中孚泰地产公司部分承接案涉合同的履行，是公司的分立的结果，中孚泰地产公司与中孚泰建筑公司之间并不存在项目转让合同关系，中孚泰地产公司未向中孚泰建筑公司支付任何合同对价，中孚泰建筑公司也未从中谋取利益，原审判决对新坡塘分公司的该项主张不予支持并无不当。

（三）以股东结构不同为由否认公司分立的，人民法院不予支持

【案例来源】

案例名称：新华文景苑小区业主委员会与安徽道济置业有限责任公司委托合同纠纷案

审理法院：安徽省高级人民法院

案　　号：（2018）皖民申 348 号

【争议点】

新华文景苑小区业主委员会（以下简称文景苑业委会）与安徽道济置业有限责任公司（以下简称道济置业公司）因委托合同纠纷引发诉讼，该案历经安徽省合肥市庐阳区人民法院一审、安徽省合肥市中级人民法院二审以及安徽省高级人民法院再审三个阶段。在再审中，当事人就道济置业公司是否为合肥济道置业发展有限公司分立出来的公司问题产生争议。

【法院认为】

法院在裁判时认为：公司的分立分为存续分立和新设分立，存续分立是指一个公司分立出一个或一个以上新公司，原公司存续，新设公司办理设立登记，从合肥济道置业发展有限公司与道济置业公司工商登记信息可以看出，两公司共同并存两年，亦进行了公告登记，而公司的分立不能以股东结构不同否认道济置业公司系从合肥济道置业发展有限公司的分立的事实，文景苑业委会的该项申诉主张不予采信。

（四）当事人主张一公司系由另一公司的分立而来，应当提供证据证明该公司的财产全部或部分来源于另一公司

【案例来源】

案例名称：张家港市三林金泰新能源有限公司与桑彩珠、张家港市三林法兰锻造有限公司、季某鑫民间借贷纠纷案

审理法院：江苏省高级人民法院

案　　号：（2018）苏执复 166 号

【争议点】

张家港市三林金泰新能源有限公司（以下简称金泰公司）与张家港市三林法兰锻造有限公司（以下简称三林法兰公司）因不服江苏省南通市中级人民法

院（2018）苏06执异31号执行裁定起诉至江苏省高级人民法院。当事人在庭审中就三林金泰公司是否为三林法兰公司分立而成的公司产生争议。

【法院认为】

法院在裁判时认为：根据《公司法》第175条规定，公司的分立，其财产作相应的分割。因此，判断金泰公司是否由三林法兰公司的分立而来，应当证明金泰公司的财产全部或部分来源于三林法兰公司。但在该案中，首先从外观判断分析，金泰公司的工商登记及企业成立公示中均未表明其由法兰公司的分立而来。其次，从金泰公司成立的事实情况、生产技术资质、员工转移等进行分析，金泰公司不是三林法兰公司为逃避债务而新设的公司，该公司的设立并未构成了事实上或者实质上的公司的分立。

（五）当事人以公司分立必须发生在执行程序中为由，主张追加执行前分立的公司为被执行人的，人民法院不予支持

【案例来源】

案例名称：北京康立药店有限公司、康联医药集团有限责任公司与广发银行股份有限公司北京万柳支行执行异议案

审理法院：北京市高级人民法院

案　　　号：（2018）京执监28号

【争议点】

北京康立药店有限公司（以下简称康立药店公司）、康联医药集团有限责任公司（以下简称康联医药公司）与广发银行股份有限公司北京万柳支行因执行异议起诉至北京市高级人民法院。当事人在庭审中就是否应当追加康立药店公司为被执行人产生争议。

【法院认为】

法院在裁判时认为：康联医药公司第九届第九次股东会决定将其下属分公司联康药店分离成立康立药店公司，康立药店公司承接联康药店的资产并承继联康药店的药品经营许可等无形财产，康立药店公司从康联医药公司分离出来，对康联医药公司的资产进行了分割，属于公司的分立。因公司的分立前未与债权人就债务清偿达成协议，康立药店公司作为分立后新设的法人，依法应当对分立前康联医药公司的债务承担连带责任。康联医药公司作为联康药店的出资人，在分公司转换为公司后，也应为康立药店公司的出资人，向某娟、向

某民成为康立药店公司的股东，表明康联医药公司与向某娟、向某民之间实质上存在投资权益（股权）转让的法律关系。出资人之间投资权益（股权）转让不论是否支付了对价，康立药店公司作为分立的公司对分立前公司债务承担责任的法律义务不能免除。现康立药店公司认为其股东向某娟、向某民以抵债方式支付了对价，双方为转让法律关系、非公司的分立的申诉意见，于法无据，本院不予支持。因此，该院最终认定《最高人民法院关于民事执行中变更、追加当事人若干问题的规定》第 12 条未限定公司的分立必须发生在执行程序中，康立药店公司主张公司的分立须发生在执行程序中的申诉理由不成立。

四、结　语

公司进行组织改造的模型主要有公司合并与公司的分立。合并是指将两个以上公司的营业与资产合二为一成为公司，分立是指将一个公司的营业和资产分割成两个以上的公司，两者具有完全不同的目的与效用。在实践当中，公司合并与公司分立为各国《公司法》普遍采用的较古老的制度，而相比公司合并而言，公司的分立在实践中并没被人注目而且进入《公司法》的时间较晚、较新。在司法实践中，人民法院在审理有关公司的分立案件时，应注意以下几点：其一，公司的财产全部或部分来源于另一公司。其二，股东结构不同不能作为否认公司的分立的理由。其三，分立后新设公司承接分立前公司项目的，不必然是公司之间存在转让合同关系。其四，公司的分立的财产分割是指公司与公司之间财产的分割，而非股东对公司财产的分割。此外，《最高人民法院关于民事执行中变更、追加当事人若干问题的规定》第 12 条规定的追加分立后公司的不限于在执行后分立的公司，执行前分立的公司也可作为被追加的对象。

第三节　股权转让协议的效力

一、导　论

随着市场经济的迅速发展，公司作为一种经济组织形式已经渗透到社会生活的方方面面，为了进一步规范公司的组织和行为，我国《公司法》规定有限责任公司的股东，对自己所享有的股权既可以在股东之间相互转让，也可以向股东以外的其他人转让。这使得有限责任公司股权转让行为日趋普遍，转让纠纷日益增多。股权转让，又称股份转让，是现代社会一种非常重要的投资方式，是指股东将其股份（包括股东权）转移给其他人的行为。股权转让是股东与受让方之间达成意思一致而发生股权转移，所以，股权转让作为一种契约行为，表现其法律效力的形式应该是协议。但是在司法实践中，存在股权转让协议形式合法而实质上却存在诸多问题的现象，关于股权转让协议的效力问题，实务上还处于进一步探索的阶段，本节期望通过对我国案例的研究来指导司法实践。本节以股权转让协议的效力的案件裁判文书为研究对象，以 2015 年以来人民法院作出的相关裁判文书为主要范围，归纳、提炼股权转让协议的效力裁判的理念和趋势。

截至 2020 年 1 月，在中国裁判文书网中输入"股权转让协议的效力"（关键词）检索出民事裁判文书 1007 篇，由最高人民法院裁判的有 35 篇，由高级人民法院裁判的有 165 篇，本节选取其中 6 篇典型案例梳理其裁判规则。在具体案例的选取上，本节遵循以下"三个优先"原则。第一，优先选择审判层级较高的裁判文书。第二，优先选择中国裁判文书网公布的裁判文书。第三，优先选择审判日期较近的裁判文书。通过形式和内容两个方面的筛选，本节最终选择（2018）京 03 民终 14253 号、（2016）最高法民申 724 号、（2015）鲁商终字第 345 号、（2015）苏商终字第 00542 号、（2016）最高法民终 802 号、（2016）最高法民终 264 号等 6 篇裁判文书作为本节研究标的，其中，由最高人民法院裁判的有 3 篇，由高级人民法院裁判有 2 篇，裁判日期为 2018 年（含）之后的案例有 1 篇。

二、股权转让协议效力的基本理论

（一）股权转让的概述

1. 股权转让概念及法律特征。股权转让，是指有限责任公司的股东依照法律或公司章程的规定将自己的股权转让给他人的行为。[①]

其主要法律特征概括如下：（1）股权转让是一种股权买卖行为。对有限责任公司而言，股权是股东出资形成的对公司的一种控制权，股权转让方转让的正是这种控制权。（2）股权转让不改变公司的法人资格。股权转让完成后，公司股东发生变化，在股权全部转让的情况下，出让方的原股东地位被受让方取代，受让方成为公司的股东。但就公司本身而言，除了因股东变更而发生若干登记事项的改变外，公司法人资格没有任何改变。（3）股权转让是要式行为。这主要表现为股权转让除须符合实体条件外，还应完成法律规定的股权转让的法定程序。

2. 股权转让的原则。（1）股权转让自由原则。股权转让自由原则与商法的意思自治原则是一脉相承的。为了鼓励交易并维持市场的稳定性，在法律未明文规定为违法的情况下以交易各方的真实意思为准绳来确定各自的权利义务承担。本书认为，股权的转让是股东对于自己权利的一种处分，自然也应当遵循意思自治原则，即遵循股权转让自由原则。确认股权转让自由原则的价值在于：一方面，畅通了股东收回投资的渠道；另一方面，为潜在投资者基于其利益需求提供了途径。以保障股东投资自由为出发点，使资本周转血液畅通无阻，从而为公司资本的筹集、资源的合理配置以及实现公司治理结构的最优化保驾护航。（2）股权概括转让原则。股权概括性转让原则，是指受让人在接受原股东的股权、股东地位、资格时，必须同时接受相应的义务、责任，即要遵循权利义务相一致。受让人不仅成为公司的股东，取得股权并且享有股权，继受股东地位或资格，而且必须不可推卸地履行股东的义

[①] 赵旭东主编：《公司法学》，高等教育出版社 2015 年版，第 255 页。

务。①（3）股权转让兼顾各方利益原则。股权的存在离不开公司这一母体，因为公司不仅具有资合性而且具有人合性。这就使得作为股东本身固有的股权要受到一定的限制。如果单一无条件地认可股权转让自由的绝对自由化，则很有可能转让股权的股东基于对自己利益最大化的考虑而忽略甚至可能损害其他中小股东的利益。这样就可能使得控股股东或者享有优势地位的股东在转让股权时对中小股东的利益产生巨大的影响。

（二）股权转让协议效力的合同法根据

我国法律对合同的效力认定问题规定了一套完整的、详尽的评估体系，该体系将合同的效力区分为有效、无效、效力待定及可变更、可撤销等。本书认为，有限公司股权转让协议作为一种无名合同，其效力认定也必须满足《合同法》中关于合同的一般要求。

1. 主体合法。股权转让协议的主体即转让双方，必须是法律、法规规定下的适格主体，协议才能生效。首先，出让方应该是公司的现有股东，具备股东资格，而不能是股东资格主体或者股东资格已经依照公司章程或者法律被剥夺的主体。其次，受让方也必须合法，而不能是被法律、法规明确排除的或作限制性约束的特殊主体，如机关法人、社会团体与事业单位法人。

2. 意思表示真实。就股权转让协议而言，若股权转让双方意思表示不真实，如重大误解，或者意思表示不自由，如欺诈、胁迫，就会对股权转让协议的效力产生影响。

3. 不违反法律法规的强制性与禁止性规定。不违反法律法规的强制性与禁止性规定是判断合同效力的重要因素，一旦违反，自始无效。我国法律对国有股权、中外合资、合作经营企业等特殊公司的股权转让均作了详细规定。

（三）股权转让协议的效力在公司法上的特性

1. 股权转让协议的标的。股权转让协议的标的即股权。股权的性质特殊，不能简单地等同于物权、债权、身份权等。明确股权的概念，是正确判断股权转让协议效力的前提。关于股权的认定，学界大致分为两种说法：一是股权基

---

① 漆丹主编：《股权转让疑难题研究》，载《中国疑难法律题研究》，吉林人民出版社2006年版，第165页。

于股东资格获得；二是股权因出资获得。① 就这两种说法而言，在笔者看来，"股权是基于股东资格而获得"理论比"股权是因出资而获得"理论更为全面透彻，出资分为实际出资与认缴出资，因为法律并不要求公司股东在公司成立之处就全部完成出资，但是公司设立之时，股东资格已经产生。

2. 股权转让协议的生效时间。关于合同效力的生效时间，我国以成立生效主义为原则，批准或登记生效主义为例外的合同效力认定原则。成立生效主义原则允许转让双方在协议中约定附条件生效或附期限生效，从而控制股权转让协议的效力，维护转让双方利益。但是所附条件或所附期限必须具有可操作性，不得违反法理或违背常理。批准或登记生效主义一般是存在国有资产或中外合资、合作经营企业等涉及国家利益的股权转让过程中。

3. 股权转让协议的效力内容。股权转让协议的效力内容是股权出让方的股东资格和股东权利转移给受让方。股东转让股权后公司应按照《公司法》第73条的规定修改公司章程和股东名册。股权协议涉及公司的股权，所以股权转让协议也会对公司产生效力。

三、关于股权转让协议的效力的案例及裁判规则

（一）公司因股权转让协议丧失股权，从而请求确认股东资格的，人民法院应先审查股权转让协议的效力

【案例来源】

案例名称：北京锦江日升文化传播有限公司等与上海福城投资管理有限公司、北京凤桐祥瑞房地产开发有限公司股东资格确认纠纷案

审理法院：北京市第三中级人民法院

案　　　号：（2018）京03民终14253号

【争议点】

北京锦江日升文化传播有限公司（以下简称锦江日升公司）等与北京凤桐祥瑞房地产开发有限公司（以下简称凤桐祥瑞公司）、上海福城投资管理有限公司（以下简称上海福城公司）因股东资格确认纠纷引发诉讼，该案历经北京

---

① 范健、王建文：《公司法》，法律出版社2018年版，第298页。

市怀柔区人民法院一审、北京市第三中级人民法院二审两个阶段。在二审中，当事人就案涉股权转让协议的效力的审查产生争议。

【法院认为】

法院在裁判时认为：该案中锦江日升公司因涉案股权转让协议而丧失股权，且锦江日升公司亦以股权转让非其真实意思表示为由要求确认其股东资格，故涉案股权转让协议的效力的审查应为确认锦江日升公司是否具备股东资格的基础和前提。上海福城公司虽主张在该案中一并审查股权转让协议的效力问题侵犯其诉讼权利，但其作为该案第三人，其诉讼权利并非没有救济途径，故对于其该项抗辩主张，不予采纳。

（二）当事人以股权转让价格过高为由主张股权转让协议无效，且无证据证明存在欺诈或者胁迫事实的，人民法院不予支持

【案例来源】

案例名称：济南玉清制水有限公司与山东尚志投资咨询有限公司股权转让纠纷案

审理法院：最高人民法院

案　　号：（2016）最高法民申 724 号

【争议点】

济南玉清制水有限公司（以下简称玉清公司）与山东尚志投资咨询有限公司因股权转让纠纷引发诉讼，该案历经山东省济南市中级人民法院一审、山东省高级人民法院二审以及最高人民法院再审三个阶段。在再审中，当事人就案涉《股权转让协议书》是否有效产生争议。

【法院认为】

法院在裁判时认为：2009 年 7 月 2 日，玉清公司即召开董事会并形成《董事会决议》，该决议载明，鉴于商丘市水务市场发展潜力具有良好投资价值，玉清公司各股东委派的董事一致同意以 5200 万元收购该案股权并签字确认。

【法院认为】

法院在裁判时认为：该案股权转让事宜及价格系经玉清公司董事会讨论予以确定，在没有证据证明玉清公司受到胁迫和欺诈的情况下，原审判决认定该案股权转让价格是玉清公司与远耀公司双方协商一致的结果，并不影响该案股权转让协议的效力，事实依据充分，并无不当。由于玉清公司提交的证据不足

以推翻原审判决关于该案《股权转让协议书》有效的认定，玉清公司关于该股权转让协议无效的主张，缺乏事实和法律依据，不予以支持。

（三）转让股东与非股东第三人间股权转让协议的效力具有独立性，股东优先购买权的行使与否不影响转让协议的生效与否，只影响该协议能否履行

【案例来源】

案例名称：青岛华天车辆有限公司与青岛南洋模具有限公司、青岛星华集团有限公司、青岛茂祥橡胶有限公司股权转让及股东资格确认纠纷案

审理法院：山东省高级人民法院

案　　号：（2015）鲁商终字第 345 号

【争议点】

青岛华天车辆有限公司（以下简称华天公司）与青岛南洋模具有限公司（以下简称南洋公司）、青岛星华集团有限公司（以下简称星华公司）、青岛茂祥橡胶有限公司（以下简称茂祥公司）因股权转让及股东资格确认纠纷引发诉讼，该案历经山东省青岛市中级人民法院一审、山东省高级人民法院二审两个阶段。在二审中，当事人就案涉《股权转让协议》是否有效产生争议。

【法院认为】

法院在裁判时认为：2006 年 3 月 29 日，南洋公司召开董事会并作出董事会决议，决定将星华公司持有的全部股权转让给华天公司，将倍奋明公司股权转让给刘某平。同日，星华公司、倍奋明公司、华天公司及刘某平四方签订《股权转让协议》，四方就股权转让达成协议，约定将星华公司持有的全部股权转让给华天公司，将倍奋明公司股权转让给刘某平，转让后由华天公司持有南洋公司 75% 的股权，由刘某平持有 25% 股权。茂祥公司主张涉案的股权转让未经南洋公司另一股东倍奋明公司同意，侵犯了倍奋明公司的优先购买权，因此应当认定为无效。

茂祥公司没有提交证据证实倍奋明公司对涉案股权主张优先购买权，即使倍奋明公司主张优先购买权，亦不影响股权转让合同的效力。理由是：转让股东与非股东第三人间股权转让协议的效力具有独立性，股东优先购买权的行使与否不影响转让协议是否生效，只能影响该协议能否履行。也就是说，该股权转让协议是否生效应当按照该协议自身的内容根据《合同法》关于合同效力的

规定加以认定，即便优先权股东行使了优先购买权，只要该协议不违反法律、行政法规的效力性强制性规定，协议仍合法有效。

（四）当事人以公司章程规定股本金设置来源与各主体持股比例为由，主张股权转让协议无效的，人民法院不予支持

【案例来源】

案例名称：周某森与江苏丰裕粮油实业集团有限公司股权转让纠纷案

审理法院：江苏省高级人民法院

案　　号：（2015）苏商终字第 00542 号

【争议点】

周某森与江苏丰裕粮油实业集团有限公司（以下简称丰裕公司）因股权转让纠纷引发诉讼，该案历经江苏省徐州市中级人民法院一审、江苏省高级人民法院二审两个阶段。在二审中，当事人就案涉《股权转让协议》是否有效产生争议。

【法院认为】

法院在裁判时认为：关于案涉股权转让协议的效力的认定，应根据《合同法》第 52 条的相关规定进行认定。该条规定："有下列情形之一的，合同无效：（一）一方以欺诈、胁迫的手段订立合同，损害国家利益；（二）恶意串通，损害国家、集体或者第三人利益；（三）以合法形式掩盖非法目的；（四）损害社会公共利益；（五）违反法律、行政法规的强制性规定。"在该案中，丰裕公司与周某森于 2009 年 12 月 24 日签订的《徐州市郊农村信用合作联社股权转让协议书》系各方当事人的真实意思表示，且不违反法律、行政法规的强制性规定，合法有效。虽然《徐州市郊农村信用合作联社章程》及《徐州淮海农村商业银行股份有限公司章程》均规定股份根据股本金来源设置自然人股和法人股，且对自然人股东的持股比例作出了限制，但该规定不足以影响案涉股权转让协议的效力，仅对股权取得产生影响。且上述章程均未规定法人股只能在法人之间进行转让，原审法院认为案涉章程对法人股转让进行了主体资格限制缺乏相关事实及法律依据。

（五）签订转让金融企业国有资产合同的，需经有批准权的政府及金融行业监督管理部门批准方产生法律效力

【案例来源】

案例名称：深圳市标榜投资发展有限公司与鞍山市财政局股权转让纠纷案

审理法院：最高人民法院

案　　号：（2016）最高法民终 802 号

【争议点】

深圳市标榜投资发展有限公司与鞍山市财政局因股权转让纠纷引发诉讼，该案历经辽宁省高级人民法院一审、最高人民法院二审两个阶段。在二审中，当事人就案涉《股份转让合同书》是否有效产生争议。

【法院认为】

法院在裁判时认为：根据财政部《金融企业国有资产转让管理办法》第 7 条与《商业银行法》第 28 条规定，任何单位和个人购买商业银行股份总额百分之五以上的，应当事先经国务院银行业监督管理机构批准。涉案《股份转让合同书》的转让标的为鞍山财政局持有的鞍山银行 9.9986% 即 22500 万股股权，系金融企业国有资产，转让股份总额已经超过鞍山银行股份总额的 5%。依据上述规定，该合同应经有批准权的政府及金融行业监督管理部门批准方产生法律效力。由此，该案的《股份转让合同书》虽已经成立，但因未经有权机关批准，应认定其效力为未生效。标榜公司主张涉案合同已经鞍山市人民政府批准，其所依据的是鞍山市国有银行股权转让说明书，但该说明书仅是鞍山市人民政府对涉案股权挂牌出让的批准，并非对案涉《股份转让合同书》的批准。

（六）股权转让合同中事先约定关于公司某项资产归属一方当事人的条款无效

【案例来源】

案例名称：陶某群、孙某与许某明、吴某、安徽奥泰克置业投资有限公司股权转让纠纷案

审理法院：最高人民法院

案　　号：（2016）最高法民终 264 号

【争议点】

陶某群、孙某与许某明、吴某、安徽奥泰克置业投资有限公司（以下简称奥泰克公司）因股权转让纠纷引发诉讼，该案历经安徽省高级人民法院一审、最高人民法院二审两个阶段。在二审中，当事人就《股权转让合同》中有关土地出让金溢价分成款约定的效力产生争议。

【法院认为】

法院在裁判时认为：依据《公司法》第 20 条第 1 款"公司股东应当遵守法律、行政法规和公司章程，依法行使股东权利，不得滥用股东权利损害公司或者其他股东的利益；不得滥用公司法人独立地位和股东有限责任损害公司债权人的利益"和第 35 条"公司成立后，股东不得抽逃出资"的规定，股权转让合同中关于公司某项资产归属一方当事人的约定，系股东非法转移公司资产，会侵害公司的法人财产，影响公司的对外偿债能力，动摇公司的独立法人地位，造成债权人及其他股东的损失，属于损害公司利益和债权人利益的行为。这样的约定违反了《公司法》的强制性规范，根据《合同法》第 52 条第（5）项之规定，应属无效。

四、结　语

随着我国法治体系的日趋完善和市场经济的蓬勃发展，有限公司的股权转让行为作为资本流动的一种重要形式被广泛运用，实践中越来越多股权转让协议的效力认定难题困扰着审判人员和法律工作者。股权转让协议是合同的一种，其效力的认定仍需满足主体真实、意思表示一致、不违背法律法规的强制性、禁止性规定。其一，就主体真实而言，人民法院应审查当事人是否有股权转让的主体资格，若当事人以公司章程规定股本金设置来源与各主体持股比例为由，主张另一方当事人没有转让主体资格的，不予支持。其二，就意思表示一致而言，人民法院应重点审查是否存在欺诈、胁迫、重大误解等，若当事人以股权转让价格过高为由主张股权转让协议无效，且没有证据证明受到欺诈或胁迫的，表明当事人签订股权转让协议时意思表示真实，协议有效。其三，股权转让协议的效力认定应注意以下几个因素：一是签订转让金融企业国有资产合同的，是否经有批准权的政府及金融行业监督管理部门批准；二是股东优先购买权的行使与否不影响转让协议的生效与否；三是股权转让合同中事先约定关于公司某项资产归属一方当事人的条款无效。

第四节　股权转让协议的解除

一、导　论

有限责任公司的股权转让纠纷在实践中已屡见不鲜，相关法律规定并不完善，在应对这类纠纷时略显无力，这也是股权转让问题成为近年来学术界热门话题的原因。股权转让合同作为一种商事合同不同于一般的民事合同，由于转让标的股权的特殊性、涉及利益主体多、公司的人合性等方面的原因而不能单纯适用《合同法》，而应结合《公司法》的相关规定来解决相关问题。股权转让合同的解除纠纷也是股权转让合同纠纷中的一类重要问题，但是现有的法律法规难以解决股权转让合同的解除问题。本节以股权转让协议的解除的案件裁判文书为研究对象，以 2013 年以来人民法院作出的相关裁判文书为主要范围，归纳、提炼股权转让协议的解除裁判的理念和趋势，以期通过对我国案例的研究来指导司法实践，并希望对此进行一些有益的探讨。

截至 2020 年 1 月，在中国裁判文书网中输入"股权转让协议的解除"（关键词）检索出民事裁判文书有 956 篇，其中，由最高人民法院裁判的有 34 篇，由高级人民法院裁判的有 126 篇，本节选取其中 6 例典型案例梳理其裁判规则。在具体案例的选取上，本节遵循以下"三个优先"原则。第一，优先选择审判层级较高的裁判文书。第二，优先选择中国裁判文书网公布的裁判文书。第三，优先选择审判日期较近的裁判文书。通过形式和内容两个方面的筛选，本节最终选择（2013）成民初字第 1815 号、（2018）最高法民终 854 号、（2017）最高法民申 2316 号、（2017）最高法民终 919 号、（2018）最高法民申 3154 号、（2018）豫 10 民终 1264 号等 6 篇裁判文书作为本节研究对象，其中，由最高人民法院裁判的有 4 篇，裁判日期为 2018 年（含）之后的案例有 3 篇。

二、股权转让协议解除的基本理论

（一）股权转让协议解除的概述

1.约定解除。合同双方当事人在缔约过程中约定，当发生一定的事件时，二者都可以主张解除合同，这就是约定解除条件。[①]约定的事件包括合同双方共同的法律行为、一方当事人的法律行为、第三人的法律行为和履行合同过程中发生的事实等。所谓约定解除权，即合同约定解除事由出现时，当事人可以选择行使解除权。最常见的股权转让合同约定解除条件的形式，当属双方在合同中的约定："当出让人不履行交付股权的义务或不履行督促公司办理股权转让手续的义务，受让人获得解除权，可以解除合同。当受让人不履行支付股权转让款时，出让人获得解除权，可以解除合同"。这两项义务也是保证合同目的实现的根本。

2.法定解除。结合我国《合同法》第94条的规定，本书对股权转让合同法定解除的情形进行分析。（1）不可抗力致使合同目的不能实现。不可抗力致使合同目的不能实现，是指在发生无法避免的客观情况后，双方因为不可抗力，均无法促使合同目的实现，此时合同双方当事人就都获得了法定解除权。因不可抗力、意外事件产生合同解除的法律后果，不可归责于双方当事人。（2）预期违约。明示预期违约主要包括以下四种情形：行为人向对方表示将会毁约，行为人向对方表示在期限届满后拒绝承担义务，行为人向对方表示将不承担主要义务，行为人无正当理由毁约。当出让人不履行交付股权的义务，当受让人不履行支付股权转让款或不督促公司办理股权转让手续的义务时，这些都是明示违约的表现。默示预期违约，是指合同一方从对方的行为中判断出对方没有履行合同的能力。股权出让人"一股二卖"的情况是其构成默示预期违约的典型表现。此外，出让人还未补足出资就转让股权也可能构成默示预期违约。[②]（3）根本违约。根本违约，是指当事人的违约行为导致合同目的落空。具体到股权转让合同，股权受让方的主要义务是金钱给付义务，因此，该给付义务的延迟履行或拒绝履行是受让方主要的违约方式，以迟延履行居多。

---

① 王利明主编：《民法》，中国人民大学出版社 2018 年版，第 425 页。
② 刑通远：《有限责任公司股权转让合同解除研究》，广西大学 2018 年硕士学位论文。

（二）股权转让协议解除对不同主体的约束效力

1. 股权转让协议解除对合同当事人的效力。股权转让合同签订后若不存在合同无效等情形，合同便生效。合同双方当事人都应根据合同的规定履行各自的义务，出让人转让股权给受让人，而受让人也应当按约定支付转让款。合同解除对当事人的效力就是终止合同的权利义务，并且承受合同解除带来的后果。股权转让合同的解除亦是如此。对股权出让人来说，股权转让合同解除的直接效力就是终止履行转让股权的义务，已经履行的可要求恢复原状等其他补救措施，甚至要求赔偿损失。对股权受让人来说，合同解除的直接效力就是停止支付股权转让款，已经支付的部分可要求出让人返还，还可要求支付相关的利息等其他损失赔偿。

2. 股权转让合同解除对公司的效力。股权转让合同的履行不仅需要公司配合办理股东权利的变更登记，更会给公司本身带来重大影响，会改变公司的股东、股权比例分配甚至实际控制人。当股权转让合同因履行出现障碍甚至不能履行的情形时，可以根据《合同法》的规定解除合同。而股权转让合同一旦解除不仅影响合同当事人的权利义务关系，还会对公司产生影响。[1] 对于公司来说，股权转让合同解除意味着公司股东和股权的重新变动，尤其是对于已经部分履行的合同，若是受让人在解除前已经实际控制股权并参与了公司的管理和经营，此时解除对于公司来说无异于股权的又一次转让。因此，在股权转让合同是否应当解除的时候需要考虑公司的状况，顾及公司的人合性特征，而不是仅仅符合《合同法》的解除条件即可解除，这在股权转让合同的解除要件时已作分析，此处不作赘述。

3. 股权转让合同解除对第三人的效力。（1）股权转让合同解除对公司其他股东也会产生效力。在对外转让股权的情形下，根据《公司法》的规定需要公司其他股东过半数同意才能转让，其他股东还享有同等条件下的优先购买权。股权转让时需要其他股东的同意，反之股权转让合同解除因为牵涉股东的变更自然也会对其他股东产生重大影响。（2）股权转让合同解除还会对其他第三人的利益产生影响。其他第三人主要包括公司债权人和协议当事人的债权人等。基于合同效力的相对性，股权转让合同解除后对其他第三人的约束力，应视股

---

① 袁姗姗：《股权转让合同解除研究》，湖南大学 2016 年硕士学位论文。

权是否已实际完成变更登记而作判断。

（三）股权转让协议解除的法律后果

1. 约定解除的法律后果。双方采取约定解除的方式，解除了股权转让合同，则法律后果当然也要尊重合同双方当事人意思自治原则，可由双方约定，双方就应当根据约定的内容，承担约定的后果。

2. 法定解除的法律后果。法定解除的损害后果主要包括违约损害赔偿与恢复原状。违约损害赔偿是指股权转让合同解除后，违约方也应对非违约方的履行利益进行赔偿。[①] 具体来讲，当出让人违反合同义务，拒不协助公司办理股权变更手续时，对于受让人正常加入公司可以获得的股利，而由于受让人无法获得股东身份造成的间接损失，都是出让人的赔偿范围。当受让人不支付股权转让款时，对于全部股权转让款及其利息，都是受让人的赔偿范围通过返还给付或替代物等方式，使当事人的权利状态恢复到合同订立之前的状态，即恢复原状。就股权转让合同而言，恢复原状包括返还股权和转让款及相关孳息以及变更工商登记。

三、关于股权转让协议解除的案例及裁判规则

（一）有限责任公司的股权分期支付转让款中发生股权受让人延迟或者拒付等违约情形，股权转让人要求解除双方签订的股权转让合同的，不适用《合同法》第 167 条的规定

【案例来源】

案例名称：汤某龙与周某海股权转让纠纷案

审理法院：最高人民法院

案　　　号：（2013）成民初字第 1815 号

【争议点】

汤某龙与周某海因股权转让纠纷引发诉讼，该案历经四川省成都市中级人民法院一审、四川省高级人民法院二审以及最高人民法院再审三个阶段。在

---

① 袁姗姗：《股权转让合同解除研究》，湖南大学 2016 年硕士学位论文。

再审中，当事人就周某海是否享有《合同法》第 167 条规定的合同解除权产生争议。

【法院认为】

法院在裁判时认为：该案系有限责任公司股东将股权转让给公司股东之外的其他人。尽管案涉股权的转让形式也是分期付款，但由于该案买卖的标的物是股权，因此，具有与以消费为目的的一般买卖不同的特点：一是汤某龙受让股权是为参与公司经营管理并获取经济利益，并非满足生活消费；二是周某海作为有限责任公司的股权出让人，基于其所持股权一直存在于目标公司中的特点，其因分期回收股权转让款而承担的风险，与一般以消费为目的分期付款买卖中出卖人收回价款的风险并不同等；三是双方解除股权转让合同，也不存在向受让人要求支付标的物使用费的情况。综上，股权转让分期付款合同，与一般以消费为目的的分期付款买卖合同有较大区别。对案涉《股权转让资金分期付款协议》不宜简单适用《合同法》第 167 条合同解除权的规定。

（二）一方公司在知道或者应当知道股权转让合同已符合约定解除的条件下，继续接受违约方履行的，视为放弃合同解除权

【案例来源】

案例名称：安徽信业医药有限公司、安徽天康（集团）股份有限公司、赵某、合肥亿帆生物医药有限公司股权转让纠纷案

审理法院：最高人民法院

案　　　号：（2018）最高法民终 854 号

【争议点】

安徽信业医药有限公司（以下简称信业医药公司）、安徽天康（集团）股份有限公司（以下简称天康集团公司）、赵某、合肥亿帆生物医药有限公司（以下简称亿帆医药公司）因股权转让纠纷引发诉讼，该案历经安徽省高级人民法院一审、最高人民法院二审两个阶段。在二审中，当事人就信业医药公司是否有权行使合同解除权产生争议。

【法院认为】

法院在裁判时认为：信业医药公司在天康集团公司对目标公司进行重组后未按约付款的情况下享有收回股权及不退回天康集团公司已支付款项的权利，

即在一定条件成就下行使合同解除权。2015年8月7日，天康集团公司将受让信业医药公司的股权以及赵某持有的目标公司股权全部转让给亿帆医药公司，亿帆医药公司的控股公司亿帆鑫富公司作为上市公司于2015年8月8日在媒体上发布《关于全资子公司亿帆医药公司收购原天康集团公司100%股权的公告》及相关备查文件，并于2015年8月21日办理了股权变更登记手续，完成目标公司的股权重组。但天康集团公司未依约在2015年8月21日股权转让完成前支付剩余股权转让款。虽如此，信业医药公司并未要求解除与天康集团公司之间的股权转让协议，仍接受天康集团公司于2015年12月8日继续履行协议的付款义务，并与天康集团公司于2015年12月9日进行结算并形成《说明》，要求天康集团公司在2015年12月30日前支付剩余款项2265.8万元。信业医药公司的上述行为表明其已经放弃了合同约定的解除权，选择继续履行双方协议。

（三）工商登记中股东股权的变更登记仅具有对外的公示效力，不是合同解除的法定条件

【案例来源】

案例名称：杨某友、杨某华、胡某忠、胡某群、云南中豪物流有限责任公司股权转让纠纷案

审理法院：最高人民法院

案　　　号：（2017）最高法民申2316号

【争议点】

杨某友、杨某华、胡某忠、胡某群、云南中豪物流有限责任公司（以下简称中豪物流公司）因股权转让纠纷引发诉讼，该案历经安徽省高级人民法院一审、最高人民法院二审两个阶段。在二审中，当事人就案涉《股权转让协议》是否应当解除产生争议。

【法院认为】

法院在裁判时认为：双方当事人在《股权转让协议》中对办理工商变更登记的事项没有明确约定，根据《公司登记管理条例》第34条第1款的规定，有限责任公司变更股东的，应当自变更之日起30日内申请变更登记。杨某友、杨某华与胡某忠均有配合、协助中豪物流公司办理工商变更登记的义务。杨某友、杨某华主张办理股权工商变更登记的义务在胡某忠，但其未举证证明在杨

某友、杨某华已尽到配合义务的情况下，胡某忠怠于行使或拒绝行使该项义务，且工商登记中股东股权的变更登记仅具有对外的公示效力，不影响公司内部股东权利的行使，也不是合同解除的法定条件。

（四）若股权已变更登记，受让方已经支付大部分款项且已经实际控制目标公司的情况下，当事人请求解除合同的，人民法院不予支持

【案例来源】

案例名称：上海绿洲花园置业有限公司、霍尔果斯锐鸿股权投资有限公司、海口世纪海港城置业有限公司、海口绿创置业有限公司股权转让纠纷案

审理法院：最高人民法院

案　　　号：（2017）最高法民终 919 号

【争议点】

上海绿洲花园置业有限公司（以下简称绿洲公司）与霍尔果斯锐鸿股权投资有限公司（以下简称锐鸿公司）、海口世纪海港城置业有限公司（以下简称海港城公司）、海口绿创置业有限公司（以下简称绿创公司）因股权转让纠纷引发诉讼，该案历经海南省高级人民法院一审、最高人民法院二审两个阶段。在二审中，当事人就案涉《股权转让协议》是否应当解除产生争议。

【法院认为】

法院在裁判时认为：股权是一种综合性的财产权利，不仅包括财产收益权还包括公司经营决策权等多种权利。解除股权转让合同除应依据法律的明确规定外，还应考虑股权转让合同的特点。尤其在股权已经变更登记，受让方已经支付大部分款项且已经实际控制目标公司的情况下，解除股权转让合同应结合合同的履行情况、违约方的过错程度以及股权转让合同目的能否实现等因素予以综合判断。在该案中，绿洲公司已将海港城公司 80% 的股权变更登记至锐鸿公司名下，锐鸿公司已经实际接管海港城公司达两年多，与 2015 年 11 月 19日案涉股权过户时相比，锐鸿公司持有的海港城公司股权的价值及股权结构均已发生较大变化，案涉股权客观上已经无法返还。锐鸿公司虽然存在迟延支付股权转让款的违约行为，但是依据该案事实和法律规定，《股权转让协议》并不符合法定解除条件。

（五）工商登记变更后，股权受让方以股权转让合同目的未实现为由请求解除合同的，人民法院不予支持

【案例来源】

案例名称：刘某东与成某锋、刘某萍股权转让纠纷案

审理法院：最高人民法院

案　　号：（2018）最高法民申 3154 号

【争议点】

刘某东与成某锋、刘某萍因股权转让纠纷引发诉讼，该案历经贵州省黔南苗族布依族自治州中级人民法院一审、贵州省高级人民法院二审以及最高人民法院再审三个阶段。在再审中，当事人就案涉《股权转让协议》是否能够解除产生争议。

【法院认为】

法院在裁判时认为：该案中双方已于 2014 年 10 月 13 日办理了贵州同欣科技开发有限公司（以下简称同欣科技公司）股东的工商变更登记手续，将刘某东登记为该公司股东，作为股权受让方，刘某东的合同目的已经实现。案涉合同已经基本履行完毕，不存在解除事由。刘某东主张解除协议的主要理由是成某锋、刘某萍隐瞒同欣科技公司土地不能用于特定工业建设经营致合同目的无法实现。对于股权转让合同来讲，受让人的合同目的系取得公司股权，刘某东所称利用同欣科技公司土地用于特定工业建设并非《合同法》第 94 条第（4）项所称的"合同目的"。双方亦未将利用同欣科技公司土地进行特定工业项目建设作为案涉股权转让的前提，刘某东关于案涉合同目的不能实现，案涉《股权转让协议》应解除的主张，缺乏事实和法律依据。

（六）公司的挂名股东行使股权转让协议的解除权的，人民法院不予支持

【案例来源】

案例名称：肖某伟、黄某光、张某锋、赵某祥股权转让纠纷案

审理法院：河南省许昌市中级人民法院

案　　号：（2018）豫 10 民终 1264 号

【争议点】

肖某伟、黄某光、张某锋、赵某祥因股权转让纠纷引发诉讼，该案历经河

南省禹州市人民法院一审、许昌市中级人民法院二审两个阶段。在二审中，当事人就张某锋是否有权解除案涉股权转让协议产生争议。

【法院认为】

法院在裁判时认为：2011 年 5 月 26 日，河南省克穷置业有限公司成立。2013 年 3 月 7 日，河南省克穷置业有限公司变更为河南省同大置业有限公司。2011 年 9 月 2 日，赵某祥与张某锋签订协议书，显示张某锋为原河南省克穷置业有限公司的挂名股东，赵某祥为实际出资人。2011 年 11 月 22 日，张某锋与肖某伟某某伟签订股权转让协议。张某锋作为河南省克穷置业有限公司的挂名股东，不享有股东的实体权益，而行使股权转让协议的解除权，涉及股东实体权益的处分、实体义务的承担和实体责任的认定，故张某锋不是适格主体，其起诉应予驳回。

四、结　语

股权转让合同的解除需要结合《合同法》和《公司法》的相关规定处理。当前，我国对股权转让合同解除的相关研究还不够深入，我国法规对于股权转让合同解除的规定还不够完善，不同法院对相关案例的处理也不统一，实务中还存在很多问题。其一，人民法院在审理股权转让协议的解除的案件时出现以下情况的，人民法院不予支持：一是公司的挂名股东行使股权转让协议的解除权的；二是工商登记变更后，股权受让方以股权转让合同目的未实现为由请求解除合同的；三是股权已变更登记，受让方已经支付大部分款项且已经实际控制目标公司的情况下，当事人请求解除合同的；四是一方公司在知道或者应当知道股权转让合同已符合约定解除的条件下，继续接受违约方履行的，而后又以此为由要求解除合同的。其二，有限责任公司的股权分期支付转让款中发生股权受让人延付或者拒付等违约情形，股权转让人要求解除双方签订的股权转让合同的，不适用《合同法》第 167 条的规定。

第五节 股权善意取得

一、导 论

2010 年 12 月 6 日，最高人民法院审判委员会第 1504 次会议通过的《公司法司法解释（三）》已经将《物权法》第 106 条关于物权善意取得的规定引入公司案件的司法审判，适用于股东出资、有限责任公司股权转让纠纷的处理，实现了《物权法》与《公司法》的对接。但与此同时，其对股权善意取得的构成要件并没有作出具体的规定。本节以股权善意取得的案件裁判文书为研究对象，以 2014 年以来人民法院作出的相关裁判文书为主要范围，归纳、提炼股权善意取得裁判的理念和趋势，以期对我国案例的研究来指导司法实践。

截至 2020 年 1 月，在中国裁判文书网中输入"股权善意取得"（关键词）检索出民事裁判文书 103 篇，其中，由最高人民法院裁判的有 5 篇，由高级人民法院裁判的有 15 篇，本节选取其中 7 篇典型案例梳理其裁判规则。在具体案例的选取上，本节遵循以下"三个优先"原则。第一，优先选择审判层级较高的裁判文书。第二，优先选择中国裁判文书网公布的裁判文书。第三，优先选择审判日期较近的裁判文书。通过形式和内容两个方面的筛选，本节最终选择（2014）最高法民二终字第 205 号、（2017）最高法民申 3150 号、（2018）苏民申 2371 号、（2018）最高法民申 1771 号、（2017）冀民申 1026号、（2017）最高法民终 248 号、（2017）最高法民申 3807 号等 7 篇裁判文书作为本节研究标的，其中，由最高人民法院裁判的有 5 篇，由高级人民法院裁判的有 2 篇，裁判日期为 2018 年（含）之后的案例有 2 篇。

二、股权善意取得的基本理论

（一）股权善意取得的依据

《公司法司法解释（三）》已经将我国《物权法》第 106 条关于物权善意取得的规定引入公司案件的司法审判，适用于股东出资、有限责任公司股权转让纠纷的处理，即股权善意取得源自物权善意取得。在探讨股权善意取得之前，应先回顾何为物权善意取得。

物权善意取得是指未经授权的非物权所有人擅自将他人所有的物转移给受让人，受让人基于善意取得物权，原权利人则丧失物权的制度。在现实社会生活中之所以会发生无处分权人处分他人物权的行为，是因为物的占有委托和占有脱离在物权公示原则、公信原则的作用下，导致法律物权与事实物权发生分离。[①] 物权善意取得制度的实践依据是为了适应保护交易安全，促进交易便捷的需要，在所有人与善意受让财产的第三人之间出现利益冲突的情况下，采取侧重保护善意第三人的立法政策。[②] 根据我国《物权法》第 106 条规定可见善意取得的条件有三个：一是受让人受让该不动产或者动产时是善意的；二是以合理的价格转让；三是转让的不动产或者动产依照法律规定应当登记的已经登记，不需要登记的已经交付给受让人。

（二）有限责任公司的股权转让能否适用善意取得制度

有限责任公司的股权转让能否适用善意取得制度，外国公司立法和我国公司立法均未明文规定。我国公司法学界对此持不同看法。有学者持肯定态度，认为"基于股权的特殊性，我们应当考虑特定情形下善意取得的适用"。[③] 另有学者持否定态度，认为"有限责任公司股权善意取得尽管存在逻辑上抽象的可能性，但是在现实经济生活中难以具备可行性"[④]，"善意取得仅适用于股份有限公司的股份转让"[⑤]，"有限责任公司股权无权处分场合，不应适用《物权法》上

---

① 郭富青：《论股权善意取得的依据与法律适用》，载《甘肃政法学院学报》2013 年第 4 期。

② 王轶：《物权变动论》，中国人民大学出版社 2001 年版，第 249 页。

③ 赵旭东主编：《公司法学》，高等教育出版社 2006 年版，第 328 页。

④ 李建伟：《公司法学》，中国人民大学出版社 2008 年版，第 316 页。

⑤ 施天涛：《公司法论》，法律出版社 2006 年版，第 225~226 页。

的善意取得制度，因为和交易安全进行价值衡量的，不仅仅是股东的股权，还有股东的身份、有限责任公司的人合性、公司的股权结构、其他股东的同意和优先购买权等众多法律价值目标。"[①]《公司法司法解释（三）》采纳了肯定者的主张，于第7条、第26条和第28条规定了以股权向公司出资、股权转让案件，人民法院可以参照《物权法》第106条的规定认定股权的善意取得。本书认为，有限责任公司的股权转让能否适用善意取得制度，必须考察其是否存在善意取得的逻辑前提，以及是否存在发生无权处分的可能性。

（三）股权转让中善意取得的构成要件

1. 股东股权转让中无权处分的认定。《物权法》中对于无权处分的界定主要有三种情况：一是行为人无处分权而进行处分；二是行为人超越自己的处分权限进行处分；三是行为人先前有处分权，在丧失处分权之后依然假装权利人进行处分。所以股权无权处分的情况与《物权法》中无权处分的情况类似，也包括三种：第一，股东对其名下的股权并没有处分权，但是却以自己的名义进行处分，并且事后没有得到权利人的追认；第二，股东对其名下的股权虽有处分权，但是其享有的处分权受到了一定的限制；第三，名义股东转让其名下股权是否构成物权处分，取决于其与隐名股东代持股协议的约定。[②]

2. 受让人善意的认定。如何认定善意是研究股权善意取得最为关键的一个问题。笔者在阅读大量文献后发现研究者对于善意的观点大致分为两种：积极善意与消极善意。积极善意认为交易一方对另一方是否为真实的权利人不能仅是简单的不知道或不应当知道，而要对相对方是否为真实的权利人进行一定的积极作为，即采取必要的手段确认交易相对方的身份，而不能只是尽简单的注意义务，否则就不能称之为善意。消极善意则认为交易相对方只需不知道或不应当知道即可构成善意，无须承担过多的积极作为义务，只需尽到一般的注意义务即可。由此可见，对于善意的内涵是存在一定争议的，本书认为消极善意比较合理，如果采用积极善意，会赋予相对方过多的义务，会给双方的商事交易带来诸多不便，不符合商事交易高效、便捷的特点。

---

① 陈彦晶：《有限责任公司股权善意取得质疑》，载《青海社会法学》2011年第3期。

② 王晓琴：《股权转让中善意取得问题的研究》，载《吉林大学学报（社会科学版）》2018年第39期。

三、关于股权善意取得的案例及裁判规则

（一）股权无权处分是否构成善意取得，人民法院可以参照《物权法》第 106 条关于无权处分及善意取得的规定处理

【案例来源】

案例名称：西藏国能矿业发展有限公司、西藏龙辉矿业有限公司与薛某懿、薛某蛟、王某生、薛某琦股权转让纠纷案

审理法院：最高人民法院

案　　　号：（2014）民二终字第 205 号

【争议点】

西藏国能矿业发展有限公司（以下简称国能公司）、西藏龙辉矿业有限公司（以下简称龙辉公司）与薛某懿、薛某蛟、王某生、薛某琦因股权转让纠纷引发诉讼，该案历经西藏自治区高级人民法院一审、最高人民法院二审两个阶段。在二审中，当事人就王某生、薛某琦受让股权的行为能否构成法律规定的"善意取得"的条件产生争议。

【法院认为】

法院在裁判时认为：关于转让合同的效力，根据《公司法司法解释（三）》第 28 条第 1 款及《物权法》第 106 条规定，公司股权转让后未办理变更登记，出让人再次处分该股权，受让人请求认定处分行为无效的，人民法院可以参照《物权法》第 106 条关于无权处分及善意取得的规定处理。即除非二次受让人符合善意取得的条件，否则股权原受让人有权追回被处分的股权。在该案中，国能公司根据合作协议取得龙辉公司股权后未办理工商变更登记，股权出让方薛某懿、薛某蛟在此情况下又与王某生、薛某琦签订了转让合同，将案涉股权再次转让给王某生、薛某琦二人。按照上述法律及司法解释规定，薛某懿、薛某蛟将股权再次转让的行为属无权处分行为。由于王某生、薛某琦系在明知该股权已经转让给国能公司的情况下与薛某懿、薛某蛟完成的股权转让，且系采用欺骗手段获取龙辉公司相关登记资料后办理的股权变更登记，其行为明显不具有善意；此外，王某生、薛某琦受让该股权的价款仅为 500 万元，不足注册资本 5020 万元的十分之一，与国能公司转让价款 4583 万元相比也相差巨大，该转让价款应属不合理对价。

（二）受让股权时未尽到最基本的审慎义务的，不适用善意取得

【案例来源】

案例名称：沈阳亿丰商业管理有限公司与李某、明达意航企业集团有限公司、抚顺银行股份有限公司案外人执行异议之诉案

审理法院：最高人民法院

案　　号：（2017）最高法民申 3150 号

【争议点】

沈阳亿丰商业管理有限公司（以下简称亿丰公司）与李某、明达意航企业集团有限公司（以下简称明达公司）及抚顺银行股份有限公司（以下简称抚顺银行）因案外人执行异议之诉引发诉讼，该案历经大连市中级人民法院一审、辽宁省高级人民法院二审以及最高人民法院再审三个阶段。在再审中，当事人就亿丰公司能否依据善意取得制度取得案涉股权产生争议。

【法院认为】

法院在裁判时认为：亿丰公司系在案涉股权依法被查封期间受让股权，作为商事主体，亿丰公司在受让案涉股权时应明知需对受让的股权是否存在权利负担尽审慎注意义务，但在原审及申请再审期间，亿丰公司均未能举证证明其在受让股权时曾向明达公司或抚顺市工商局了解案涉股权情况。因此认定亿丰公司在案涉股权交易中并没有尽到最基本的审慎注意义务，该案不适用善意取得制度，并无不当。

（三）有处分权人将股权转让给受让人的，不适用善意取得的规定

【案例来源】

案例名称：杨某月与何某路确认合同无效纠纷案

审理法院：江苏省高级人民法院

案　　号：（2018）苏民申 2371 号

【争议点】

杨某月与何某路因确认合同无效纠纷引发诉讼，该案历经江苏省常州市天宁区人民法院一审、江苏省常州市中级人民法院二审以及江苏省高级人民法院再审三个阶段。在再审中，当事人就何某路能否依据善意取得制度取得案涉股权产生争议。

【法院认为】

法院在裁判时认为：善意取得的前提是无处分权人将不动产或者动产转让给受让人。在该案中，荣某汇作为股东有权处分自己的股权，因此，何某路取得案涉股权不应适用善意取得的法律规定。因杨某月并无证据证明荣某汇与何某路之间恶意串通损害其利益，且该案不应适用善意取得的法律规定，故杨某月关于案涉股权以恶意低价转让，何某路至今未支付对价、不构成善意取得的主张不能成立。

（四）当事人签订股权转让合同时，涉案股权存在妨碍执行的情形的，不适用善意取得制度

【案例来源】

案例名称：大连金信集团有限公司、明达意航企业集团有限公司、抚顺银行股份有限公司与李某案外人执行异议之诉纠纷案

审理法院：最高人民法院

案　　　号：（2018）最高法民申 1771 号

【争议点】

大连金信集团有限公司（以下简称金信公司）、明达意航企业集团有限公司（以下简称明达公司）、抚顺银行股份有限公司（以下简称抚顺银行）与李某因案外人执行异议之诉引发诉讼，该案历经大连市中级人民法院一审、辽宁省高级人民法院二审以及最高人民法院再审三个阶段。在再审中，当事人就金信公司能否依据善意取得制度取得案涉股权产生争议。

【法院认为】

法院在裁判时认为：涉案股权转让合同签订时，该股权已经被人民法院依法查封、冻结，案涉财产保全裁定及查封股权的协助执行通知书均已有效送达，并发生了法律效力。根据上述规定，涉案股权的转让妨碍执行存在违法，不能对抗该案申请执行人李某。关于金信公司是否善意取得案涉股权的问题。从磋商过程看，金信公司在购买案涉股权过程中，并没有与明达公司人员接触，或向明达公司了解案涉股权情况，其只是与抚顺银行进行磋商，未见到明达公司授权抚顺银行转让案涉股权的证据。金信公司未尽到审慎注意义务，其主张善意取得案涉股权缺乏事实依据。

（五）股权转让合同中约定出让方取得股权后协议才生效的，受让方以善意取得为由请求取得股权的，人民法院不予支持

【案例来源】

案例名称：御盛隆堂药业有限责任公司、田某飞、田某华、郭某云、田某华、河北华仁堂药业有限公司第三人撤销之诉纠纷案

审理法院：河北省高级人民法院

案　　号：（2017）冀民申 1026 号

【争议点】

御盛隆堂药业有限责任公司（以下简称御盛隆堂公司）与田某飞、田某华、郭某云、田某华、河北华仁堂药业有限公司（以下简称华仁堂公司）因第三人撤销之诉引发诉讼，该案历经河北省赤城县人民法院一审、张家口市中级人民法院二审以及河北省高级人民法院再审三个阶段。在再审中，当事人就御盛隆堂公司能否依据善意取得制度取得案涉股权产生争议。

【法院认为】

法院在裁判时认为：2011 年 9 月 1 日，御盛隆堂公司与华仁堂公司时任股东郭某云、田某华签订的《河北华仁堂药业有限公司股权转让协议》第 9 条第 3 款约定："如果甲方在张家口二审股权纠纷官司以输告终，本协议视为无效，甲方如数退还乙方所支付款项，双方互不承担违约责任。"该协议约定的股权转让条件，并不能改变股权存在争议的事实，上述协议内容充分说明御盛隆堂公司在明知郭某云、田某华转让的股份存在争议的情况下，仍与郭某云、田某华签订转让协议，在郭某云和田某华不能取得争议股份股权的情况下，御盛隆堂公司应当承担相应的责任，御盛隆堂公司不构成善意取得并无不当。

（六）受让人明知股权转让需要达成一定条件，但在条件未成就时签订股权转让协议的，不视为善意

【案例来源】

案例名称：桂平市万德米业有限责任公司、吴某勋、王某红、刘某、陈某懿、谭某璇、王某贤、王某、弘洲（大连）实业有限公司确认合同无效纠纷案

审理法院：最高人民法院

案　　号：（2017）最高法民终 248 号

【争议点】

桂平市万德米业有限责任公司（以下简称万德米业公司）桂林市海创实业投资有限公司（以下简称桂林海创公司）、吴某勋、王某红及一审被告刘某、陈某懿、谭某璇、王某贤、王某，弘洲（大连）实业有限公司（以下简称弘洲实业公司）确认合同无效纠纷引发诉讼，该案历经广西壮族自治区高级人民法院一审、最高人民法院二审两个阶段。在二审中，当事人就万德米业公司能否依据善意取得制度取得案涉股权产生争议。

【法院认为】

法院在裁判时认为：弘洲实业公司、桂林海创公司、吴某勋、王某红向陈某新、谭某璇转让贵港市天河房地产开发有限公司（以下简称贵港天河公司）股权时对陈某新、谭某璇再行处分该股权作出了明确限制，即约定陈某新、谭某璇在未付清股权转让款及相关借款前，不得对贵港天河公司的股权作任何处分。在前述有关股权转让协议签订时，根据工商登记资料显示，陈某新是万德米业公司的经理，又是万德米业公司股东之一桂平市中南矿业有限责任公司的法定代表人兼持股70%的股东，而万德米业公司的法定代表人刘某明同时是万德米业公司另一股东桂平市宏基贸易有限公司的法定代表人。虽然万德米业公司否认刘某明参与陈某新收购股权时的谈判，但承认刘某明到贵港天河公司任职的事实。以上事实可相互印证万德米业公司对陈某新、谭某璇转让股权存在一定的限制条件是知道或应当知道的，在该限制条件仍未解除时，即陈某新、谭某璇未付清股权转让及相关借款前，万德米业公司就与陈某新、谭某璇达成股权转让的合意，双方均不属于善意。

（七）股权质押的善意取得参照股权善意取得的认定

【案例来源】

案例名称：王某荣、陈某、秦某波、曾某世、沈阳盛世高中压阀门有限公司与吉林省植物油集团有限公司案外人执行异议之诉案

审理法院：最高人民法院

案　　号：（2017）最高法民申3807号

【争议点】

王某荣、陈某、秦某波、曾某世、沈阳盛世高中压阀门有限公司（以下简称阀门公司）、吉林省植物油集团有限公司因案外人执行异议之诉引发诉讼，

该案历经沈阳市中级人民法院一审、辽宁省高级人民法院二审以及最高人民法院再审三个阶段。在再审中，当事人就陈某、秦某波能否基于善意取得案涉质押股权产生争议。

【法院认为】

法院在裁判时认为：根据《公司法》第32条第3款关于"公司应当将股东的姓名或者名称向公司登记机关登记；登记事项发生变更的，应当办理变更登记。未经登记或者变更登记的，不得对抗第三人"的规定，债权人有权根据股权外观公示主张权利。陈某、秦某波基于对股权外观公示的合理信赖，接受了曾某世以其持有的阀门公司80%股权提供的质押担保，并依法办理了股权质押登记手续，该股权质押行为并不违反我国《合同法》《公司法》的强制性规定，原审判决认定质权依法设立，可强制执行曾某世质押的80%股权，适用法律并无不当。王某荣并不是案涉股权外观公示的所有权人，不能对抗陈某、秦某波作为善意第三人的质押权利。王某荣以曾某世未经其同意设定案涉股权质押无效的主张，亦缺乏法律依据。

四、结　语

近年来，股权转让中善意取得的问题比较突出，《公司法司法解释（三）》仅仅认可了股权转让中善意取得的问题可以参照适用物权中善意取得制度，但是并没有作出具体规定。公司股权在发生变动以后，股权善意取得适用的具体要件是一个很重要的问题，实务中由于没有统一的参照标准，容易引发纠纷。人民法院在审理股权善意取得案件时出现以下情况的不适用善意取得制度：其一，股权转让合同中约定出让方取得股权后协议才生效的；其二，当事人签订股权转让合同时，涉案股权存在妨碍执行的情形的；其三，有处分权人将股权转让给受让人的；其四，受让股权时未尽到最基本的审慎义务，之后出现问题的；其五，受让人明知股权转让需要达成一定条件，但在条件未成就时签订股权转让协议的。此外，股权质押的善意取得参照股权善意取得的认定。

第六节　股权流质

一、导　论

在物的担保关系中，《物权法》及《担保法》明确作出了流质条款无效的规定，但在实践中，流质约定仍然经常出现，并且还出现了存在于担保物权外的流质约定，比较典型的如让与担保、以物抵债或者买卖合同担保借贷、股权转让协议中，当事人之间约定不能按期还款即转移标的物所有权以实现债务清偿。这些约定并不处于标的物上存在担保物权的前提下，通常依据我国《物权法》流质条款无效的规定而否认当事人约定的效力，实践中对于此类协议的效力问题仍然存在争议，还处于进一步探索的阶段，本节期待通过对我国案例的研究来指导司法实践。本节以股权流质的案件裁判文书为研究对象，以 2015 年以来人民法院作出的相关裁判文书为主要范围，归纳、提炼股权流质裁判的理念和趋势。

截至 2020 年 1 月，在中国裁判文书网中输入"流质"（关键词）检索出民事裁判文书 7940 篇，其中，由最高人民法院裁判的有 69 篇，由高级人民法院裁判的有 394 篇，本节选取其中 5 篇典型案例梳理其裁判规则。在具体案例的选取上，本节遵循以下"三个优先"原则。第一，优先选择审判层级较高的裁判文书。第二，优先选择中国裁判文书网公布的裁判文书。第三，优先选择审判日期较近的裁判文书。通过形式和内容两个方面的筛选，本节最终选择（2016）云 01 民初 107 号、（2018）最高法民终 119 号、（2019）京 02 民终 4684 号、（2015）最高法民二终字第 384 号、（2019）湘民申 946 号等 5 篇裁判文书作为本节研究对象，其中，由最高人民法院裁判的有 2 篇，由高级人民法院裁判的有 1 篇，裁判日期为 2018 年（含）之后的案例有 3 篇。

二、股权流质的基本理论

（一）流质条款的概述

1. 流质条款的概念。流质条款是指在担保合同成立时，债权人与债务人事先在协议中约定如债权期届满而未受清偿时，那么债权人可以获得抵押物或质押物的所有权。①

2. 我国相关法律规定。在我国民事立法初期，1986 年公布的《民法通则》仅于第 89 条规定了保证、抵押、定金和留置四种担保方式，关于抵押，该条仅规定了"债务人不履行债务的，债权人有权依照法律的规定以抵押物折价或者以变卖抵押物的价款优先得到偿还"。根据该规定可以得出，债权人在债权到期后，以折价或变卖抵押物的方式使债务人债务得以清偿，此种行为方式是法律允许的。但《民法通则》却并未对流质条款的效力作出规定，且该法也并未规定仅允许债权人通过折价或变卖抵押物这两种方式使债权得以实现，由于法律规定的空白，使当时流质条款的效力成为一个存在争议的问题。1995 年公布的《担保法》将担保方式增加为五种，在《民法通则》的基础上又增加了质押这一担保方式。同时对之前《民法通则》关于流质条款规定的空缺进行了补充，该法第 40 条及第 66 条分别对抵押和质押前提下的流质条款作出了禁止性规定。《最高人民法院关于适用〈中华人民共和国担保法〉若干问题的解释》（以下简称《担保法解释》）第 57 条和第 96 条又进一步明确了当事人所作的流质约定的条款无效，但该流质条款的无效并不影响其他约定的效力。《物权法》沿用了《担保法》对流质条款的规定，该法第 186 条及第 211 条继续规定了流质条款无效。由此可见，目前我国法律对于流质条款采取的仍是禁止主义的态度。

3. 流质条款的构成要件。结合流质条款的概念，我们可以从以下几个方面判断债务双方约定的条款是否构成流质条款：（1）流质条款只存在于抵押或质押担保关系中。根据我国《物权法》和《担保法》的相关规定，担保主要是为了保障债权人的债权能够实现。我国现有法定担保方式主要有五种，可分为

---

① 黄丽娟、杨士民：《论流质契约的禁止》，载《广西师范大学学报（哲学社会科学版）》2017 年第 1 期。

两大类，分别是人保和物保。人保是指人对债务的担保，即保证，是指保证人和债权人约定，在债务人不履行到期债务时，保证人按照约定履行债务或承担责任；物保则是以物对债务进行担保，具体有抵押、质押、留置和定金四种方式。而根据我国《物权法》第186条和第211条的规定，流质条款无效的规定仅限于抵押和质押担保关系中。（2）流质条款的约定须在债务履行期届满前作出。根据我国《物权法》第186条和第211条的规定，无效的流质条款必须是在债务履行期届满前作出，具体包括两个时间段，一个是在抵押或质押合同签订之时进行相关约定，另一个时间段则是在抵押或质押担保合同签订之后，主合同约定的债务履行期届满之前进行约定。由此可以看出，在债务履行期届满后作出将抵押或质押物所有权转移给担保权人的约定并不是法律所禁止的流质条款。（3）流质条款约定债务到期债务人未能履行偿还义务时，直接转移担保物所有权归担保权人所有。[①] 流质条款的约定与一般抵押或质押担保权人实现其权利方式的不同在于，流质是在债务履行期届满前直接约定在债务人到期不能还款时将担保物的所有权转移给债权人所有，而在一般的抵押或质押情形下，担保权人则是在债务到期后同担保人约定将担保物折价或者以拍卖、变卖该抵押财产所得价款优先受偿。

（二）流质条款无效原因分析

1. 保护债务人利益。关于流质禁止的主要原因，多数观点认为债务人在借贷关系中处于弱势地位，允许流质会使债权人利用债务人急需金钱的弱点，迫使债务人以高价值的担保物担保低价值的债务，从而取得价值远超于债务本身的担保物的所有权，使债务人遭受损失。[②] 很显然，这与民法的公平原则与诚实信用原则的立法目的是相背离的。

2. 保护担保人利益。在第三人提供担保的情形下，可能出现债务人与债权人串通，债务到期后债务人故意不履行还款义务，使债权人行使担保权利从而取得第三人提供的担保物的所有权，在担保人无法实现追偿权的情形下，设定担保的第三人的利益将会遭受损失。

3. 保护其他债权人利益。担保物权的本质是一项优先受让权，当事人只是

---

① 葛林枫：《流质条款的司法现状分析》，昆明理工大学2017年硕士学位论文。

② 谢在全主编：《民法物权论》，中国政法大学出版社2011年版，第783页。

通过订立担保合同的方式支配担保物的价值，此时担保物的所有权依然属于担保权人。因为法律准许在同一个担保物上成立多个担保，因此债务人当然能够就担保物的剩余价值实现多次担保。在同一抵押物上设定多个担保物权的情形下，若债务人同其中一位债权人约定了流质条款，那么在债务到期后，担保物所有权转归该债权人所有，其他债权人无法实现负担在该担保物上的债务担保，从而使自己的债权失去有效担保，利益受到损害。

三、关于公司股权流质的案例及裁判规则

（一）以获取已享有担保物权的股权所有权方式来冲突之前形成的债务属于法律明确禁止的流质、流押情形，应认定为无效

【案例来源】

案例名称：重庆商社进出口贸易有限公司、云南高深橡胶有限公司、昆明高深橡胶种植有限责任公司与赵某美股权转让纠纷案

审理法院：云南省昆明市中级人民法院

案　　号：（2016）云 01 民初 107 号

【争议点】

重庆商社进出口贸易有限公司（以下简称重庆商社公司）与云南高深橡胶有限公司（以下简称云南高深公司）、昆明高深橡胶种植有限责任公司（以下简称昆明高深公司），赵某美股权转让纠纷起诉至云南省昆明市中级人民法院。当事人在庭审中就重庆商社公司与云南高深公司在《股权转让协议》对转让昆明高深公司 35% 股权的约定是否有效产生争议。

【法院认为】

法院在裁判时认为：我国法律明确禁止担保物权人以流质、流押的形式来实现其到期未能获得清偿的债权，以便充分保障各方债权人的利益。在该案中，重庆商社公司已于 2015 年 5 月 13 日对昆明高深公司 35% 的股权享有了担保物权，后又于 2015 年 7 月 1 日与云南高深公司签订《股权转让协议》受让其已经享有担保物权的该 35% 的股权，转让价款的支付方式系以重庆商社公司对云南高深公司享有的债权进行冲抵，担保物权法律关系及股权转让法律关系均发生在重庆商社公司与云南高深公司之间，重庆商社公司以获取其已享有担

保物权的股权所有权来冲抵被告云南高深公司对原告所负的债务，属于法律明确禁止的流质、流押情形，重庆商社公司与云南高深公司在《股权转让协议》中对转让昆明高深公司 35% 股权的约定当属无效。

（二）股权让与协议名为转让实为让与担保的，若其中约定了让与担保实现时清算条款的约定或强制清算义务的，不属于违反流质条款的禁止性规定

【案例来源】

案例名称：修水县巨通投资控股有限公司、福建省稀有稀土（集团）有限公司及江西巨通实业有限公司合同纠纷案

审理法院：最高人民法院

案　　　号：（2018）最高法民终 119 号

【争议点】

修水县巨通投资控股有限公司（以下简称修水巨通）、福建省稀有稀土（集团）有限公司（以下简称稀土公司）及江西巨通实业有限公司（以下简称江西巨通）因合同纠纷引发诉讼，该案历经福建省高级人民法院一审、最高人民法院二审两个阶段。在二审中，当事人就股权转让协议是否因违反流质条款的禁止性规定产生争议。

【法院认为】

法院在裁判时认为：对让与担保效力的质疑，多集中在违反物权法定原则、虚伪意思表示和回避流质契约条款之上。其中违反物权法定原则的质疑，已在物权法定原则的立法本意以及习惯法层面上得以解释，前述《最高人民法院关于审理民间借贷案件适用法律若干问题的规定》第 24 条的规定，即属对让与担保的肯定和承认；而回避流质契约条款可能发生的不当后果，亦可为让与担保实现时清算条款的约定或强制清算义务的设定所避免。在该案中，《股权转让协议》约定了转让标的、转让价款、变更登记等事项，江西巨通、修水巨通均就股权转让事宜作出股东会决议，案涉股权亦办理了变更登记手续，具备股权转让的外在表现形式。修水巨通虽提供黄某、叶某花等证人证言，拟证明其同意转让案涉股权的目的在于提供担保，但此种事实恰恰符合让与担保以转移权利的手段实现担保债权目的的基本架构，不构成欠缺效果意思的通谋的虚假意思表示，其据此主张《股权转让协议》无效，于法无据。且《股权转让

协议》第 3.1 条约定了清算条款，不违反流质条款的禁止性规定。故，《股权转让协议》系各方当事人通过契约方式设定让与担保，形成一种受契约自由原则和担保经济目的双重规范的债权担保关系，不违反法律、行政法规的禁止性规定，应为合法有效。

（三）股权转让协议中虽约定以股权担保债权的，若质权人并非以合同约定的方式、未经任何法定程序取得股权的，该行为不属于变相流质

【案例来源】

案例名称：北京京奥港集团有限公司、北京京奥港房地产开发有限责任公司、中融国际信托有限公司、北京嘉诚鼎盛房地产开发有限公司、南京华麟置业有限公司合同纠纷案

审理法院：北京市第二中级人民法院

案　　号：（2019）京 02 民终 4684 号

【争议点】

北京京奥港集团有限公司（以下简称京奥港集团）、北京京奥港房地产开发有限责任公司（以下简称京奥港公司）、中融国际信托有限公司（以下简称中融信托公司）、北京嘉诚鼎盛房地产开发有限公司（以下简称嘉诚鼎盛公司）、南京华麟置业有限公司（以下简称华麟公司）因合同纠纷引发诉讼，该案历经北京市西城区人民法院一审、北京市第二中级人民法院二审两个阶段。在二审中，当事人就中融信托公司处置股权的行为是否属于变相流质产生争议。

【法院认为】

法院在裁判时认为：依据《股权质押合同》的约定：嘉诚鼎盛公司以其合法持有的华麟公司 100% 股权为债务人在主合同项下债务的履行提供质押担保，质权人为中融信托公司。故中融信托公司有权在债务人不能清偿债务时选择以质押股权拍卖、变卖所得款项优先受偿。在该案中，中融信托公司并未选择以前述协议约定方式行使质权，不违反法律强制性规定。且中融信托公司并非未经任何法定程序直接取得质押物所有权，中融信托公司选择通过召开股东会，与嘉诚鼎盛公司签订《股权转让协议》的方式，取得华麟公司的股权，并不违反法律禁止性规定。京奥港集团未按照协议约定支付款项，中融信托公司享有嘉诚鼎盛公司的股东权利，故其作为嘉诚鼎盛公司的股东有权召开股东会，嘉

诚鼎盛公司转让股权的行为亦非无权转让。京奥港集团、京奥港公司主张《股权转让协议》系在未通知京奥港集团董事，未召开董事会，京奥港集团、京奥港公司不知情的情况下，违反各方签署的《合作协议》，恶意将嘉诚鼎盛公司在华麟公司100%股权转移过户至中融信托公司名下，属恶意串通损害了京奥港集团、京奥港公司的合法财产权益，应认定为无效，但对此并未提供充分证据证明。因此，该股权转让协议有效。

（四）事先约定股权的处分方式和处分价格的股权质押条款无效

【案例来源】

案例名称：中静汽车投资有限公司与上海铭源实业集团有限公司、桂林客车工业集团有限公司股权转让纠纷案

审理法院：最高人民法院

案　　　号：（2015）最高法民二终字第384号

【争议点】

中静汽车投资有限公司（以下简称中静公司）与上海铭源实业集团有限公司（以下简称铭源公司）、桂林客车工业集团有限公司（以下简称桂客公司）因股权转让纠纷引发诉讼，该案历经安徽省高级人民法院一审、最高人民法院二审两个阶段。在二审中，当事人就中静公司能否取得案涉铭源公司在桂客公司32.1510%股权产生争议。

【法院认为】

法院在裁判时认为：中静公司提出受让股权的依据为铭源公司与朱某群签订的《融资借款协议》及其项下的《股权质押合同》及《股权转让协议》，据协议相关条款内容来看，双方约定在铭源公司未能及时清偿债务时，朱某群有权要求铭源公司将其持有的桂客公司32.1510%（对应出资额9785万元）股权以7000万元价格转让给朱某群指定的任意第三人，铭源公司不得拒绝，且该第三人亦无须向铭源公司支付股权转让款，而是直接支付给朱某群以偿还欠款。其实质为在铭源公司不能如约偿还朱某群借款时，朱某群可将铭源公司质押的股权以事先约定的固定价格转让给第三方以清偿铭源公司所负债务，即在履行期限届满前已约定由质权人朱某群以固定价款处分质物，相当于未届清偿期即已固定了对质物的处分方式和处分价格，显然与法律规定的质权实现方式不符。此种事先约定质物的归属和价款之情形实质上违反了《物权法》第211

条禁止流质的强制性规定，故该约定条款应属无效。

（五）股权质押条款约定以股权抵债的，若当事人约定的交易对价合理，未损害债务人利益的，则该条款不能视为一般意义上的流质条款

【案例来源】

案例名称：赵某夫与湖南时代阳光投资集团有限公司、湖南瀚丰实业有限责任公司确认合同效力纠纷案

审理法院：湖南省高级人民法院

案　　　号：（2019）湘民申946号

【争议点】

赵某夫与湖南时代阳光投资集团有限公司（以下简称时代阳光公司）、湖南瀚丰实业有限责任公司（以下简称瀚丰公司）因确认合同效力纠纷引发诉讼，该案历经湖南省长沙市雨花区人民法院一审、湖南省长沙市中级人民法院二审以及湖南省高级人民法院再审三个阶段。在再审中，当事人就《执行和解协议》约定到期未赎回，质押股权过户至时代阳光公司名下是否违反法律的禁止性规定产生争议。

【法院认为】

法院在裁判时认为：该案的《执行和解协议》并非单纯的赵某夫与时代阳光公司的债权债务协议，而是时代阳光公司以取得25%股权为对价的代偿协议，所约定的2017年9月13日，是给予赵某夫的赎回期，该赎回期的约定是对赵某夫权利的保护期，因而《执行和解协议》约定的股权过户条款不能理解为一般意义上的流质质押条款。《担保法》第66条规定，出质人和质权人在合同中不得约定在债务履行期届满质权人未受清偿时，质物的所有权转移为质权人所有。《担保法》关于"流质"的禁止性规定主要目的是防止质权人利用其优势地位"迫使"出质人签订相关条款，从而获得大于其债权的清偿，有失交易公平。具体到该案，在《执行和解协议》签订之前，已经具有法定资质的评估机构对赵某夫出质的湘雅医疗城公司的股权价值进行了评估，在法院以起拍价28 131 175元进行司法拍卖流拍以后，各方当事人经充分协商一致，达成了时代阳光公司代赵某夫向瀚丰公司偿还28 000 000元，赵某夫应在2017年9月13日前支付时代阳光公司28 000 000元及垫款利息赎回质押股权，逾期则以该部分股权折价抵偿原告时代阳光公司相应价值债务的约定，该约定符合

契约自由和当事人意思自治原则，约定的交易对价与司法拍卖的起拍价基本一致，并未损害赵某夫的利益，故认定该项约定与法律关于禁止"流质"的规定不符。

四、结　语

我国明确禁止流质条款的适用，但在司法实务中，有关流质条款的约定依然层出不穷，甚至还存在独立于担保物权之外的流质约定。实践中针对流质条款协议的效力成立与否问题观点不一。人民法院在审理股权流质案件时，出现以下情形时，该条款无效：一是事先约定股权的处分方式和处分价格的；二是以获取已享有担保物权的股权所有权方式来冲突之前形成的债务的。此外，若股权转让协议中约定了以股权担保债权的，出现下列情形的，该条款不必然因为流质条款而无效：一是若当事人约定的交易对价合理，未损害债务人利益的；二是约定了让与担保实现时清算条款的约定或强制清算义务的；三是虽合同约定以股权担保债权的，但质权人并非以合同约定的方式、未经任何法定程序取得股权的。

第七节　公司的收益分配

一、导　论

公司利润分配是在平衡公司内、外部主体之间利益的基础上，对净利润在提取了各种公积金后如何进行分配而采取的基本态度和法律政策。围绕公司利润分配，在新老股东之间、大小股东之间、与债权人之间、优先债权人与次级债权人之间、股东债权人与非股东债权人之间、股东与管理层之间、股东与普通雇员之间、股东与国家之间，广泛存在有关股权保护、股权平等、债权实现、职工利益保护、税收等方面的利益冲突。此命题在公司法研究中存在特殊价值，但在司法实践中，我国公司利润分配规则不尽合理，对其具体适用的问题，实务上还处于进一步探索的阶段，本节期待通过对我国案例的研究来指导司法实践。本节以公司收益分配的案件裁判文书为研究对象，以 2015 年以来人民法院作出的相关裁判文书为主要范围，归纳、提炼公司收益分配裁判的理念和趋势。

截至 2020 年 1 月，在中国裁判文书网中输入"公司的收益分配"（关键词）检索出民事裁判文书 194 篇，其中，由最高人民法院裁判的有 4 篇，由高级人民法院裁判的有 8 篇，本节选取其中 6 篇典型案例梳理其裁判规则。在具体案例的选取上，本节遵循以下"三个优先"原则。第一，优先选择审判层级较高的裁判文书。第二，优先选择中国裁判文书网公布的裁判文书。第三，优先选择审判日期较近的裁判文书。通过形式和内容两个方面的筛选，本节最终选择（2016）最高法民终 528 号、（2016）最高法民申 363 号、（2017）最高法民申 1027 号、（2019）湘民终 253 号、（2017）内民申 514 号、（2015）川民终字第 869 号等 6 篇裁判文书作为本节研究对象，其中，由最高人民法院裁判的有3 篇，由高级人民法院裁判的有 3 篇，裁判日期为 2017 年（含）之后的案例有3 篇。

二、公司收益分配的基本理论

（一）公司收益分配的概述

1. 公司收益分配的顺序。依照我国《公司法》的相关规定，公司当年税后利润分配规定的法定顺序是：（1）弥补亏损，即在公司已有的法定公积金不足以弥补上一年度公司亏损时，先用当年利润弥补亏损。（2）提取法定公积金，即应当提取税后利润的 10% 列入公司法定公积金；公司法定公积金累计额为公司注册资本的 50% 以上的，可以不再提取。公司提取的法定公益金用于本公司职工的集体福利。（3）提取任意公积金，即经股东会或股东大会决议，提取任意公积金，任意公积金的提取比例由股东会或者股东大会决定。任意公积金不是法定必须提取的，是否提取以及提取比例由股东会或股东大会决议。（4）支付股利，即在公司弥补亏损和提取公积金后，所余利润应分配给股东，即向股东支付股息。

2. 公司收益分配的主体。参与公司利润分配的主体，首先是政府，其在利润分配前就以税收形式先从公司利润中提取了一部分；其次是股东，其先利用法定公积金实现了资本的累积，在提取公益金后，还可通过股利分配再次分配利润；最后是公司职工，公司提取的法定公益金用于本公司职工的集体福利，同时职工基于福利的利润分配权优先于股东利润分配权，为当年税后利润的 5% 至 10%，凡有利润，均应提取公益金。实践中，有公司将公益金作为奖励基金，用于奖励普通员工和高层管理人员，或者用于职工持股、股票期权计划的费用开支。

3. 利润分配的来源。根据《公司法》第 177 条规定，公司弥补亏损和提取公积金、法定公益金后所余利润，有限责任公司按照股东的出资比例分配，股份有限公司按照股东持有的股份比例分配。故公司只有利润可用于分配现金股利，股东出资（包括注册资本和实缴资本性质的资本公积金）不能用于分配现金股利，且可分配利润是指弥补亏损之后的利润[①]。公司税后利润首先应弥补亏损，不允许在亏损挂账的情况下，也就是在未弥补亏损的情况下分配利润。企业当期实现的净利润，加上年初未分配利润（或减去年初未弥补亏损），为

---

① 候宏刚：《公司利润分配制度研究》，中国政法大学 2005 年硕士学位论文。

"可供分配利润"。在未弥补亏损的情况下分配利润，是变相地分配资本，相当于股东退资或抽回出资。

（二）利润分配的本质

2006年《英国公司法》第829条规定了"分配"的含义。依据该条规定，（1）"分配"指隶属于下属例外，公司资产对其成员的每一种分配，无论以货币或其他形式。[1] 从法律本质看，公司利润分配发生在公司与股东之间，表现为公司资产向股东的合法流动。既然公司资产可能存在多种形式，利润分配的形式当然也有多种形式，诸如货币或其他形式。公司利润分配的目的在于将公司经营利润分配给股东，以确保股东获得回报。[2] 在分配决议作出后，利润分配的法律关系已经明确：主体是公司与股东，内容是公司向股东的支付义务、股东向公司请求支付的权利。因此，公司利润分配行为发生的最终效果将是公司财产减少、股东财产相应增加。也正是公司资产的此种减少效果，引发了《公司法》对公司利润分配的某种限制，要求被分配利润仅仅限于经营盈余、确保分配仅仅针对剩余金，同时分配行为不得显著影响公司信用以至于危及公司偿付能力。

（二）利润分配的构成要件

无论是从法律关系的理论还是从限制规则考察，构成公司利润分配的公司行为，应当满足以下条件：

1. 被分配对象应当是财产。实物、股份、债券乃至其他为法律保护的利益都属于财产，在理论上都可作为被分配的对象，构成分配的形式。

2. 被分配财产在法律上应当归属公司所有。公司利润分配涉及公司处分财产，纳入被分配的财产理应属于公司，公司享有这些财产的处分权。只有针对属于公司的实物、股份、债券及其他财产的分配行为，可能构成公司法上的利润分配。

3. 此种资产流动无须持股条件之外的任何对价。资产从公司向股东的单向

---

[1]　葛伟军：《英国2006年公司法》，法律出版社2008年版，第505页。

[2]　曹兴权：《公司非现金利润分配形式法律规则的体系性补足》，载《中国政法大学学报》2018年第6期。

流动，股东获得该分配时无须向公司支付任何资产。

4.因单向流动，公司财产总量将因该分配行为的实施而减少。在会计准则中，由于将属于公司的实物、债券、股份等财产分配给了股东，公司的资产科目应作相应减计，资产负债率因此增高。

5.因单向流动，股东财产的总量因该分配而增加。[①] 通过公司分红，股东获得实实在在的物质利益。

但是，上述判断五个要件并不充分。本书认为在公司解散清算时，公司也会将清偿对外债务后的剩余资产分配给股东。此种清算分配，虽然符合上述条件，但也是利润分配。

（四）利润分配的基本原则

1.稳定收益分配原则。公司利润分配法律制度确保了公司利润分配的稳定性与一贯性，使投资者在投资前就对投资回报有了清晰的了解与认识。公司利润分配制度通过对利润分配的比例、先后顺序及公积金提取比例的规定，确保了投资人收益的稳定性，促进了更多投资者的加入。

2.利于公司生存发展原则。无论大陆法系国家还是英美法系国家，公司利润分配制度确立了股份投资的不可逆返性——这条最基本的限制分配原则，其目的就是保障公司的可持续经营，使投资者获得稳定的收益，使债权人得到相应的保障[②]。公司利润分配制度在对利润分配加以适当强制性限制，实现了资本积累，为公司生存发展提供了物质保障。

3.利益与风险相一致原则。公司利润分配以法律的形式，确认了投资者的投入与其所获收益相一致，实现了既要鼓励股东用自己的资源冒险，又必须强制冒险者个人对其风险损失负责的目的，平衡了股东、公司、债权人和社会的利益。

4.公平与效率相统一原则。股东利益的冲突缘于公司制度设计的缺陷。资本多数决原则，有利于公司股东会议较为方便快捷地形成决议，是一项有效率的法律制度。但是，这一制度也使少数人的声音"湮没"在多数人的声音中，

---

① 曹兴权：《公司非现金利润分配形式法律规则的体系性补足》，载《中国政法大学学报》2018年第6期。

② 周恒山：《法律视角下的公司利润分配制度》，华中师范大学2008年硕士学位论文。

剥夺少数人参与公司事务、维护自身合法权益的权利。[①] 为了减轻大股东对小股东的损害，维护小股东的利益，应该通过法律的强制性规定，以限制大股东的某些权利来保护小股东的权利，从而追求一种公平。而在保护小股东利益的同时，也有必要对小股东恶意行使股权作出限制，以保证公司高效运作。

5. 公司利益相关者权益保护原则。公司在现代各国经济生活中之所以被广泛采用，应该归结到公司在资产经营方面所显示出来的巨大效率优势，公司在获取以及利用资源的能力上与其他组织形式相比有着明显的优势。公司不应该仅仅被视为谋求股东利润最大化的工具，而应该作为最大限度顾及和实现包括股东在内的公司利益相关者利益的工具。

三、关于公司收益分配的案例及裁判规则

（一）司法干预的强制盈余分配，在盈余分配判决未生效之前，公司不负有法定给付义务，不应支付盈余分配款利息

【案例来源】

案例名称：庆阳市太一热力有限公司与李某军、甘肃居立门业有限责任公司盈余分配纠纷案

审理法院：最高人民法院

案　　号：（2016）最高法民终 528 号

【争议点】

庆阳市太一热力有限公司（以下简称太一热力公司）、李某军与甘肃居立门业有限责任公司（以下简称居立门业公司）因公司盈余分配纠纷引发诉讼，该案历经安徽省高级人民法院一审、最高人民法院二审两个阶段。在二审中，当事人就太一热力公司是否应向居立门业公司支付盈余分配款利息产生争议。

【法院认为】

法院在裁判时认为：公司经营利润款产生的利息属于公司收入的一部分，在未进行盈余分配前相关款项均归属于公司；在公司盈余分配前产生的利息应当计入本次盈余分配款项范围，如本次盈余分配存在遗漏，仍属公司盈余分配

---

① 刘敏：《从〈公司法〉第六十条谈对公司中小股东利益的保护》，载《法律适用》2002 年第 10 期。

后的资产。公司股东会或股东大会作出盈余分配决议时，在公司与股东之间即形成债权债务关系，若未按照决议及时给付则应计付利息，而司法干预的强制盈余分配则不然，在盈余分配判决未生效之前，公司不负有法定给付义务，故不应计付利息。在该案中，居立门业公司通过诉讼应分得的盈余款项系根据该案司法审计的净利润数额确定，此前太一热力公司对居立门业公司不负有法定给付义务，若《审计报告》未将公司资产转让款此前产生的利息计入净利润，则计入本次盈余分配后的公司资产，而不存在太一热力公司占用居立门业公司资金及应给付利息的问题，太一热力公司不应向居立门业公司支付盈余分配款利息。

（二）除公司章程或另有约定外，股东出资是否存在瑕疵不影响利润分配请求权本身的享有

【案例来源】

案例名称：徐州咪兰房地产开发有限公司、徐某超与曾某明合资、合作开发房地产合同纠纷案

审理法院：最高人民法院

案　　号：（2016）最高法民申 363 号

【争议点】

徐州咪兰房地产开发有限公司（以下简称咪兰公司）、徐某超与曾某明因合资、合作开发房地产合同纠纷引发诉讼，该案历经江苏省高级人民法院一审、最高人民法院二审两个阶段。在二审中，当事人就曾某明是否应享受利润分配产生争议。

【法院认为】

法院在裁判时认为：在《补充协议》中约定了对咪兰公司账上存款及售房款五五分配，与之前《联合开发协议》的利润分配约定相符，此约定为当事人的真实意思表示，不违反法律、行政法规的强制性规定，徐某超应予履行。在《补充协议》中，双方还约定了"欠施工方的工程款，由双方共同承担支付"。在双方合作期间，徐某超并未提出曾某明未出资不应享受利润分配。现咪兰公司、徐某超主张曾某明未投资，却在销售完毕之前提前享受利润，未承担任何风险，违背了立法原意，违背了权利义务相统一的原则，不符合案件事实，对其主张不予支持。

（三）公司出具的关于投资利润的承诺或者情况说明不等同于股东会决议，以此为依据主张分配盈余的，人民法院不予支持

【案例来源】

案例名称：吴某平与抚州瑞纳投资发展有限公司、江西科能酒店管理有限公司、江西省汇远资产经营管理有限公司、瑞纳投资有限公司、段某辉、林某公司盈余分配纠纷案

审理法院：最高人民法院

案　　号：（2017）最高法民申 1027 号

【争议点】

吴某平与抚州瑞纳投资发展有限公司（简称抚州瑞纳公司）、江西科能酒店管理有限公司（简称科能酒店公司）、江西省汇远资产经营管理有限公司（简称汇远资产公司）、瑞纳投资有限公司、段某辉、林某因公司盈余分配纠纷引发诉讼，该案历经江西省抚州市中级人民法院一审、江西省高级人民法院二审以及最高人民法院再审三个阶段。在再审中，当事人就吴某平能否因涉案《投资利润承诺》主张分配盈余产生争议。

【法院认为】

法院在裁判时认为：根据《公司法》第37条规定，分配公司利润是股东的重要权利，应由股东会通过决议确定。股东会行使审议批准公司利润分配方案的职权，股东以书面形式一致表示同意的，可以不召开股东会会议，直接作出决定，并由全体股东在决定文件上签名、盖章。在该案中，吴某平未提交载明具体利润分配方案的股东会决议，也没有提供公司有可供分配利润的证据。吴某平未能提供证据证明其关于分配盈余的主张已经抚州瑞纳公司股东会决议或股东以书面形式一致表示同意，故二审法院对吴某平的该项诉请不予支持并无不妥。吴某平提出的《投资利润承诺》等同于股东会决议，以及其有权请求法院判令抚州瑞纳公司按照章程或法律规定分配盈余的理由不能成立。

（四）公司盈余分配之诉是针对公司已有利润如何分配发生的诉讼，并非针对未产生或可能产生的利润如何分配发生的诉讼；《公司法》规定的救济途径不能与公司盈余分配之诉同时期重复行使

【案例来源】

案例名称：符某与徐某、益阳市水之源水处理设备有限公司、杨某元、湖南河洛环保科技有限公司公司盈余分配纠纷及损害股东利益责任纠纷案

审理法院：湖南省高级人民法院

案　　号：（2019）湘民终 253 号

【争议点】

符某与徐某、益阳市水之源水处理设备有限公司（以下简称水之源公司）、杨某元、湖南河洛环保科技有限公司（以下简称河洛公司）因公司盈余分配纠纷及损害股东利益责任纠纷引发诉讼，该案历经湖南省益阳市中级人民法院一审、湖南省高级人民法院二审两个阶段。在二审中，当事人就符某能否提起公司盈余分配之诉产生争议。

【法院认为】

法院在裁判时认为，符某已通过解散公司申请水之源公司强制清算，应通过该强制清算，依法将其在公司经营期间可分得的利润和剩余财产取回。在一审法院裁定受理符某对水之源公司强制清算申请后，符某提起公司盈余分配之诉属于重复起诉，一审法院受理该诉，适用法律错误，应予纠正。如果符某认为徐某、杨某元滥用股东权利，导致公司清算时可分配财产减少甚至导致公司亏损，在分配剩余财产时使符某少分了应得的财产或者承担了不应承担的亏损，损害其财产利益，可在公司清算结束后依法向对方主张赔偿损失。另外，公司盈余分配之诉是针对公司已有利润如何分配发生的诉讼，并非针对未产生或可能产生的利润如何分配发生的诉讼，符某提出徐某利用水之源公司的业务资源和人、财、物等经营发展河洛公司，损害其利益，要求徐某、杨某元、河洛公司对 2015 年 9 月 30 日之后符某应得的利润承担连带赔偿责任，实际上是以徐某违反竞业限制为由要求对方当事人赔偿相关财产损失，该项诉请亦不属于公司盈余分配之诉。

（五）公司盈余分配纠纷的主体仅限于公司股东

【案例来源】

案例名称：王某军、罗某兵、马某锁、赵某云、谢某福、郝某、乌拉盖管理区鑫鑫砼结构制造有限公司第三人之诉案

审理法院：内蒙古自治区高级人民法院

案　　号：（2017）内民申 514 号

【争议点】

王某军、罗某兵、马某锁、赵某云、谢某福、郝某、乌拉盖管理区鑫鑫砼结构制造有限公司因第三人之诉引发诉讼，该案历经锡林郭勒盟中级人民法院一审、内蒙古自治区高级人民法院二审两个阶段。在二审中，当事人就该案是何种纠纷类型产生争议。

【法院认为】

法院在裁判时认为，王某军、罗某兵、马某锁主张赵某云、谢某福、郝某之间的纠纷不是合伙纠纷而是公司盈余分配纠纷。但公司盈余分配纠纷是指公司或董事、大股东为满足自身利益而损害股东股利分配权的纠纷，该诉讼的原告为权利受到侵害的股东，被告为公司。而赵某云、谢某福、郝某之间的纠纷，原告谢某福并不是乌拉盖管理区鑫鑫砼结构制造有限公司的股东，不具备公司盈余分配纠纷的主体资格。

（六）公司已经符合利润分配的前提条件的，不得以现金不足拒绝向股东分配利润

【案例来源】

案例名称：上海盛大网络发展有限公司、成都吉胜科技有限责任公司、杭州顺网科技股份有限公司股权转让纠纷案

审理法院：四川省高级人民法院

案　　号：（2015）川民终字第 869 号

【争议点】

上海盛大网络发展有限公司（以下简称盛大公司）、成都吉胜科技有限责任公司（以下简称吉胜公司）、杭州顺网科技股份有限公司（以下简称顺网公司）因股权转让纠纷引发诉讼，该案历经四川省成都市中级人民法院一审、四

川省高级人民法院二审两个阶段。在二审中，当事人就能否以《审计报告》中严重缺乏现金拒绝向股东分配利润产生争议。

吉胜公司、顺网公司提出《审计报告》中载明上海鸿利数码科技公司有571 440元款项无法收回，以及北京盛安怡和科技有限公司尚欠497 370.5元款项无法收回，共计1 068 810.5元款项无法收回，《审计报告》中严重缺乏现金不具备"分配利润"条件。

【法院认为】

法院在裁判时认为：根据《公司法》第38条及吉胜公司章程第26条、第29条的规定，执行董事拟定分配方案仅是职责规定，股东有权对公司利润分配作出决定，吉胜公司为一人公司，盛大公司作为吉胜公司原股东与新股东顺网公司就吉胜公司未分配利润支付达成的协议，并未违反法律法规的强制性规定，应为合法有效，对吉胜公司应当具有约束力。股东作为公司的投资人，其投资的目的就是获得利润，公司的利润，在缴纳各种税款后，弥补亏损和提取公积金是公司分配税后利润的法定前提条件，只要符合该条件，无论公司是否有现金，都可以决定进行分配，是否有现金只是影响分配的形式或支付利润的时间，因此，吉胜公司现金不足，不能构成其不向盛大公司支付利润的正当理由。

四、结　语

市场经济是法治经济，利润分配作为经济利益关系的体现和最终实现形式，无疑离不开法律的保护和规范。在法律中对利润分配写下条款，加以规范并不困难，困难的是在司法实践中如何把握合理和适度的界限。人民法院在审理公司收益分配案件中，对公司盈余分配纠纷之诉应注意以下几点：其一，公司收益分配中的"收益"必须是公司已经产生的，未产生或可能产生的不属于公司收益分配之诉的审理对象。其二，公司盈余分配纠纷的主体仅限于公司的股东。其三，在同时期内，《公司法》规定的救济途径与公司盈余分配之诉只能行使其一，不能重复行使。出现以下几种情形的，该项诉讼请求无效：（1）司法干预的强制盈余分配，在盈余分配判决未生效之前，主张公司支付盈余分配款利息的；（2）以公司出具的《投资利润承诺》为依据主张分配盈余的；（3）公司已经符合利润分配的前提条件的，以现金不足为由拒绝向股东分配利润的；（4）还应当注意，股东瑕疵出资的不影响利润分配请求权本身的享有，只会影响利润分配请求权的行使。

第八节　公司担保

一、导　论

现行《公司法》第 16 条确认了公司担保制度。我国《公司法》对公司担保仅仅作了程序上的限制，并无任何实质条件上的限制，如公司漫无限制地为他人提供担保，《公司法》第 16 条原定通过防止公司财产不当减少以保护股东和债权人利益的立法目的有可能落空。本节以公司担保的案件裁判文书为研究对象，以 2006 年以来人民法院作出的相关裁判文书为主要范围，归纳、提炼公司担保裁判的理念和趋势。

截至 2020 年 2 月，在中国裁判文书网中输入"公司担保"（关键词）检索出民事裁判文书 117 564 篇，其中，由最高人民法院裁判的有 714 篇，由高级人民法院裁判的有 3909 篇，本节选取其中 5 篇典型案例梳理其裁判规则。在具体案例的选取上，本节遵循以下"三个优先"原则。第一，优先选择审判层级较高的裁判文书。第二，优先选择中国裁判文书网公布的裁判文书。第三，优先选择审判日期较近的裁判文书。通过形式和内容两个方面的筛选，本节最终选择（2006）最高法民二终字第 49 号、（2017）最高法民申 3671 号、（2016）最高法民再 128 号、（2018）最高法民申 4686 号、（2012）最高法执复字第 18 号等 5 篇由最高人民法院审判的裁判文书作为本节研究对象。其中，裁判日期为 2018 年（含）之后的案例有 1 篇。

二、公司担保的基本理论

（一）公司担保的内涵

公司法人作为商事主体和自然人一样，都具有民事权利能力，即享有民事权利和承担民事义务的资格。法律赋予公司法人同自然人相同的权利能力，是基于公司所产生的实际经济效益，而不拘泥于法人本质在理论上的演绎。[1] 公司是法律的创造物，公司担保是法人行为的一种表现，从本质上讲是一种经营行为。公司以自己的财产为自己的债务提供担保，属于公司为正常开展经营而直接获得融资的方式，是公司自身业务、自我发展的需要，法律一般没有干涉的必要。因而从世界现行立法例可以发现，对于任何公司为其自身债务提供担保的行为，鲜有限制。[2] 但公司以自己的名义和财产为他人债务提供担保，事关各方主体的利益。基于法律公平正义的原则，法律就很有必要对其各方参与主体的利益进行平衡和规制。

（二）公司的担保能力

《公司法》第16条明确规定："公司向其他企业投资或者为他人提供担保，依照公司章程的规定，由董事会或者股东会、股东大会决议；公司章程对投资或者担保的总额及单项投资或者担保的数额有限额规定的，不得超过规定的限额。公司为公司股东或者实际控制人提供担保的，必须经股东会或者股东大会决议。前款规定的股东或者受前款规定的实际控制人支配的股东，不得参与前款规定事项的表决。该项表决由出席会议的其他股东所持表决权的过半数通过。"上述规定有两个显著的特点：第一，将该条规定置于《公司法》"总则"之中，与修订前的《公司法》将其置于"有限责任公司"一章的"组织机构"一节中相较，这一规定更加强调是对所有公司以及是对公司本身的规范。第二，该条对公司是否可以为股东或者实际控制人提供担保、提供担保的条件及程序等有清楚明确的规定。

《公司法》在允许公司对外提供担保的同时，为公司担保行为设置了一项程序性要求——经过董事会或股东（大）会决议。那么公司对外投资担保时，相对人应否审查董事会或股东（大）会决议呢？我们认为，第三人与公司签订协议时，应当注意到法律的既有规定。法定决策程序不仅是对公司的限制和要求——提示公司谨慎注意自身行为对资本充实、股东利益以及债权人利益的影

---

[1] 赖英照：《公司法人本质理论》，载《公司法论文集》，我国台湾地区五南图书出版公司1991年版，第59页。
[2] 茅院生、李建伟：《公司对外担保行为的效力》，载《现代法学》2004年第1期。

响，同样也是对第三人的限制和要求——不能只为自己交易的达成而不顾可能的越权行为对对方公司资本充实、股东利益或债权人利益的影响。担保属单务行为，法律赋予无须支付对价的接受方更高的注意义务是符合一般法律原理的。同时公司对外担保属于可能显著增加公司经营风险，弱化公司经营能力，危及公司资本充实的行为，公司法基于资本维持原则和公司社会责任的考虑而向第三人分配程序性的注意义务也是符合公司法原则的。另外，从公司代表权角度分析，法定代表人或授权代表人，虽然享有普遍的代表权，但《公司法》第 16 条的规定已经限制了他们就担保事项的代表权，只有经董事会或股东（大）会决议通过，公司代表人的代表权才能恢复到完满状态。法定限制推定相对人知晓，相对人未审查决议推定其知晓代表权瑕疵，故该情形下担保行为无效。[①]

（三）我国公司担保制度的规范属性

法律规范依其规定的权利义务的刚性程度，分为强制性规范和任意性规范。关于我国《公司法》第 16 条规定的规范属性问题，实质上是对该规定作出是属于任意性规范还是强制性规范的判断。有学者认为，《公司法》第 16 条第 2 款为强制性规定，"违反公司法有关担保规定的条款是违反了法律的强制性规定，因此担保合同无效，从而有关担保（无论是人保还是物保）均为无效"。[②] 另有学者认为，《公司法》第 16 条第 1 款中有关公司章程对外投资或者担保限额的规定，以及第二款关于公司特殊担保的规定，因法条中使用了'不得''必须'等字样，属于强制性的规定，违反其规定，导致担保合同无效。而第一款中关于'公司向其他企业投资或者为他人提供担保，依照公司章程的规定，由董事会或者股东会、股东大会决议'的规定，并没有使用'必须''应当'这样命令性的用语，不是强制性的规范，违反该规定的，对其效力应持宽容的态度"。[③] 虽然学者对《公司法》第 16 条的规范性质存在不同的认识，但其落脚点都是将《公司法》第 16 条视为对公司对外担保或投资行为的规范，并将违反《公司法》第 16 条的法律效果指向公司对外担保或投资行为的效力。

---

① 赵旭东主编：《公司法》（第 4 版），高等教育出版社，第 146 页。
② 李金泽：《〈公司法〉有关公司对外担保新规定的质疑》，载《现代法学》2007 年第 1 期。
③ 蔡晖：《新公司法对公司担保的规范》，载《人民法院报》2006 年 4 月 5 日。

公司担保纠纷涉及《公司法》《担保法》以及《合同法》等相关规定的解释与适用，不能片面地仅从一个角度来认定违反规定的担保合同的效力。

三、关于公司担保的案例及裁判规则

（一）公司为他人提供担保，后以担保行为作出前董事会决议违反公司章程应当无效为由，主张公司对外担保无效的，违反民事诉讼中的禁反言规则，不予支持

【案例来源】

案例名称：中国进出口银行与光彩事业投资集团有限公司及四通集团公司借款担保合同纠纷案

审理法院：最高人民法院

案　　号：（2006）最高法民二终字第49号

【争议点】

中国进出口银行（以下简称进出口银行）与光彩事业投资集团有限公司（以下简称光彩集团）及四通集团公司（以下简称四通集团）因借款担保合同纠纷产生诉讼，该案历经北京市高级人民法院一审以及最高人民法院二审两个阶段。在二审中，当事人就案涉《保证合同》及《贷款重组协议》是否有效产生争议。

光彩集团作为有限责任公司，注册资本为5亿元，其中，山东泛海集团公司出资比例为71.2%，潍坊宝顺建设有限公司出资比例20%，四通集团出资比例为0.2%。其公司章程未规定公司不得为股东进行担保。该章程规定，董事会是该公司法人机关，董事会成员由股东单位委派人员组成，董事会的表决程序采用资本多数决的形式。光彩集团提供的证据表明，在该公司同意为四通集团进行担保的2001年12月25日、2003年12月26日的两次董事会上，分别持有该公司93.6%和91.2%股权的董事同意为四通集团担保，符合公司章程的规定。董事会决议加盖了董事会公章，在《保证合同》及《贷款重组协议》上加盖了光彩集团公章。

【法院认为】

法院在裁判时认为：四通集团系该案借款合同的主债务人，其未按合同约

定偿还进出口银行贷款，进出口银行依约定有权宣布全部贷款到期。在该案中，光彩集团为四通集团的债务进行担保的行为发生在《公司法》修订前，故该案适用修订前《公司法》《担保法》及《担保法解释》。修订前《公司法》第60条第3款规定是对公司董事、经理未经公司批准，擅自为公司股东及其他个人债务提供担保的禁止性规定。但该规定并非一概禁止公司为股东担保，对有限责任公司而言，符合公司章程，经过公司股东会、董事会批准，以公司名义进行关联担保，修订前的《公司法》并未明确加以禁止。上述条款的立法目的是限制大股东、控股股东操纵公司与自己进行关联交易，损害中小股东的利益，以维护资本确定原则和保护中小股东权益。对经公司股东会、董事会同意以公司资产为小股东进行担保当不属禁止和限制之列。从价值取向的角度考量，在衡平公司债权人与公司股东利益冲突时，应优先保护公司债权人的利益。且即使董事会决议有瑕疵，也属其公司内部行为，不能对公司的对外担保行为效力产生影响。故光彩集团在该案中提出的董事会决议无效，公司为其股东担保无效的主张没有事实和法律依据，且违反《民事诉讼法》中的禁止反言规则，人民法院不予支持。进出口银行关于光彩集团为四通集团提供担保不违反法律的禁止性规定，是有效担保，光彩集团应对四通集团的该案债务承担连带责任的上诉理由成立。

（二）公司为股东之间的股权转让提供担保，则形成股东以股权转让的方式变相抽逃出资

【案例来源】

案例名称：郭某华、山西邦奥房地产开发有限公司与郑某凡、潘某珍股权转让纠纷案

审理法院：最高人民法院

案　　号：（2017）最高法民申3671号

【争议点】

郭某华、山西邦奥房地产开发有限公司（以下简称邦奥公司）与郑某凡、潘某珍因股权转让纠纷产生诉讼，该案历经山西省大同市中级人民法院一审、山西省高级人民法院二审以及最高人民法院再审三个阶段。在再审中，当事人就案涉邦奥公司对郭某华的还款义务是否承担连带清偿责任产生争议。

【法院认为】

法院在裁判时认为：根据《公司法》第 16 条第 1 款规定，公司为公司股东或者实际控制人提供担保的，必须经股东会或者股东大会决议。公司并不禁止公司为股东提供担保，但要经法定程序进行担保；同时，《公司法》第 35 条规定，公司成立后，股东不得抽逃出资。而如果公司为股东之间的股权转让提供担保，就会出现受让股权的股东不能支付股权转让款时，由公司先向转让股权的股东支付转让款，导致公司利益及公司其他债权人的利益受损，形成股东以股权转让的方式变相抽回出资的情形，有违《公司法》关于不得抽逃出资的规定。在该案中，按照案涉《公司股权转让及项目投资返还协议》的约定，由邦奥公司对郭某华付款义务承担连带责任，则意味着在郭某华不能支付转让款的情况下，邦奥公司应向郑某凡、潘某珍进行支付，从而导致郑某凡、潘某珍以股权转让方式从公司抽回出资。

（三）公司通过链条型的整体投资模式进行增资扩股、股权回购、公司担保的，应当认定债权人对担保事项经过股东会决议已尽到审慎注意和形式审查义务，担保条款对公司发生法律效力

【案例来源】

案例名称：强某延与曹某波、山东瀚霖生物技术有限公司股权转让纠纷案

审理法院：最高人民法院

案号（2016）最高法民再 128 号

【争议点】

强某延与曹某波、山东瀚霖生物技术有限公司（以下简称瀚霖公司）因股权转让纠纷产生诉讼，该案经四川省成都市中级人民法院一审、四川省高级人民法院二审以及最高人民法院再审三个阶段。在再审中，当事人就案涉《补充协议书》约定的担保条款的效力问题产生争议。

【法院认为】

法院在裁判时认为：案涉《补充协议书》所约定担保条款合法有效，瀚霖公司应当依法承担担保责任。强某延已对瀚霖公司提供担保经过股东会决议尽到审慎注意和形式审查义务。案涉《增资协议》载明"瀚霖公司已通过股东会决议，原股东同意本次增资；各方已履行内部程序确保其具有签订本协议的全部权利；各方授权代表已获得本方正式授权"。《补充协议书》载明"甲方

（瀚霖公司）通过股东会决议同意本次增资扩股事项"。因两份协议书约定内容包括增资数额、增资用途、回购条件、回购价格以及瀚霖公司提供担保等一揽子事项，两份协议书均由瀚霖公司盖章及其法定代表人签名。对于债权人强某延而言，增资扩股、股权回购、公司担保本身属于链条型的整体投资模式，基于《增资协议书》及《补充协议书》的上述表述，强某延有理由相信瀚霖公司已对包括提供担保在内的增资扩股一揽子事项通过股东会决议，曹某波已取得瀚霖公司授权代表公司对外签订担保条款，且瀚霖公司在该案审理中亦没有提交其他相反证据证明该公司未对担保事项通过股东会决议，故应当认定强某延对担保事项经过股东会决议已尽到审慎注意和形式审查义务，因而案涉《补充协议书》约定担保条款对瀚霖公司已发生法律效力。

（四）《公司法》第 16 条并非效力性强制性规定，公司违反该法第 16 条的规定与他人签订担保合同的，不能简单认定担保合同无效

【案例来源】

案例名称：安徽阜阳保利汉铭投资有限公司与邵某群等企业借贷纠纷案

审理法院：最高人民法院

案　　号：（2018）最高法民申 4686 号

【争议点】

安徽阜阳保利汉铭投资有限公司（以下简称保利公司）与邵某群、付某、张某华、安徽继华置业有限公司（以下简称继华公司）因借款合同纠纷产生诉讼，该案历经安徽省阜阳市中级人民法院一审、安徽省高级人民法院二审以及最高人民法院再审三个阶段。在再审中，当事人就案涉保利公司对张某华和继华公司的债务提供担保是否有效产生争议。

【法院认为】

法院在裁判时认为：保利公司该项申请再审主张不成立。首先，即使张某华的签章行为没有经过股东会决议，也不能因此否认担保合同的效力。作为公司组织及公司行为当受《公司法》调整，同时其以合同形式对外担保行为亦受《合同法》及《担保法》的制约。保利公司担保行为效力的认定，因其并未超出平等商事主体之间的合同行为的范畴，故应首先从《合同法》相关规定出发展开评判。关于合同效力，《合同法》第 52 条规定"有下列情形之一的，合同无效：……（五）违反法律、行政法规的强制性规定"。关于前述法律中的"强

制性"，《最高人民法院关于适用〈中华人民共和国合同法〉若干问题的解释
（二）》（以下简称《合同法解释（二）》）第 14 条则作出如下解释规定："合同
法第 52 条第（5）项规定的'强制性规定'，是指效力性强制性规定。"因此，
法律及相关司法解释均已明确了将违反法律或行政法规中效力性强制性规定作
为合同效力的认定标准之一。公司作为不同于自然人的法人主体，其合同行为
在接受合同法规制的同时，还应当受作为公司特别规范的《公司法》的制约。
《公司法》第 16 条规定的立法本意在于限制公司主体行为，防止公司的实际控
制人或者高级管理人员损害公司、小股东或其他债权人的利益，故其实质是内
部控制程序，不能以此约束交易相对人。故此上述规定宜理解为管理性强制性
规范。对违反该规范的，原则上不宜认定合同无效。在法律、行政法规没有明
确规定公司违反《公司法》第 16 条对外提供担保无效的情形下，即使该案没
有保利公司同意对外担保的股东会决议的证据佐证，也不能以此否认保利公司
对外担保的效力。

（五）在公司的预计破产清算普通债权清偿比例为零的情况下，债权人
同意重整方案并不意味着免除公司的担保责任

【案例来源】
案例名称：中国农业银行股份有限公司与广夏（银川）贺兰山葡萄酿酒有
限公司等债务转移合同纠纷案
审理法院：最高人民法院
案　　号：（2012）最高法执复字第 18 号
【争议点】
中国农业银行股份有限公司（以下简称农业银行）与浙江长金实业有限公
司（以下简称长金公司）、广夏（银川）实业股份有限公司（以下简称银广夏
公司）、广夏（银川）贺兰山葡萄酿酒有限公司（以下简称贺兰山公司）、宁夏
大展房地产开发有限公司因债务转移合同纠纷产生诉讼，宁夏回族自治区高级
人民法院作出（2010）宁民商初字第 2 号民事判决，农业银行依据该判决向宁
夏回族自治区高级人民法院申请强制执行。贺兰山公司不服宁夏回族自治区高
级人民法院作出的（2012）宁高法执异字第 2 号执行裁定（以下简称第 2 号异
议裁定），向最高人民法院申请复议。在复议过程中，当事人就案涉农业银行
是否免除长金公司的主债务以及农业银行是否免除了银广夏公司的担保责任并

因此而不应再执行贺兰山公司的财产产生争议。

【法院认为】

法院在裁判时认为：关于农业银行是否构成了对长金公司主债务的免除问题：第一，根据《企业破产法》的相关规定，只有银广夏公司的债权人才有权对重整计划草案的通过表决，作为银广夏公司的股东长金公司的债权人，农业银行并无该项权利。第二，农业银行在表决中的态度也不能构成对长金公司债务的放弃。如果银广夏公司破产，长金公司拥有的银广夏公司的股份将没有任何价值。而如果重组成功，则虽然让渡了部分股份，却将因此而增加责任财产，从而有利于农业银行债权的实现。贺兰山公司的该项主张缺乏事实与法律依据。关于农业银行是否免除了银广夏公司的担保责任并因此而不应再执行贺兰山公司的财产的问题：第一，如上所述，在预计破产清算普通债权清偿比例为零的情况下，农业银行同意重整方案并不意味着免除银广夏公司的担保责任。第二，没有法律规定既有保证又有抵押担保的债权人放弃保证人的责任就不能再就抵押物优先受偿。贺兰山公司的该项主张同样无法获得支持。

四、结　语

依据《公司法》的规定，公司作为民事主体具有担保能力。无论是理论界还是实务界，对于《公司法》中的公司担保规则的理解，均远未达成一致。各方争议的焦点集中于《公司法》第16条的属性、公司的内部行为（公司章程和内部机构决议）是否具有外部效力、能否构成诉讼中的请求权基础等。对于近年来公司担保案件的实证分析表明，法院倾向于判定违背公司章程的担保有效，即便少数案件判处担保无效，担保人也要承担债务清偿责任。具体来说，其一，公司的对外担保行为不受内部决议程序的约束，公司未按《公司法》或公司章程的内部决议程序作出的对外担保行为并不一律无效。其二，公司对内可以追究有过错行为人的责任，但对外仍应对善意第三人承担民事责任。其三，公司作为担保人为其股东进行担保的，债权人已尽一般注意义务的，应认定债权人没有过错。还需特别注意的是，若公司为股东之间的股权转让提供担保，则有可能形成股东以债权转让的方式抽逃出资的情形，这是法律所严格禁止的。

第九节　公司增资的基本理论及其裁判规则

一、导　论

现行《公司法》第九章规定了有关公司增减资制度。公司的资本一般是指注册资本，"是公司登记机关依法登记的全体股东或者发起人实缴或者认缴的出资额"，在公司的运行过程中，公司资本一般应该随着公司净资产的变化而呈上下波动的趋势，[①] 公司增资是公司为扩大经营规模、拓宽业务、提高公司的资信程度而依法增加注册资本的行为。但在司法实践中，对其具体适用的问题，实务上还处于进一步探索的阶段，本节期待通过对我国案例的研究来指导司法实践，并希望对此进行一些有益的探讨。本节以公司增资案件裁判文书为研究对象，以 2009 年以来人民法院作出的相关裁判文书为主要范围，归纳、提炼公司增资裁判的理念和趋势。

截至 2020 年 2 月，在中国裁判文书网中输入"公司增资"（关键词）检索出民事裁判文书 23 733 篇，其中，由最高人民法院裁判的有 294 篇，由高级人民法院裁判的有 2218 篇，本节选取其中 5 例典型案例梳理其裁判规则。在具体案例的选取上，本节遵循以下"三个优先"原则。第一，优先选择审判层级较高的裁判文书。第二，优先选择中国裁判文书网公布的裁判文书。第三，优先选择审判日期较近的裁判文书。通过形式和内容两个方面的筛选，本节最终选择（2016）苏 05 民终 7472 号、（2015）昆民五终字第 44 号、（2009）最高法民二终字第 3 号、（2013）沪二中民四（高）终字第 188 号、（2019）京 02 民终 3289 号等 5 篇裁判文书作为本节研究对象，其中，由最高人民法院裁判的有 1 篇，裁判日期为 2019 年（含）之后的案例有 1 篇。

---

① 王妍:《中国企业法律制度评判与探析》，法律出版社 2006 年版，第 178 页。

二、公司增资的基本理论

（一）公司增资概述

在公司的运行过程中，公司资本一般应该随着公司净资产的变化而呈上下波动的趋势。[1]公司成立之时，公司净资产与注册资本是一致的，在后期经营过程中，公司营利，净资产会高于公司资本；公司亏损，净资产会低于公司资本。这种偏差需要得到及时调整，使公司的资产与净资产保持一致，调整的方式就是增资或者减资。增加资本，简称增资，是指公司为筹集资金、扩大营业，依照法定的条件和程序增加公司的资本总额。[2]由于增资能够增强公司的实力，提高公司的信用，扩大公司的经营规模，不会造成对社会交易安全和债权的威胁，各国公司法对增资的条件限制较少，各类公司在必要的时候均可依法定程序增加资本。

（二）增资的目的和意义

公司增资通常具有下述目的和意义：[3]

1. 筹集经营资金，开拓新的投资项目或投资领域，扩大现有经营规模。公司获取经营资金的方式多种多样，如发行公司债券、借贷等，增加资本是其中重要方法之一。

2. 保持现有运营资金，减少股东收益分配。在公司形成大量公积金和未分配利润的情况下，公司将面临股东提出的分配请求，通过增加资本可以停止或减少对股东的收益分配，而使公司继续占用现有资金，维持现有的经营规模。

3. 调整现有股东结构和持股比例，改变公司管理机构的构成。吸收新的股东，可以改变公司成分和结构。在现有股东范围内的增资，通过认购新股比例的安排，可以调整现有股东相互间的持股比例，大股东可因增资而成为小股东。而在股东结构和持股比例变更之后，公司将可实现其管理机构和管理人员的重新安排和调整，包括董事、经理、法定代表人的更换。

---

[1] 王妍：《中国企业法律制度评判与探析》，法律出版社 2006 年版，第 178 页。

[2] 范健主编：《商法》（第 4 版），高等教育出版社、北京大学出版社 2002 年版，第 158 页。

[3] 赵旭东主编：《公司法学》（第 4 版），高等教育出版社 2002 年版，第 183 页。

4. 公司吸收合并。在公司与其他公司吸收合并时，被合并公司的资产在并入另一公司的同时，可能会导致该公司净资产的大幅增加，被合并公司的所有者也可能会要求取得该公司的股权，由此便会促使公司增加资本。

5. 增强公司实力，提高信用。资本规模直接反映公司的资产实力和经营规模，增资由此成为显示和提高公司商业信用，并取得竞争优势的重要方式。

（三）增资的方式

公司分为有限责任公司和股份有限公司，因其形式的不同，增资的方式会稍有差异，但本质相同，大致分为以下几种：

1. 增加票面价值。增加票面价值，是指公司在不改变原有股份总数的情况下增加每股金额。通过这种方式可以达到增加资本的目的。譬如，法定公积金，《公司法》第 168 条规定，公司的公积金可转为增加公司资本。除此之外，应分配股利留存，以及股东新缴纳的股款，均可计入每股股份中，从而使其票面价值增加。

2. 增加出资。有限责任公司如果需要增加资本，可以按照原有股东的出资比例增加出资，也可以邀请原有股东以外的其他人出资。如果是原有股东认购出资，可以另外缴纳股款，也可以将资本公积金或者应分配股利留存转换为出资。

3. 发行新股。股份有限公司增加股份可以采取发行新股的方式。发行新股，是指公司为了扩大资本需求而发行新的股份。发行新股份既可以向社会公众募集，也可以由原有股东认购。在通常情况下，公司原有股东享有优先认购权。

4. 债转股。股份有限公司增加股份数额还可以采取将可转换公司债券转换为公司股票的方式。可转换公司债券是一种可以转换为公司股票的债券，如果将该种债券转换为公司股票，则该负债消灭，公司股本增加。

（四）有限责任公司的增资程序

有限责任公司的增资程序较之股份有限公司的增资程序简便。公司可以根据自己的需要，由股东会经代表三分之二以上表决权的股东通过，作出决议，股东对新增注册资本额享有优先认购权。在我国，有限责任公司增资，既可以按原有的出资比例增加相应的资本，增资后各股东的出资比例不变，也可以通过增加新股东并增加新的出资的方式进行。

（五）股份有限公司的增资程序

股份有限公司的增资程序较之他种公司的增资程序略显复杂。一般应首先以特别决议通过增资决议，即由代表股份总数三分之二以上的股东出席，并由出席股东的三分之二以上的表决权通过。还要变更公司章程，办理相应的变更登记手续。

（六）公司增资的生效标准

公司有效增资后，应当将增资的有关事项记载于公司章程，并且到工商机构办理相应的变更手续。《公司法》第 25 条规定了有限公司章程应当载明的事项，《公司登记管理条例》第 26 条规定："公司变更登记事项，应当向原公司登记机关申请变更登记。未经变更登记，公司不得擅自改变登记事项。"

由上述规定可知，公司增资需要变更章程和变更登记，那么，增资行为在何时发生效力呢？股东或者出资人缴纳资本是公司增资中实质性的行为，如果缴纳行为一完成增资就有效，将不利于保护出资人本身的利益，也可能对公司债权人和交易相对人的利益造成损害。如果必须修改章程并且经过工商登记变更才能生效，也不利于保护出资人的利益，在这种情况下，公司可以以增资行为无效而违约。

由于法律没有明文规定，总结学者们的意见可知关于公司增资的生效主要有三种观点。第一种观点认为，公司增资生效应以是否办理了变更登记为准。公司增资作为一种法律行为，及时去相关机构办理登记能保护出资人的合法权益，保护交易安全。办理登记是《公司法》的规定，不办理登记仍然承认增资的效力不利于市场秩序的维护。第二种观点认为，公司增资的生效应以股东是否向公司实际缴纳出资为准。对于公司来说，只要资本落实，那么章程记载变更登记只是形式上的变化。第三种观点认为，公司增资的生效应以是否记载于公司章程为准。①

---

① ［韩］李哲松：《韩国公司法》，吴日焕译，中国政法大学出版社 2000 年版。

三、关于公司增资的案例及裁判规则

（一）股东只有在表决增资议案时同意认缴新增资本的，才对公司负有出资义务；股东未参加增资决议的，可以视为放弃了优先认缴权

【案例来源】

案例名称：沈某章与苏州佳秉橡胶制品有限公司民间借贷纠纷案

审理法院：江苏省苏州市中级人民法院

案　　号：（2016）苏05民终7472号

【争议点】

沈某章与苏州佳秉橡胶制品有限公司（以下简称佳秉橡胶公司）因民间借贷纠纷产生诉讼，该案历经江苏省太仓市人民法院一审、苏州市中级人民法院二审两个阶段。在二审中，当事人就案涉10万元是借款还是投资款产生争议。

【法院认为】

法院在裁判时认为：股东认缴新增注册资本是一种商业投资行为，应当遵循自愿原则。根据《公司法》第34条规定，认缴新增资本是股东享有的优先权利，而非必须履行的义务，即股东有权自主决定是否认缴新增资本。该案中两次增资决议虽经代表三分之二以上表决权的股东同意通过，分别增资465万元、100万元的决议具有法律效力，但该决议不能强行剥夺小股东固有的增资自主选择权。股东只有在表决增资议案时同意认缴新增资本的，才对公司负有出资义务。该案被告并未参与上述增资决议的表决，现仍明确表示拒绝认缴增资，可以视为其自愿放弃了优先认缴权，故原告公司无权依据两份增资决议要求被告履行增资义务。被告拒绝增资后，原告公司仍可以依法通过稀释被告享有的相应股份，对其他增资股东进行救济。关于2014年4月21日的《董事会决议》，虽然系由原告公司的全体股东签署确认，但是从该协议的内容来看虽然对前期投入资金的情况作出了确认，并提出了各股东按投入比例追加的问题，但是并未明确追加投入以对原告进行增加资本的方式予以执行，对于该决议所确定的追加投入资金也未明确追加的具体方案，该决议不能作为认定被告同意认缴新增资本的依据。

（二）股份有限公司的增资扩股行为在不违反相关强制性法律法规的前提下，公司具体的增资方式、增资对象、增资数额、增资价款等均由其股东会决议并遵照执行

【案例来源】

案例名称：张某与云南纺织（集团）股份有限公司新增资本认购纠纷案

审理法院：云南省昆明市中级人民法院

案　　号：（2015）昆民五终字第 44 号

【争议点】

张某与云南纺织（集团）股份有限公司（以下简称云纺集团公司）因新增资本认购纠纷产生诉讼，该案历经昆明市西山区人民法院一审、昆明市中级人民法院二审两个阶段。在二审中，当事人就案涉张某要求行使增资扩股认购权是否还具备履行的客观条件产生争议。

【法院认为】

法院在裁判时认为：公司进行增资扩股系公司内部治理的经营决策行为，由公司的决策机构作出决议并遵照执行。《公司法》第 34 条规定的股东增资优先认购权，是《公司法》基于保护有限责任公司人合性的经营特征，对有限责任公司增资扩股行为发生时所作的强制性规范，目的在于保护有限责任公司基于人合基础搭建起来的经营运行稳定性，该规定仅适用于有限责任公司。对于股份有限公司，基于其资合性的组织形式与管理运行模式，《公司法》并未对其增资扩股行为设定优先认购权的强制性规范，股份有限公司的增资扩股行为系其内部经营决策合意的结果，在不违反相关强制性法律法规的前提下，公司具体的增资方式、增资对象、增资数额、增资价款等均由其股东会决议并遵照执行。在该案中，云纺集团公司于 2008 年 1 月 8 日作出《云南纺织（集团）股份有限公司 2007 年第二次临时股东大会决议》，其中决议第二项对公司本次增资的种类、对象、数额、时间等均作出了明确，其中第二项第 5 条规定了本公司辞职自谋职业的原持股会员不得参加本次增资扩股认购，云纺职工持股亦是在公司股东会决议的基础上对增资扩股进行了公告，故云纺集团公司 2008 年的增资扩股行为应当按照该股东会决议履行。在该案中，至今未有证据显示该决议被撤销或无效，反而是云纺集团公司按照股东会决议完成了增资扩股行为。上诉人张某于 2006 年 4 月 21 日与被上诉人公司解除了劳动合同关系，根

据云纺集团公司作出的上述股东会决议，其身份属于第二项第 5 条规定的辞职自谋职业人员，故法院认为上诉人张某不在云纺集团公司 2008 年的增资扩股范围之内，无权要求行使增资扩股认购权。

（三）有限责任公司增股时，股东会决议将股东放弃认缴的增资份额转由公司股东以外的第三人认缴，其他股东主张优先认缴的，人民法院不予支持，但公司章程另有约定的除外

【案例来源】

案例名称：贵州捷安投资有限公司与贵阳黔峰生物制品有限责任公司、重庆大林生物技术有限公司、贵州益康制药有限公司、深圳市亿工盛达科技有限公司股权确权及公司增资扩股出资份额优先认购权纠纷案

审理法院：最高人民法院

案　　　号：（2009）最高法民二终字第 3 号

【争议点】

贵州捷安投资有限公司（以下简称捷安公司）与贵阳黔峰生物制品有限责任公司（以下简称黔峰公司）、重庆大林生物技术有限公司（以下简称大林生物）、贵州益康制药有限公司（以下简称益康制药）、深圳市亿工盛达科技有限公司（以下简称盛达科技）因股权确权及公司增资扩股出资份额优先认购权纠纷产生诉讼，该案历经贵州省高级人民法院一审、最高人民法院二审两个阶段。在二审中，当事人就案涉公司股东会对增资扩股所涉及各有关事项是如何决议的以及该决议内容是否符合该公司章程以及该章程是否符合《公司法》有关强行性规范产生争议。

【法院认为】

法院在裁判时认为：《公司法》（1993 年版）第 35 条规定了股东认缴权范围和方式，但没有直接规定股东对其他股东放弃的认缴出资比例增资份额有无优先认购权，也并非完全等同于该条但书或者除外条款即全体股东可以约定不按照出资比例优先认缴出资的除外所列情形，此款所列情形完全针对股东对新增资本的认缴权而言，这与股东在行使认缴权之外对其他股东放弃认缴的增资份额有无优先认购权并非完全一致。有限责任公司的股东会完全可以有权决定将此类事情及可能引起争议的决断方式交由公司章程规定，从而依据公司章程规定方式作出决议，当然也可以包括股东对其他股东放弃的认缴出资有无优

先认购权问题，该决议不存在违反法律强制性规范问题，决议是有效力的，股东必须遵循。只有股东会对此问题没有形成决议或者有歧义理解时，才有依据《公司法》规范适用的问题。即使在此情况下，由于公司增资扩股行为与股东对外转让股份行为确属不同性质的行为，意志决定主体不同，因此二者对有限责任公司人合性要求不同。在已经充分保护股东认缴权的基础上，捷安公司在黔峰公司此次增资中利益并没有受到损害。当股东个体更大利益与公司整体利益或者有限责任公司人合性与公司发展相冲突时，应当由全体股东按照公司章程规定方式进行决议，从而有个最终结论以便各股东遵循。至于黔峰公司准备引进战略投资者具体细节是否已经真实披露于捷安公司，并不能改变事物性质和处理争议方法。捷安公司应当按照黔峰公司此次增资股东会有关决议内容执行，对其他股东放弃认缴的增资份额没有优先认购权。

（四）以虚假增资行为"稀释"公司原有股东股份的，即使该出资行为已被工商行政机关备案登记，人民法院仍应认定为无效

【案例来源】

案例名称：黄某忠与陈某庆等股东资格确认案（最高人民法院公报》2015年第5期）

审理法院：上海市第二中级人民法院

案　　　号：（2013）沪二中民四（商）终字第188号

【争议点】

黄某忠与陈某庆等因股东资格确认产生诉讼，该案历经上海市虹口区人民法院一审、上海市第二中级人民法院二审两个阶段。在二审中，当事人就案涉福建宏冠化工股份有限公司（以下简称宏冠公司）是否进行了合法有效的增资产生争议。

【法院认为】

法院在裁判时认为：宏冠公司系被上诉人黄某忠与一审被告陈某庆、陈某、张某、顾某平、王某英共同出资设立，设立时原告依法持有宏冠公司20%股权。在黄某忠没有对其股权作出处分的前提下，除非宏冠公司进行了合法的增资，否则原告的持股比例不应当降低。宏冠公司的章程明确约定公司增资应由股东会作出决议。现经过笔迹鉴定，宏冠公司和新宝公司的股东会决议上均非黄某忠本人签名，不能依据书面的股东会决议来认定黄某忠知道增资的情

况。出资买地与公司增资之间不具有必然的关联性。因此，在没有证据证明黄某忠明知且在股东会上签名同意宏冠公司增资至 1500 万元的情况下，对宏冠公司设立时的股东内部而言，该增资行为无效，且对黄某忠没有法律约束力，不应以工商变更登记后的 1500 万元注册资本金额来降低黄某忠在宏冠公司的持股比例，而仍旧应当依照 20% 的股权比例在股东内部进行股权分配。

（五）《公司法》第 34 条关于股东享有增资优先认缴权的规定不属于效力性强制规定

【案例来源】

案例名称：徐某与北京立马水泥有限公司公司决议效力确认纠纷案

审理法院：北京市第二中级人民法院

案　　号：（2019）京 02 民终 3289 号

【争议点】

徐某与北京立马水泥有限公司（以下简称立马水泥公司）因公司决议效力确认纠纷产生诉讼，该案历经北京市房山区人民法院一审、北京市第二中级人民法院二审两个阶段。在二审中，当事人就案涉决议的效力产生争议。

【法院认为】

法院在裁判时认为：案涉决议第三项中章某认缴的增资金额虽侵害了徐某享有的增资优先认缴权，但因《公司法》第 34 条关于股东享有增资优先认缴权的规定不属于效力性强制性规定，考虑到立马水泥公司增资目的的正当性，以及徐某可以行使其他权利进行救济，为维护交易安全、节约社会资源，认为一审法院认定涉案决议第三项不属于无效并无不当。徐某上诉以最高人民法院关于效力性强制性规定的解释是针对《合同法》第 52 条的规定作出的为由主张效力性强制性规定仅能适用于对民事合同效力的判断，不能适用于《公司法》领域，依据不足，理由不充分，二审法院不予支持。

四、结　语

在公司对外增资时，股东之间需要就公司设立、股东权利和义务、公司治理结构以及运营事项进行充分协商，并准确反映到增资协议中。在增资过程中，如果缴纳行为一完成增资就有效，将不利于保护出资人的利益，也可能对公司债权人和交易相对人的利益造成损害。如果必须修改章程并且经过工商登记变更才能生效，也不利于出资人的利益。通过法院裁判规则，我们认为，在公司增资过程中，侵犯股东优先认缴权的增资部分无效，但股东享有增资优先认缴权的规定不属于效力性强制性规定，不影响增资协议其他部分的效力。同时，股东只有在表决增资议案时同意认缴新增资本的，才对公司负有出资义务。此外，未经公司有效的股东会决议通过，虚假向公司增资以"稀释"公司原有股东股份，因该行为损害原有股东的合法权益，即使该出资行为已被工商行政机关备案登记，仍应认定为无效，公司原有股东股权比例保持不变。

第十节　公司减资

一、导　论

现行《公司法》第九章规定了有关公司减资制度。从世界范围来看，公司减资的立法模式大致可以分为三种：一是以德、日、韩为代表的大陆法系国家所采纳的"严格债权人保护"模式，强调事先的充分信息披露，保障债权人在知情的基础上通过请求公司提供担保或清偿以维护自身利益；[①] 二是以美国为代表的"偿债能力声明"模式，由公司董事出具声明承诺减资后净资产足以清偿减资前公司债务，否则不得减资，减资也不生效；[②] 三是以英国为代表的"折中司法介入"模式，要求减资必须经法院批准，但 2006 年英国公司法修改时也注意到这种模式的局限性，因此允许私人公司减资时任选法院批准或偿债能力声明。[③] 我国目前采纳的是大陆法系的"严格债权人保护"模式。公司减资是指公司资本过剩或亏损严重，根据经营业务的实际情况，依法减少注册资本金的行为。但在司法实践中，对其具体适用的问题，实务上还处于进一步探索的阶段，本节期待通过对我国案例的研究来指导司法实践，并希望对此进行一些有益的探讨。本节以公司减资案件裁判文书为研究对象，以 2012 年以来人民法院作出的相关裁判文书为主要范围，归纳、提炼公司减资裁判的理念和趋势。

截至 2020 年 2 月，在中国裁判文书网中输入"公司减资"（关键词）检索出民事裁判文书 4683 篇，其中，由最高人民法院裁判的有 45 篇，由高级人民法院裁判的有 289 篇，本节选取其中 6 例典型案例梳理其裁判规则。在具体案

---

① 朱慈蕴：《公司资本理念与债权人利益保护》，载《政法论坛》2005 年第 3 期。

② 李东侠、郝磊：《注册资本弱化视角下的公司债权人利益保护》，载《人民司法·应用》2014年第 5 期。

③ 姚明斌：《"效力性"强制规范裁判之考察与检讨》，载《中外法学》2016 年第 5 期。

例的选取上，本节遵循以下"三个优先"原则。第一，优先选择审判层级较高的裁判文书。第二，优先选择中国裁判文书网公布的裁判文书。第三，优先选择审判日期较近的裁判文书。通过形式和内容两个方面的筛选，本节最终选择（2015）沪一中民四（商）终字第 1901 号、（2013）沪一中民四（商）终字第 14 号、（2018）黑民终 573 号、（2012）鄂民二终字第 00084 号、（2013）沪一中民四（商）终字第 2244 号、（2013）沪一中民四（商）终字第 1831 号等 6 篇裁判文书作为本节研究对象，其中，裁判日期为 2018 年（含）之后的案例 1 篇。

二、公司减资的基本理论

（一）公司减资概述

减少资本，简称减资，是指公司资本过剩或亏损严重，根据生产经营的实际情况，依照法定条件和程序减少公司的资本总额。基于资本确定原则，为保障公司资产权益，保护股东和债权人利益，减资从法律上应严加控制。按照资本不变原则，原则上公司的资本是不允许减少的。公司减少资本，必须符合一定的条件，遵循法律规定。减资的目的和意义[①] 在于：

1. 缩小经营规模，或停止经营项目。

2. 减少资本过剩，提高财产效用。如果原定公司资本过高，形成资本过剩，如保持资本不变，会导致资本在公司的停滞和浪费，不利于充分发挥社会财富的经济效益。

3. 实现股利分配，保证股东利益。在"无盈不分"的盈利分配原则下，公司的盈利必须首先用于弥补亏损，如果公司亏损严重，将使股东长期得不到股利的分配，不利于调动股东积极性。通过减资，可以尽快改变公司的亏损状态，使公司具备向股东分配股利的条件。

4. 减小资本与净资产差距，真实反映公司资本信用状况。如果公司亏损严重，资本与其净资产差异额过大，公司资本会失去其应有的标示公司信用状况的法律意义，通过减资，可使二者保持基本一致。

---

① 赵旭东主编：《公司法》（第 4 版），高等教育出版社 2015 年版，第 184 页。

5.公司分立。在派生分立或分拆分立情况下，原公司的主体地位不变，但资产减少，也会要求资本的相应减少。

（二）公司减资的情形

第一，公司严重亏损，资本总额与实有资产相差悬殊，公司资本已失去证明公司资信的法律意义，股东也因公司连年亏损得不到应有的回报。第二，公司资本过多，形式资本过剩，持续保持现资本，会导致资本闲置或浪费，不利于发挥资本效能，也增加分红负担。第三，公司回购资本不能适时对回购的资本依法作出安排的减资。

（三）减资的方式[1]

1.同比减资与不同比减资。同比减资是各股东按原出资比例或持股比例同步减少出资，减资后各股东的股权比例或持股比例保持不变。不同比减资，是各股东通过改变原出资比例或持股比例而减少出资，也可能有的股东不减少出资，减资后各股东的股权比例或持股比例将发生变化。

2.返还出资的减资、免除出资义务的减资与消除股权或股份的减资。返还出资的减资，是对已缴足出资额的股权或股份，将部分出资款返还给股东，此种减资的结果既减少公司的资本，也减少公司的资产或运营资金，此谓实质性减资。免除出资义务的减资，是对尚未缴足出资额的股权或股份，免除股东全部或部分缴纳出资的义务。消除股权或股份的减资，是在公司因亏损而减资时，直接取消部分股权或股份，或者直接减少每一股份的金额，并抵消本应弥补的公司亏损。[2]后两种减资的结果只是改变了公司资产的性质和结构，而不改变其总的价值金额，只减少公司的资本总额，而不减少公司的资产总量，此谓形式上减资。

3.减少股份额与减少股份金额。这是股份有限公司减资的方式。减少股份数额，即每股金额并不减少，而是减少股份总数。其具体方法又分为消除股份和合并股份。消除股份是指取消一部分或特定的股份，依是否需要征得股东的同意，又分为强制性消除和任意性消除。合并股份是指合并两股或两股以上的股份为一股。减少股份金额，即不改变股份总数，只减少每股的金额。公司可

---

① 赵旭东主编：《公司法》（第 4 版），高等教育出版社 2015 年版，第 185 页。
② 高在敏：《公司法》，法律出版社 2008 年版。

以同时采用两种方式减资，既减少股份的数额，又减少每股的金额。

（四）公司减资应遵守法定程序

1. 编制资本负债表及财产清单。公司需要减资时，必须编制资产负债表及财产清单，目的在于厘清财产，使股东和债权人对公司的资产、负债情况有了解。

2. 股东会决议，决议必须经代表三分之二以上表决权的股东同意。决议内容包括：（1）减资后的公司注册资本。（2）减资后的股东利益、债权人利益安排。（3）有关修改章程的事项。（4）股东出资及其比例的变化等。公司作出减资决议时，法律对于注册资本有最低限制的，减少资本后的注册资本不得低于法定的最低限额。

3. 通知或公告债权人。公司应当自作出减少注册资本决议之日起 10 日内通知债权人，并于 30 日内在报纸上至少公告 3 次。债权人自接到通知书之日起 30 日内，未接到通知书的自第一次公告之日起 45 日内，有权要求公司清偿债务或者提供相应的担保。

4. 修改公司章程，变更登记。公司注册资本的变更须记载于公司章程，减资后的注册资本不得低于法定的最低限额。

三、关于公司减资的案例及裁判规则

（一）公司对外是否负有债务并不阻碍公司减资权利的行使

【案例来源】

案例名称：北京国安电气有限责任公司与张某公司减资纠纷案

审理法院：上海市第一中级人民法院

案　　　号：（2015）沪一中民四（商）终字第 1901 号

【争议点】

北京国安电气有限责任公司（以下简称国安公司）与张某因公司减资纠纷产生诉讼，该案历经上海市浦东新区人民法院一审、上海市第一中级人民法院二审两个阶段。在二审中，当事人就案涉公司减资程序是否存在瑕疵产生争议。

【法院认为】

法院在裁判时认为：上诉人虽未履行其对原审第三人增资部分的出资义务，但之后原审第三人董事会已达成减资决议，变更了上诉人在原审第三人处的出资金额，而该部分金额上诉人已出资到位，故上诉人出资义务应已履行完毕，不存在出资未到位的情形。公司减资系其经营权利的一种，公司对外是否负有债务并不阻碍该种权利的行使，法律仅要求该种权利的行使不得损害公司债权人的权益，并非禁止公司对外存在债权人时进行减资，故上诉人对原审第三人的减资行为亦无过错。公司在减资过程中，对于公司债权人的通知义务依法应由公司履行，公司股东并无此种法定义务，故上诉人作为原审第三人股东，并不存在未履行通知义务的过错。综上，被上诉人主张的上诉人侵权过错均不能成立，据此亦无法认定上诉人存在侵权行为且需承担相应民事责任。

另，上诉人对原审第三人进行减资时，被上诉人与原审第三人间的债权债务纠纷尚在审理过程中，且该案诉讼争议焦点即为被上诉人对原审第三人的债权是否成立，则当时被上诉人是否为原审第三人的债权人尚处于争议之中，须通过生效判决予以认定。在此种情形下，被上诉人显然并非原审第三人已知的债权人，原审第三人无须对其承担相应通知义务；且如公司减资时对尚处于前述诉讼过程中的对方当事人应负通知义务的，则该当事人可依照《公司法》规定要求公司清偿债务或提供担保，其法律后果应为公司对相应债权债务予以确认，则相应诉讼亦已失去实际意义，显然违反了当事人进行民事诉讼的本意，据此，亦可认定被上诉人并非原审第三人减资时《公司法》意义上的已知债权人，原审第三人对其并无通知义务。

原审第三人减资时既对被上诉人并无通知义务，上诉人在减资过程中亦无被上诉人诉称的相应过错，则上诉人的减资行为虽客观上导致原审第三人对外偿债能力减损，但仅据此尚不能构成被上诉人主张的侵权行为；且被上诉人亦未能举证证明上诉人与原审第三人就系争减资事项存在共同恶意，故被上诉人原审相关诉讼请求，缺乏事实与法律依据，不应予以支持。

（二）在公司减资程序中，公司股东亦应当尽到合理的注意义务，督促公司依法履行通知义务

【案例来源】

案例名称：海运公司与上海天重重型机器有限公司公司减资纠纷案

审理法院：上海市第一中级人民法院

案　　号：（2013）沪一中民四（商）终字第 14 号

【争议点】

海运公司与上海天重重型机器有限公司（以下简称上海天重公司）因公司减资纠纷产生诉讼，该案历经上海市浦东新区人民法院一审、上海市第一中级人民法院二审两个阶段。在二审中，当事人就案涉东方物产（集团）有限公司的第一次减资程序是否存在瑕疵产生争议。

【法院认为】

东方物产公司在第一次减资程序中未依法通知上海天重公司，虽然《公司法》规定的通知义务人是公司，但上海市第一中级人民法院认为公司股东亦应当尽到合理的注意义务，督促公司依法履行通知义务。现东方物产公司的七名股东未尽到该合理注意义务，存在过错，并造成上海天重公司无法行使在东方物产公司减资前要求其清偿债务或提供担保的权利，损害了上海天重公司的合法利益，故应当承担相应的责任。关于瑕疵减资过程中股东的责任，目前相关法律法规未作出明确规定，但可比照《公司法》相关原则和规定来加以认定。在该案中，中国汽车贸易华东公司（以下简称汽贸华东公司）、海运公司在第一次减资程序中退出了公司，虽然该两名股东不具有抽逃出资的主观故意，但作为减资退出的股东有义务依法遵循减资程序的法律规定，以保护债权人的合法利益。现汽贸华东公司、海运公司对东方物产公司瑕疵减资存在过错，客观上造成了上海天重公司的债权实现因东方物产公司注册资本的减少而受损，因此，原审法院比照抽逃出资的责任来认定汽贸华东公司、海运公司对东方物产公司债务承担补充赔偿责任并无不当。由于公司注册资本具有公示作用，故汽贸华东公司、海运公司各自应当在所登记减少的注册资本 200 万元范围内承担责任。海运公司认为其仅在实际收回款项范围内承担责任的上诉主张于法无据，人民法院不予采信。

（三）公司的减资行为在行政部门办理了减资登记手续，对外产生减资公示的法律效果，在未被确认为违反法定程序之前该减资行为合法有效

【案例来源】

案例名称：黑龙江省农业生产资料公司、黑龙江寒地黑土农业物产集团有限公司减资纠纷案

审理法院：黑龙江省高级人民法院

案　　　号：（2018）黑民终573号

【争议点】

黑龙江省农业生产资料公司（以下简称省农资公司）、黑龙江寒地黑土农业物产集团有限公司（以下简称寒地黑土公司）因公司减资纠纷产生诉讼，该案历经哈尔滨市中级人民法院一审、黑龙江省高级人民法院二审两个阶段。在二审中，当事人就案涉寒地黑土公司的减资行为的效力产生争议。

【法院认为】

法院在裁判时认为：减资除需要召开股东大会、编制资产负债表及财产清单、通知或公告债权人外，还要办理减资登记手续，自登记之日起，减资生效。抽逃出资则是指在公司验资注册后，股东将所缴出资暗中撤回，却仍保留股东身份和原有出资数额的一种违法行为。在减资与抽逃出资中，行为主体、构成要件、程序、法律后果均不相同。案涉寒地黑土公司的减资行为在行政部门办理了减资登记手续，对外产生减资公示的法律效果，在未被确认为违反法定程序之前该减资行为合法有效。虽然寒地黑土公司将美龙牧业公司、知之征信公司出资款退回在股东会召开之前，但寒地黑土公司按照股东会决议事项办理了减资手续，以及省农资公司在与丰汇世通（北京）投资有限公司案外人执行异议纠纷一案中认为美龙牧业公司、知之征信公司已减资，可以确认各方认可寒地黑土公司转给美龙牧业公司、知之征信公司的款项为退还减资款，美龙牧业公司、知之征信公司对省农资公司而言并不构成抽逃出资。因此对省农资公司的该项主张不予支持。依据《公司法》第3条"有限责任公司的股东以其认缴的出资额为限对公司承担责任"的规定，股东系以出资为限对公司债务承担责任，公司经营的亏损不应由股东承担，省农资公司在股东会决议上同意以经营亏损减少其注册资本2000万元系其真实意思表示，属于对自己权利的处分，其要求美龙牧业公司、知之征信公司共同负担经营亏损请求不符合法律规定，也不符合股东会决议的约定，因此该项主张的依据不充分，对该项请求不予支持。

（四）若公司的不当减资行为损害了公司债权人的利益，可比照《公司法》对于股东抽逃出资的相关规定，由公司的股东在减资的范围内对公司债务不能清偿的部分对债权人承担补充赔偿责任

【案例来源】

案例名称：湖北银行股份有限公司宜昌南湖支行与吴某公司减资纠纷案

审理法院：湖北省高级人民法院

案　　号：（2012）鄂民二终字第 00084 号

【争议点】

湖北银行股份有限公司宜昌南湖支行（以下简称湖北银行南湖支行）与吴某因公司减资纠纷产生诉讼，该案历经湖北省宜昌市中级人民法院一审、湖北省高级人民法院二审两个阶段。在二审中，当事人就案涉吴某、郭某、刘某、肖某及张某甲是否应当偿还大三峡市场所欠湖北银行南湖支行的债务产生争议。

明某、吴某、童某、张某甲、郭某、肖某于 2003 年 4 月 9 日在与张某乙和福达公司签订股权转让协议时，明确约定明某、吴某、童某、张某甲、郭某、肖某六名股东负担持有大三峡市场该 50 万元股份所应承担的相应责任。明某等六名股东对大三峡市场 2003 年 5 月 12 日注册资本变更前的债务所应承担的责任应以 50 万元的出资额为限。在湖北银行南湖支行向明某等股东主张还款时，大三峡市场通过减资，注册资本已为 30 万元。

【法院认为】

法院在裁判时认为：公司的注册资本金对公司的债权具有担保作用，公司的不当减资行为实质是股东不适当地收回出资，若公司的减资行为损害了公司债权人的利益，可比照《公司法》对于股东抽逃出资的相关规定进行处理，公司的股东应在减资的范围内对公司债务不能清偿的部分对债权人承担补充赔偿责任。与明某等人受让股权时相比，大三峡市场的注册资本减少了 20 万元，明某等股东应在减少的 20 万元范围内对公司债权人湖北银行南湖支行承担责任。因湖北银行南湖支行就该案债权债务于 2009 年起诉明某等股东时，明某已向湖北银行南湖支行支付了 33 万元，应认定为明某等股东已在减少出资的范围内承担了相应责任，吴某、郭某、肖某、张某甲、童某不应再对湖北银行南湖支行承担责任。

（五）公司是否能够清偿其债权、是否存在资不抵债与减资股东承担补充赔偿责任并不冲突

【案例来源】

案例名称：刘某杰诉上海茉织华印刷有限公司公司减资纠纷案

审理法院：上海市第一中级人民法院

案　　号：（2013）沪一中民四（商）终字第 2244 号

【争议点】

刘某杰与上海茉织华印刷有限公司（以下简称茉织华公司）因公司减资纠纷产生诉讼，该案历经上海市徐汇区人民法院一审、上海市第一中级人民法院二审两个阶段。在二审中，当事人就案涉刘某杰是否应承担赔偿责任产生争议。

【法院认为】

法院在裁判时认为：公司减资时应依法履行法定的通知程序，确保公司债权人有机会在公司财产减少之前作出相应的权衡和行动。在该案中，新世纪公司在减资时未通知已知债权人茉织华公司，导致茉织华公司无从得知其减资情况，也无法提前要求其清偿债务或提供担保，减资程序存在瑕疵。尽管《公司法》规定公司减资时的通知义务人是公司，但公司减资系股东会决议的结果，是否减资以及如何进行减资完全取决于股东的意志。包括刘某杰在内的新世纪公司股东在明知公司对外所负巨额债务而未清偿的情形下仍旧通过股东会决议减少公司的注册资本，主观上存在过错，客观上损害了新世纪公司的偿债能力，故减资股东的行为构成第三人侵害债权。程序瑕疵的减资，对已知债权人不发生法律效力，则本质上造成同抽逃出资一样的后果，故原审法院认定刘某杰在减资范围内对新世纪公司的债务承担补充赔偿责任并无不当。刘某杰认为新世纪公司不存在资不抵债的情形、减资未损害新世纪公司的偿债能力，故其不应当承担责任。瑕疵减资股东承担的补充赔偿责任是一种顺位责任，是在债权执行终结、债务人公司未能全面清偿情形下由减资股东承担责任，故在执行阶段新世纪公司是否能够清偿其债权、是否存在资不抵债与减资股东承担补充赔偿责任并不冲突。刘某杰的其不应承担责任的主张于法无据，不予支持。

（六）在明知公司负债的情况下，未减资股东仍同意减资股东的减资请求，导致公司现无法以自身的财产偿还所欠债务的，也未减资股东应与减资股东承承担连带责任

【案例来源】

案例名称：中国地质物资供销总公司诉上海天重重型机器有限公司等其他与公司有关的纠纷案

审理法院：上海市第一中级人民法院

案　　号：（2013）沪一中民四（商）终字第 1831 号

【争议点】

中国地质物资供销总公司（以下简称地质物资公司）与上海天重重型机器有限公司（以下简称天重公司）等因其他与公司有关的纠纷产生诉讼，该案历经上海市浦东新区人民法院一审、上海市第一中级人民法院二审两个阶段。在二审中，当事人就案涉股东是否应承担责任以及承担责任的范围产生争议。

【法院认为】

法院在裁判时认为：尽管《公司法》规定公司减资时的通知义务人是公司，但公司减资系股东会决议的结果，是否减资以及如何进行减资完全取决于股东的意志。在该案中，包括地质物资公司在内的东方物产（集团）有限公司（以下简称东方物产公司）股东在明知公司对外所负巨额债务而未清偿的情形下仍旧通过股东会决议减少公司的注册资本并向工商登记部门出具虚假的情况说明，主观上存在过错，客观上损害了东方物产公司的偿债能力，故减资股东的行为构成第三人侵害债权。程序瑕疵的减资，对已知债权人不发生法律效力，则本质上造成同抽逃出资一样的后果，故在立法未明确规定的情形下原审法院比照抽逃出资的责任认定包括地质物资公司在内的减资股东在各自减资范围内对东方物产公司的债务承担补充赔偿责任并无不当。地质物资公司主张其不应承担责任以及即便承担责任也应在收到退资款的范围内承担的主张于法无据，不予支持。而其他未减资股东虽未减少出资额，但在明知公司负债的情形下仍同意减资股东的减资请求，导致公司现无法以自身的财产偿还所欠天重公司全部债务的结果，也应当与减资股东承担连带责任。一方物产公司、一方庆利公司还认为因东方物产公司的资产进入拍卖程序，该案应当中止审理。对此，二审法院认为，该案各减资股东承担的仅是补充赔偿责任，其是否承担责

任有待在执行中予以确定，东方物产公司的资产拍卖不影响该案对减资股东责任的认定。

四、结　语

公司资本是现代公司制度的核心元素，它既是公司进行商业活动的物质基础，也是担保债权人债权实现的财产保障。然而公司资本不是一成不变的，会随着公司经营业务的需求进行相应的增减。其一，公司减资首先应在保障商事效率的同时兼顾交易安全，力求在股东、债权人之间寻求动态的利益平衡。其二，在财务核算和纳税申报方面，应注重对投资人和被投资人、法人投资人和自然人投资人不同主体的区分，以维护资本市场的公平和稳定。应该注意的是，公司对外是否负有债务并不阻碍公司减资权利的行使。同时，在公司减资程序中，股东有督促公司依法履行通知义务的注意义务，公司减资未通知债权人，股东应承担补充赔偿责任。减资行为违反法定程序，实质上属于抽逃出资。在明知公司负债的情况下，未减资股东仍同意减资股东的减资请求，导致公司现无法以自身的财产偿还所欠债务，也应承担连带责任。

第十一节　公司僵局认定

一、导　论

现行《公司法》第43条、第44条、第49条、第72条等条款赋予了股东可以通过公司章程对股东会会议行使表决权，对股东会的议事方式和表决程序，董事长、副董事长的产生办法，董事会的议事方式和表决程序，股权转让等内容进行自治约定的权利。《公司法》第182条规定："公司经营管理发生严重困难，继续存续会使股东利益受到重大损失，通过其他途径不能解决的，持有公司全部股东表决权百分之十以上的股东，可以请求人民法院解散公司。"根据《公司法》中体现的"约定优于法定"的授权性规定精神，股东可以通过发挥公司章程中"约定性条款"的作用为预防公司僵局、破解公司僵局、确保公司正常运营提供有效的途径。公司僵局，是指公司在存续运行中由于股东、董事之间矛盾激化而处于僵持状况，导致股东会、董事会等公司机构不能按照法定程序作出决策，从而使公司陷入无法正常运转，甚至瘫痪的状况。本节以公司僵局认定案件裁判文书为研究对象，以2012年以来人民法院作出的相关裁判文书为主要范围，归纳、提炼公司僵局认定裁判的理念和趋势。

截至2020年2月，在中国裁判文书网中输入"公司僵局"（关键词）检索出民事裁判文书2647篇，其中，由最高人民法院裁判的有38篇，由高级人民法院裁判的有275篇，本节选取其中5篇典型案例梳理其裁判规则。在具体案例的选取上，本节遵循以下"三个优先"原则。第一，优先选择审判层级较高的裁判文书。第二，优先选择中国裁判文书网公布的裁判文书。第三，优先选择审判日期较近的裁判文书。通过形式和内容两个方面的筛选，本节最终选择（2017）豫01民终4524号、（2012）最高法民申字第336号、（2017）最高法民申1151号、（2017）最高法民申4437号、（2018）最高法民申280号等5篇裁判文书作为本节研究对象，其中，由最高人民法院裁判的有4篇，裁判日期为 2018 年（含）之后的案例有 1 篇。

二、公司僵局认定的基本理论

（一）公司僵局的概念

公司僵局理论起源于英美法系。有学者将公司僵局解释为："公司在存续运行中由于股东或董事之间发生分歧或纠纷，且彼此不愿妥协而处于僵持状态，导致公司机构不能按照法定程序作出决策，从而使公司陷入无法正常运转甚至瘫痪的事实状态。"[①] 公司僵局实际上是对公司一种内部僵持局面的形象描述。我们认为，公司僵局一般是指由于内部一个或多个派别的股东或董事反对公司政策的某个方面，而使公司经营活动和正常管理被阻滞且难以打破的状态。[②]

公司僵局通常包括两种形式。一种是董事会僵局，另一种是股东会僵局。无论是股东会僵局还是董事会僵局，一旦产生就会对公司治理带来极大的破坏力。因为公司僵局产生于公司机构内部的对抗，通常是由对公司运作具有影响力的股东间或董事间的利益冲突或矛盾形成，具体表现是股东会或董事会会议无法有效召集，或者是虽然能够召集但无法通过任何决议。而股东会是公司的最高权力机构，董事会是公司日常经营决策机构，在公司治理中，股东会和董事会是公司内部治理机制的两个极其重要的组成部分，股东会或董事会陷入僵局就意味着公司内部治理机制的严重失灵，从而危及公司治理的最终目标，保护利益相关者利益将无从谈起。公司僵局对公司、公司股东、公司职工及债权人都会产生严重的损害：一是公司僵局的出现，使公司陷入瘫痪和混乱。二是股东预期的投资目标也难以实现。三是公司僵局会导致公司业务的递减、效益下降，以致公司会裁员、降低工资，直接侵害职工利益。四是公司僵局还会损害公司客户、供应商及其他债权人的利益。

---

① 周友苏：《公司法通论》，四川人民出版社 2002 年版，第 701 页。

② 万国华、原俊婧：《论破解公司僵局之路径选择及其对公司治理的影响》，载《河北法学》2007 年第 4 期。

（二）公司僵局产生的原因

1.公司的人合性特点。从公司的性质来分析，资金的联合和股东间的信任是其两个不可或缺的信用基础。当公司资合要素和人合要素发生冲突时，由于制度安排前者优先，公司僵局就可能出现。特别是股东较少、股权集中、产权较封闭的公司，在分歧产生之后，股东之间彼此不再信任，缺乏协商基础，从而使僵局持续下去。

2.公司决策和管理制度的缺陷。现代公司运营的决策和管理均实行多数决制度。根据我国《公司法》规定，股东会、董事会和监事会通过任何决议都需要至少代表半数以上的表决权或人数的同意，对于股东大会增加资本、减少资本、分立、合并、解散或变更公司形式以及修改公司章程等特别决议事项需代表三分之二以上的表决权同意。这样在股东表决权下，一旦股东或董事之间发生了矛盾和冲突升级，甚至完全对抗，任何一方可能都无法形成《公司法》和公司章程所要求的表决多数，公司的各项决议无法通过，公司的僵局状态由此形成。

3.公司资本维持原则的影响。根据公司资本维持原则，任何公司一经成立，除非经过严格而又复杂的减资程序，股东的出资不能收回。在资本维持原则下，当股东之间出现意见分歧而无法协商时，缺乏有效的股东退出机制。因而导致在公司僵局形成前，股东难以避免僵局的产生；在僵局形成后，股东又难以靠自身力量打破僵局。

（三）破解公司僵局之路径选择

1.诉讼解散公司。诉讼解散公司，是指在公司陷入僵局达到一定程度后，持有公司一定数量股份的股东可以诉讼请求法院解散公司以达到破解公司僵局的目的。通过诉讼解散公司的结果是公司生命的终结，这是公司僵局发展到无法调和的程度，股东以及利益相关者的无奈选择。

2.强制股权收购。强制股权收购，是指公司僵局产生后，一方股东通过诉讼请求法院判令公司或对方股东收购自己的股份，以达到退出公司，打破公司僵局的目的。强制股权收购的结果是使公司的生命得以延续。

3.任命监管人或接管人。美国公司法上，当公司陷入僵局导致无法决策、无法实施公司管理时，法院可以通过任命监管人负责管理公司事务，直至僵局化解。监管人行使公司董事会的所有权力，取代董事会成为公司经营决策的决策者和业务执行者。在负责处理公司事务中，如果公司符合申请破产的条件，则法院可能会派接管人进入，或者监管人变更为接管人，此时，接管人的主要职责不再是维持公司运营，而是负责公司的清算事宜。①

4. 仲裁或调解。仲裁或调解也是破解公司僵局的一种途径。采取仲裁或调解方式的后果可能是僵持双方达成一致公司得以延续，也可能是公司生命的终结。

5. 公司章程预先规定解决方案。公司章程预先规定解决方案实际上就是在股东制定公司章程的过程中，通过协商预先规定若在日后的公司经营管理过程中出现僵局应如何解决或如何避免僵局的产生。严格来讲，这并不是打破公司僵局的途径，只是避免公司僵局产生的一种有效途径。

三、关于公司僵局认定的案例及裁判规则

（一）股东请求强制解散公司的，人民法院应根据《公司法》第 182 条和《公司法司法解释（二）》第 1 条的规定判断，公司以仍处于持续经营为由进行抗辩的，人民法院不予支持

【案例来源】

案例名称：李某登、郑州智众自动化科技有限公司公司解散纠纷案

审理法院：河南省郑州市中级人民法院

案　　号：（2017）豫 01 民终 4524 号

【争议点】

李某登、郑州智众自动化科技有限公司（以下简称智众公司）因公司解散纠纷产生诉讼，该案历经河南省郑州高新技术产业开发区人民法院一审、郑州市中级人民法院二审两个阶段。在二审中，当事人就案涉公司是否陷入僵局发生争议。

---

① 李小军：《董事对谁承担责任》，载《实践中的公司法》，社会科学出版社 2008 年版，第 339 页。

【法院认为】

法院在裁判时认为：被上诉人智众公司两股东为李某登和党某中，其出资比例分别为 52% 和 48%，法定代表人是党某中。现李某登以党某中侵占智众公司财产等为由提起诉讼，请求解散智众公司。而另一在河南省郑州市中原区人民法院案号为（2016）豫 0102 民初 3335 号民事案件中，智众公司起诉其股东李某登请求返还财产 40 万元及利息的纠纷，目前仍在诉讼过程中。根据智众公司章程第 11 条的规定，股东会定期会议每年举行两次，而自 2015 年 4 月 17 日以来，无证据显示智众公司连续两年内召开过股东会。2017 年 2 月 28 日，李某登通过河南信永律师事务所向智众公司邮寄律师函，就公司经营管理等存在的问题提出律师建议，智众公司收到该函后亦未回复或采取相应改进措施。综合以上案情，足以认定智众公司经营管理发生严重困难，继续存续会使股东利益受到重大损失，且智众公司及其股东尚有两起民事诉讼正在进行，公司已陷入僵局，根据《公司法》第 182 条规定，上诉人请求解散智众公司，应予支持。一审法院不支持上诉人解散智众公司的诉讼请求错误，二审法院予以纠正。上诉人关于要求党某中将智众公司公章及财务章上缴销毁的诉讼请求，缺乏依据，一审法院不予支持并无不当。

（二）公司经营管理是否发生严重困难应当从公司的股东会、董事会或执行监事及监事会或监事的运行状况进行综合分析

【案例来源】

案例名称：常熟市凯莱实业有限公司、戴某明与林某清公司解散纠纷案

审理法院：最高人民法院

案　　　号：（2012）最高法民申字第 336 号

【争议点】

常熟市凯莱实业有限公司（以下简称凯莱公司）、戴某明与林某清因公司解散纠纷产生诉讼，该案历经江苏省苏州市中级人民法院一审、江苏省高级人民法院二审以及最高人民法院再审三个阶段。在再审中，当事人就案涉公司经营管理是否发生严重困难产生争议。

【法院认为】

法院在裁判时认为：凯莱公司已符合《公司法》及《公司法司法解释（二）》规定的公司解散的条件。首先，凯莱公司的经营管理已发生严重困难。

根据《公司法》第 182 条和《公司法司法解释（二）》第 1 条的规定，判断公司的经营管理是否出现严重困难，应当从公司的股东会、董事会或执行董事及监事会或监事的运行状况进行综合分析。"公司经营管理发生严重困难"的侧重点在于公司管理方面存有严重内部障碍，如股东会机制失灵、无法就公司的经营管理进行决策等，不应片面理解为公司资金缺乏、严重亏损等经营性困难。在该案中，凯莱公司仅有戴某明与林某清两名股东，两人各占 50% 的股份。凯莱公司章程规定"股东会的决议须经代表二分之一以上表决权的股东通过"，且各方当事人一致认可该"二分之一以上"不包括本数。因此，只要两名股东的意见存有分歧、互不配合，就无法形成有效表决，显然影响公司的运营。凯莱公司已持续 4 年未召开股东会，无法形成有效股东会决议，也就无法通过股东会决议的方式管理公司，股东会机制已经失灵。执行董事戴某明作为互有矛盾的两名股东之一，其管理公司的行为，已无法贯彻股东会的决议。林某清作为公司监事不能正常行使监事职权，无法发挥监督作用。由于凯莱公司的内部机制已无法正常运行、无法对公司的经营作出决策，即使尚未处于亏损状况，也不能改变该公司的经营管理已发生严重困难的事实。综上，凯莱公司、戴某明关于二审判决认定事实不清以及二审判决对公司僵局的认定不符合《公司法》和《公司法司法解释（二）》的规定精神等申请理由，缺乏事实和法律依据，再审法院不予支持。

（三）公司僵局并不必然导致公司解散，司法应审慎介入公司事务，凡有其他途径能够维持公司存续的，不应轻易解散公司

【案例来源】

案例名称：林某进、甘肃浙商科工贸有限公司申请公司清算纠纷案

审理法院：最高人民法院

案　　号：（2017）最高法民申 1151 号

【争议点】

林某进、甘肃浙商科工贸有限公司因申请公司清算纠纷产生诉讼，该案历经甘肃省兰州市中级人民法院一审、甘肃省高级人民法院二审以及最高人民法院再审三个阶段。在再审中，当事人就原审法院不予受理理由是否成立产生争议。

【法院认为】

法院在裁判时认为，有限责任公司股东申请公司强制清算，其目的是通过解散公司收回其股东投资以及收益从而退出公司。在该案中，虽然公司经营期限届满，具备了公司章程约定的公司清算条件，但在该案诉讼中，公司其他股东愿意通过股权收购方式收购林某进股权以使公司存续，该公司自力救济的方式有利于打破公司僵局，保护公司其他股东以及公司债权人利益，林某进的股东权利可通过其他途径解决。因此，林某进仅以公司经营期限届满为由申请公司强制清算，原审法院不予受理，并无不当。

（四）公司本身处于盈利状态并非认定公司经营管理发生严重困难的充分阻却事由

【案例来源】

案例名称：何某林、清远市泰兴房地产有限公司公司解散纠纷案

审理法院：最高人民法院

案　　　号：（2017）最高法民申 4437 号

【争议点】

何某林、清远市泰兴房地产有限公司（以下简称泰兴公司）因公司解散纠纷产生诉讼，该案历经清远市中级人民法院一审、广东省高级人民法院二审以及最高人民法院再审三个阶段。在再审中，当事人就案涉泰兴公司在经营管理上是否发生严重困难产生争议。

【法院认为】

法院在裁判时认为：泰兴公司的权力运行机制发生严重困难。除了作为公司最高权力机构的股东会长期未能召开之外，泰兴公司股东之间的对立已然形成，根据各股东的持股比例，即使召开股东会，涉及公司注册资本的增加或减少、分立、解散、合并、变更公司形式、修改公司章程等重大事项可能难以形成公司章程所要求的"三分之二以上有表决权的股东通过"的有效决议；对于其他事项，何某林作为持股达 57% 的执行董事，在股东对立未能消除的情况下，其权力的行使极有可能处于失控状态。因此，原判决认定泰兴公司的权力运行机制实际处于失灵状态并无不当。公司本身处于盈利状态并非认定公司经营管理发生严重困难的充分阻却事由。公司经营管理发生严重困难侧重于对公司股东会等内部治理机构运行状态的考察，是否处于亏损状况并非判断公司经

营管理发生严重困难的必要条件。泰兴公司当前虽处于盈利状态，但其股东会机制长期失灵，内部管理有严重障碍，已陷入僵局，可以认定为公司经营管理发生严重困难。

（五）未召开股东会持续时间不足两年并非阻碍判定公司解散的绝对条件

【案例来源】

案例名称：海南龙润恒业旅业开发有限公司、海南博烨投资有限公司公司解散纠纷案

审理法院：最高人民法院

案　　　号：（2018）最高法民申 280 号

【争议点】

海南龙润恒业旅业开发有限公司（以下简称龙润公司）、海南博烨投资有限公司（以下简称博烨公司）因公司解散纠纷产生诉讼，该案历经海南省三亚市中级人民法院一审、海南省高级人民法院二审以及最高人民法院再审三个阶段。在再审中，当事人就案涉龙润公司的经营管理是否发生严重困难产生争议。

【法院认为】

法院在裁判时认为：根据《公司法》第 182 条、《公司法司法解释（二）》第 1 条第 1 款规定，在该案中，龙润公司的经营管理已经发生严重困难，继续存续会使股东利益遭受重大损失，依法应予以解散。未召开股东会持续时间不足两年并非阻碍判定公司解散的绝对条件。如前所述，判定公司能否解散应根据《公司法》第 182 条的规定予以综合判断。故即使 2016 年 1 月 15 日龙润公司召开股东会且作出了股东会决议，亦不能得出龙润公司尚未陷入僵局的结论。原审中，龙润公司并未提交该份证据原件，故原判决并不存在认定事实错误的情形。龙润公司的该项申请再审理由不能成立，再审法院不予支持。

四、结　语

股东请求强制解散公司的，人民法院主要根据《公司法》第 182 条和《公司法司法解释（二）》第 1 条的规定判断。公司僵局并不必然导致公司解散，司法应审慎介入公司事务，凡有其他途径能够维持公司存续的，不应轻易解散

公司。值得注意的是，其一，公司的持续经营状态并不能成为反对公司强制解散的抗辩理由。其二，未召开股东会持续时间不足两年也并非阻碍判定公司解散的绝对条件。公司经营管理是否发生严重困难，应当从公司的股东会、董事会、执行监事、监事会或监事的运行状况进行综合分析，侧重于对公司股东会等内部治理机构运行状态的考察。其三，公司是否处于亏损状况并非判断公司经营管理发生严重困难的必要条件。其四，公司本身处于盈利状态也并非认定公司经营管理发生严重困难的充分阻却事由。

第十二节 股东除名决议效力认定

一、导 论

《公司法司法解释（三）》确认了股东除名制度。股东除名制度是出现特定事由时，公司按照特定程序剥夺不履行出资义务股东的股东资格，公司对不履行义务的股东除名不需要征求被除名股东的意见，公司可以直接作出决定。公司作出除名决定后，不需要被除名股东的配合，不履行义务股东的股东资格即刻丧失。但对这一制度具体适用的问题，实务上还处于进一步探索的阶段，本节期待通过对我国案例的研究来指导司法实践，并希望对此进行一些有益的探讨。本节以股东除名决议效力认定案件裁判文书为研究对象，以2015年以来人民法院作出的相关裁判文书为主要范围，归纳、提炼股东除名决议效力认定裁判的理念和趋势。

截至2020年2月，在中国裁判文书网中输入"股东除名决议"（关键词）检索出民事裁判文书74篇，其中，由最高人民法院裁判的有1篇，由高级人民法院裁判的有4篇，本节选取其中5篇典型案例梳理其裁判规则。在具体案例的选取上，本节遵循以下"三个优先"原则。第一，优先选择审判层级较高的裁判文书。第二，优先选择中国裁判文书网公布的裁判文书。第三，优先选择审判日期较近的裁判文书。通过形式和内容两个方面的筛选，本节最终选择（2015）三中民（商）终字第10163号、（2018）苏04民终1874号、（2018）京民再64号、（2018）皖11民终1427号、（2017）最高法民申1010号等5篇裁判文书作为本节研究对象，其中，由最高人民法院裁判的有1篇，裁判日期为2018年（含）之后的案例有3篇。

二、股东除名决议效力认定的基本理论

（一）股东除名制度概述

股东除名制度是各国公司法中化解公司内部矛盾冲突的一项重要机制。[①] 所谓股东除名，是指公司基于特定的事由，依照法律规定的程序，将违反义务的股东从股东名册中删除，强制其退出公司，终止其与公司和其他股东关系的法律机制。相对于司法解散等其他公司矛盾解决机制，股东除名的优越性在于：其具有对公司和股东的共同利益的保护性作用和预防性功能，可以在化解公司内部矛盾的同时，有效地确保"公司存在的价值及其他股东继续经营公司的权益"[②]，与商法中企业维持原则所蕴含的理念正相契合。

（二）除名事由

公司股东除名将会产生股东丧失股东资格，退出公司的重大后果，如果该制度规定不当，将会成为大股东欺压小股东的工具。因此，除名必须具有正当的事由。除名事由可为三种：第一，法律明确规定的除名事由；第二，章程明确规定的除名事由；第三，法律和章程都未做明确规定，但是股东（大）会根据实际情况确定的除名事由。具体来说，由于公司股东除名制度关系社员利益至巨，而且更是涉及公司的运营以及社会的经济秩序，所以公司法必须对其进行规制。但是由于立法者的有限理性和无限丰富的社会生活之间的矛盾，公司法不可能对除名事由作出完全的规定，这就需要公司章程进行补充，这也是公司自治的体现。在章程对除名事由也未作规定时，作为公司最高权力机关的股东（大）会认为有正当事由时，也可对股东作出除名决议。[③]

---

① 郝磊：《公司股东除名制度适用中的法律问题研究》，载《法学论坛》2012 年第 8 期。
② 杨君仁：《有限责任公司退股与除名》，神州图书出版有限公司 2000 年版，第 117 页。
③ 朱培安、张玲玲：《公司股东除名法律问题研究》，载《北京教育学院学报》2010 年 10 月第五期。

（三）除名条件

《公司法司法解释（三）》第 17 条第 1 款的规定："有限责任公司的股东未履行出资义务或者抽逃全部出资，经公司催告缴纳或者返还，其在合理期间内仍未缴纳或者返还出资，公司以股东会决议解除该股东的股东资格，该股东请求确认该解除行为无效的，人民法院不予支持。"除名条件包括除名的法定情形和履行合理的催告义务。具体可以概括为以下三点：

1. 除名制度仅在股东完全未履行出资义务或抽逃全部出资的情况下适用，即当公司股东未全面履行出资义务或抽逃部分出资时，公司股东不得以股东会决议形式解除股东资格。

2. 公司在对未履行出资义务或抽逃全部出资的股东除名之前，应当确定合理的期限催告股东缴纳或返还出资。

3. 公司解除未履行出资义务或抽逃全部出资股东的股东资格，应当召开股东会会议，经代表二分之一以上表决权股东通过作出决议。

（四）被除名股东的责任承担

股东被除名后，并不意味着其责任的完全免除。基于司法解释所规定的除名事由，被除名股东因严重违反出资义务而对公司承担法律责任，就其性质而言，此种责任通常被认为是股东因违反公司章程而对公司承担的违约责任。[①]《有限责任公司规范意见》第 70 条规定："股东未按照本规范的规定缴纳出资的，公司有权向股东追缴。经公司追缴股东仍不履行义务的，公司可以依诉讼程序，请求人民法院追究股东的违约责任。"其赔偿的范围主要包括公司因股东未及时出资而导致的利息损失、公司因股东未及时出资而造成的其他合理损失等。基于章程中约定的除名事由对股东实施除名的情形下，被除名股东往往是由于其他违反法律义务的行为而对公司承担法律责任。就其性质而言，此种责任多表现为股东对于公司的侵权责任。

---

① 陈甦：《公司设立者的出资违约责任与资本充实责任》，载《法学研究》1995 年第 6 期。

三、关于股东除名协议效力认定的案例及裁判规则

（一）股东除名决议有效应当满足：因股东完全未出资和抽逃全部出资，经公司在合理期限内催告股东仍未缴纳或者返还出资，通过召开股东会议，由除未出资股东以外，代表二分之一以上表决权的股东表决通过，形成股东会决议

【案例来源】

案例名称：辜某与北京宜科英泰工程咨询有限公司公司决议效力确认纠纷案

审理法院：北京市第三中级人民法院

案　　号：（2015）三中民（商）终字第 10163 号

【争议点】

辜某与北京宜科英泰工程咨询有限公司（以下简称宜科英泰公司）因公司决议效力确认纠纷产生诉讼，该案历经北京市朝阳区人民法院一审、北京市第三中级人民法院二审两个阶段。在二审中，当事人就案涉股东会决议的效力认定问题产生争议。

【法院认为】

法院在裁判时认为：根据《公司法司法解释（三）》第 17 条第 1 款之规定，公司以股东会决议解除未履行出资义务或者抽逃出资股东的股东资格，应当符合下列条件和程序：首先，解除股东资格这种严厉的措施只应用于严重违反出资义务的情形，即未出资和抽逃全部出资，未完全履行出资义务和抽逃部分出资不应包括在内。其次，公司对未履行出资义务或者抽逃全部出资的股东除名前，应给该股东补正的机会，即应当催告该股东在合理期间内缴纳或者返还出资。最后，解除未履行出资义务或者抽逃全部出资股东的股东资格，应当依法召开股东会，作出股东会决议，如果章程没有特别规定，经代表二分之一以上表决权的股东通过即可。具体到该案而言：第一，根据宜科英泰公司的验资报告及各方当事人陈述，赵某伟在公司设立时实际出资 1.6 万元，其已经履行了部分出资义务，故不应当认定赵某伟完全未履行出资义务；第二，如前所述，辜某的现有证据不足以证明赵某伟抽逃全部出资。因此，宜科英泰公司于 2014 年 5 月 8 日作出的股东会决议并未满足公司可以解除赵某伟股东资格的前

提条件，辜某主张涉案股东会决议有效，于法无据，二审法院不予支持。

（二）股东除名决议的启动主体是履行股东义务的人，未履行股东义务的人不能成为股东除名决议的启动主体

【案例来源】

案例名称：刘某芳与常州凯瑞化学科技有限公司公司决议效力确认纠纷案

审理法院：江西省常州市中级人民法院

案　　　号：（2018）苏 04 民终 1874 号

【争议点】

刘某芳与常州凯瑞化学科技有限公司（以下简称凯瑞公司）因公司决议效力确认纠纷产生诉讼。该案历经江苏省常州市钟楼区人民法院一审、常州市中级人民法院二审两个阶段。在二审中，当事人就案涉股东会决议的效力认定产生争议。

【法院认为】

法院在裁判时认为：案涉股东除名决议的作出和内容于法无据，与实不符，应属无效。一方面，结合除名权的法理基础和功能分析，公司是股东之间、股东与公司以及公司与政府之间达成的契约结合体，因此股东之间的关系自当受该契约的约束。在公司的存续过程中，股东始终应恪守出资义务的全面实际履行，否则构成对其他守约股东合理期待的破坏，进而构成对公司契约的违反。一旦该股东未履行出资义务或抽逃全部出资，基于该违约行为已严重危害公司的经营和其他股东的共同利益，背离了契约订立的目的和初衷，故《公司法》赋予守约股东解除彼此间的合同，让违约股东退出公司的权利。这既体现了法律对违约方的惩罚和制裁，又彰显了对守约方的救济和保护。由此可见，合同"解除权"仅在守约方手中，违约方并不享有解除（合同或股东资格）的权利。在该案中，凯瑞公司的所有股东在公司成立时存在通谋的故意，沆瀣一气，全部虚假出资，恶意侵害公司与债权人之权益。但就股东内部而言，没有所谓的合法权益与利益受损之说，也就谈不上权利救济，否则有悖于权利与义务相一致、公平诚信等法律原则。即洪某、洪某刚无权通过召开股东会的形式，决议解除刘某芳的股东资格，除名决议的启动主体明显不合法。另一方面，从虚假出资和抽逃出资的区别来看，前者是指股东未履行或者未全部履行出资义务，后者则是股东在履行出资义务之后，又将其出资取回。案涉股

东除名决议认定刘某芳抽逃出资，事实上凯瑞公司包括刘某芳在内的所有股东在公司设立时均未履行出资义务，属于虚假出资，故该决议认定的内容亦有违客观事实。

（三）超越公司章程作出的股东除名决议无效

【案例来源】

案例名称：张某才与北京世纪天鼎商品交易市场有限公司公司决议效力确认纠纷案

审理法院：北京市高级人民法院

案　　号：（2018）京民再64号

【争议点】

张某才与北京世纪天鼎商品交易市场有限公司（以下简称世纪天鼎公司）因公司决议效力确认纠纷产生诉讼，该案历经北京市东城区人民法院一审、北京市第二中级人民法院二审以及北京市高级人民法院再审三个阶段。在再审中，当事人就案涉公司决议的效力产生争议。

【法院认为】

法院在裁判时认为：现诉争决议内容是"同意公司注册资本由1200万元减少至1138.2万元人民币，其中减少张某才全部实缴货币出资61.8万元人民币，取消张某才股东资格"。《公司法》及世纪天鼎公司章程均规定，世纪天鼎公司股东会的职权包括"对公司增加或者减少注册资本作出决议"。但该职权不等同于可以直接减少张某才的实缴出资至0，取消张某才股东资格。诉争决议内容超出《公司法》及世纪天鼎公司章程赋予股东会的职权范围，并且严重侵害张某才的股东权利。综上所述，2014年10月31日股东会决议中诉争条款的内容违法，故张某才要求确认诉争决议条款无效的诉讼请求，应当予以支持。

（四）股东除名条件包括除名的法定情形和履行合理的催告义务。除名制度仅在股东完全未履行出资义务或抽逃全部出资的情况下适用，即当公司股东未全面履行出资义务或抽逃部分出资时公司股东不得以股东会决议形式解除股东资格

【案例来源】

案例名称：凤阳县丁氏矿业有限公司与盛某辉公司决议效力确认纠纷案

审理法院：滁州市中级人民法院

案　　　号：（2018）皖 11 民终 1427 号

【争议点】

凤阳县丁氏矿业有限公司（以下简称丁氏矿业公司）、盛某辉因公司决议效力确认纠纷产生诉讼，该案历经安徽省凤阳县人民法院一审、滁州市中级人民法院二审两个阶段。在二审中，当事人就案涉股东会决议解除盛某辉、张某章股东资格内容是否有效产生争议。

【法院认为】

法院在裁判时认为：根据《公司法司法解释（三）》第 17 条第 1 款规定："有限责任公司的股东未履行出资义务或者抽逃全部出资，经公司催告缴纳或者返还，其在合理期间内仍未缴纳或者返还出资，公司以股东会决议解除该股东的股东资格，该股东请求确认该解除行为无效的，人民法院不予支持。"上述规定是关于股东除名的制度规定。从上述规定看，股东除名条件包括除名的法定情形和履行合理的催告义务。除名制度仅在股东完全未履行出资义务或抽逃全部出资的情况下适用，即当公司股东未全面履行出资义务或抽逃部分出资时公司股东不得以股东会决议形式解除股东资格。在本案中，盛某辉、张某章虽然未全面履行出资义务，但其二人已履行了部分出资义务，各出资 50 万元，不存在未履行出资义务或者抽逃全部出资的情形，不符合股东除名的法定条件。丁氏矿业公司于 2016 年 6 月 11 日、2016 年 7 月 16 日作出的股东会决议中关于解除盛某辉、张某章股东资格的内容违反法律规定，不具有法律效力。

（五）股东会作出股东除名决议后应书面通知被除名股东，公司未提供有效证据证明其已经履行了通知义务，且公司后续行为与除名事实矛盾时，股东除名决议效力不予认定

【案例来源】

案例名称：银川高新区日昌自动包装机制造有限公司与温某虹公司解散纠纷

审理法院：最高人民法院

案　　　号：（2017）最高法民申 1010 号

【争议点】

银川高新区日昌自动包装机制造有限公司（以下简称日昌公司）、温某虹

因公司解散纠纷产生诉讼，该案历经银川市中级人民法院一审、宁夏回族自治区高级人民法院二审以及最高人民法院再审三个阶段。在再审中，当事人就案涉股东除名决议的效力产生争议。

【法院认为】

法院在裁判时认为，《公司法》第43条规定："股东会的议事方式和表决程序，除本法有规定的外，由公司章程规定。股东会会议作出修改公司章程、增加或者减少注册资本的决议，以及公司合并、分立、解散或者变更公司形式的决议，必须经代表三分之二以上表决权的股东通过。"日昌公司的公司章程未规定关于除名股东的职权和程序，《公司法》对公司股东除名程序亦没有明确规定，参照《合伙企业法》第49条第2款、第3款"对合伙人的除名决议应当书面通知被除名人。被除名人接到通知之日，除名生效，被除名人退伙。被除名人对除名决议有异议的，可以自接到除名通知之日起三十日内，向人民法院起诉"之规定，日昌公司虽分别于2009年2月26日、2010年2月26日在《宁夏日报》登报催告温某虹、吕某昌限期补交资本金，但未说明期限内不补交的后果；2011年1月8日召开股东会对二人进行股东除名并增加徐某、程某山为新股东，但未在工商部门进行变更登记，也未提供证据证明曾就除名一事通知温某虹、吕某昌，反而在2012年公司营业期限届满前，模仿温某虹、吕某昌签名变更公司营业执照，其主张与行为自相矛盾，现日昌公司主张已解除温某虹、吕某昌二人股东资格依据不足，原审法院对此不予认定，并无不当。

四、结　语

股东除名权是公司法上的一项重要制度。股东除名权的目的，即在于以剥夺股东资格的方式，惩罚不诚信股东，维护公司和其他股东的权利。股东除名决议有效应当满足法定情形并综合多方面的因素：除名制度仅在股东完全未履行出资义务或抽逃全部出资的情况下适用，除了法定情形，公司章程可以规定股东除名事由。公司在对未履行出资义务或抽逃全部出资的股东除名之前，应当确定合理的期限催告股东缴纳或返还出资。公司解除未履行出资义务或抽逃全部出资股东的股东资格，应当召开股东会，并经代表二分之一以上表决权股东通过，作出决议。需要特别注意的是，超越公司章程作出的股东除名决议无效。公司未履行通知义务，且公司后续行为与除名事实矛盾时，股东除名决议无效。

第三章
公司诉讼

序 论

　　我国《公司法》发展 27 年来，因公司、股东、债权人等相关利益主体基于发起人协议、公司章程或《公司法》规定的权利义务所发生的诉讼（以下简称公司诉讼）种类激增，同时根据 2011 年最高人民法院颁布的《民事案件案由规定》，公司诉讼案由亦达 25 种，为此，我国现行《公司法》与相关司法解释对部分与公司诉讼相关的问题如一些典型公司诉讼的适格当事人、管辖法院、诉讼时效以及前置程序等进行了明确。但由于与传统民商事诉讼相比，公司诉讼具有一定独特属性，如诉讼主体的多元化特定化、诉讼程序复杂、诉讼结果归属和判决效力具有特殊性等等，故而，公司诉讼与传统民事诉讼相比在程序性问题上呈现出更多的差异性，比如本章研究的公司诉讼股东诉权、证明责任、诉的利益、诉讼管辖、诉讼时效等基本法律问题和股东诉讼、公司解散诉讼、公司清算诉讼等具体诉讼法律问题。而由于相关立法的粗糙或缺位以及裁判者对相关立法价值、原理和具体规定理解得不够深入，故而开展以人民法院作出的相关裁判文书为基础，归纳、提炼与公司诉讼有关的裁判规则的研究具有重大的现实意义。

　　在体例上，本章共十二节，每一节包括导论、基本理论、裁判规则和结语四节；在素材上，本章以最高人民法院、高级人民法院或其下级人民法院作出的裁判文书为主，辅以与此相关的理论；在内容上，本章不仅选取了诸多诉讼中的共性问题以探究公司诉讼的独特之处，还将司法实务中较为典型的公司诉讼类型作为研究标的，共包括公司诉讼股东的诉权、公司诉讼的诉的利益、公司诉讼的管辖、公司诉讼的诉讼时效、公司诉讼的证明责任、股东诉讼、公司解散诉讼、股东资格确认之诉、公司决议效力瑕疵之诉、有限责任公司股权回购之诉、公司清算之诉、公司关联交易损害责任之诉十二部分，每一部分皆以有关理论为基础，对裁判文书进行筛选、梳理与分析，精准归纳、提炼出相应的实务要点。本章紧扣实务热点，立足实践，相信定将会对理论研究与司法实务界的人士起到参考指导作用。

第一节　公司诉讼股东的诉权

一、导　论

近年来，公司运营管理过程中纠纷频发，股东如何维护其自身的合法权益或者说如何行使诉权成为此类案件中我们首先应当考虑的问题。股东诉权，即股东的司法救济请求权，其可分为两类，股东直接诉权与股东代位诉权。[①] 前者主要包括股东（大）会决议无效、不成立或撤销诉讼的诉权、公司解散诉讼的诉权等；后者主要表现为股东代表诉讼的诉权，对董事、经理的损害赔偿请求权，等等。虽然我国《公司法》并未明确使用诉权概念，但通过对特定条款的解读发现，其对股东诉权的要件已经作出了相应规定。然而司法实践中，对其具体适用的问题，还处于进一步探索的阶段，本节期待通过对我国案例的研究来指导司法实践。本节以与公司诉讼股东的诉权有关的案件的裁判文书为研究对象，以 2012 年以来人民法院作出的相关裁判文书为主要范围，归纳、提炼股东诉权裁判的理念和趋势。

截至 2020 年 2 月，在中国裁判文书网中输入"与公司有关的纠纷"（民事案由）、"诉权"（关键词）检索出民事裁判文书 5816 篇，其中，由最高人民法院裁判的有 87 篇，由高级人民法院裁判的有 482 篇，本节选取其中 6 篇典型案例梳理其裁判规则。在具体案例的选取上，本节遵循以下"三个优先"原则。第一，优先选择审判层级较高的裁判文书。第二，优先选择中国裁判文书网公布的裁判文书。第三，优先选择审判日期较近的裁判文书。通过形式和内容两个方面的筛选，本节最终选择（2018）最高法民申 6218 号、（2017）粤民终 1932 号、（2017）川民终 249 号、（2015）民二终字第 317 号、（2019）最高

[①]　陈贵平：《股东诉权研究——股东权及其救济权体系的构建》，中国政法大学 2002 年硕士学位论文。

法民申 1445 号、（2015）渝高法民终字第 00335 号、（2016）琼民终 253 号等 7 篇裁判文书作为本节研究对象，其中，由最高人民法院审判的有 3 篇，其中包括最高人民法院发布的公报案例有 1 篇，高级人民法院裁判的有 4 篇，裁判日期为 2017 年（含）之后的案例 4 篇。

二、公司诉讼股东的诉权的基本理论

（一）股东诉权之分类

根据股东提起诉讼目的的不同，股东诉讼可分为股东直接诉讼与股东代位诉讼。前者是指股东请求法院对其基于股权（份）所有者身份而享有的相应权利进行司法裁判之诉讼，如股东知情权诉讼等；后者是指当公司权益受到侵害时，由一个或数个股东代替公司提起的诉讼。结合上述对股东诉讼的分类，根据遭受到损害的为股东还是公司，股东诉权也相应分为两种类型，股东直接诉权与股东代位诉权。前者是指股东个人权益遭受公司侵犯；后者是指公司权益遭受董事、经理或者其他第三人的侵犯，而股东个人的权益仅仅是间接受到了侵犯。

（二）股东诉权之性质

1. 股东诉权系股东权的内涵之一。股东权是一种复合型民事权利，除包含财产权利外，还含有对公司的管理权。学术界关于股东诉权与股东权之间的关系一直存有争议，但多数学者认为，应将股东权界定为基于股东资格进而对公司所主张的权利。但由于股东诉权的行使属公力救济范畴，因此上述定义事实上将股东诉权排除在股东权的内涵之外。但若将股东权看作因股东资格而享有的权利群，则股东诉权应当为股东权内涵的应有之义。权利统一于自由权、请求权与诉权三者之中，[①] 因此股东诉权应被涵盖于股东权内。

2. 股东诉权既是自益权也是共益权。根据股东行使权利之目的的不同，股东诉权可分为两类，即自益权与共益权。股东为自己利益而行使的权利为自益权，而在为自己利益的同时兼顾公司利益的为共益权。共益权主要有股东代表

---

① 刘义：《论股东诉权与公司自治的制衡》，兰州大学 2008 年硕士学位论文。

诉讼之诉权、公司解散诉讼之诉权，等等。

3.股东诉权系个别或共同股东诉权。根据权利行使方式与效果的不同，股东诉权可分为个别股东权与共同股东权。个别股东权可由股东一人独自行使，而为保护公司与少数股东之利益，共同股东权的行使者需具有法定的持股比例，如我国《公司法》第152条对符合特定持股比例的股东于法定情况下失职的董监高提起诉讼的权利。

（三）股东直接诉权与股东代位诉权之比较

1.两类诉权性质不同。股东直接诉权中既包括自益权也包括共益权，如股东（大）会决议无效、不成立、撤销诉讼的诉权、公司解散诉讼的诉权、公司设立无效诉讼的诉权，等等。而由于股东代位诉权于公司权益遭受董事、经理或者其他第三人的侵犯时行使，因此皆属共益权范畴。

2.两类诉权主体并不实质相同。股东直接诉权的主体毫无争议，应为股东。而股东代位诉权的主体从表面上看似为股东，实则为公司，股东之所以能够行使代位诉权，是因为公司基于种种情况，如受到董事等的控制或是怠于行使诉权，即股东代位诉权系上述情况发生时的衍生物。

3.两类诉权行使的法律后果不同。股东直接诉权的行使将会产生胜诉利益直接归于行使诉权的股东个人的效果。而股东代位诉权行使的法律后果由公司承担，归于公司"入库归公"，此外，若原告股东的诉讼请求部分或者全部得到人民法院支持的，股东因参加诉讼所支出的合理费用也由公司承担。

（四）行使股东代表诉讼诉权的限制——前置程序

通过中国裁判文书网的检索结果，我们发现，股东代表诉讼的案件数量日益增多，在具体的司法适用中存在较多问题，尤其是在对前置程序的解读方面，争议较大。因此，有必要对此种限制背后的原因加以分析。

首先，作为调整最重要的社会经济组织即公司的法律规范，《公司法》应当以效率为先，同时兼顾公平，但如何对二者进行平衡仍是我们需要解决的核心问题。既然效率为公司法的首要目标，那么会影响效率的股东滥诉情况必然需要加以规制，前置程序的设定正符合此种观念。其次，前置程序的存在能够减少或者阻止一些不必要的诉讼，同时还能给公司发现与纠正错误的机会，进而降低交易成本。最后，公司利益遭受损害后，无论是公司还是股东提起诉讼都会产生较高的交易成本。此时,《公司法》会出于效率的考虑,将权利配置给最珍视该权利的人,而前置程序的设置恰好与这一规则相契合。①

三、关于公司诉讼股东的诉权的案例及裁判规则

（一）在股东会作出决议之前,股东不享有利润分配请求权,故亦不具有相应的诉权

【案例来源】

案例名称：长益资源路桥有限公司与武汉华益路桥管理有限公司、武汉公路桥梁建设集团有限公司公司盈余分配纠纷管辖权异议案

审理法院：最高人民法院

案　　号：（2018）最高法民申 6218 号

【争议点】

长益资源路桥有限公司（以下简称长益公司）与武汉华益路桥管理有限公司（以下简称华益公司）、武汉公路桥梁建设集团有限公司因公司盈余分配纠纷管辖权异议引发诉讼,该案历经湖北省高级人民法院一审、最高人民法院二审以及最高人民法院再审三个阶段。在再审中,当事人就长益公司是否享有利润分配请求权产生争议。

【法院认为】

法院在裁判时认为：原审根据《公司法》第 37 条、第 46 条、第 166 条规定认为,在股东会作出决议之前,股东并不享有利润分配请求权,故亦不具有相应的诉权。华益公司虽未设立股东会,但该公司章程明确规定董事会是该公司的最高权力机构,有权对公司利润分配方案作出决定。因长益公司在原审中未能提交华益公司董事会关于相关年度利润分配的决议,故其在一审中诉请华益公司支付 2008 年利润 76 014.11 元及 2009 年至 2013 年应分配利润 62 174 852.44 元,不享有利润分配请求权。原裁定遂依据《最高人民法院关于适用〈中华人民共和国民事诉讼法〉的解释》第 330 条"依照第二审程序审理

---

① 胡宜奎：《股东代表诉讼诉权的权利基础辨析——论我国股东代表诉讼制度的完善》,载《政治与法律》2015 年第 9 期。

的案件，二审法院认为不应由人民法院受理的，可以直接裁定撤销原裁判，驳回起诉"的规定，撤销一审裁定，驳回长益公司起诉，有事实和法律依据。

（二）股东代表诉讼的原告在提起和进行代表诉讼时必须始终具备股东身份，否则便不享有提起股东代表诉讼的诉权

【案例来源】

案例名称：深圳龙泽日盛投资管理有限公司等与李某等公司利益责任纠纷案

审理法院：广东省高级人民法院

案　　号：（2017）粤民终 1932 号

【争议点】

深圳龙泽日盛投资管理有限公司等与李某等因公司利益责任纠纷引发诉讼，该案历经广东省深圳市中级人民法院一审以及广东省高级人民法院二审两个阶段。在二审中，当事人就吴某清与深圳市华佗在线网络有限公司（以下简称华佗在线公司）是否具备提起股东代表诉讼的主体资格产生争议。

【法院认为】

法院在裁判时认为：股东代表诉讼的原告在提起和进行代表诉讼时必须始终具备股东身份，华佗在线公司不是深圳市美谷佳科技有限公司（以下简称美谷佳公司）的股东，吴某清在该案诉讼期间不再持有美谷佳公司股权，不再是美谷佳公司的股东，故吴某清和华佗在线公司均不具备代表公司提起损害公司利益责任纠纷诉讼的主体资格，原审裁定驳回其起诉亦属正确。

（三）在诉讼过程中，若股东会决议决定解除股东资格，则在该决议效力未被依法否定之前，股东已不再具有公司股东身份，人民法院不能认定其享有股东代表诉讼的诉权

【案例来源】

案例名称：李某兰等与周某公司利益纠纷案

审理法院：四川省高级人民法院

案　　号：（2017）川民终 249 号

【争议点】

李某兰等与周某因公司利益纠纷引发诉讼，该案历经四川省宜宾市中级人

民法院一审以及四川省高级人民法院二审两个阶段。在二审中，争议焦点为，李某兰提起股东代表诉讼后，在诉讼过程中，高县兴盛商品混凝土有限公司（以下简称兴盛公司）通过股东会决议解除了李某兰的股东资格，该事实是否影响李某兰继续行使股东代表诉讼的权利。

【法院认为】

法院在裁判时认为：首先，对在一审诉讼过程中，兴盛公司通过股东会议作出解除李某兰股东资格的决议的事实，上诉人李某兰、被上诉人周某及原审第三人均无异议。李某兰虽对该股东会决议效力提出了异议，但对该股东会决议的效力，该案无权进行审查和作出认定。原审裁定虽未对股东会决议的效力作出认定，但认定股东会决议成立仍然不当，应予纠正。其次，股东代表诉讼系因公司内部管理纠纷引发的诉讼，股东会决议对股东资格的确认或解除亦是公司内部管理事项，该决议在未被依法撤销或宣布无效前均对公司内部产生约束力。故在股东会决议效力未被依法否定之前，李某兰已不再具有兴盛公司股东身份，因此无权代表兴盛公司进行诉讼和主张权利，一审法院据此驳回李某兰的起诉并无不当。

（四）若股东代表诉讼程序已经启动，且根据案件事实与诉讼情况能够判断出即使股东履行前置程序，公司监事会（监事）或董事会（执行董事）亦不会向人民法院提起诉讼，则该前置程序并非必要，人民法院不能因此认定股东滥用诉权

【案例来源】

案例名称：林某忠与西安市赛格商贸有限公司损害公司利益责任纠纷案

审理法院：最高人民法院

案　号：（2015）民二终字第 317 号

【争议点】

林某忠与西安市赛格商贸有限公司（以下简称赛格商贸公司）因损害公司利益责任纠纷引发诉讼，该案历经陕西省高级人民法院一审以及最高人民法院二审两个阶段。在二审中，当事人就赛格商贸公司应否履行《公司法》上关于股东代表诉讼的前置程序产生争议。

【法院认为】

法院在裁判时认为：在一审期间，因与西安赛陕西浙乐商贸有限公司格商

业运营管理有限公司达成《委托经营协议书的补充协议》(以下简称《补充协议》),林某忠向一审法院增加撤销《补充协议》的诉讼请求。对此,赛格商贸公司提出林某忠的该项请求未履行《公司法》中关于股东代表诉讼的前置程序,一审法院对该请求未予审理,于法有据。林某忠提出的上述请求与撤销《委托经营协议》的诉请,诉的主体相同、诉的客体具有牵连性,均系股东代表诉讼。《公司法》关于股东代表诉讼的前置程序旨在防止股东滥用诉权,扰乱公司正常经营秩序,而非设置公司股权保护的障碍。在该案诉讼程序已经启动的情况下,如要求林某忠对撤销《补充协议》另行履行股东代表诉讼的前置程序,从该案诉讼情况及浙乐公司针对林某忠增加的诉讼请求所陈述的意见来看,可以判断出即使林某忠履行前置程序,浙乐公司监事(或监事会)亦不会向人民法院提起诉讼,徒增程序的烦琐,与《公司法》保护股东权益的立法目的不符。故《补充协议》应在该案中一并审理,一审判决对林某忠主张撤销《补充协议》的诉讼请求不予审理,适用法律不当,应予纠正。

(五)《公司法》赋予股东提起代表诉讼的诉权,却也并未排除公司就其他合法权益进行直接诉讼的权利,人民法院不能因此认定构成重复起诉

【案例来源】

案例名称:刘某弟与南京农垦出租汽车有限责任公司损害股东利益责任纠纷案

审理法院:最高人民法院

案　　号:(2019)最高法民申 1445 号

【争议点】

刘某弟与南京农垦出租汽车有限责任公司(以下简称宁垦公司)因损害股东利益责任纠纷引发诉讼,该案历经江苏省南京市中级人民法院一审、江苏省高级人民法院二审以及最高人民法院再审三个阶段。在再审中,当事人就原告是否系重复起诉产生争议。

【法院认为】

法院在裁判时认为:根据《公司法》的规定,该案中刘某弟享有提起股东代表诉讼的诉权。尽管《公司法》赋予股东提起代表诉讼的权利,却也并未排除公司就其他合法权益进行直接诉讼的权利。刘某弟提起股东代表诉讼并未涵盖宁垦公司清算组的全部诉求,宁垦公司清算组仍有权就要求刘某弟等其他股

东返还宁垦公司账目的事项再次起诉，二审法院认定其不构成重复诉讼并无不当。对于刘某弟所主张二审法院应当将宁垦公司列为第三人，而不是直接由宁垦公司取代申请人的原告地位，二审法院已在（2017）苏民终 1612 号民事判决中认定一审法院未列宁垦公司为第三人错误。但基于宁垦公司清算组已就同一事项提起另案诉讼且另案审理事项包含刘某弟在该案中的诉讼请求，刘某弟该案胜诉利益亦归于公司，该案驳回刘某弟的起诉并未影响其诉讼利益，二审法院为减少当事人诉累而决定不再审理该案，并无不当。

（六）公司解散事由发生后，清算组成立前，股东坚持以公司为被告主张股东知情权的，人民法院不得轻易否定其诉权

【案例来源】

案例名称：宁源国际有限公司与重庆中原房地产开发有限公司股东知情权纠纷案

审理法院：重庆市高级人民法院

案　　号：（2015）渝高法民终字第 00335 号

【争议点】

宁源国际有限公司与重庆中原房地产开发有限公司（以下简称中原公司）因股东知情权纠纷引诉诉讼，该案历经重庆市第五中级人民法院一审、重庆市高级人民法院二审两个阶段。在二审中，当事人就公司吊销之后，清算组成立之前，股东如何实现自己的知情权产生争议。

【法院认为】

法院在裁判时认为：根据《公司法》及相关司法解释的规定，公司出现经营期限届满或被吊销营业执照等法定事实，依法应成立清算组进行清算。该案中，中原公司于 2007 年 10 月 8 日营业期限届满，并且于 2014 年 1 月 25 日被工商行政管理机关吊销营业执照，已经出现公司解散事由，依法应成立清算组进行清算，或者由公司债权人或股东申请人民法院指定清算组进行强制清算。与公司清算相关的各方主体应该将自己占有或控制的公司资料交由清算组保管，股东如需查阅相关资料，应向清算组提出请求，并经清算组同意方能进行查阅。但是，由于种种原因，有些公司的清算组迟迟得不到成立。因此，在清算组成立之前，如果股东坚持以公司为被告主张股东知情权，鉴于公司的法人资格仍然存续，虽不得开展经营活动，但可以以公司名义参与诉讼，故人民法

院亦不得轻易否定原告的诉权，可以先判决公司以自己的名义接受义务，待清算组成立以后将相关权利义务转由清算组承继。至于公司以外的其他主体，包括其他股东或掌握公司资料的第三方，不是《公司法》规定的股东知情权义务主体，判令其承担法律责任没有法律依据。这些主体所控制的资料应在清算组成立之后尽快移交给清算组，由清算组决定是否交由各方查阅。

（七）公司解散之后便只存在清算问题，此时若股东再次诉请解散公司，则属于公司的重复解散，其缺乏相应的诉权，人民法院应当依法驳回起诉

【案例来源】

案例名称：海南华辰实业投资有限公司等与王某龙公司解散纠纷案

审理法院：海南省高级人民法院

案　　号：（2016）琼民终 253 号

【争议点】

海南华辰实业投资有限公司（以下简称华辰公司）等与王某龙因公司解散纠纷引发诉讼，该案历经海南省海口市中级人民法院一审以及海南省高级人民法院二审两个阶段。在二审中，当事人就王某龙是否有权诉请人民法院判令华辰公司司法解散的问题产生争议。

【法院认为】

根据《公司法》第180条规定，公司章程规定的营业期限届满或者公司章程规定的其他解散事由出现，公司解散。第183条规定："公司因本法第一百八十条第（一）项、第（二）项、第（四）项、第（五）项规定而解散的，应当在解散事由出现之日起十五日内成立清算组，开始清算。有限责任公司的清算组由股东组成，股份有限公司的清算组由董事或者股东大会确定的人员组成。逾期不成立清算组进行清算的，债权人可以申请人民法院指定有关人员组成清算组进行清算。人民法院应当受理该申请，并及时组织清算组进行清算。"公司章程规定的营业期限届满是公司解散的法定事由之一。

在该案中，华辰公司章程规定的经营期限届满后，其股东王某林、王某龙未能达成一致意见通过修改公司章程而使华辰公司存续，华辰公司营业期限届满这一法定解散事由已经发生，王某龙以营业期限届满为由向人民法院诉请解散公司没有法律依据，此时存在的只有华辰公司的清算问题。在华辰公司逾期

不成立清算组进行清算时，王某龙可依据《公司法》第 183 条的规定向人民法院申请强制清算。

四、结　语

作为公司的投资者，股东对损害其自身利益或公司利益的行为皆有向法院提起诉讼的权利，首先面临的便是对其诉权有无的认定。在股东会作出决议之前，股东不享有利润分配请求权，故亦不具有相应的诉权。关于股东代表诉讼的诉权有以下几点值得我们关注：其一，股东代表诉讼的原告在提起和进行代表诉讼时必须始终具备股东身份，如在一审过程中公司通过股东会决议解除了股东资格，在该决议未被依法撤销或宣布为无效前，股东便不再具有提起股东代表诉讼的诉权。其二，《公司法》关于股东代表诉讼的前置程序旨在防止股东滥用诉权，扰乱公司正常经营秩序，而非设置公司股东权保护的障碍。因此，若股东代表诉讼程序已经启动，且根据案件事实与诉讼情况能够判断出即使股东履行前置程序，公司监事会（监事）或董事会（执行董事）亦不会向人民法院提起诉讼，则该前置程序并非必要。其三，《公司法》赋予股东提起代表诉讼的诉权，却也并未排除公司就其他合法权益进行直接诉讼的权利，人民法院不能因此认定构成重复起诉，即若提起的股东代表诉讼并未涵盖公司的全部诉求，则公司此时仍有权就其他事项再次起诉。最后，值得特别注意的是，公司解散事由发生后，清算组成立前，若股东坚持以公司为被告主张股东知情权，鉴于公司的法人资格仍然存续，虽不得开展经营活动，但可以以公司名义参与诉讼，故人民法院亦不得轻易否定原告的诉权。此外，当公司法定解散事由已经发生时，解散后就仅涉及公司的清算问题，此时若股东再次诉请解散公司，则属于重复解散，其缺乏相应的诉权，人民法院应当依法驳回起诉。

第二节 公司诉讼的诉的利益

一、导 论

通说认为，诉的利益是指法院通过诉讼解决纠纷的必要性与实效性。对于诉的利益有无的判断，无论是给付之诉、确认之诉还是形成之诉，除需具备一些共同的要件，还需满足不同类型诉的具体要求。虽然我国立法目前并未对诉的利益作出规定，但由于其与诉权等概念有紧密的联系，因此在司法实践中，一些法官已经开始使用与此相关的理论对案件进行审理，在与公司有关的纠纷中也不例外。但对其具体适用的问题，司法实践还处于进一步探索的阶段。本节以与公司诉讼的诉的利益有关的案件裁判文书为研究对象，以 2016 年以来人民法院作出的相关裁判文书为主要范围，归纳、提炼公司诉讼的诉的利益的裁判的理念和趋势。

截至 2020 年 2 月，在中国裁判文书网中输入"与公司有关的纠纷"（民事案由）、"诉的利益"（关键词）检索出民事裁判文书 512 篇，其中，由最高人民法院裁判的有 3 篇，由高级人民法院裁判的有 49 篇，由中级人民法院裁判的有 274 篇。本节选取其中 5 篇典型案例梳理其裁判规则。在具体案例的选取上，本节遵循以下"三个优先"原则。第一，优先选择审判层级较高的裁判文书。第二，优先选择中国裁判文书网公布的裁判文书。第三，优先选择审判日期较近的裁判文书。通过形式和内容两个方面的筛选，本节最终选择（2018）最高法民申 274 号、（2019）云 08 民终 401 号、（2019）陕民申 2645号、（2019）皖民申 219 号、（2016）津民终 274 号等 5 篇裁判文书作为本节研究对象，其中，由最高人民法院裁判的有 1 篇，由高级人民法院裁判的有 3篇，裁判日期为 2018 年（含）之后的案例有 4 篇。

二、公司诉讼的诉的利益的基本理论

（一）诉的利益概述

1.诉的利益的概念。在日本民事诉讼法学界，高桥宏志认为，诉的利益是为了考量"具体请求的内容是否具有进行该案判决之必要性以及实际上的效果（实效性）"而设置的一个要件。[①]新堂幸司认为，诉的利益，是根据每个具体请求的内容，来考量作出该案判决的必要性以及实际上的效果性。[②]我国学者张卫平认为，诉的利益，是指当事人所提起的诉中应具有的，法院对该诉讼请求作出判决的必要性与实效性。[③]在我国的司法实践中，大多数法官也往往将诉的利益定义为法院通过诉讼解决纠纷的必要性与实效性。通过比较与分析，我们发现，无论是从理论方面还是司法实务方面来看，诉的利益，是指当事人请求的内容是否有必要通过法院裁判解决以及法院裁判能否真正解决问题。如果没有必要由法院解决或者法院就算作出裁判也不能真正解决问题时，就不具有诉的利益。因此，诉的利益的概念，具有高度概括性与抽象性，不同的案件对于诉的利益判断牵扯到很多具体的方面，公司诉讼的诉的利益亦是如此。

2.诉的利益的性质。关于诉的利益的性质，有人认为，诉的利益属于诉权行使的要件。缺乏该要件时，驳回起诉。有人认为，诉的利益属于诉讼要件。诉的利益成为法院对该案实体问题作出审判的前提，只有原告的起诉具备权利保护利益时，法院才能对该案的实体问题作出判决，不具备权利保护利益时，法院必须作出程序性的起诉，以原告的诉不合法为理由驳回起诉，法院绝对不可以在原告之诉是否具备权利保护利益不明的情况下，作出该案的实体判决。

（二）诉的利益的判断

1.不同类型诉中共通的利益。无论是给付之诉、确认之诉还是形成之诉，在判断诉的利益存在与否时，皆需要满足一些共通的要件。若法律上规定某些情形下禁止起诉，如重复起诉等，则应当裁定驳回起诉。如果当事人就特定

① ［日］高桥宏志：《民事诉讼法——制度与理论的深层分析》，林剑锋译，法律出版社2003年版，第281页。
② ［日］新堂幸司：《新民事诉讼法》，林剑锋译，法律出版社2008年版，第187页。
③ 张卫平：《民事诉讼法》，法律出版社2016年版，第189页。

的权利达成不起诉的合意、仲裁合意时，即使原告起诉，但只要被告主张并证明存在这些合意，那么法院也应当以无须通过诉讼程序解决为由驳回起诉。此外，当从民事诉讼制度的目的来看起诉明显缺乏合理性、违反诚实信用原则时，应当以滥用诉权为由驳回起诉。

2. 具体诉中诉的利益。确认之诉的诉的利益，在原告的权利或法律地位现实处于不安状态，而且，在原告与被告之间，通过对作为该诉讼标的的权利或法律关系之存在与否作出判决，使消除这种不安有效且适当的方法时，才能获得认可。给付之诉分为现在给付之诉与将来给付之诉。现在给付之诉由于原告主张的是已经处于可请求给付地位但未受到给付的诉，因此只要是现在给付之诉，就具有请求该案判决之利益，例外是如果是交付特定物，特定物已经灭失，则无，原告起诉前不清楚对方是否能交付特定物的除外，如果是损害赔偿，即使特定物灭失也具有诉的利益。将来给付之诉的诉的利益，认定其是否有必要要综合考量义务人的态度、给付内容的性质等因素，在此基础上个别地作出判断。形成之诉原则上只有在如下要件下才能获得认可，即实体法自身按照案件的类型来具体探讨是否应当通过形成之诉及形成判决来变动法律关系，作为认可这种必要性的结果，在法律中明文作出了相关规定。简要来说，就是需要满足三个要素：法律规定可以变动的法律关系、当事人要求变动，且该法律关系又实际存在。

（三）诉的利益与诉权

在理论上，通常人们将当事人提起诉讼要求国家司法机关就权利义务纠纷予以裁判的权能称为"诉权"。不过，由于人们对诉权的具体内容认识的不同，对诉的利益与诉权的关联的认识也有所不同。按照诉权学说中的"该案请求权说"，诉权不是要求法院作出其承认实体请求的权能，而是要求法院就其请求作出裁判的功能，虽然原告希望其实体请求权得到法院的认可。因此，诉的利益就成为诉权的要件，[①] 与当事人适格一起构成了诉权要件。

---

① 张卫平：《诉的利益：内涵、功用与制度设计》，载《法学评论》2017 年第 4 期。

三、关于公司诉讼的诉的利益的案例及裁判规则

（一）经前案申请公司清算纠纷诉讼中法官的释明，原告以公司解散事由已发生为主张单独提起的诉讼，其性质应理解为前案诉讼的衍生诉讼，人民法院应当认定具有诉的利益

【案例来源】

案例名称：三亚香山金玉观音文化艺术有限公司与海南金南华实业有限公司解散纠纷案

审理法院：最高人民法院

案　　号：（2018）最高法民申274号

【争议点】

三亚香山金玉观音文化艺术有限公司（以下简称香山公司）与海南金南华实业有限公司（以下简称金南华公司）因公司解散纠纷引发诉讼，该案历经海南省三亚市中级人民法院一审、海南省高级人民法院二审以及最高人民法院再审三个阶段。在再审中，当事人就香山公司请求确认金南华公司经营期限已届满是否属于人民法院受理民事案件范围问题产生争议。

【法院认为】

法院在裁判时认为：香山公司于该案中请求确认金南华公司经营期限已届满系基于前案释明，针对其关于金南华公司解散事由已发生的主张而提起的单独诉讼，性质应理解为前案申请公司清算纠纷诉讼的衍生诉讼，香山公司具有诉的利益，起诉主体适格。原裁定认定该案公司及股东之外的人对香山公司经营期限届满提出主张，不属于人民法院受理民事案件的范围，适用法律不当，该院予以纠正。

（二）在公司决议效力确认之诉中，人民法院认定原告对于诉讼是否享有诉的利益，应当以起诉时而非决议时是否具备股东资格为要件

【案例来源】

案例名称：陈某与云南金孔雀交通运输集团有限公司公司决议效力确认纠纷案

审理法院：云南省普洱市中级人民法院

案　　号：（2019）云08民终401号

【争议点】

陈某与云南金孔雀交通运输集团有限公司因公司决议效力确认纠纷引发诉讼，该案历经云南省普洱市思茅区人民法院一审以及云南省普洱市中级人民法院二审两个阶段。在二审中，当事人就陈某是否系该案适格主体产生争议。

【法院认为】

法院在裁判时认为：根据《公司法司法解释（四）》第1条关于"公司股东、董事、监事等请求确认股东会或者股东大会、董事会决议无效或者不成立的，人民法院应当依法予以受理"的规定，起诉时是否具有股东资格，是认定诉的利益的关键时间点，在起诉时具备股东资格的，对于诉讼就享有诉的利益，不以决议时是否具备股东资格为要件。云南金孔雀交通运输集团有限公司作出《云南金孔雀交通运输集团有限公司股东会第十五次会议特别决议》第三项决议时，陈某尚不具有云南金孔雀交通运输集团有限公司的股东资格，但陈某在起诉前通过继承取得了云南金孔雀交通运输集团有限公司的股东资格。该案提起诉讼时，陈某已经具有股东资格，有权作为原告享有起诉的资格。一审法院以陈某并非该案适格主体为由裁定驳回起诉，适用法律错误。

（三）在股权转让纠纷案件中，公司既非《股权转让协议》的相对方，亦与《股权转让协议》无法律上直接的利害关系，人民法院不能认定其具有诉的利益

【案例来源】

案例名称：铜川电瓷有限责任公司与王某华股权转让纠纷案

审理法院：陕西省高级人民法院

案　　号：（2019）陕民申2645号

【争议点】

铜川电瓷有限责任公司（以下简称铜川电瓷公司）与王某华因股权转让纠纷引发诉讼，该案历经陕西省铜川市王益区人民法院一审、陕西省铜川市中级人民法院二审以及陕西省高级人民法院再审三个阶段。在再审中，当事人对铜川电瓷公司作为一审原告提起该案之诉主体是否适格，二审裁定驳回其起诉是否有依据产生争议。

【法院认为】

法院在裁判时认为：《民事诉讼法》第 119 条规定的起诉条件明确原告是与该案有直接利害关系的公民、法人和其他组织。该案中，申请人铜川电瓷公司作为一审原告起诉请求依法确认被申请人王某华与案外人雷某转让 118 万元公司股权的行为无效。股权是股东基于其股东资格而享有的，从公司获得经济利益，并参与公司经营管理的权利。股权转让，是指公司的股东将自己所持有的出资额或股份转让给他人，使他人成为公司的股东。股权转让协议是处理公司股东之间、股东与非股东之间就股权转让产生权利义务达成的协议，并非涉及股东与公司之间的权利义务事项。依据《公司法》规定，股东可以向股东或股东之外的民事主体转让股权。公司财产是由股东投资形成的，公司并不享有股权，股东的股权和公司财产是相互独立的，我国《公司法》也未规定股东转让股权须通知公司或者经公司同意。因股东转让股权是其行使法定权利，申请人铜川电瓷公司作为一审原告起诉请求确认其股东王某华与案外人雷某就公司股权转让行为无效，其既非《股权转让协议》的相对方，亦与《股权转让协议》无法律上直接的利害关系，不具有诉的利益，故二审法院认定申请人作为一审原告主体不适格，该案不符合起诉实质要件的规定，裁定驳回申请人的起诉，并无不当。

（四）公司股东仅诉请要求确认其他股东未出资事实的，人民法院应当认定不具有诉的利益

【案例来源】

案例名称：安徽潜山纸塑制品有限公司与黄某义股东出资纠纷案

审理法院：安徽省高级人民法院

案　　　号：（2019）皖民申 219 号

【争议点】

安徽潜山纸塑制品有限公司（以下简称潜山纸塑公司）与黄某义因股东出资纠纷引发诉讼，该案历经安徽省安庆市中级人民法院一审与安徽省高级人民法院二审两个阶段。在再审中，当事人就潜山纸塑公司请求确认投资权益是否有诉的利益产生争议。

【法院认为】

法院在裁判时认为：根据《公司法》的规定，有限责任公司的出资人基于

其股东身份依法享有股东权利，履行股东义务。该案潜山县祝家河水电站有限公司（以下简称祝家河水电站）是有限责任公司。工商登记资料显示，该公司的股东为潜山纸塑公司、黄某义等人，对此，各方当事人均无异议。潜山纸塑公司在本案中诉请确认黄某义等人未对祝家河水电站实际出资，但其并未请求黄某义等人履行出资义务，亦未提出解除其股东资格或限制其股东权利的请求，故潜山纸塑公司仅仅诉请要求确认黄某义等人未出资的事实并不具有诉的利益。

（五）原告请求确认董事、监事、高级管理人员未履行忠实义务和勤勉义务并非独立的诉讼请求，人民法院不能认定具有诉的利益

【案例来源】

案例名称：北方技术国际（亚太）有限公司与蒙某损害公司利益责任纠纷案

审理法院：天津市高级人民法院

案　　号：（2016）津民终 274 号

【争议点】

北方技术国际（亚太）有限公司（以下简称北方公司）与蒙某因损害公司利益责任纠纷引发诉讼，该案历经天津市第一中级人民法院一审以及天津市高级人民法院二审两个阶段。在二审中，当事人就北方公司请求确认蒙某、徐某未履行忠实义务和勤勉义务是否构成独立的诉讼请求产生争议。

【法院认为】

根据《民事诉讼法》第 119 条第 1 款第（3）项规定，起诉必须有明确的诉讼请求和事实、理由。确认之诉系以确认权利或者法律关系为目的的诉，是否具有诉的利益是其构成要件之一。对于该案，法院在裁判时认为，北方公司以损害公司利益责任纠纷为由提起诉讼，属于侵权责任纠纷性质。公司董事、高级管理人员应承担忠实、勤勉义务，对此，《公司法》虽有规定，但目标公司的董事、高级管理人员未履行上述义务的具体表现即具体的对目标公司的侵权行为形式，《公司法》亦有明确的规定。因此目标公司的董事、高级管理人员是否承担侵权责任的前提之一是其存在具体的对目标公司的侵权行为。北方公司请求确认蒙某、徐某未履行忠实、勤勉义务的诉请，就该案而言，只是判断蒙某、徐某是否应承担侵权责任的一个条件，并不构成一个独立的诉请。

四、结　语

判断诉的利益有无时通常以是否具有必要性与实效性为切入点，在公司诉讼中，法官判断起诉主体即原告是否具有诉的利益形成了较多可供参考的裁判规则。诉的利益往往与原告是否适格存在一定的关联。例如，经前案申请公司清算纠纷诉讼中法官的释明，原告以公司解散事由已发生为主张单独提起的诉讼，其性质应理解为前案诉讼的衍生诉讼，人民法院应当认定具有诉的利益，起诉主体适格；在公司决议效力确认之诉中，起诉时是否具有股东资格，是认定诉的利益的关键时间点，在起诉时具备股东资格的，对于诉讼就享有诉的利益，不以决议时是否具备股东资格为要件；在股权转让纠纷案件中，公司其既非《股权转让协议》的相对方，亦与《股权转让协议》无法律上直接的利害关系，人民法院不能认定其具有诉的利益。此外，公司股东仅诉请要求确认其他股东未出资事实，并未请求未出资股东履行出资义务，亦未提出解除其股东资格或限制其股东权利的请求的，人民法院应当认定不具有诉的利益。原告请求确认董事、监事、高级管理人员未履行忠实义务和勤勉义务仅是承担侵权责任的一个条件，而并非独立的诉讼请求，人民法院不能认定具有诉的利益。

第三节　公司诉讼的管辖

一、导　论

公司纠纷因其自身所具备的特殊属性，使其与普通民商事纠纷在诉讼的某些方面存在差别，管辖便是其中之一。管辖系诉讼的开端与基础，系其能否得到公正审判的关键步骤之一，因此对公司诉讼的管辖理论进行梳理并将其运用于司法实践至关重要。公司诉讼的管辖包括级别管辖与地域管辖，其中级别管辖统一适用《民事诉讼法》的有关规定，而对于地域管辖，现行《民事诉讼法》于第26条中将部分类型诉讼纳入特殊地域管辖的范畴之内，即由公司住所地人民法院管辖。此外，《公司法》以及少数司法解释也作出了一些特别规定。但由于公司诉讼案件涉及多方主体且法律关系较为复杂，因此在司法实践中，对其具体适用的问题，还处于进一步探索的阶段，本节期待通过对我国案例的研究来指导司法实践。本节以公司诉讼管辖的案件裁判文书为研究对象，以2014年以来人民法院作出的相关裁判文书为主要范围，归纳、提炼公司诉讼管辖裁判的理念和趋势。

截至2020年2月，在中国裁判文书网中输入"与公司有关的纠纷"（民事案由）、"管辖"（关键词）检索出民事裁判文书30 829篇，其中，由最高人民法院裁判的有259篇，由高级人民法院裁判的有1671篇，由中级人民法院裁判的有14 013篇，本节选取其中7篇典型案例梳理其裁判规则。在具体案例的选取上，本节遵循以下"三个优先"原则。第一，优先选择审判层级较高的裁判文书。第二，优先选择中国裁判文书网公布的裁判文书。第三，优先选择审判日期较近的裁判文书。通过形式和内容两个方面的筛选，本节最终选择（2014）民二终字第252号、（2016）渝民辖终249号、（2018）川民终941号、（2018）最高法民辖终265号、（2019）最高法民辖终195号、（2017）最高法民辖终64号、（2018）陕民辖终155号等7篇裁判文书作为本节研究对象，其中，由最高人民法院裁判的有 4 篇，由高级人民法院裁判的有 3 篇，裁判日期为 2018 年的案例有 4 篇。

二、公司诉讼的管辖的基本理论

（一）公司诉讼的界定

在研究公司诉讼的管辖之前，首先我们应做到准确地识别公司诉讼。由于拥有独立人格的公司不同于一般的民商事主体，因此与公司有关的纠纷与传统的民商事纠纷也存在诸多差别。对于与公司有关的纠纷，我们应当对其作狭义解释，即应将公司纠纷定义为："在公司设立、存续、变更或终止的过程中，公司的各个利益主体之间，基于发起人协议或者出资合同、公司章程和公司法规定的权利义务所发生的，与公司治理有关并主要由公司法等民商事法律调整的，适用特殊纠纷解决机制的民事纠纷。"[1] 通过上述定义可知，并非所有与公司有关的纠纷引发的诉讼都可称为公司诉讼，其应当是由《公司法》等相关法律关系所引起的诉讼，主要是指股东、董事、高级管理人员等在设立到注销这一期间内向人民法院请求保护自身利益或者公司利益的诉讼。

（二）公司诉讼管辖的界定

公司诉讼的管辖，是指各级人民法院之间以及同级人民法院之间根据法律法规以及司法解释等文件受理第一审公司诉讼案件的分工与权限。各级人民法院纵向之间的分配涉及的是公司诉讼的级别管辖，同级人民法院横向之间的分配涉及的是公司诉讼的地域管辖。

1. 公司诉讼的级别管辖。公司诉讼的级别管辖，是指上下级法院之间按照一定的标准受理第一审公司诉讼案件的分工和权限。公司诉讼级别管辖的明确能够平衡各级法院的工作负担，使案件得到更为公正的审判，也能为纠纷的顺利解决提供一个较为良好的制度环境。

各国民事诉讼划分级别管辖通常系以案涉标的额大小为参考，我国民事诉

---

[1] 梅梦元：《论公司诉讼的管辖制度》，华中师范大学 2014 年硕士学位论文。

讼则将案件的性质、复杂程度以及影响范围纳入综合考量的范围之内。[①] 我国公司诉讼的级别管辖适用《民事诉讼法》的一般规定，即其一审案件一般由基层人民法院管辖，重大的涉外公司诉讼由中级人民法院管辖，高级人民法院管辖在本法院辖区内有重大影响的公司诉讼案件，最高人民法院管辖在全国范围内有重大影响的公司诉讼案件，同时，最高人民法院认为某公司诉讼案件应当由中级人民法院或本院管辖的，应当直接由中级人民法院或最高人民法院管辖。

2. 公司诉讼的地域管辖。明确公司诉讼的地域管辖即明确同级人民法院之间对于公司诉讼案件的分工与权限。地域管辖制度的确定，不仅有利于当事人选择适当的法院进行诉讼，同时也使法院更为公平公正地进行审判。各国民事诉讼确定地域管辖往往以当事人所在地与法院所属辖区之间的关系为标准，通常遵循"原告就被告"原则。而鉴于公司诉讼案件的特殊性，我国《民事诉讼法》第26条将因公司设立、确认股东资格、分配利润、解散等纠纷提起的诉讼纳入特殊地域管辖的范畴之内，即由公司住所地人民法院管辖。作此规定的原因有二：其一，股东系公司最主要的利益关系群体，而由于其所在地大都不同，因此一味地适用一般地域管辖原则会增加当事人的诉累；其二，从法院行使审判权的角度来看，适用一般地域管辖原则往往会导致多个法院之间的管辖权争议，还会使实际管辖案件的人民法院与案涉公司并不存在实际联系，进而需要另行调整，这就造成了司法资源的浪费。因此，由公司住所地法院符合"两便原则"，既方便当事人参加诉讼，也方便法院行使管辖权。但需要我们特别注意的是，并非所有的公司诉讼案件都适用《民事诉讼法》第26条，由于使用等字作兜底规定，因此司法实践中对该条的适用范围仍然存有争议。

（三）公司诉讼管辖确定的理论依据

权利人于实体法中所享有的请求权系能够提起诉讼的基础之一，公司诉讼也不例外。结合传统的民法理论，由于财产权、人身权等遭受损害时的救济权利皆被包含于债权上请求权与支配权请求权中，[②] 据此分类，我国《民事诉讼法》也确定了几种类型公司诉讼案件的管辖：一是与股东资格相关的案件，因

[①] 江伟主编：《民事诉讼法》，高等教育出版社2007年版，第124页。

[②] 梅梦元：《论公司诉讼的管辖制度》，华中师范大学2014年硕士学位论文。

涉案相关信息的变化主要集中在公司的住所地，因此应当由公司住所地法院管辖；二是因契约而产生的债权请求权诉讼，主要有出资瑕疵诉讼、股权出让诉讼等；三是由侵权行为引起的公司诉讼。对于后两类诉讼，应将其视为合同纠纷、侵权纠纷确定管辖还是由公司住所地法院进行管辖，理论中与实践中皆存在不同的见解。

三、关于公司诉讼管辖的案例及裁判规则

（一）损害公司利益责任纠纷案件应当按照《民事诉讼法》第 28 条的规定确定管辖法院，其不属于《民事诉讼法》第 26 条规定的应当由公司住所地人民法院管辖的民事案件

【案例来源】

案例名称：海南盛鼎实业有限公司等与赵某公司利益责任纠纷管辖权异议案

审理法院：最高人民法院

案　　　号：（2014）民二终字第 252 号

【争议点】

海南盛鼎实业有限公司（以下简称盛鼎公司）等与赵某因公司利益责任纠纷管辖权异议引发诉讼，该案历经海南省高级人民法院一审以及最高人民法院二审两个阶段。在二审中，当事人就该案的管辖问题产生争议。

【法院认为】

根据盛鼎公司在一审中提出的诉讼请求，海南省高级人民法院确定该案为损害公司利益责任纠纷正确。根据《民事诉讼法》第 26 条规定，因公司设立、确认股东资格、分配利润、解散等纠纷提起的诉讼，由公司住所地人民法院管辖。法院在裁判时认为，该案为损害公司利益责任纠纷，由海南盛元投资有限公司（以下简称盛元公司）的股东盛鼎公司代表其向徐州市国盛投资控股有限公司请求返还其转走的盛元公司在大连证券徐州营业部资金账户内的款项，并要求盛元公司法定代表人赵某承担连带赔偿责任，虽然根据《民事案件案由规定》列为"与公司有关的纠纷"，但不属于《民事诉讼法》第 26 条规定的应当由公司住所地人民法院管辖民事案件的情形，该案应当按照《民事诉讼法》第

28 条的规定由侵权行为地或者被告住所地人民法院管辖。

（二）股东损害公司债权人利益责任纠纷案件应当按照《民事诉讼法》第 28 条的规定确定管辖法院，其不属于《民事诉讼法》第 26 条规定的应当由公司住所地人民法院管辖的民事案件

【案例来源】

案例名称：重庆国际复合材料有限公司与李某爱等股东损害公司债权人利益责任纠纷案

审理法院：重庆市高级人民法院

案　　号：（2016）渝民辖终 249 号

【争议点】

重庆国际复合材料有限公司与李某爱等因股东损害公司债权人利益责任纠纷引发诉讼，该案历经重庆市第五中级人民法院一审以及重庆市高级人民法院二审两个阶段。在二审中，当事人就该案的管辖问题产生争议。

【法院认为】

该案系股东损害公司债权人利益责任纠纷，虽与公司有关，但并不涉及公司内部治理等实体权益，在本质上也并非公司组织法性质的诉讼，因此，法院在裁判时认为，该案不适用《民事诉讼法》第 26 条确定案件管辖。该案系因公司股东及关联公司的侵权行为提起的诉讼，《民事诉讼法》第 28 条规定，因侵权行为提起的诉讼，由侵权行为地或者被告住所地人民法院管辖。《最高人民法院关于适用〈民事诉讼法〉的解释》（以下简称《民诉法解释》）第 24 条规定，侵权行为地包括侵权行为实施地、侵权结果发生地。根据上诉人诉称，山东裕鑫玻璃纤维有限公司股东及关联公司的侵权行为导致公司债权人的利益受到损害，该案上诉人作为利益受损的主体，其住所地为侵权结果发生地，属于重庆市第五中级人民法院司法辖区。该案诉讼标的额超过 2000 万元，且当事人一方住所地不在重庆市辖区，根据《最高人民法院关于调整高级人民法院和中级人民法院管辖第一审民商事案件标准的通知（法发〔2015〕7 号）》第 2 条的规定，重庆市第五中级人民法院对该案具有管辖权。

（三）公司清算责任纠纷案件应当按照《民事诉讼法》第 21 条关于一般地域管辖的规定确定管辖法院，其不属于《民事诉讼法》第 26 条规定的应当由公司住所地人民法院管辖民事案件

【案例来源】

案例名称：公采网络科技有限公司与张某、杨某某公司清算责任纠纷案

审理法院：四川省高级人民法院

案　　　号：（2018）川民终 941 号

【争议点】

公采网络科技有限公司与张某、杨某某因公司清算责任纠纷引发诉讼，该案历经四川省成都市中级人民法院一审以及四川省高级人民法院二审两个阶段。在二审中，当事人就该案的管辖问题产生争议。

【法院认为】

法院在裁判时认为：该案为清算责任纠纷。清算责任纠纷，是指清算组成员在清算期间因故意或者重大过失给公司、债权人造成损失而应承担赔偿责任的纠纷，并非涉及公司组织法性质的诉讼，不属于《民事诉讼法》第 26 条及《民诉法解释》第 22 条规定的应当适用特殊地域管辖制度由公司住所地人民法院管辖的案件；同时，也不属于类同于破产非讼案件的公司清算案件，不适用《公司法司法解释（二）》第 24 条第 1 款关于公司清算案件由公司住所地人民法院管辖的规定。此外，依照《民事案件案由规定》，清算责任纠纷属于与公司有关的纠纷，与案由体系中因侵权行为引发的侵权责任纠纷、物权纠纷、人格权纠纷等在性质上有明显不同，故亦不适用《民事诉讼法》第 28 条关于因侵权行为提起的诉讼可以由侵权行为地人民法院管辖的规定。该案属一般给付之诉，一审法院认为在法律没有对清算责任纠纷的管辖作出特别规定的情况下，该案的管辖应适用《民事诉讼法》第 21 条"对公民提起的民事诉讼；……"的规定并无不当。

（四）股权转让纠纷案件应当按照《民事诉讼法》第23条关于合同纠纷管辖的规定确定管辖法院，其不属于《民事诉讼法》第26条规定的应当由公司住所地人民法院管辖的民事案件

【案例来源】

案例名称：李某峻与朱某叶股权转让纠纷案

审理法院：最高人民法院

案　　号：（2018）最高法民辖终265号

【争议点】

李某峻与朱某叶因股权转让纠纷引发诉讼，该案历经湖南省高级人民法院一审以及最高人民法院二审两个阶段。在二审中，当事人就该案的管辖问题产生争议。

【法院认为】

《民事诉讼法》第26条规定："因公司设立、确认股东资格、分配利润、解散等纠纷提起的诉讼，由公司住所地人民法院管辖。"虽然股权转让纠纷作为《民事案件案由规定》第21条"与公司有关的纠纷"的子案由予以规定，但并不是所有与公司有关的纠纷均需根据《民事诉讼法》第26条来确定管辖。该条是关于公司诉讼案件特殊地域管辖的规定，并非所有与公司有关的诉讼都属于公司诉讼。《民诉法解释》第22条规定："因股东名册记载、请求变更公司登记、股东知情权、公司决议、公司合并、公司分立、公司减资、公司增资等纠纷提起的诉讼，依照民事诉讼法第二十六条规定确定管辖。"法院在裁判时认为，《民事诉讼法》第26条规范的公司诉讼，主要是指有关公司的设立、确认股东资格、分配利润、公司解散等公司组织行为的诉讼。该案朱某叶与李某峻之间的股权转让纠纷不涉及公司组织行为的诉讼，仍属于合同性质的民事纠纷，故该案应根据《民事诉讼法》第23条关于因合同纠纷提起诉讼的规定来确定管辖法院。

（五）非协议一方作为原告依据股权转让协议提起给付货币的诉讼时，应当参考有关代位权诉讼的相关规定确定管辖法院，不应以其所在地作为合同履行地确定管辖法院

【案例来源】

案例名称：杨某平与宁夏申银特钢股份有限公司股权转让纠纷案

审理法院：最高人民法院

案　　号：（2019）最高法民辖终 195 号

【争议点】

杨某平与宁夏申银特钢股份有限公司（以下简称申银特钢公司）股权转让纠纷引发诉讼，该案历经宁夏回族自治区高级人民法院一审以及最高人民法院二审两个阶段。在二审中，当事人就该案的地域管辖确定问题产生争议。该案的焦点问题是：非合同当事人诉请合同当事人履行给付货币的义务，如何确定地域管辖。

【法院认为】

法院在裁判时认为：当事人没有约定时，根据标的之不同，《民诉法解释》第 18 条第 2 款从标的物所在地、行为地、权利义务的主体所在地分别确定了合同履行地。根据该规定，标的是给付货币的，接受货币一方所在地为合同履行地。这里的"一方"应当指合同一方，即合同的权利义务主体，而不是任何其他依据合同主张权利的非合同当事人。否则，如允许非合同当事人也适用上述规则，合同履行地显然陷入了随时变动的状态。比如该案，申银特钢公司作为非合同当事人主张给付货币，若另有第三人也主张该合同权利，合同履行地将出现多个和无法确定的情况，这显然不符合逻辑。此外，由于债权可以不经债务人同意而转让，也极易出现债权人随意变更，从而规避管辖、滥用诉讼权利的情况。因此，《民诉法解释》第 18 条所规定的"一方"应仅指合同当事人。非合同一方作为原告依据合同提起给付货币的诉讼时，不应以其所在地作为合同履行地确定地域管辖。

此种情况下，应当如何确定地域管辖更为适当，最高人民法院在一些类似情况下有一贯的处理原则，可以予以参考。如《最高人民法院关于适用〈中华人民共和国合同法〉若干问题的解释（一）》（以下简称《合同法解释（一）》）第 14 条规定的代位权诉讼以及《最高人民法院关于审理涉及金融资产管理公

司收购、管理、处置国有银行不良贷款形成的资产的案件适用法律若干问题的规定》第3条规定的债权受让人向债务人提起的诉讼。上述规定与该案中实际出资人直接起诉股权受让人支付股权转让款的情形相似，均系非合同当事人诉请合同当事人给付货币。据此，形式上该案原审原告与原审被告缺乏直接的合同法律关系，依据《民事诉讼法》第23条之规定，一审法院认定宁夏回族自治区高级人民法院对该案有管辖权，确有不当。

（六）股东资格确认纠纷案件亦涉及诉讼标的额，人民法院可以根据标的额的大小确定级别管辖

【案例来源】

案例名称：启东市建都房地产开发有限公司与周某股东资格确认纠纷案

审理法院：最高人民法院

案　　号：（2017）最高法民辖终64号

【争议点】

启东市建都房地产开发有限公司（以下简称建都公司）与周某因股东资格确认纠纷引发诉讼，该案历经江苏省高级人民法院一审以及最高人民法院二审两个阶段。在二审中，当事人就该案级别管辖的确定产生争议。

【法院认为】

法院在裁判时认为：该案系周某起诉建都公司主张确认股权并办理相关登记手续，依据当事人主张的民事法律关系的性质，该案系股东资格确认纠纷。案涉争议股权虽登记于周某新名下，但周某新死亡后，其法定继承人对所涉的财产继承并无争议，因此，该案虽涉及继承，但不属于继承纠纷。股东资格的确认是对股权归属的确认，而股权属于综合性权利，既包含财产性权利，又包含非财产性权利，股东资格确认纠纷亦涉及诉讼标的额。因此，建都公司主张该案系继承纠纷或该案作为确认之诉没有诉讼标的额，应由基层人民法院管辖的上诉理由，不能成立。

（七）因在清理公司债权债务过程中向股东主张补缴出资而引发的诉讼，属于公司解散强制清算程序的衍生诉讼，应当由受理公司清算案件的人民法院集中管辖

【案例来源】

案例名称：陕西金昌实业有限责任公司、陕西省扶贫基金会与略阳县金汇矿业有限公司股东出资纠纷案

审理法院：陕西省高级人民法院

案　　号：（2018）陕民辖终 155 号

【争议点】

陕西金昌实业有限责任公司（以下简称金昌公司）、陕西省扶贫基金会与略阳县金汇矿业有限公司（以下简称金汇公司）因股东出资纠纷引发诉讼，该案历经陕西省汉中市中级人民法院（以下简称汉中中院）一审以及陕西省高级人民法院二审两个阶段。在二审中，当事人就该案级别管辖的确定产生争议。

【法院认为】

对于上述争议，法院在裁判时认为，根据原告金汇公司起诉的诉讼请求以及事实理由来看，其请求金昌公司与陕西省扶贫基金会连带给付出资款项，是在清理公司债权债务过程中向股东主张补缴出资的纠纷，属于公司解散强制清算程序的衍生诉讼，应当由受理公司清算案件的人民法院集中管辖。金汇公司解散一案，已经由汉中中院作出裁判。金汇公司清算一案目前正在汉中中院审理。故汉中中院对该案有管辖权。

四、结　语

公司诉讼级别管辖与地域管辖的确定既有与普通民商事诉讼的相同之处，也存在诸多特别之处。对于公司诉讼的地域管辖而言，并非所有的公司诉讼案件都适用《民事诉讼法》第 26 条来确定管辖法院，对于"等"字应作何种解释，司法实践中往往认为，虽然损害公司利益责任纠纷案件、股东损害债权人利益案件、公司清算责任纠纷案件、股权转让纠纷案件等涉及《公司法》上的权利义务关系，但其并不具有组织法上纠纷的性质，不属于公司组织诉讼，因此不应将其纳入《民事诉讼法》第 26 条规定的应当由公司住所地人民法院管

辖民事案件的情形中。此外，关于公司诉讼的管辖，还有以下几点需要我们特别注意：其一，为了防止合同履行地显然陷入随时变动的状态，非协议一方作为原告依据股权转让协议提起给付货币的诉讼时，应当参考有关代位权诉讼的相关规定确定地域管辖，而不应以其所在地作为合同履行地确定地域管辖；其二，股东资格的确认是对股权归属的确认，而股权属于综合性权利，既包含财产性权利，又包含非财产性权利，因此，股东资格确认纠纷亦涉及诉讼标的，人民法院可以据此确定级别管辖；其三，因在清理公司债权债务过程中向股东主张补缴出资而引发的诉讼，属于公司解散强制清算程序的衍生诉讼，应当由受理公司清算案件的人民法院集中管辖。

第四节　公司诉讼的诉讼时效

一、导　论

诉讼时效系权利人能够"向人民法院请求保护民事权利"的期间。在公司诉讼案件中，对于因公司与债权人之间的关系而产生的请求权通常属于债权请求权，此类权利毫无疑问应受诉讼时效的限制。而存有较大争议的是股东权，由于其由多种不同类型的具体权利组成，如请求权、支配权、形成权等，因此其是否适用诉讼时效需要分别判断。[①]且股东权的行使往往会与其他民事权利密切交织，因此在司法实践中，对其具体适用的问题，还处于进一步探索的阶段，本节期待通过对我国案例的研究来指导司法实践，并希望对此进行一些有益的探讨。本节以与公司诉讼的诉讼时效相关的案件裁判文书为研究对象，以2016年以来人民法院作出的相关裁判文书为主要范围，归纳、提炼公司诉讼的诉讼时效的裁判的理念和趋势。

截至2020年2月，在中国裁判文书网中输入"与公司有关的纠纷"（民事案由）、"诉讼时效"（关键词）检索出民事裁判文书12 960篇，其中，由最高人民法院裁判的有130篇，由高级人民法院裁判的有1087篇，由中级人民法院裁判的有4699篇，本节选取其中8篇典型案例梳理其裁判规则。在具体案例的选取上，本节遵循以下"三个优先"原则。第一，优先选择审判层级较高的裁判文书。第二，优先选择中国裁判文书网公布的裁判文书。第三，优先选择审判日期较近的裁判文书。通过形式和内容两个方面的筛选，本节最终选择（2018）琼民初3号、（2016）粤民终1897号、（2017）新42民终1199号、（2018）之京民初3号、（2019）沪02民终1661号、（2018）最高法民终390号、（2018）黑民终509号、（2017）最高法民申1725号等8篇裁判文书作为

[①]　蔡晓明：《诉讼时效制度在公司诉讼案件中的适用》，载《中国律师》2011年第2期。

本节研究对象。其中，由最高人民法院裁判的有 2 篇，由高级人民法院裁判的有 4 篇，裁判日期为 2018 年（含）之后的案例 5 篇。

二、公司诉讼的诉讼时效的基本理论

（一）诉讼时效制度在公司诉讼案件中的适用

公司诉讼案件中能否适用民法中有关诉讼时效的相关规定，应当根据当事人所行使的权利性质的不同而分别进行判断。在公司与其债权人产生的纠纷中，当事人的诉讼请求的权利基础往往是债权请求权，因此当然地应受到诉讼时效的限制。理论与实践中产生较大争议的是以股东权为基础的诉讼请求能否适用诉讼时效？请求权占据了股东权权能的大多数，如利润分配请求权等。但股东权中也有形成权的内容，其原则上不受诉讼时效之限制，如对股东资格的确认。在司法实践中，有关诉讼时效的适用与否，争议最大的几种公司诉讼案件类型为股东资格确认诉讼案件、股东知情权诉讼案件以及股东代表诉讼案件，以下将从其理论争议出发同时结合相关司法实践现状分别进行阐述。

（二）股东资格确认诉讼案件诉讼时效的适用

由于股东资格具有身份权的属性，且在股东资格确认诉讼中，要求确认股东资格的诉讼请求所对应的实体法上的权利基础为形成权，而非请求权，因此无论在理论上还是实务上，原则上在股东资格确认纠纷案件中不适用诉讼时效，但这只是最表象的理解。我们还应当深入分析请求确认股东资格的背后缘由。比如，如果股东因股份被收回而丧失了股东资格，则此时其向法院请求确认股东资格应受诉讼时效的限制。因为股份收回实际上是对股东对其享有的财产权和经营管理权的收回，其内容涵盖财产性利益，因股份收回所产生的请求权包含债权请求权。由此可见，在司法实践中，请求确认股东资格是否适用诉讼时效还应深入每一个案件中具体分析。

（三）股东知情权诉讼案件诉讼时效的适用

股东知情权诉讼是否适用诉讼时效，学术界主要有两种观点。赞同者如蔡元庆教授认为假使知情权的行使不受诉讼时效的限制，对于公司的独立经营与发展必然增加诸多不稳定因素，同时也会产生对股东保护过度的问题。① 反对者则认为股东知情权诉讼与普通的侵权诉讼存在差别，其权利基础并非债权请求权，因而不应适用诉讼时效的相关规定。虽然实践中存在着认为此类案件应当适用诉讼时效的案例，但本书持相反的观点。首先，股东知情权诉讼的目的系确保股东知情权的实现，其往往不会牵涉财产性利益，因此其诉讼请求的权利基础并非债权请求权。其次，法律明确规定具有身份权属性质的权利不受诉讼时效的制约，股东知情权被涵盖于内。最后，若允许以诉讼时效来抗辩股东知情权的行使，则会使股东日后再次请求复制查阅时遭遇阻碍，② 这是对股东权利的严重侵犯。

（四）股东代表诉讼案件诉讼时效的适用

股东代表诉讼与普通的民事诉讼与公司的其他类型的诉讼相比，具有一定的独特性，因此，有必要探讨与论证符合股东代表诉讼自身特点的诉讼时效制度，尤其是诉讼时效期间的确定。诉讼时效期间分为两类，一类为普通诉讼时效期间，另一类为特殊诉讼时效期间。股东代表诉讼案件应当适用何种？不同的学者存在不同的观点。刘凯湘教授主张，在股东代表诉讼中，股东应当在知道或者应当知道侵害公司权益的行为发生之日起的 3 年内向法院提起诉讼。若公司的董事、监事、控股股东侵害公司利益的，股东应当在该类行为被揭发之日起 3 年内提起诉讼，即应当适用短期诉讼时效期间。也有观点认为，由于股东代表诉讼具有一定的特殊性，简单适用 3 年的普通诉讼时效期间，对起诉的股东似有不公，因此建议为股东代表诉讼另行设置特殊的诉讼时效期间。③ 还有观点认为，对于股东代表诉讼的诉讼时效期间，应当区分不同情况具体分析。本书认为，股东代表诉讼的诉讼时效期间，应当根据具体的侵害行为类型与诉讼请求，原则上适用《民法总则》规定的 3 年的诉讼时效期间；法律对该等侵害行为与诉讼请求另行规定特殊诉讼时效期间的，应当适用特殊诉讼时效期间。

---

① 蔡元庆：《股东知情权制度之重构》，载《北方法学》2011 年第 5 期。
② 于夕媛：《股东知情权之诉适用诉讼时效制度研究》，载《文化学刊》2019 年第 4 期。
③ 路银雷：《股东代表诉讼的诉讼时效研究》，华东政法大学 2014 年硕士学位论文。

三、关于公司诉讼的诉讼时效的案例及裁判规则

（一）股东向人民法院请求"回收股份"适用诉讼时效的规定

【案例来源】

案例名称：巴图朝克与和布克赛尔蒙古自治县宏达盐业有限责任公司、中盐新疆维吾尔自治区盐业有限公司股东资格确认纠纷案

审理法院：新疆维吾尔自治区高级人民法院伊犁哈萨克自治州分院

案　　　号：（2018）新40民申183号

【争议点】

巴图朝克与和布克赛尔蒙古自治县宏达盐业有限责任公司、中盐新疆维吾尔自治区盐业有限公司因股东资格确认纠纷引发诉讼，该案历经新疆和布克赛尔蒙古自治县人民法院一审、新疆塔城地区中级人民法院二审以及新疆维吾尔自治区高级人民法院伊犁哈萨克自治州分院再审三个阶段。在再审中，当事人对股东请求回收股份是否应受诉讼时效的限制产生争议。

【法院认为】

法院在裁判时认为：股份收回实际上是对股东享有的财产权和经营管理权的收回，内容涵盖财产利益。因此，因股份收回所产生的请求权包含债权请求权，当事人可以提出诉讼时效抗辩。《民法通则》第135条规定："向人民法院请求保护民事权利的诉讼时效为二年，法律另有规定的除外。"巴图朝克自2008年起明知其股份被收回导致其不再具有股东身份不能参与分红与经营管理，应在股份被收回之日起2年内向法院提起诉讼，但其直至2014年才向和布克赛尔蒙古自治县人民法院提起诉讼，显然已超过法律规定的诉讼时效。

（二）原则上股东资格确认之诉不适用诉讼时效的规定，但若股东资格丧失的原因系股份被收回，则可适用

【案例来源1】

案例名称：周某强与达龙有限公司股东资格确认纠纷案

审理法院：广东省高级人民法院

案　　　号：（2016）粤民终1897号

【争议点】

周某强与达龙有限公司因股东资格确认纠纷引发诉讼，该案历经广东省东莞市中级人民法院一审以及广东省高级人民法院二审两个阶段。在二审中，当事人对股东资格确认之诉是否适用诉讼时效产生争议。

【法院认为】

法院在裁判时认为：在股东资格确认之诉中，当事人提出的诉请非为请求他人为一定行为或不作为的权利，其诉请所对应的实体法上的权利非为请求权，而是形成权。因而，股东资格确认之诉实质上非为诉讼时效客体的请求权，不受诉讼时效的约束，即股东资格确认之诉不适用诉讼时效。

【案例来源 2】

案例名称：和布克赛尔蒙古自治县宏达盐业有限责任公司等与巴图朝克股东资格确认纠纷案

审理法院：新疆维吾尔自治区伊犁哈萨克自治州塔城地区中级人民法院

案　　号：（2017）新 42 民终 1199 号

【争议点】

和布克赛尔蒙古自治县宏达盐业有限责任公司等与巴图朝克因股东资格确认纠纷引发诉讼，该案历经和布克赛尔蒙古自治县人民法院一审以及新疆维吾尔自治区伊犁哈萨克自治州塔城地区中级人民法院二审两个阶段。在二审中，当事人对股东资格确认之诉是否适用诉讼时效产生争议。

【法院认为】

法院在裁判时认为：关于诉讼时效问题，《最高人民法院关于审理民事案件适用诉讼时效制度若干问题的规定》（以下简称《诉讼时效规定》）第 1 条规定，当事人可以对债权请求权提出诉讼时效抗辩。之所以规定债权请求权适用诉讼时效制度，是因为债权请求权以财产利益为内容，不具有支配性，若权利人长期怠于行使权利，会使法律关系处于不确定状态，不利于维护社会交易秩序的稳定，故债权请求权适用诉讼时效规定。虽然股东资格确认之诉不适用诉讼时效规定，但该案中被上诉人股东资格丧失的原因是股份被收回而丧失，股份收回实际上是对股东对其享有的财产权和经营管理权的收回，故内容涵盖财产利益，从而因股份收回所产生的请求权包含债权请求权，当事人可以依据上述司法解释提出诉讼时效抗辩。

（三）原告向人民法院请求"确认被告减持股票的行为无效"不适用诉讼时效的规定

【案例来源】

案例名称：海口建能房地产开发有限公司、海口罗顿电子技术发展有限公司与海南黄金海岸集团有限公司、罗顿发展股份有限公司等损害股东利益责任纠纷案

审理法院：海南省高级人民法院

案　　　号：（2018）琼民初 3 号

【争议点】

海口建能房地产开发有限公司、海口罗顿电子技术发展有限公司（以下简称罗顿股份公司）与海南黄金海岸集团有限公司（以下简称黄金海岸公司）、罗顿发展股份有限公司等因损害股东利益责任纠纷起诉至海南省高级人民法院。当事人在庭审中就原告请求确认被告减持股票的行为是否适用诉讼时效产生争议。

【法院认为】

对于原告请求判决确认被告黄金海岸公司、李某减持罗顿股份公司股份的减持行为无效的诉讼请求是否存在诉讼时效问题。根据《诉讼时效规定》第 1 条规定，当事人可以对债权请求权提出诉讼时效抗辩。法院裁判时认为，依据上述规定，诉讼时效规定适用于债权请求权，不适用于形成权。原告请求确认被告减持股票的行为无效属于形成权之诉，不受诉讼时效的限制。

（四）股东向人民法院主张知情权不适用诉讼时效的规定

【案例来源】

案例名称：上海中山汽车出租公司与周某联股东知情权纠纷案

审理法院：上海市第二中级人民法院

案　　　号：（2019）沪 02 民终 1661 号

【争议点】

上海中山汽车出租公司与周某联股东知情权纠纷引发诉讼，该案历经上海市静安区人民法院一审以及上海市第二中级人民法院二审两个阶段。在二审中，当事人就股东知情权纠纷是否适用诉讼时效产生争议。

【法院认为】

《民法总则》第 196 条规定："下列请求权不适用诉讼时效的规定：（一）请求停止侵害、排除妨碍、消除危险；（二）不动产物权和登记的动产物权的权利人请求返还财产；（三）请求支付抚养费、赡养费或者扶养费；（四）依法不适用诉讼时效的其他请求权。"《诉讼时效规定》第 1 条规定："当事人可以对债权请求权提出诉讼时效抗辩，但对下列债权请求权提出诉讼时效抗辩的，人民法院不予支持：（一）支付存款本金及利息请求权；（二）兑付国债、金融债券以及向不特定对象发行的企业债券本息请求权；（三）基于投资关系产生的缴付出资请求权；（四）其他依法不适用诉讼时效规定的债权请求权。"由此可知，法律并未规定所有的诉讼请求均适用诉讼时效制度，如上述法条明确规定的物权请求权、特殊的债权请求权等即不适用诉讼时效制度。关于股东知情权诉讼是否适用诉讼时效制度的问题，法院在裁判时认为，股东知情权系股东基于其股东资格所享有的一种法定权利，具有明显的身份属性，原则上只要股东身份存续，股东知情权并不因此归于消灭或罹于时效。

（五）在股东出资纠纷案件中，当事人向人民法院请求"会计师事务所对股东履行出资义务承担补充责任"不适用诉讼时效的规定

【案例来源】

案例名称：贾某富与旌德县新义莹石有限公司股东出资纠纷案

审理法院：最高人民法院

案　　号：（2018）最高法民终 390 号

【争议点】

贾某富与旌德县新义莹石有限公司（以下简称新义莹石公司）因股东出资纠纷引发诉讼，该案历经安徽省高级人民法院一审以及最高人民法院二审两个阶段。在二审中，当事人对新义莹石公司要求安徽南方会计师事务所有限公司（以下简称南方会计师事务所）承担补充责任是否受诉讼时效的限制产生争议。

【法院认为】

根据《诉讼时效规定》第 1 条第（3）项规定，当事人对基于投资关系产生的缴付出资请求权提出诉讼时效抗辩的，人民法院不予支持。法院在裁判时认为，该案中，南方会计师事务所虽非负有出资义务的公司股东，但新义莹石公司要求南方会计师事务所对贾某富、陈某玲履行出资义务承担补充责任，实

际是基于投资关系产生的缴付出资请求权。参照上述规定，对南方会计师事务
所提出的诉讼时效抗辩不予采纳。

（六）在损害公司利益责任之诉中，人民法院应当从公司法定代表人知
道公司权利被侵害之日起计算诉讼时效

【案例来源】

案例名称：绵阳市红日实业有限公司、蒋某与绵阳高新区科创实业有限公
司股东会决议效力及公司增资纠纷案

审理法院：黑龙江省高级人民法院

案　　号：（2018）黑民终 509 号

【争议点】

绵阳市红日实业有限公司、蒋某与绵阳高新区科创实业有限公司因股东会
决议效力及公司增资纠纷引发诉讼，该案历经黑龙江省哈尔滨市中级人民法院
一审以及黑龙江省高级人民法院二审两个阶段。在二审中，当事人对林某瑞提
起的诉讼是否超过诉讼时效期间产生争议。

【法院认为】

关于林某瑞提起的诉讼是否超过诉讼时效期间的问题，《民法通则》及
《民法总则》对诉讼时效的起算时间都明确规定为自权利人知道或者应当知道
权利受到损害之日起计算，损害公司利益责任之诉的诉讼时效期间的起算时间
亦是如此，应当从公司知道或应当知道其权利受到损害之日起计算诉讼时效。
法院在裁判时认为，该案系林某瑞提起的损害公司利益责任之诉，林某瑞作为
哈尔滨天威置业有限公司的法定代表人，其知道公司权利被侵害之日即应为公
司知道其权利被侵害之日，亦为该案诉讼时效的起算之日。

（七）若股东在刑事案件处理程序中得知其分红权益受到侵害，则人民
法院应当从刑事判决生效之日起计算诉讼时效

【案例来源】

案例名称：卓某兴与吴某柏损害股东利益责任纠纷案

审理法院：最高人民法院

案　　号：（2017）最高法民申 1725 号

【争议点】

卓某兴与吴某柏因损害股东利益责任纠纷引发诉讼，该案历经新疆维吾尔自治区高级人民法院一审、最高人民法院二审以及最高人民法院再审三个阶段。在再审中，当事人就诉讼时效期间的起算点产生争议。

【法院认为】

法院在裁判时认为：诉讼时效期间应该以吴某柏知道或者应当知道权利受到侵害时起算。吴某柏在刑事案件处理程序中得知股东分红权益受到侵害，二审法院以刑事判决生效之日起计算诉讼时效并无不当。因此，吴某柏主张的诉讼时效期间不应当从刑事判决生效之日起开始计算的理由不成立。

四、结　语

由于诉讼时效制度兼具权利保护功能与事实秩序维护功能，因此在公司诉讼的司法实践中，关于诉讼时效制度的适用也逐渐形成了诸多可供参考的裁判规则。根据《诉讼时效规定》第1条的规定可知，一般情况诉讼时效仅适用于债权请求权，而不适用于形成权。因此，向人民法院请求"确认被告减持股票的行为无效"不受诉讼时效的限制。因股东知情权具有明显的身份属性，因此原则上只要股东身份存续，股东知情权并不因此罹于时效。但需特别注意的是，虽然原则上股东资格确认之诉不适用诉讼时效规定，但如果股东资格丧失的原因是股份被收回，由于股份收回实际上是对股东所享有的财产权和经营管理权的收回，故内容涵盖财产利益，从而因股份收回所产生的请求权包含债权请求权，因此这种情况下应适用诉讼时效。同理，股东向人民法院请求"回收股份"也当然应受诉讼时效的限制。另外，会计师事务所虽非负有出资义务的公司股东，但公司要求会计师事务所对股东履行出资义务承担补充责任，实际是基于投资关系产生的缴付出资请求权，因此应当适用《诉讼时效规定》第1条第（3）项的规定。在司法实践中，除了对诉讼时效应当适用于哪类公司诉讼案件存有争议外，其在特殊类型案件中的起算点的确认也值得我们进一步探讨，如在损害公司利益责任之诉中，人民法院应当从公司法定代表人知道公司权利被侵害之日起计算诉讼时效。若股东在刑事案件处理程序中得知其分红权益受到侵害，则人民法院应当从刑事判决生效之日起计算诉讼时效。

第五节　公司诉讼的证明责任

一、导　论

《公司法》语境下的证明责任，是指当《公司法》项下的要件事实处于真伪不明的状态时的败诉风险的事先分配。明确公司诉讼的证明责任分配规则能够更好地保护中小股东、债权人等的利益，进而与《公司法》的立法宗旨相契合。《公司法》中大量的请求权规范为"规范说"成为《公司法》领域证明责任分配的一般性规则提供了现实基础。[①] 但考虑到在公司诉讼中双方当事人举证的难易程度、与证据距离的远近等因素，还需要证明责任分配的特殊规则予以配合。但在司法实践中，是否应适用以及怎样适用特殊的证明责任分配规则，还处于进一步探索的阶段。本节以公司诉讼的证明责任的案件裁判文书为研究对象，以 2006 年以来人民法院作出的相关裁判文书为主要范围，归纳、提炼公司诉讼的证明责任的裁判理念和趋势。

截至 2020 年 2 月，在中国裁判文书网中输入"与公司有关的纠纷"（民事案由）、"证明责任"（关键词）检索出民事裁判文书 6922 篇，其中，由最高人民法院裁判的有 47 篇，由高级人民法院裁判的有 355 篇，由中级人民法院裁判的有 5450 篇，本节选取其中 4 篇典型案例梳理其裁判规则。在具体案例的选取上，本节遵循以下"三个优先"原则。第一，优先选择审判层级较高的裁判文书。第二，优先选择中国裁判文书网公布的裁判文书。第三，优先选择审判日期较近的裁判文书。通过形式和内容两个方面的筛选，本节最终选择（2018）湘 07 民再 10 号、（2018）鲁 0303 民初 4613 号、（2016）最高法民终528 号、（2006）深中法民二终字第 165 号、（2016）苏民申 1137 号等 5 篇裁判文书作为本节研究对象。其中，由最高人民法院裁判的有 1 篇，由高级人民法

[①]　狄青:《公司法领域的证明责任问题研究》，华东政法大学 2010 年硕士学位论文。

院裁判的有 1 篇，裁判日期为 2016 年的案例有 4 篇。

二、公司诉讼证明责任的基本理论

（一）公司诉讼的证明责任分配的基本理论

作为实体法的《公司法》规范本身即已对证明责任的分配作出了相应规定，因此在研究公司诉讼的证明责任时不应脱离《公司法》的语境，应紧密围绕其展开。而有些抽象于《公司法》且影响公司诉讼的证明责任分配的因素应当构成其基本理论。

1.《公司法》立法目的与价值。证明责任的本质系事实真伪不明时败诉风险在双方当事人之间的预先分配，其直接关系实体法的立法目的能否在诉讼中得以实现。因此，公司诉讼的证明责任的分配应与《公司法》的内在精神和要求保持一致，进而契合《公司法》的立法目的与价值。例如，鼓励投资、尊重公司意思自治、均衡保护各方利益，等等。

2.《公司法》基本原则。《公司法》基本原则不仅是立法与公司活动的准则，其还对法院审理公司纠纷（尤其是某类纠纷存在法律规定漏洞的情形下）起着一定的指引作用。例如，我国《最高人民法院关于民事诉讼证据的若干规定》（以下简称《民事证据规定》）赋予了法官在特定情形下证明责任分配的自由裁量权，而此时《公司法》基本原则便成为证明责任分配的参考因素之一。我国《公司法》基本原则主要包括股东有限责任原则、利益均衡原则、公司自治原则、股东权平等原则等。

（二）公司诉讼的证明责任分配的主要规则

大陆法系的德国、日本以及我国台湾地区大多以罗森贝克所创立的规范说中的规范说以及在此基础上产生的修正规范说作为证明责任分配的理论依据。其以对实体法中的请求权规范的分析为出发点，而我国《公司法》便存在大量的请求权规范：一是公司对股东的请求，包括请求发起人赔偿公司损失、请求返还抽逃出资等；二是股东对公司的请求，包括请求确认股东资格、请求分配盈余等；三是股东与股东之间的请求，包括请求其他股东承担出资违约责任、请求发起人承担责任等；四是公司对董事、监事、高级管理人员等的请求，包括请求违反忠实义务、善管义务的高级管理人员损害赔偿等；五是董事对公司的请求，包括董事遭无故解任时请求公司损害赔偿等；六是债权人对公司的请求，包括请求清算公司等；七是债权人对股东的请求，包括请求否认法人人格等。根据该理论，公司诉讼的证明责任分配的主要规则为：主张权利存在的当事人，应就权利发生的法律要件存在的事实负有证明责任；否定权利存在的当事人，应就权利妨碍法律要件、权利消灭法律要件或权利制约法律要件存在的事实负有证明责任。由此可见，我国成文法国家的传统为规范说在我国公司诉讼领域的适用提供了土壤。

（三）公司诉讼的证明责任分配的特殊规则

规范说由于过于注重法律规范的形式要件往往会忽视当事人之间的实质正义[①]，因此，我们需要考虑一些公司诉讼的证明责任分配的特殊规则以调和此种矛盾。例如，我国《民事证据规定》中对此便有相应的规定，即在法律没有具体规定，依照该规定及其他司法解释无法确定举证责任承担时，人民法院可以根据公平原则和诚实信用原则，综合当事人举证能力等因素确定举证责任的承担。该规定体现了特定情形下法院通过利益衡量确定证明责任分配的原则。在司法实践中，法官对于法人人格否认案件中证明责任分配规则的适用常常出现混乱。因此，在此有必要对其单独进行阐述。我国《公司法》第63条对一人有限公司适用法人人格否认时证明责任的分配作出了特殊规定，即若债权人以财产混同为由提起诉讼，则会引起证明责任的倒置，应由股东而非债权人承担相应的证明责任。作出这样调整的原因在于：在法人人格否认之诉中，债权人与股东之间存在严重的信息不对称[②]，债权人往往无法拿出证明股东侵犯公司独立人格的证据。因此，若让处于信息严重劣势的原告承担证明责任，则会使公司法人人格否认制度失去其应有的作用。但需要我们特别注意的是，现行立法规定证明责任的倒置只适用于一人有限公司法人人格否认的情形，而对于普通有限公司人格否认证明责任的分配则无此特殊规定，但在审判实务中却存在类推适用的情形。

---

① 狄青：《公司法领域的证明责任问题研究》，华东政法大学2010年硕士学位论文。
② 裴金霞：《公司法人人格否认制度的司法适用及其完善研究》，华东政法大学2010年硕士学位论文。

三、关于公司诉讼证明责任的案例及裁判规则

（一）债权人只要能够举出使人对瑕疵出资产生合理怀疑的表面证据，即完成了股东抽逃出资的举证责任

【案例来源】

案例名称：李某等诉山西乐百利特科技有限责任公司债权人利益责任纠纷案

审理法院：湖南省常德市中级人民法院

案　　号：（2018）湘 07 民再 10 号

【争议点】

李某等诉山西乐百利特科技有限责任公司（以下简称乐百利特公司）因公司债权人利益责任纠纷引发诉讼，该案历经湖南省常德市中级人民法院一审以及湖南省常德市中级人民法院再审（发回重审）两个阶段。在再审中，当事人就股东抽逃出资的举证责任如何分配的问题产生争议。

【法院认为】

法院在裁判时认为：举证责任的分配是审查认定股东是否已经履行其资本充实义务的关键所在。现实中，由于瑕疵出资的主要证据如公司的业务往来账册、资产负债表等会计账目均保存在公司内部，作为债权人，只要能够举出使人对瑕疵出资产生合理怀疑的表面证据，即完成了相应的举证责任。该案中，乐百利特公司提供证据证实李某、池某武在缴纳增资款 2 500 000 元的当天，长沙德勤环保科技有限公司即将全部款项转往长沙铭泽投资咨询有限公司，使人对李某、池某武抽逃出资的行为产生合理怀疑。根据《公司法司法解释（三）》第 20 条"当事人之间对是否已履行出资义务发生争议，原告提供对股东履行出资义务产生合理怀疑证据的，被告股东应当就其已履行出资义务承担举证责任"的规定，李某、池某武作为股东，应进一步举证证实上述转款是基于真实的交易关系，其并不存在抽逃出资的行为。故再审申请人认为原审举证责任分配错误的再审理由，没有事实和法律依据，法院不予支持。

（二）根据《公司法》第 63 条规定适用举证责任倒置并非是无条件、无原则的，亦并不意味着债权人无须承担任何举证责任。债权人的举证责任应体现在其必须提供盖然性的证据证明一人有限公司股东存在滥用公司人格的行为或者可供合理怀疑的滥用公司人格的外在表象

【案例来源】

案例名称：淄博东夷齐文化发展有限公司与淄博宏达矿业有限公司、段某文民间借贷纠纷案

审理法院：山东省淄博市张店区人民法院

案　　号：（2018）鲁 0303 民初 4613 号

【争议点】

淄博东夷齐文化发展有限公司与淄博宏达矿业有限公司、段某文因民间借贷纠纷诉讼至山东省淄博市张店区人民法院。当事人在庭审中就原告要求被告淄博金召矿业投资有限公司（以下简称金召公司）承担连带责任的问题产生争议。

【法院认为】

法院在裁判时认为：首先必须明确，"一人"有限公司也是"公司"，也必须坚守公司法人人格独立和股东有限责任基本制度。其次，《公司法》第 63 条规定："一人有限公司的股东不能证明公司财产独立于股东自己的财产的，应当对公司债务承担连带责任。"该法虽然对一人有限公司股东与公司财产独立方面设置了举证责任倒置制度。但适用举证责任倒置并非无条件、无原则的，也并不意味着债权人无须承担任何举证责任。原告的举证责任应体现在原告必须提供盖然性的证据证明一人公司股东存在滥用公司人格的行为或者可供合理怀疑的滥用公司人格的外在表象。如公司经营过程中存在财产或人格身份混同的外在迹象等。故，债权人在无任何证据表明一人公司的股东与公司存在财产或人格混同的外在表象时，动辄或直接以一人公司的股东为被告，要求其对公司债务承担连带责任，不符合上述法律设置举证责任倒置的应有宗旨和规则，不符合公司法以法人人格独立、股东有限责任为基本的原则，人格否认为特殊例外的根本宗旨。

（三）若在未对盈余分配方案形成股东（大）会决议的情况下由司法介入盈余分配纠纷，则人民法院在确定盈余分配数额时，应当严格公司的举证责任

【案例来源】

案例名称：甘肃居立门业有限责任公司与庆阳市太一热力有限公司、李某军公司盈余分配纠纷案

审理法院：最高人民法院

案　　号：（2016）最高法民终 528 号

【争议点】

甘肃居立门业有限责任公司（以下简称居立门业公司）与庆阳市太一热力有限公司（以下简称太一热力公司）、李某军因公司盈余分配纠纷引发诉讼，该案历经甘肃省高级人民法院一审以及最高人民法院二审两个阶段。在二审中，当事人就如何确定居立门业公司分得的盈余数额产生争议。

【法院认为】

法院在裁判时认为：在未对盈余分配方案形成股东会或股东大会决议情况下司法介入盈余分配纠纷，系因控制公司的股东滥用权利损害其他股东利益，在确定盈余分配数额时，要严格公司举证责任以保护弱势小股东的利益，但还要注意优先保护公司外部关系中债权人、债务人等的利益。该案中，第一，一审卷宗材料显示，一审法院组织双方对公司账目进行了核查和询问，对《审计报告》的异议，一审庭审中也进行了调查和双方当事人的质证辩论。太一热力公司、李某军虽上诉主张审计材料存在未质证问题，但并未明确指出哪些材料未经质证，故最高人民法院对该上诉理由不予支持。第二，对于太一热力公司能否收取诉争的 1038.21 万元入网"接口费"，双方当事人各执一词，因该款项涉及案外人的实体权益，应当依法另寻救济路径解决，而不应在该案公司盈余分配纠纷中作出认定和处理，故该款项不应在该案中纳入太一热力公司的可分配利润，一审判决未予扣减不当，最高人民法院予以纠正。

（四）在债权人举证证明债权合法存在且股东怠于履行清算义务之事实的情况下，证明债权人的损失与其怠于履行清算义务而致无法清算没有因果关系的举证责任应当分配给股东

【案例来源】

案例名称：中丝深圳进出口公司与深圳市雷地科技实业公司清算赔偿纠纷案

审理法院：广东省深圳市中级人民法院

案　　号：（2006）深中法民二终字第 165 号

【争议点】

中丝深圳进出口公司（以下简称中丝公司）与深圳市雷地科技实业公司（以下简称雷地公司）因清算赔偿纠纷引发诉讼，该案历经广东省深圳市罗湖区人民法院一审以及广东省深圳市中级人民法院二审两个阶段。在二审中，当事人就原审判决对中丝公司、深圳市新威安实业发展有限公司（以下简称新威安公司）举证责任的分配产生争议。

【法院认为】

法院在裁判时认为：清算是公司法人人格终止的前提，2005 年修订前的《公司法》虽未明确规定公司被吊销营业执照后的解散清算程序，但股东应在公司被吊销营业执照后的合理期限内对公司进行清算，在原审法院的通知下，雷地公司、新威安公司虽于 2005 年 10 月成立了兴华安公司清算组并予公告，但仍未在合理期限内按修订前《公司法》第 193 条至第 197 条之规定完成清算工作。兴华安公司实际已无法进行清算。公司的清算是确保公司财产得以保全、公司债权人利益得以实现的先决条件。因股东怠于履行清算义务而导致公司主要财产、账册等灭失，无法进行清算，将导致债权人就公司清算之后的资产实现其债权的合法权益遭受损害，股东应对债权人的损失承担连带赔偿责任。由于股东相对于债权人更能掌握公司被吊销营业执照前的资产情况，与证据的距离更为接近，更具举证能力，因此，在债权人举证证明债权合法存在且股东怠于履行清算义务之事实的情况下，证明债权人的损失与其怠于履行清算义务而致无法清算没有因果关系的举证责任则应分配给股东，并由其承担举证不能的法律后果。

（五）控股股东控制公司的前提下该清算不清算或者不依法提交与清算相关的材料，导致公司无法清算或者无法全面清算，其他股东诉请控股股东等实际控制公司的主体返还出资并承担损失的，除非上述主体能够充分证明公司已经资不抵债，没有剩余财产进行分配或者不能返还出资，或者虽然公司有剩余财产可供分配但数额低于权利人主张的数额，否则人民法院应当依法支持其诉请

【案例来源】

案例名称：姜某辉与朱某兵、朱某新等损害股东利益责任纠纷案

审理法院：江苏省高级人民法院

案　　　号：（2016）苏民申 1137 号

【争议点】

姜某辉与朱某兵、朱某新等因损害股东利益责任纠纷引发诉讼，该案历经江苏省启东市人民法院一审、江苏省南通市中级人民法院二审以及江苏省高级人民法院再审三个阶段。在再审中，当事人就因控股股东等实际控制公司的主体导致公司无法清算或者无法全面清算时举证责任的分配产生争议。

【法院认为】

法院在裁判时认为：《最高人民法院关于审理公司强制清算案件工作座谈会纪要》中规定，对于股东申请强制清算，因重要账册、文件等不全无法强制清算的，股东可向控股股东等公司实际控制主体主张有关权利。对该条的适用，最高人民法院民事审判第二庭负责人在就《关于审理公司强制清算案件工作座谈会纪要》答记者问过程中进一步明确"因控股股东等实际控制公司的主体的原因导致无法清算或者无法全面清算，股东因无法获得应有的剩余财产分配而向控股股东等实际控制公司的主体主张有关权利时，我们考虑可以通过举证责任倒置来解决中小股东利益的保护问题，即在控股股东控制公司的前提下该清算不清算，或者不依法提交有关财产状况说明、债务清册、债权清册、财务会计报告以及职工工资的支付情况和社保费用的缴纳情况，导致无法清算或者无法全面清算，其他股东起诉请求控股股东等实际控制公司的主体返还出资并承担损失的，除非控股股东等实际控制公司的主体能够充分证明公司已经资不抵债没有剩余财产进行分配或者不能返还出资，或者虽然公司有剩余财产可供分配但数额低于权利人主张的数额，人民法院应当依法支持其诉请"。最高

人民法院认为，小股东姜某辉申请对永顺公司进行强制清算，但因朱某兵等实际控制公司的主体不提供主要、完整、有效的财务资料导致无法清算，可参照采用举证责任倒置的规则，支持姜某辉的全部诉讼请求。且姜某辉主张赔偿 60 万元，相对于永顺公司处置的主要资产规模，并无不合理情形。一审法院根据永顺公司注册资本确定姜某辉有权获得的赔偿数额，既没有充分、完整地考虑双方纠纷本质，亦未能正确适用民事诉讼证据规则，在永顺公司实际控制主体不履行清算义务的情况下保护中小股东的合法权益，应予纠正。

四、结　语

公司诉讼类型繁多且法律关系较为复杂，在分配证明责任时往往需要考虑诸多因素。现实中，由于瑕疵出资的主要证据均保存在公司内部，因此作为债权人，只要能够举出使人对瑕疵出资产生合理怀疑的表面证据，即完成了相应的举证责任。还需注意的是，根据《公司法》第 63 条规定适用举证责任倒置并非是无条件、无原则的，亦并不意味着债权人无须承担任何举证责任。债权人的举证责任应体现在其必须提供盖然性的证据证明一人有限公司股东存在滥用公司人格的行为或者可供合理怀疑的滥用公司人格的外在表象。若在未对盈余分配方案形成股东（大）会决议时由司法介入盈余分配纠纷，则人民法院在确定盈余分配数额时，应当严格公司的举证责任。在审理法人人格否认案件时，考虑到债权人处于信息劣势而举证困难等因素，常常会将举证责任的分配加以调整，但其前提是债权人已举出盖然性的证据证明股东存在滥用公司法人独立地位和股东有限责任的行为以及由此产生了损害的结果。除此之外，在因公司清算而引起的纠纷中，证明责任的分配规则也应当引起我们的注意。例如，在债权人举证证明债权合法存在且股东怠于履行清算义务之事实的情况下，证明债权人的损失与其怠于履行清算义务而致无法清算没有因果关系的举证责任则应分配给股东；控股股东控制公司的前提下该清算不清算，或者不依法提交有关财产状况说明等，导致公司无法清算或者无法全面清算，其他股东起诉请求控股股东等实际控制公司的主体返还出资并承担损失的，除非控股股东等实际控制公司的主体能够充分证明公司已经资不抵债没有剩余财产进行分配或者不能返还出资，或者虽然公司有剩余财产可供分配但数额低于权利人主张的数额，人民法院应当依法支持其诉请。

第六节　股东诉讼

一、导　论

现行《公司法》第20条、第21条、第148条、第152条等规定了股东诉讼制度。依据股东诉讼的性质，股东对董事、高级管理人员的诉讼可分为直接诉讼和代表诉讼。实践中，有些诉讼可能同时具备两种性质，即产生派生诉讼的同一行为或者事实也可能成为主张直接诉讼的诉由。但在司法实践中，对其具体适用的问题，还处于进一步探索的阶段，本节期待通过对我国案例的研究来指导司法实践，并希望对此进行一些有益的探讨。本节以股东诉讼的案件裁判文书为研究对象，以2013年以来人民法院作出的相关裁判文书为主要范围，归纳、提炼股东诉讼的裁判理念和趋势。

截至2020年2月，在中国裁判文书网中输入"公司诉讼"（关键词）检索出民事裁判文书87 028篇，其中，由最高人民法院裁判的有421篇，由高级人民法院裁判的有3070篇，本节选取其中5篇典型案例梳理其裁判规则。在具体案例的选取上，本节遵循以下"三个优先"原则。第一，优先选择审判层级较高的裁判文书。第二，优先选择中国裁判文书网公布的裁判文书。第三，优先选择审判日期较近的裁判文书。通过形式和内容两个方面的筛选，本节最终选择（2019）最高法民终1679号、（2014）最高法民提字第170号、（2016）最高法执复28号、（2016）最高法行再91号、（2013）最高法民四终字第46号等5篇由最高人民法院审判的裁判文书作为本节研究对象，其中，裁判日期为2018年（含）之后的案例有1篇。

二、股东诉讼的基本理论

（一）股东诉讼概述

1.股东诉讼的概念与种类。股东诉讼，是指由股东提起的诉讼。股东诉讼一般被分为直接诉讼与代表诉讼两种。直接诉讼，是指股东作为公司成员在公司成立时就享有的股东本身的个体权利受到侵害时所提起的一种诉讼。代表诉讼又称派生诉讼、代为诉讼，是指在公司经营过程中当董事、监事、高级管理人员执行公务时违反法律、行政法规或者公司章程的规定，给公司造成损失的，而公司董事会、监事会或股东大会对此不提起诉讼，由公司一个或多个股东代表公司对违法加害的董事、监事或者公司高级管理人员提起诉讼。

代表诉讼与直接诉讼的主要区别在于[①]：（1）诉因不完全相同。股东代表诉讼的诉因是公司的权利和利益受到侵害，该种侵害间接侵害了股东的经济利益，但并未侵犯股东的法定权利，而股东直接诉讼的诉因是股东的个人权利受到了侵害。（2）当事人不同。就原告而言，股东代表诉讼中只有符合法定条件的股东方可成为适格原告，而股东直接诉讼中任何股东均可成为适格原告。就被告而言，股东代表诉讼的被告为公司董事、监事、高级管理人员以及外部第三人，但并不包括公司，而股东直接诉讼的被告既包括公司董事、监事、高级管理人员，也包括公司，但很少是外部第三人。（3）程序规则不同。股东直接诉讼按照民事诉讼的一般规则进行，而股东代表诉讼往往要遵循《公司法》的特别规则。（4）诉讼利益归属不同。股东直接诉讼的胜诉利益归属原告股东，而股东代表诉讼的胜诉利益归属公司。

2.股东诉讼制度的作用。在我国，赋予股东诉权有十分重要的作用。首先，赋予股东诉权有利于切实维护股东权益。赋予股东诉权可以有效遏制公司董事、监事和高级管理人员滥用职权，对于保护公司中的中小股东权益具有重要作用。其次，赋予股东诉权有利于强化公司的治理结构，敦促董事、监事、高级管理人员认真履行忠实勤勉义务，也有利于促使股东积极维护自身利益和公司利益。

---

① 江必新、何东宁等：《最高人民法院指导性案例裁判规则理解与适用·公司卷》（第2版），中国法制出版社2011年版，第175页。

（二）股东诉讼的依据与适用情形

1. 股东诉讼的法律依据。2005 年修订后的《公司法》不仅扩大了股东直接诉讼的范围，而且明确规定了股东的代表诉讼，具有较强的操作性。股东代表诉讼制度在多个方面突破了法律的一般规则，这不仅是法律因应保护少数股东权之现实需要而作出的变通，而且有深刻的制度背景。[①]《公司法》涉及股东诉讼的主要是第 20 条、第 21 条、第 148 条、第 152 条等，这些规定是股东提起直接诉讼和代表诉讼的重要法律依据。

2. 适用股东直接诉讼的主要情形。股东直接诉讼主要适用于涉及股东知情权，股东表决权，股东优先认购权，股利分配，股份回购，公司并购、解散和清算以及证券等方面的案件。

3. 适用股东代表诉讼的主要情形。股东代表诉讼主要适用于涉及公司管理层重大过失、浪费公司资产、自我交易、关联交易、管理报酬以及利用公司机会等案件。

（三）诉讼的前置程序[②]

股东代表诉讼案件中，由公司住所地人民法院管辖。股东代表诉讼是一种代位诉讼，是对原公司内部监督体制失灵设计的补充救济。因此，其适用的前提是公司内部救济手段的用尽，即股东在公司遭到违法行为损害后，不能立即直接提起诉讼，而必须先向公司监督机关提出由公司出面进行诉讼的请求，只有在请求已落空或注定落空、救济已失败或注定失败时，股东才可以代表公司提起诉讼，此为股东代表诉讼的前置程序。依据我国《公司法》的规定，股东代表诉讼的前置程序是：

1. 原告股东需首先书面请求监事会或监事（有限责任公司不设监事会时）向人民法院提起诉讼；如果是监事侵害公司权益，则向董事会或执行董事（有限责任公司不设董事会时）提出上述请求。

2. 监事会、监事、董事会、董事收到上述书面请求后拒绝提起诉讼，或者自收到之日起 30 日内未提起诉讼。符合上述两个条件时，股东方可提起代表

---

① 胡滨、曹顺明：《股东派生诉讼的合理性基础与制度设计》，载《法学研究》2004 年第 4 期。
② 赵旭东主编：《公司法学》（第 4 版），高等教育出版社 2015 年版，第 239 页。

诉讼。但与此同时，为避免僵化的前置程序可能带来的消极影响，法律又规定了前置程序的免除条件，即当"情况紧急、不立即提起诉讼将会使公司利益受到难以弥补的损害"时，股东可以不受前述前置条件的限制，直接提起代表诉讼。至于何谓"情况紧急"，有待于积累司法实践经验作出更加细致并且具有可操作性的规定。

三、关于股东诉讼的案例及裁判规则

（一）在股东代表诉讼中，如果股东不存在向公司有关机关提出书面申请的可能性，则不应当以原告未履行前置程序为由驳回起诉

【案例来源】

案例名称：周某春、庄士中国投资有限公司等损害公司利益责任纠纷案

审理法院：最高人民法院

案　　　号：（2019）最高法民终 1679 号

【争议点】

周某春与庄士中国投资有限公司（以下简称庄士中国公司）、李某慰、彭某傑、第三人湖南汉业房地产开发有限公司（以下简称湖南汉业公司）因损害公司利益责任纠纷产生诉讼，该案经历湖南省高级人民法院一审和最高人民法院二审两个阶段。在二审中，当事人就案涉一审裁定驳回周某春的起诉是否正确产生争议。

【法院认为】

法院在裁判时认为：股东先书面请求公司有关机构向人民法院提起诉讼，是股东提起代表诉讼的前置程序。在一般情况下，股东没有履行前置程序的，应当驳回起诉。但是，该项前置程序针对的是公司治理的一般情况，即在股东向公司有关机构提出书面申请之时，存在公司有关机关提起诉讼的可能性。如果不存在这种可能性，则不应当以原告未履行前置程序为由驳回起诉。具体到该案中，分析如下：

第一，根据《公司法》第151条的规定，董事、高级管理人员有《公司法》第149条规定的情形的，有限责任公司的股东可以书面请求监事会或者不设监事会的有限责任公司的监事提起诉讼。该案中，李某慰、彭某傑为湖南汉

业公司董事，周某春以李某慰、彭某傑为被告提起股东代表诉讼，应当先书面请求湖南汉业公司监事会或者监事提起诉讼。但是，在二审询问中，湖南汉业公司明确表示该公司没有工商登记的监事和监事会。周某春虽然主张周某科为湖南汉业公司监事，但这一事实已为另案人民法院生效民事判决否定，湖南汉业公司明确否认周某科为公司监事，周某春二审中提交的证据也不足以否定另案生效民事判决认定的事实。从以上事实来看，该案证据无法证明湖南汉业公司设立了监事会或监事，周某春对该公司董事李某慰、彭某傑提起股东代表诉讼的前置程序客观上无法完成。

第二，根据《公司法》第 151 条第 3 款的规定，庄士中国公司不属于湖南汉业公司董事、监事或者高级管理人员，因湖南汉业公司未设监事会或者监事，周某春针对庄士中国公司提起代表诉讼的前置程序应当向湖南汉业公司董事会提出，但是，根据查明的事实，湖南汉业公司董事会由李某慰（董事长）、彭某傑、庄某农、李某心、周某春组成。除周某春之外，湖南汉业公司其他四名董事会成员均为庄士中国公司董事或高级管理人员，与庄士中国公司具有利害关系，基本不存在湖南汉业公司董事会对庄士中国公司提起诉讼的可能性，再要求周某春完成对庄士中国公司提起股东代表诉讼的前置程序已无必要。该案系湖南汉业公司股东周某春以庄士中国公司和李某慰、彭某傑为被告代表公司提起的损害公司利益责任纠纷诉讼，诉请三原审被告承担共同赔偿责任。综合以上情况，最高人民法院认为，周某春主张可以不经股东代表诉讼前置程序直接提起该案诉讼的上诉理由成立。一审裁定驳回起诉不当，应予纠正。

（二）《公司法》第 16 条第 3 款规定的"他人"应当作狭义解释，即只有在不能通过其他途径获得救济的情况下，才能适用股东代表诉讼获得救济

【案例来源】

案例名称：（株）圃木园控股与上海福生豆制食品有限公司、上海张小宝绿色食品发展有限公司等股东出资纠纷案

审理法院：最高人民法院

案　　　号：（2014）最高法民提字第 170 号

【争议点】

（株）圃木园控股与上海福生豆制食品有限公司（以下简称福生公司）、上海张小宝绿色食品发展有限公司（以下简称张小宝公司）、第三人上海圃园福

生绿色食品有限公司（以下简称圃园福生公司）因股东出资纠纷产生诉讼，该案经历上海市第二中级人民法院一审、上海市高级人民法院二审以及最高人民法院再审三个阶段。在再审中，当事人就案涉福生公司、张小宝公司是否有权提起股东代表诉讼产生争议。

【法院认为】

法院在裁判时认为：福生公司、张小宝公司是以自己名义提起该案股东代表诉讼的。该案纠纷应适用《公司法》（2005 年）第 152 条规定的股东代表诉讼的情形和条件。该案股东代表诉讼属于该条第 3 款规定的情形，但对于"他人"应当作狭义解释，即只有在不能通过其他途径获得救济的情况下，才能适用股东代表诉讼获得救济。股东代表诉讼制度的设置基础在于股东本没有诉权而公司又怠于行使诉权或者因情况紧急可能损害公司利益时，赋予股东代表公司提起诉讼的权利。当股东能够通过自身起诉的途径获得救济时，则不应提起代表诉讼，否则将有悖股东代表诉讼制度的设置意图。根据《公司法司法解释（三）》第 13 条第 1 款的规定，福生公司、张小宝公司作为股东本身即享有诉权，而通过股东代表诉讼起诉的后果，则剥夺了另一方股东（株）圃木园控股反诉福生公司、张小宝公司未履行出资义务的诉讼权利，因为其无法针对合资公司提起反诉，由此造成股东之间诉讼权利的不平等。因此，福生公司、张小宝公司无权提起该案股东代表诉讼，其起诉应予驳回。

（三）当股东代表诉讼进入执行程序后，股东代表出于继续维护公司利益的目的，当公司怠于主张自身权利时，有权向法院申请执行

【案例来源】

案例名称：内蒙古环成汽车技术有限公司侵权责任纠纷案

审理法院：最高人民法院

案　　号：（2016）最高法执复 28 号

【争议点】

东风汽车贸易公司（以下简称东风公司）、内蒙古汽车修造厂（以下简称汽修厂）不服内蒙古自治区高级人民法院（以下简称内蒙高院）（2014）内执异字第 3 号执行裁定，向最高人民法院申请复议。在复议过程中，当事人就案涉东风公司与汽修厂是否具备合法的申请执行主体资格产生争议。

东风公司、汽修厂申请对联合公司进行清算，2014 年内蒙高院指定内蒙古

和明资产清算有限责任公司（以下简称和明公司）为清算人。清算期间，由于该案作为股东的申请人在法定时间内没有提供公司清算的相关资料，被申请人员下落不明，财务财产状况无法查清，清算组无法进行清算，呼和浩特市赛罕区人民法院遂于 2016 年 5 月 15 日以（2013）赛清（算）字第 1 号之一民事裁定终结本次东风公司、汽修厂对被申请人联合公司申请强制清算程序。

【法院认为】

法院在裁判时认为，该案属于股东代表诉讼在执行阶段的自然延伸。根据 2006 年 1 月 1 日施行的《公司法》第 150 条和第 152 条之规定，公司的董事、监事、高级管理人员侵害了公司权益，而公司怠于追究其责任时，符合法定条件的股东可以以自己的名义代表公司提起诉讼。在股东代表诉讼中，股东个人的利益并没有直接受到损害，只是由于公司的利益受到损害而间接受损，因此，股东代表诉讼是股东为了公司的利益而以股东的名义直接提起的诉讼，相应地，胜诉后的利益归于公司。该案执行依据 49 号判决正是参照《公司法》中关于股东代表诉讼的规定，认定东风公司、汽修厂具备提起诉讼的主体资格，并依其主张判令涉案《土地使用权转让协议书》和《房屋买卖合同书》无效。同样，当股东代表诉讼进入执行程序后，股东代表出于继续维护公司利益的目的，向人民法院申请执行生效法律文书，符合股东代表诉讼这一制度设计的内在逻辑。因此，东风公司、汽修厂在联合公司怠于主张自身权利时，有权向法院申请执行。

（四）股东代表诉讼不限于民事诉讼范围内，公司股东亦有权提起行政诉讼

【案例来源】

案例名称：张某强、施某国与乡政府行政补偿纠纷案

审理法院：最高人民法院

案　　　号：（2016）最高法行再 91 号

【争议点】

张某强、施某国与浙江省慈溪市人民政府（以下简称慈溪市政府）、浙江省慈溪市掌起镇人民政府（以下简称掌起镇政府）因行政协议纠纷产生诉讼，该案经历浙江省宁波市中级人民法院一审、浙江省高级人民法院二审以及最高人民法院再审三个阶段。在再审中，当事人就案涉张某强、施某国作为云柱公

司的股东是否具有提起该案诉讼的原告主体资格产生争议。

【法院认为】

法院在裁判时认为：在该案中，涉案《房屋拆迁补偿协议》及其补充协议均由掌起镇政府与云柱公司签订。张某强、施某国作为云柱公司的股东，认为其有权以自己名义提起该案行政诉讼的依据为《公司法》第150条第3款、《公司法》第151条规定赋予了股东维护公司利益的起诉权，规定了股东可以提起股东代表诉讼及提起股东代表诉讼的条件和程序。股东代表诉讼，是指当公司的合法权益受到他人不法侵害而公司却拒绝或者怠于通过诉讼手段追究有关侵权人的责任时，具有法定资格的股东为了公司利益而依据法定程序，以自己的名义代表公司对侵权人提起诉讼，依法追究其法律责任，所获赔偿归于公司的一种法律制度。

提起股东代表诉讼的条件如下：第一，股东需符合法律规定要件。《公司法》对有限责任公司提起股东代表诉讼的股东资格未作限制，而对股份有限公司提起股东代表诉讼的股东资格则要求是连续180日以上单独或者合计持有公司1%以上股份的股东。第二，股东必须在诉前用尽公司内部救济。即他人侵犯公司合法权益，给公司造成损失的，股东可书面请求监事会或不设监事会的有限责任公司的监事、董事会或不设董事会的有限责任公司的执行董事提起诉讼。只有前述监事会、不设监事会的有限责任公司的监事，或者董事会、执行董事收到书面请求后拒绝提起诉讼，或者自收到请求之日起30日内未提起诉讼，或者情况紧急、不立即提起诉讼将会使公司利益受到难以弥补的损害的，前述股东有权为了公司利益以自己的名义直接向法院起诉。《公司法》第151条第3款的规定赋予了公司股东在他人侵犯公司合法权益，给公司造成损失而公司怠于行使诉权的情况下以自身名义向人民法院提起诉讼的权利。但该规定并未将股东代表诉讼限制在民事诉讼范围内，公司股东亦有权提起行政诉讼。且该案系行政协议争议，行政协议本身即具有行政和协议的双重属性，作为公司股东如果在民事诉讼中可以作为原告提起诉讼，那么并不因为相关争议纳入行政诉讼而丧失其作为行政诉讼的原告主体资格。该案中，云柱公司系有限责任公司，张某强、施某国作为云柱公司的股东，在慈溪市政府、掌起镇政府不履行与云柱公司签订的系列协议，云柱公司不仅怠于起诉且与张某强、施某国达成允许其起诉协议的情况下，依据《公司法》第151条第3款的规定，为了公司利益有权提起行政诉讼。

（五）公司不是合同仲裁条款的当事人，诉争事项也并非股东之间的权益争议，因此股东代表诉讼不应受合同仲裁条款的约束

【案例来源】

案例名称：香港帕拉沃工业有限公司与北京昆泰房地产开发集团有限公司等纠纷案

审理法院：最高人民法院

案　　号：（2013）最高法民四终字第 46 号

【争议点】

香港帕拉沃工业有限公司（以下简称帕拉沃公司）与北京昆泰房地产开发集团有限公司（以下简称昆泰集团，原名北京昆泰房地产开发集团）以及北京市外商投资服务中心北京富裕达房地产开发有限公司特别清算委员会（以下简称富裕达公司特别清算委员会）因股东代表诉讼纠纷产生诉讼，该案经历北京市高级人民法院一审、最高人民法院二审两个阶段。在二审中，当事人就案涉帕拉沃公司是否依法享有诉权产生争议。

【法院认为】

根据《民事诉讼法》第 119 条的规定，原告是与该案有直接利害关系的公民、法人和其他组织。该案中，帕拉沃公司系富裕达公司的股东。帕拉沃公司认为富裕达公司的另一股东昆泰集团对合作公司富裕达公司实施了未足额投资及挪用公司资金等侵权行为，从而侵害了合作公司的权益，源于此，帕拉沃公司提起该案股东代表诉讼。根据《公司法》第 151 条第 3 款的规定，他人侵犯公司合法权益，给公司造成损失的，有限责任公司的股东可以请求公司权力机构向人民法院提起诉讼，而公司权力机关拒绝或者怠于通过诉讼手段追究有关侵权人责任时，具有法定资格的股东有权以自己的名义代表公司对侵权人提起诉讼，追究其法律责任。这个法律规定的"他人"应该包括公司股东和公司之外的任意第三人，即凡是对公司实施了不当行为而致公司利益受损的人都可能成为股东代表诉讼的被告。因此，昆泰集团为该案的适格被告。

股东代表诉讼的诉权源于公司的权利，股东提起代表诉讼是代表公司主张公司的实体权益，帕拉沃公司于 2007 年 9 月 26 日致函富裕达公司特别清算委员会请求富裕达公司特别清算委员会以合作公司的名义向人民法院提起民事诉讼，要求昆泰集团向合作公司赔偿损失。富裕达公司特别清算委员会于 2007

年 10 月 15 日回复帕拉沃公司称：因该清算委员会就帕拉沃公司的请求无法形成一致意见，因此不能按其要求提起民事诉讼，并建议帕拉沃公司按照《公司法》的规定自行处理相关事宜。因此，该案已经满足提起股东代表诉讼的前置条件。该案中，在富裕达公司特别清算委员会明示不对昆泰集团提起诉讼后，帕拉沃公司有权对昆泰集团提起股东代表诉讼。该案中富裕达公司特别清算委员会不是仲裁条款的当事人，诉争事项也非股东之间的权益争议，股东代表诉讼不应受合同仲裁条款的约束。

四、结　语

在公司法审判实务中，公司维护自身合法权益的路径有多种选择，股东诉讼制度正是基于为维护公司合法权益这一目的所构建。我国《公司法》第 20 条、第 21 条、第 148 条、第 152 条等对股东诉讼制度进行了规定。赋予股东诉权有利于切实维护股东权益，有效遏制公司董事、监事和高级管理人员滥用职权，强化公司的治理结构。应当注意的是，股东代表诉讼的诉权源于公司的权利，股东提起代表诉讼是代表公司主张公司的实体权益，不受合同仲裁条款的约束。股东只有在不能通过其他途径获得救济的情况下，才能适用股东代表诉讼获得救济。同时，股东代表诉讼的适用，并不限于民事领域，股东亦有权提起行政诉讼。此外，股东代表诉讼也适用于执行程序。

第七节　公司解散诉讼

一、导　论

现行《公司法》第 180 条和第 182 条规定了公司解散诉讼制度。公司解散指公司法人主体予以消亡。根据解散事由的不同，公司解散可以分为自愿解散、法定解散行政强制解散和司法强制解散四种形式。而本类案由的解散指的是司法强制解散，又称"法院裁判解散"，一般具体指在公司经营出现显著困难、重大损害或者董事、股东之间出现僵局，已丧失自行处理情况下，依照法定要求股东向法院申请解散公司的纠纷。本节以公司解散诉讼的案件裁判文书为研究对象，以 2013 年以来人民法院作出的相关裁判文书为主要范围，归纳、提炼公司解散诉讼裁判的理念和趋势，以期通过对我国案例的研究来指导司法实践。

截至 2020 年 2 月，在中国裁判文书网中输入"公司解散"（关键词）检索出民事裁判文书 32 290 篇，其中，由最高人民法院裁判的有 195 篇，由高级人民法院裁判的有 1533 篇，本节选取其中 5 篇典型案例梳理其裁判规则。在具体案例的选取上，本节遵循以下"三个优先"原则。第一，优先选择审判层级较高的裁判文书。第二，优先选择中国裁判文书网公布的裁判文书。第三，优先选择审判日期较近的裁判文书。通过形式和内容两个方面的筛选，本节最终选择（2010）苏商终字第 0043 号、（2014）最高法民提字第 170 号、（2013）最高法民提字第 110 号、（2014）最高法民申字第 678 号、（2014）最高法民申字第 1696 号等 5 篇裁判文书作为本节研究对象。其中，由最高人民法院裁判的有 4 篇，由最高人民法院发布的指导案例 1 篇。

二、公司解散诉讼制度的基本理论

（一）公司解散的原因 [①]

从各国立法来看，公司解散可以分为自愿解散和被迫解散两类。

1. 公司自愿解散的原因。（1）公司存续期间届满或者章程规定的其他解散事由发生。（2）公司权力机关决定解散。（3）因公司合并、分立而解散。

2. 公司被迫解散的原因。公司非因为自身的意愿而是由于外界力量的干预而解散，为被迫解散。导致公司被迫解散的情形如下：第一，法院判决解散。我国《公司法》第180条第（5）项规定："人民法院依照本法第182条的规定予以解散。"第182条规定："公司经营管理发生严重困难，继续存续会使股东利益受到重大损失，通过其他途径不能解决的，持有公司全部股东表决权百分之十以上的股东，可以请求人民法院解散公司。"第二，主管机关命令解散。第三，公司破产解散。公司司法解散制度为异议股东创造了一个类似公众公司的、能够对股东机会主义行为产生约束力的司法"退出"市场。[②]

（二）提起公司解散诉讼的条件

1. 公司解散诉讼原告主体资格。

（1）原告应为持有全部股东表决权10%以上的股东。在"表决权百分之十"的认定上，股份有限公司与有限责任公司采用了不同的原则。对于股份有限公司，《公司法》第103条规定，"股东出席股东大会会议，所持一股份有一表决权"，这种"同股同权"的规定要求股份公司中提起公司解散之诉的原告应持有公司10%以上的股份。而对于有限责任公司，《公司法》第42条对其表决权设置了章程优先的原则，即"股东会会议由股东按照出资比例行使表决权；但是，公司章程另有规定的除外"，故一般情况下，单独或者合计持有公司10%以上股权的股东可以提起公司解散诉讼，但公司章程可作出表决权不依据股权比例而行使的特殊规定。

（2）隐名股东不能成为公司解散诉讼的原告。隐名股东通过与显名股东签

[①] 范健主编：《商法》（第4版），高等教育出版社、北京大学出版社2015年版，第219页。

[②] 耿利航：《有限责任公司股东困境和司法解散制度》，载《政法论坛》2010年第5期。

订代持协议对股权享有投资权益。双方之间的权利义务关系，一般应遵循意思自治原则。但涉及双方之外的问题，则应依据外观主义原则保障交易的稳定性与第三人的信赖利益。由于公司解散涉及公司外部的权利义务人及其他股东，隐名股东不能直接提起公司解散诉讼。隐名股东须先根据《公司法司法解释（三）》第24条第3款的规定，在经过其他股东过半数同意变更为显名股东后才能直接行使股东权利。

2. 公司经营管理发生严重困难，继续存续会使股东利益受到重大损失。《公司法司法解释（二）》第1条第1款对"公司经营管理发生严重困难"作出了具体规定："单独或者合计持有公司全部股东表决权百分之十以上的股东，以下列事由之一提起解散公司诉讼，并符合公司法第一百八十二条规定的，人民法院应予受理：（一）公司持续两年以上无法召开股东会或者股东大会，公司经营管理发生严重困难的；（二）股东表决时无法达到法定或者公司章程规定的比例，持续两年以上不能做出有效的股东会或者股东大会决议，公司经营管理发生严重困难的；（三）公司董事长期冲突，且无法通过股东会或者股东大会解决，公司经营管理发生严重困难的；（四）经营管理发生其他严重困难，公司继续存续会使股东利益受到重大损失的情形。

3. 公司经营管理的严重困难通过其他途径无法解决。在公司经营管理发生严重困难的情况下，司法解散应是最终的救济方式，但如果公司可以通过其他途径克服此种困难，则不应采取司法解散的方式。对此，《公司法司法解释（二）》第5条第1款明确规定："人民法院审理解散公司诉讼案件，应当注重调解。当事人协商同意由公司或者股东收购股份，或者以减资等方式使公司存续，且不违反法律、行政法规强制性规定的，人民法院应予支持。当事人不能协商一致使公司存续的，人民法院应当及时判决。"

4. 司法解散只能由人民法院依判决作出。股东提起解散公司诉讼的，以公司为被告，其他股东为第三人。其他股东也可以申请成为共同原告。[1]

（三）公司解散诉讼中的保全

《民事诉讼法》第100条规定，"当事人没有提出申请的，人民法院在必要时也可以裁定采取保全措施。人民法院采取保全措施，可以责令申请人提供担

---

[1]　赵旭东主编：《公司法学》（第4版），高等教育出版社2015年版，第370页。

保，申请人不提供担保的，裁定驳回申请"。《公司法司法解释（二）》第 3 条规定："股东提起解散公司诉讼时，向人民法院申请财产保全或者证据保全的，在股东提供担保且不影响公司正常经营的情形下，人民法院可予以保全。"

从上述法律规定可以看出，公司解散诉讼中的保全要比一般诉讼中的保全更为严格，即在公司解散诉讼中采取保全措施必须由股东提出申请并提供担保，且不能影响公司正常经营。一方面是因为公司解散诉讼属于变更之诉，其判决中并不涉及财产给付的内容，只是对法律关系进行变更，一般不存在强制执行的问题。另一方面是因为采取保全措施对于陷入经营困难的公司来说关系重大，极可能影响公司的正常运行。

三、关于公司解散诉讼的案例及裁判规则

（一）公司虽处于盈利状态，但其股东会机制长期失灵，内部管理有严重障碍，已陷入僵局状态，可以认定为公司经营管理发生严重困难

【案例来源】

案例名称：林某清与常熟市凯莱实业有限公司、戴某明公司解散纠纷案（最高人民法院指导案例 8 号）

审理法院：江苏省高级人民法院

案　　号：（2010）苏商终字第 0043 号

【争议点】

林某清与常熟市凯莱实业有限公司（以下简称凯莱公司）因公司解散纠纷产生诉讼，该案历经江苏省苏州市中级人民法院一审、江苏省高级人民法院二审以及最高人民法院再审三个阶段。在再审中，当事人就案涉公司经营管理是否发生严重困难产生争议。

【法院认为】

法院在裁判时认为：凯莱公司的经营管理已发生严重困难。根据《公司法》第 183 条和《公司法司法解释（二）》第 1 条的规定，判断公司的经营管理是否出现严重困难，应当从公司的股东会、董事会或执行董事及监事会或监事的运行现状进行综合分析。"公司经营管理发生严重困难"的侧重点在于公司管理方面存有严重内部障碍，如股东会机制失灵、无法就公司的经营管理进

行决策等，不应片面理解为公司资金缺乏、严重亏损等经营性困难。该案中，凯莱公司仅有戴某明与林某清两名股东，两人各占 50% 的股份，凯莱公司章程规定"股东会的决议须经代表二分之一以上表决权的股东通过"，且各方当事人一致认可该"二分之一以上"不包括本数。因此，只要两名股东的意见存有分歧、互不配合，就无法形成有效表决，显然影响公司的运营。凯莱公司已持续 4 年未召开股东会，无法形成有效股东会决议，也就无法通过股东会决议的方式管理公司，股东会机制已经失灵。执行董事戴某明作为互有矛盾的两名股东之一，其管理公司的行为，已无法贯彻股东会的决议。林某清作为公司监事不能正常行使监事职权，无法发挥监督作用。由于凯莱公司的内部机制已无法正常运行、无法对公司的经营作出决策，即使尚未处于亏损状况，也不能改变该公司的经营管理已发生严重困难的事实。

（二）公司能否解散取决于公司是否存在僵局以及是否符合《公司法》第 183 条规定的实质条件，而不取决于公司僵局产生的原因和责任

【案例来源】

案例名称：仕丰科技有限公司与富钧新型复合材料（太仓）有限公司、第三人永利集团有限公司解散纠纷案

审理法院：最高人民法院

案　　　号：（2014）最高法民提字第 170 号

【争议点】

仕丰科技有限公司（以下简称仕丰公司）与富钧新型复合材料（太仓）有限公司（以下简称富钧公司）、第三人永利集团有限公司（以下简称永利公司）因公司解散纠纷产生诉讼，该案历经江苏省高级人民法院一审、最高人民法院二审两个阶段。在二审中，当事人就案涉公司解散是否应当考虑公司僵局产生的原因以及过错产生争议。

富钧公司上诉认为，仕丰公司委派的董事张某钦擅自离职，不参加董事会会议，人为制造公司僵局，损害富钧公司利益，法院不应支持仕丰公司具有恶意目的的诉讼；仕丰公司则抗辩认为永利公司以欺诈方式取得董事长职位而导致公司僵局。

【法院认为】

法院在裁判时认为：公司能否解散取决于公司是否存在僵局以及是否符合

《公司法》第 183 条规定的实质条件，而不取决于公司僵局产生的原因和责任。《公司法》第 183 条没有限制过错方股东解散公司，因此即使一方股东对公司僵局的产生具有过错，其仍然有权依据该条规定，请求解散公司。该案中仕丰公司提出解散富钧公司的背景情况为，富钧公司已陷入公司僵局并由永利公司单方经营管理长达 7 年，仕丰公司持有 60% 的股份，其行使请求司法解散公司的诉权，符合《公司法》第 183 条的规定，不属于滥用权利、恶意诉讼的情形。至于仕丰公司委派的董事张某钦，是否存在违反董事竞业禁止义务的过错行为、应否承担赔偿富钧公司损失的民事责任，由富钧公司通过另案解决，与该案无涉。

（三）人民法院在已经根据法定公司解散事由判决公司解散的情况下，不再对公司是否存在约定的解散事由发生，以及股东会是否已决议解散等有关事项进行审查

【案例来源】

案例名称：杨某强与保山东成石材有限公司及东莞市东成矿业投资有限公司公司解散纠纷案

审理法院：最高人民法院

案　　　号：（2013）最高法民提字第 110 号

【争议点】

杨某强与保山东成石材有限公司（以下简称保山东成公司）及东莞市东成矿业投资有限公司（以下简称东莞东成公司）因公司解散纠纷产生诉讼，该案历经保山市中级人民法院一审、云南省高级人民法院二审以及最高人民法院再审三个阶段，在再审中，当事人就案涉保山东成公司是否应予解散产生争议。

【法院认为】

法院在裁判时认为：根据《公司法》第 181 条的规定，公司因股东会决议解散、公司章程规定的解散事由发生而解散，以及人民法院依照公司法规定判决解散等，分属不同的解散事由。最高人民法院在前述已依据《公司法》的规定，以保山东成公司因经营管理发生严重困难，继续存续会使股东利益受到重大损失，通过其他途径不能解决为由，判决解散公司的情形下，不再对保山东成公司是否存在约定的解散事由发生，以及股东会是否已决议解散等有关事项进行审查。保山东成公司和东莞东成公司就杨某强上述主张提交的相关证据

向最高人民法院提出的鉴定申请和延期审理申请等，最高人民法院也不再予以考虑。

（四）公司解散后股东仍有权提起代表诉讼并应履行前置程序

【案例来源】

案例名称：大连金星房屋开发公司金石滩分公司、青岛愚者房地产开发有限公司、大连国际娱乐有限公司与中国金石滩发展有限公司其他损害公司权益纠纷案

审理法院：最高人民法院

案　　　号：（2014）最高法民申字第 678 号

【争议点】

大连金星房屋开发公司金石滩分公司（以下简称金星公司）、青岛愚者房地产开发有限公司（以下简称愚者公司）、大连国际娱乐有限公司（以下简称大连娱乐公司）与中国金石滩发展有限公司（以下简称金石滩公司）因损害公司权益纠纷产生诉讼，该案历经大连市中级人民法院一审、辽宁省高级人民法院二审以及最高人民法院再审三个阶段。在再审中，当事人就案涉金石滩公司以自己名义代表大连金石滩宝通房地产发展有限公司（以下简称大连宝通公司）提出的股东代表诉讼是否符合起诉受理条件产生争议。

【法院认为】

法院在裁判时认为：《公司法》第 147 条规定，董事、监事、高级管理人员应当遵守法律、行政法规和公司章程，对公司负有忠实义务和勤勉义务。董事、监事、高级管理人员不得利用职权收受贿赂或者其他非法收入，不得侵占公司的财产。该案的特殊之处在于大连宝通公司于 2002 年 5 月 16 日被吊销了企业法人营业执照，根据《公司法》第 181 条第（4）项的规定，公司因被吊销营业执照而处于解散状态，此时公司董事会和监事会无法正常行使职权。《公司法》对于公司解散后，股东是否可以提起代表诉讼以及是否应当履行前置程序，没有作出具体规定，故应当理解为公司解散后股东仍有权提起代表诉讼并应履行前置程序。《公司法司法解释（二）》第 10 条规定："公司依法清算结束并办理注销登记前，有关公司的民事诉讼，应当以公司的名义进行。公司成立清算组的，由清算组负责人代表公司参加诉讼；尚未成立清算组的，由原法定代表人代表公司参加诉讼。"据此，在公司解散但未成立清算组的情形下，

股东如认为他人侵犯公司合法权益造成公司损失的，应当直接向原法定代表人提出请求，在原法定代表人怠于起诉时，方有权提起股东代表诉讼。该案中，大连宝通公司的法定代表人是由外方股东委派的，外方股东履行法律规定的前置程序并无客观上的障碍。因此，即使金石滩公司具备大连宝通公司的外方股东身份，其未履行前置程序即以股东名义提起代表诉讼，也不符合股东代表诉讼的受理条件。从该角度而言，一、二审法院裁定驳回起诉的处理结果，亦无不当之处。

（五）在公司解散后、被注销之前，公司高级管理人员仍然对公司负有忠实义务和勤勉义务

【案例来源】

案例名称：张某恒与沧州田霸农机有限公司、朱某峰商标专用权权属纠纷案

审理法院：最高人民法院

案　　号：（2014）最高法民申字第 1696 号

【争议点】

张某恒与沧州田霸农机有限公司（以下简称田霸公司）、朱某峰因商标专用权权属纠纷产生诉讼，该案历经沧州市中级人民法院一审、河北省高级人民法院二审以及最高人民法院再审三个阶段。在再审中，当事人就案涉商标的转让行为是否有效产生争议。

【法院认为】

法院在裁判时认为：在公司解散后、被注销之前，公司高级管理人员仍然对公司负有忠实义务和勤勉义务。系争商标依法属于原沧州科丰农机有限公司（以下简称原科丰公司）的财产。根据原科丰公司的公司章程第十七条、第十八条的规定，法定代表人仅有权"拟定公司解散的方案"，不具有在公司解散后处分公司重要资产的职权。朱某峰作为原科丰公司的法定代表人，未经公司股东会的同意，以原科丰公司的名义将属于公司重要财产的系争商标无偿转让给自己担任法定代表人的田霸公司，未履行其对公司负有的忠实义务和勤勉义务，侵害了原科丰公司及其股东的合法权益，违反了《公司法》第147条的规定。且朱某峰担任法定代表人的田霸公司明知朱某峰无权处分系争商标，仍与原科丰公司签订转让合同，接受系争商标的无偿转让，不属于善意第三人。

因此，二审判决认定系争商标的转让行为无效，并无不当。

四、结　语

《公司法》第182条既是公司解散诉讼的立案受理条件，同时也是判决公司解散的实质审查条件。需要特别注意的是，公司能否解散取决于公司是否存在僵局且符合《公司法》第182条规定的实质条件，而不取决于公司僵局产生的原因和责任。即使一方股东对公司僵局的产生具有过错，其仍然有权提起公司解散之诉，过错方起诉不应等同于恶意诉讼。公司虽处于盈利状态，但其股东会机制长期失灵，内部管理有严重障碍，已陷入僵局状态，可以认定公司经营管理发生严重困难。除此之外，在人民法院已经根据法定公司解散事由判决公司解散的情况下，不再审查公司是否存在约定的解散事由。在公司解散后、被注销之前，公司高管人员仍然对公司负有忠实义务和勤勉义务。

第八节　股东资格确认之诉

一、导　论

现行《公司法》第 32 条、第 33 条、第 74 条、第 130 条、第 140 条等规定了有关股东资格确认的适用问题。股东资格的认定标准在审判实践中是一个见仁见智的问题。具体而言，能体现股东资格的证据材料包括但不限于出资证明书、股票、工商登记资料、公司章程、股东名册、股东协议，这些材料对股东的规定有时并不一致，法官必须选择合适的标准来确定股东资格。尽管有观点认为应当区分内部关系和外部关系来认定股东资格。但是何为内部关系、何为外部关系有时并不明晰，有时甚至互相转化，所以还应当更深入地对上述材料进行分类和规整，以便在不同法律关系中准确地确定股东。认定股东资格没有绝对的标准，应当区分不同的法律关系分别进行认定，本节期待通过对我国案例的研究来指导司法实践，并希望对此进行一些有益的探讨。本节以股东资格确认之诉的案件裁判文书为研究对象，以 2016 年以来人民法院作出的相关裁判文书为主要范围，归纳、提炼股东资格确认之诉裁判的理念和趋势。

截至 2020 年 2 月，在中国裁判文书网中输入"股东资格确认"（关键词）检索出民事裁判文书 30 541 篇，其中，由最高人民法院裁判的有 130 篇，由高级人民法院裁判的有 2512 篇，本节选取其中 5 篇典型案例梳理其裁判规则。在具体案例的选取上，本节遵循以下"三个优先"原则。第一，优先选择审判层级较高的裁判文书。第二，优先选择中国裁判文书网公布的裁判文书。第三，优先选择审判日期较近的裁判文书。通过形式和内容两个方面的筛选，本节最终选择（2018）粤民终 149 号、（2019）最高法民终 1149 号、（2018）津民终 361 号、（2019）湘民再 505 号、（2016）粤民终 1897 号等 5 篇裁判文书作为本节研究对象，其中，由最高人民法院裁判的有 1 篇，裁判日期为 2018 年（含）之后的案例有 4 篇。

二、股东资格确认之诉的基本理论

（一）股东资格确认之诉的概念

股东资格确认之诉，是指股东与股东之间或者股东与公司之间就股权是否存在而引起的纠纷。当事人因是否具有股东资格发生争议，请求法院确认其股东资格的诉讼为确认之诉。股东资格的法律确认，意在解决具体情形下公司股东身份认定的法律问题。在近年来的公司诉讼实践中，诸如诉请确认股东资格，公司或债权人追究股东出资责任，股权转让协议的效力审查，各类股东权（投票权、知情权、利益分配请求权、派生诉讼权）的行使，股东会议各类决议效力之异议等多类纠纷案件，皆直接或间接涉及股东资格的法律确认问题。尤其在我国当前公司法律不完善以及公司运作仍不规范的情形下，冒名股东、干股股东、控股股东、隐名股东等股东资格的法律确认，更是成为公司诉讼处理的难点所在。[①]

根据我国《公司法》的相关规定，投资者具备以下条件时即获得股东资格：（1）有成为公司股东的真实意思表示；（2）在公司章程上被记载为股东并确认；（3）实际履行了认缴出资、实际出资或认购股权义务；（4）获得公司签发的出资证明书；（5）记载于公司股东名册；（6）在工商行政管理机构注册登记；（7）股东资格可以通过受让股权获得。通过对上述股东资格获得的条件进行分析可以发现，其大致可以分为两类：公司登记机关对公司股东的登记、公司章程和股东名册的记载属于形式性条件；向公司实际出资或依法继受取得股权、取得出资证明书及实际享有股东权利属于实质性条件。形式性条件的功能主要是对外的，是为使相对人易于判断和辨识，它在与公司外的第三人的争议中对于股东资格的认定方面一般比实质性条件更有意义。实质性条件的功能主要是对内的，用于确认股东之间的权利义务，在解决股东之间的争议时，其意义一般优于形式性条件。

（二）股东资格的认定规则

认定股东资格需要注意程序和实体两方面的规则。根据《公司法司法解释

---

① 虞政平：《股东资格的法律确认》，载《法律适用》2003年第209期。

（三）》，认定股东资格需要遵循下列规则：[1]

1. 股东资格诉讼中诉讼主体的确认规则。当事人向人民法院起诉请求确认其股东资格的，应当以公司为被告，与案件争议股权有利害关系的人作为第三人参加诉讼。这是由于按照《公司法司法解释（三）》的规定，公司有义务为股东出具出资证明书，并将其记录于股东名册，因此对股东资格发生争议的实质是对公司履行上述义务提出的异议，故应当将公司列为被告，而利害关系人与裁判结果有利害关系，所以应当列为第三人参加诉讼。

2. 股权权属争议的举证责任分配规则。请求确认股权的股东应当承担举证责任，证明其取得股东权益的形式，且该形式符合法律规定。具体而言，主张股东权益的一方应该对下列事实之一予以证明：已经依法向公司出资或者认缴出资，且不违反法律法规的强制性规定；已经受让或者以其他形式继受公司股权，且不违反法律法规的强制性规定。

3. 隐名投资情形中的股权确认规则。对于隐名投资与名义持股的合法性，以及隐名投资与名义持股中的股权确认，理论上一直存在较大争议。在司法实践中，对于隐名投资与名义持股的法律效力，通常视个案情况而论：如果隐名投资是为了规避法律、行政法规的强制性规定，应当认定无效，则隐名投资人不具有股东资格；如果隐名投资并未违反法律、行政法规的强制性规定，隐名投资人只是基于各种原因不愿显名而已，则应当认定有效。

（三）股东资格确认纠纷的类型[2]

股东资格确认纠纷大致包括以下三种类型：

1. 股东与公司之间的股东资格确认纠纷。实践中，可能股东与他人之间不存在股权归属争议，但公司不承认股东享有股东资格。比如，隐名出资中公司拒绝隐名股东行使股权，或者股权转让后公司拒绝受让人行使股权，此时即产生纠纷。

2. 股东与股东之间因出资产生的股东资格确认纠纷。这里通常是指隐名出资的情况，即隐名股东与名义股东之间签订出资协议，隐名股东以他人名义出资，由他人作为名义股东，但实际出资资金来源于该隐名股东，名义股东不享

---

[1] 赵旭东主编：《公司法学》（第4版），高等教育出版社2015年版，第226页。
[2] 范建、王建文：《公司法》（第5版），法律出版社2015年版，第267页。

有实际权利，一切权利归隐名股东所有。

3.股东与股东之间因股权转让产生的股东资格确认纠纷。依据《公司法》的规定，有限责任公司股东的姓名或名称须记载于股东名册及公司章程，并属于工商登记事项；股份有限公司发起人的姓名或名称须记载于公司章程，持有记名股票的股东姓名或名称应记载于股东名册。因此，当有限责任公司股东转让股权或股份有限公司股东转让记名股票时，应按照上述规定作相应的变更登记。实际生活中，股权转让双方可能因为过失或者其他原因，在股权转让过程中没有履行法定的变更登记手续，或者没有交付股票或出资证明书。如果未变更登记，就可能发生股东资格确认纠纷。

此外，股份有限公司的股东可以凭借其所持有的无记名股票向公司主张股权；如果无记名股东转让股权时未向受让人交付无记名股票，则受让人无法证明其股权之存在，从而可能发生股东资格确认纠纷。

三、关于股东资格确认之诉的案例及裁判规则

（一）股东资格确认纠纷是指股东与股东之间，或者股东与公司之间就是否具备股东资格产生争议而提起的诉讼

【案例来源】

案例名称：京安时代投资控股有限公司、上海承彩投资管理有限公司合同纠纷案

审理法院：广东省高级人民法院

案　　号：（2018）粤民终 149 号

【争议点】

京安时代投资控股有限公司（以下简称京安公司）、上海承彩投资管理有限公司（以下简称承彩公司）与上海宝恒能源材料股份有限公司（以下简称宝恒公司）、谢某因合同纠纷产生诉讼。该案历经广东省深圳市中级人民法院一审和广东省高级人民法院二审两个阶段。在二审中，京安公司与承彩公司就该案案由究竟应为何产生争议。

【法院认为】

法院在判决时认为：关于该案案由，股东资格确认纠纷是指股东与股东之

间，或者股东与公司之间就是否具备股东资格产生争议而提起的诉讼。该案宝恒公司因与京安公司就深圳市联华企业发展有限公司（以下简称联华公司）的股权归属问题产生纠纷，遂起诉京安公司，请求确认京安公司名义持有的联华公司 60% 的股权为其所有。根据宝恒公司的诉讼请求及所主张的事实和理由，宝恒公司是依据《融资担保协议书》和《股权名义持有协议》的约定，请求京安公司返还用于融资担保而登记在京安公司名下的联华公司 60% 的股权，其本质是宝恒公司与京安公司之间因合同的履行而产生的纠纷，故该案应定性为合同纠纷。宝恒公司的诉请不涉及公司股东资格确认问题，原审法院将该案定性为股东资格确认纠纷不当，二审法院予以纠正。

（二）股东是否出资、出资是否瑕疵不能成为判断股东资格的唯一标准

【案例来源】

案例名称：武汉冷储物流管理有限公司、昆明食品（集团）冷冻冷藏有限公司股东资格确认纠纷案

审理法院：最高人民法院

案　　号：（2019）最高法民终 1149 号

【争议点】

武汉冷储物流管理有限公司（以下简称武汉冷储公司）与昆明食品（集团）冷冻冷藏有限公司（以下简称冷冻冷藏公司）、昆明食品（集团）民联工贸有限公司（以下简称民联工贸公司）、昆明食品（集团）采购批发有限公司（以下简称采购批发公司）、唐某峰等因股东资格确认纠纷产生诉讼。该案历经云南省高级人民法院一审和最高人民法院二审两个阶段。在二审中，当事人就股东资格问题产生争议。

【法院认为】

法院在判决时认为：从该案看，是否具有成为股东的意思表示是当事人是不是公司股东的重要标准；公司章程或股东名册中是否对股东进行记载在股东资格认定中具有法律效力；股东是否出资，出资瑕疵不能成为否认股东资格的唯一标准。

（三）股东资格确认纠纷中，有限责任公司隐名股东想要转化为显名股东，仍需要依法履行法定程序，在其他股东过半数不同意的情况下，实际出资的隐名股东要求确认股东资格的请求不能得到支持

【案例来源】

案例名称：天津虹联创业投资有限公司、天津安捷医院有限公司股东资格确认纠纷案

审理法院：天津市高级人民法院

案　　号：（2018）津民终 361 号

【争议点】

天津虹联创业投资有限公司（以下简称虹联公司）与天津安捷医院有限公司（以下简称安捷医院）、韩某玉、武某、马某菊、唐某珍、马某芬，原审第三人天津亚得置业发展集团有限公司（以下简称亚得置业）、王某元、李某仁等人因股东资格问题产生诉讼。该案历经天津市第一中级人民法院一审和天津市高级人民法院二审两个阶段。在二审中，当事人就案涉能否将隐名股东转化为显名股东问题产生争议。

【法院认为】

法院在判决时认为，《公司法司法解释（三）》第 24 条第 3 款规定："实际出资人未经公司其他股东半数以上同意，请求公司变更股东、签发出资证明书、记载于股东名册、记载于公司章程并办理公司登记机关登记的，人民法院不予支持。"该条司法解释是关于公司实际出资人取得股东资格的规定。在公司的名义股东与实际出资人不一致的情形下，实际出资人与名义股东之间有关投资权益的约定，属于双方之间的内部约定，仅对合同双方产生约束力。如果实际出资人主张公司办理变更股东、签发出资证明书等，其请求就突破了双方之间合同约定的范畴。为了保证有限责任公司的人合性，维护股东之间的相互了解、信任关系，《公司法司法解释（三）》对于实际出资人的显名化问题，即隐名股东转化为显名股东作出了限制性规定，要求公司其他股东半数以上同意。如果其他股东过半数不同意，则股权仍然归属于原显名股东。该规定旨在维护有限责任公司股东之间良好的信赖关系，保障有限责任公司股东之间的合作及公司的日常经营和良性运行。另外，虹联公司与案外人武某强签订的《委托持股协议》，只对虹联公司与武某强产生法律约束力，并不能约束协议双方

之外的公司其他股东。虹联公司现以其为安捷医院的实际出资人为由，在武某强去世后要求确认股东资格并办理登记手续，仍需依法履行法定程序。在安捷医院的其他股东马某芬、唐某珍均明确表示不同意的情况下，虹联公司的诉讼请求缺乏法律依据，天津市高级人民法院不予支持。

（四）确认股东资格诉讼案件中，实际出资人与名义股东之间，实际出资人可以以其实际履行了出资义务为由向名义股东主张权利的，人民法院应予支持

【案例来源】

案例名称：康某柱与刘某芳、樊某军股东资格确认纠纷案

审理法院：湖南省高级人民法院

案　　　号：（2019）湘民再 505 号

【争议点】

康某柱与刘某芳、樊某军、衡东县金马汽车综合服务有限公司（以下简称金马公司）等因股东资格确认纠纷产生诉讼。该案历经湖南省衡东县人民法院一审、湖南省衡阳市中级人民法院二审以及湖南省高级人民法院再审三个阶段。在再审中，当事人就案涉不具有股东资格的实际出资人能否主张股东权利问题产生争议。

【法院认为】

法院在判决时认为：《公司法司法解释（三）》第 24 条之规定明确以实际出资为基础确认股东权利。从原审查明的事实来看，刘某芳以樊某军的名义进行投资，是 40 万元本金的实际出资人，而 114 246 元是上述 40 万元产生的收益，系法定孳息，同属刘某芳所有，故应认定刘某芳系涉案的金马公司名下 114 246 元股权的实际出资人。因金马公司对刘某芳以隐名股东身份享有相应股东权益不持异议，故对刘某芳请求确认其享有樊某军在金马公司名下的 114 246 元投资权益，法院予以支持，但刘某芳在未经金马公司其他股东半数以上同意的情况下，不能仅依此进行股权变更登记。

（五）确认股东资格诉讼案件中，由公司住所地人民法院享有管辖权

【案例来源】

案例名称：周某强、达龙有限公司股东资格确认纠纷案

审理法院：广东省高级人民法院

案　　号：（2016）粤民终 1897 号

【争议点】

周某强因与东莞市虎门龙眼乡镇企业发展公司（以下简称龙眼公司）、东莞市虎门镇龙眼社区居民委员会（以下简称龙眼居委会）、达龙有限公司（以下简称达龙公司）、东莞港龙机动车修配有限公司（以下简称港龙公司）因股东资格确认纠纷产生诉讼。该案历经广东省东莞市中级人民法院一审和广东省高级人民法院二审两个阶段。在二审中，当事人就管辖权问题产生争议。

【法院认为】

法院在判决时认为：该案为股东资格确认纠纷，因达龙公司系在我国香港特别行政区注册登记的有限公司，故该案属于涉港股东资格确认纠纷。关于管辖权，依照《民事诉讼法》第 26 条关于"因公司设立、确认股东资格、分配利润、解散等纠纷提起的诉讼，由公司住所地人民法院管辖"的规定，港龙公司住所地为东莞市，为一审法院辖区，故一审法院对案件享有管辖权；关于准据法，《中华人民共和国涉外民事关系法律适用法》（以下简称《涉外民事关系法律适用法》）第 3 条规定，"当事人依照法律规定可以明示选择涉外民事关系适用的法律"，当事人在一审法庭辩论终结前一致选择适用中华人民共和国内地法律作为解决争议的准据法，符合该规定，一审法院确定以中华人民共和国内地法律作为案件解决争议的准据法。

四、结　语

股东资格是各民事主体作为公司股东的一种身份和地位。股东资格的取得需要具备相关形式条件与实质条件。但在实务中，这些条件常常不完全具备，如何通过不完整的证据来判断股东资格，就成为司法实践中必须解决的问题。首先，在股东资格确认纠纷中，由公司住所地的人民法院依法行使管辖权。应当注意的是，股东与股东之间，或者股东与公司之间就是否具备股东资格产生争议而提起的诉讼都为股东资格确认之诉。在股东确认之诉中，股东的出资瑕疵不能成为否认股东资格的唯一标准。同时，当实际出资人与名义股东之间产生纠纷，实际出资人可以以其实际履行了出资义务为由向名义股东主张权利；隐名股东转化为显名股东，必须依法履行法定程序。

第九节　公司决议效力瑕疵之诉

一、导　论

现行《公司法》第22条对公司决议效力瑕疵之诉制度作出了规定，该制度确立于2005年的《公司法》。《公司法司法解释（四）》第1条至第6条对其具体内容予以细化，并增加了决议不成立的情形。公司决议效力瑕疵之诉是指公司的股东（大）会、董事会的会议内容及程序违反法律、行政法规以及公司章程时有关主体提起诉讼请求确认公司决议无效、不成立以及撤销公司决议的诉讼。从立法上来看，可以将其分为决议无效之诉、决议不成立之诉和决议可撤销之诉三种诉讼类型，前两类为确认之诉，后一类为形成之诉。[①] 但在司法实践中，对其具体适用的问题，还处于进一步探索的阶段，本节期待通过对我国案例的研究来指导司法实践。本节以公司决议效力瑕疵之诉的案件裁判文书为研究对象，以2017年以来人民法院作出的相关裁判文书为主要范围，归纳、提炼公司决议效力瑕疵之诉裁判的理念和趋势。

截至2020年2月，在中国裁判文书网中输入"公司决议纠纷"（民事案由）检索出民事裁判文书10 053篇，其中，由最高人民法院裁判的有25篇，由高级人民法院裁判的有516篇，本节选取其中6篇典型案例梳理其裁判规则。在具体案例的选取上，本节遵循以下"三个优先"原则。第一，优先选择审判层级较高的裁判文书。第二，优先选择中国裁判文书网公布的裁判文书。第三，优先选择审判日期较近的裁判文书。通过形式和内容两个方面的筛选，本节最终选择（2018）川民申511号、（2019）最高法民再152号、（2017）闽民申3120号、（2018）京民申3451号、（2017）苏民再124号、（2017）豫民再226号等6篇裁判文书作为本节研究对象，其中，由最高人民法院裁判的有1篇，

[①]　周翠：《公司决议诉讼的功能定位与程序机制》，载《中外法学》2019年第3期。

由高级人民法院裁判的有 5 篇，裁判日期为 2019 年的案例有 1 篇。

二、公司决议效力瑕疵之诉的基本理论

（一）公司决议效力瑕疵之诉立法类型之划分

综观世界立法，公司决议效力瑕疵之诉的类型划分主要呈现出两种不同的观点：一种观点认为应当以决议瑕疵的外观形式为判断基准，依据瑕疵决议违反法律以及公司章程的内容和程序不同将决议瑕疵分为两种不同的类型。即内容违反法律或章程的构成决议无效的事由，程序违反法律或章程的构成可撤销事由，①此为"二分法"。德国便采用"二分法"，且对许多大陆法系国家的立法例产生了影响。另一种观点是在原有"二分法"的基础上加入决议不成立构成"三分法"，日本系最早采用此种划分方式的国家。

从现行立法来看，我国采用"三分法"之模式，将公司决议效力瑕疵之诉分为三种类型，分别为决议无效之诉、决议不成立之诉和决议可撤销之诉。

（二）公司决议效力瑕疵之诉的适格当事人

1. 公司决议无效及不成立之诉的适格原告。在此两种类型的诉讼中，对原告是否适格的认定存在不同的见解。一种观点认为只要与公司决议存在直接的利害关系，即为适格原告。另一种观点认为，公司决议系公司内部事务，应当将决议无效及不成立之诉的原告范围界定为公司的内部人员即股东以及董事、监事，而公司以外的人不具有诉的利益。我国《公司法司法解释（四）》采用列举方式，认为适格原告包括股东、董事、监事，但在法条后仍保留了一个等字。但高级管理人员、公司员工、公司债权人等相关主体是否涵盖在内仍存有争议。

2. 公司决议撤销之诉的适格原告。世界上的主要国家和地区对公司决议撤销之诉的适格原告的争议主要集中在：是否包括董事以及监事、具备股东资格的时间点系起诉时还是决议形成时，是否应就股东表决权、持股数量及投票情况的不同而对其的原告资格予以限制，等等。根据我国《公司法司法解释

---

① 冯文鹏：《公司决议效力瑕疵制度研究》，河北大学 2019 年硕士学位论文。

（四）》第 2 条之规定，股东系享有撤销权的唯一主体，①且必须是于起诉时便已具备股东资格。可见，我国公司决议撤销之诉的适格原告的范围较为狭窄与严格。

3.公司决议撤销之诉的适格被告。对于公司决议效力瑕疵之诉的被告问题，有学者认为，应当考虑公司决议瑕疵产生的原因，分别以会议的召集人、提案人、投赞成票者为被告。也有学者认为公司决议系公司独立的意思表示，公司理应成为被告。我国《公司法司法解释（四）》第 3 条也明确规定，对于公司决议效力瑕疵之诉应当列公司为被告。这样的规定彰显了公司的独立人格，且有利于管辖法院的明确。此外，在一审法庭辩论终结前，其他有原告资格的人以相同的诉讼请求申请参加上述规定诉讼的，可以列为共同原告。

（三）提起公司决议效力瑕疵之诉的事由

1.提起决议不成立之诉的事由。

（1）公司未召开会议。在未召开股东（大）会的情形下，若公司决议不存在，则就无法谈及决议有效与否，或者是否能够撤销的问题。此种情形往往是由于公司内部管理者伪造股东签名、决议造成的，严重侵害了其他股东、董事以及公司的利益，其不具备决议成立的基本要件，系严重的程序违法，决议因此不能成立。我国《公司法司法解释（四）》第 5 条第（1）项对此作出了规定，但对于董事会能否适用该规定，本文认为从体系解释的原则出发，作为公司的常设机构，董事会也极为重视决议的效力，因此也应当适用该项规定。

（2）会议对未决议事项进行表决。我国《公司法司法解释（四）》第 5 条第（2）项之规定将会议对未决议事项进行表决作为决议不成立之诉的事由之一，股东（大）会、董事会对未决议事项表决，具体是指如下两种情况：一是虽然公司依照法定程序召开了会议，但最终没有表决通过任何决议，而决议书系会后由相关人员代替股东或者董事签名形成；二是会议依照法定程序召开，但对其中的一部分决议进行表决，而对另一部分没有进行表决，最终形成的决议中包含了未表决事项。②第一种情况必然导致决议不成立，而第二种情况，部分事项未表决并不当然致使整个决议不成立，需对决议中的具体事项加以

---

① 丁勇：《组织法的诉讼构造：公司决议纠纷诉讼规则重构》，载《中国法学》2019 年第 3 期。
② 冯文鹏：《公司决议效力瑕疵制度研究》，河北大学 2019 年硕士学位论文。

判断。

（3）会议出席人数未达标。为了体现公司决议之团体性以及保障股东的利益，各国一般都规定参加股东会的股东必须达到法定的人数或者出席会议的股东所持表决权需达至一定比例，股东会方可依法召开，会议才能通过有效的决议。根据我国《公司法司法解释（四）》第5条第（3）项之规定，会议出席人数不达标是指出席会议的人数或者股东所持表决权不符合公司法或者公司章程的规定。

（4）同意票数未达标。我国《公司法》采用了世界各国通行的表决模式，将股东（大）会的决议事项分为普通多数决事项和绝对多数决事项。不同之处在于我国针对股份有限公司和有限责任公司分别作出了不同的规定。根据我国《公司法司法解释（四）》第5条第（4）项规定，若股东所持表决权不符合《公司法》规定的，则决议不成立。

（5）其他情形。我国《公司法司法解释（四）》第5条第（5）项作了兜底性规定，这为今后立法的进一步明确与司法实践中的适用皆留下了空间。

2. 提起决议撤销之诉的事由。我国《公司法》第22条第2款①规定了公司决议撤销之事由。公司决议撤销的前提是决议已成立。较决议不成立而言，决议撤销的违法程度显然更低。提起决议撤销之诉的事由主要包括召集程序或表决方式存在瑕疵、决议内容违反章程等。但并非所有违反法律或公司章程规定的程序皆可成为撤销决议的理由，若会议的召集程序或是表决方式仅存在轻微的瑕疵，并且未对决议产生实质性的影响，则不应撤销。

3. 提起决议无效之诉的事由。根据我国《公司法》第22条②的规定，决议无效之诉是指因决议内容违反法律或行政法规而使公司决议自始不发生任何效力的诉讼。根据强制力的不同，我国民事法律规范可以分为两类：强制性法律规范与任意性法律规范。任意性法律规范起到补充与指引的作用，而强制性法律规范则要求当事人必须遵守。本书认为，只有在违反强制性法律规范时，才能认定决议无效。

---

① 《公司法》第22条第2款规定："股东会或者股东大会、董事会的会议召集程序、表决方式违反法律、行政法规或者公司章程，或者决议内容违反公司章程的，股东可以自决议作出之日起六十日内，请求人民法院撤销。"
② 《公司法》第22条第1款规定："公司股东会或者股东大会、董事会的决议内容违反法律、行政法规的无效。"

三、关于公司决议效力瑕疵之诉的案例及裁判规则

（一）决议有效之诉系公司决议效力瑕疵之诉的类型之一

【案例来源】

案例名称：北川金翔汽车内饰件有限公司与王某玲公司决议效力确认纠纷案

审理法院：四川省高级人民法院

案　　　号：（2018）川民申 511 号

【争议点】

北川金翔汽车内饰件有限公司（以下简称金翔公司）与王某玲因公司决议效力确认纠纷引发诉讼，该案历经四川省北川羌族自治县人民法院一审、四川省绵阳市中级人民法院二审以及四川省高级人民法院再审三个阶段。在再审中，当事人就石某金能否提起决议有效之诉的问题产生争议。

【法院认为】

法院在裁判时认为：第一，判断原告能否提起确认股东会决议有效之诉的关键在于原告对此是否具有诉的利益。诉的利益是指当事人所提起的诉中应具有的法院对该诉讼请求作出判决的必要性和实效性。就该案而言，原告石某金起诉要求确认 2016 年 10 月 16 日《股东会决议》有效，被告金翔公司及第三人王某玲在该案诉讼中均对决议效力提出异议，原告与被告、第三人之间的主张形成对抗，人民法院有必要对案涉股东会决议是否有效作出认定。且《公司法》和《民事诉讼法》并未将确认股东会决议有效之诉排除在法院的受理范围之外，在金翔公司未能按照股东会决议的内容办理相应的工商变更登记手续、《股东会决议》的履行存在障碍的情形下，石某金的利益无法得到保障，其提起该案诉讼要求确认案涉股东会决议有效具有诉的利益，符合人民法院立案条件，一审法院受理该案并无不当。金翔公司关于应驳回石某金起诉的主张不能成立，四川省高级人民法院不予支持。

（二）股东在提起决议无效之诉的同时，又提起诉讼请求确认该决议所认定的股东权益归其所有的，人民法院均应立案受理

【案例来源】

案例名称：甘肃省国营八一农场、金昌水泥（集团）有限责任公司公司决议效力确认纠纷案

审理法院：最高人民法院

案　　　号：（2019）最高法民再 152 号

【争议点】

甘肃省国营八一农场（以下简称八一农场）、金昌水泥（集团）有限责任公司（以下简称金泥公司）因公司决议效力确认纠纷引发诉讼，该案历经甘肃省金昌市中级人民法院一审、甘肃省高级人民法院二审以及最高人民法院再审三个阶段。在再审中，当事人就八一农场的起诉是否符合受理条件产生争议。

【法院认为】

根据《公司法》第 22 条之规定，股东会决议存在无效因素时，股东可以请求认定股东会决议无效。对于上述争议，法院在裁判时认为，八一农场作为金泥公司的股东，享有请求认定公司股东会决议无效的诉权，其起诉请求确认金泥公司股东决议无效及办理相应的变更登记，符合《民事诉讼法》规定的受理条件，应依法受理。根据《公司法》第 34 条关于有限责任公司股东享有优先认缴新增资本权利的规定，八一农场认为金泥公司增资时侵犯其股东权益，依法应享有诉讼权利。八一农场在提起股东会决议无效之诉的同时，又请求确认该股东会决议增资对应的股东权益归其所有，两个诉讼请求虽然是相互矛盾的，但八一农场提起的两个诉，诉讼要素齐全，均符合《民事诉讼法》规定的立案标准，当事人可以在前一个诉的请求不被支持时，退一步选择主张后一个诉的诉讼请求，对当事人的两个诉，人民法院均应立案受理。

（三）公司决议效力瑕疵之诉的适格原告系与决议有法律上直接利害关系的股东

【案例来源】

案例名称：陈某华与福建顺华投资集团有限公司决议效力确认纠纷案

审理法院：福建省高级人民法院

案　　号：（2017）闽民申 3120 号

【争议点】

陈某华与福建顺华投资集团有限公司（以下简称顺华公司）因公司决议效力确认纠纷引发诉讼，该案历经福建省福州市台江区人民法院一审、福建省中级人民法院二审以及福建省高级人民法院再审三个阶段。在再审中，当事人就陈某华是否系适格原告产生争议。

【法院认为】

法院在裁判时认为，《福建盈悦投资管理有限公司（以下简称盈悦公司）股东会决议》《盈悦公司股权转让协议》是盈悦公司的股东福建路缘建设工程有限公司（以下简称路缘公司）、顺华公司与林某祥之间的股东会议与股权转让协议，而陈某华虽然是路缘公司的股东和董事长，但并非盈悦公司的股东，因此，陈某华主张的《盈悦公司股东会决议》《盈悦公司股权转让协议》无效及其相关诉求，与陈某华非股东身份不符，也没有证据证明该股东会决议及协议与陈某华有直接利害关系，生效裁定认定其作为原告的诉讼主体不适格，认定事实清楚、适用法律正确。

（四）违反法律对参会人员资格的规定的，属于《公司法司法解释（四）》第五条规定的决议不成立的其他情形，构成决议不成立之诉的事由之一

【案例来源】

案例名称：北京飞腾房地产开发有限公司与李某珍公司决议效力确认纠纷案

审理法院：北京市高级人民法院

案　　号：（2018）京民申 3451 号

【争议点】

北京飞腾房地产开发有限公司（以下简称飞腾公司）与李某珍因公司决议效力确认纠纷引发诉讼，该案历经北京市怀柔区人民法院一审、北京市第三中级人民法院二审以及北京市高级人民法院再审三个阶段。在再审中，当事人就决议是否成立产生争议。

【法院认为】

根据法律和飞腾公司章程规定，董事长由董事会选举产生。法院在裁判时认为，该案中，对于本应属于董事会选举任免董事长事项，由非董事会成员参

会，并进行表决，即会对董事的表决意向产生本不应产生的影响，亦不符合公司法和公司章程规定的出席会议的人数要求。据此，二审法院认定上述决议因违反法律及公司章程规定并未成立，于法有据，所作改判结果应予维持。综上，飞腾公司的再审申请不符合《民事诉讼法》第 200 条规定的情形。

（五）在决议无效之诉中，判断股东会决议有效与否的前提是股东会决议已经成立或存在

【案例来源】

案例名称：马某勇等与南京峰缘光学仪器有限公司公司决议纠纷案

审理法院：江苏省高级人民法院

案　　号：（2017）苏民再 124 号

【争议点】

马某勇等与南京峰缘光学仪器有限公司因公司决议纠纷引发诉讼，该案历经江苏省南京市江宁区人民法院一审、江苏省南京市中级人民法院二审以及江苏省高级人民法院再审三个阶段。在再审中，当事人就股东会决议是否有效产生争议。

【法院认为】

法院在裁判时认为，判断股东会决议是否有效的前提是股东会决议已经成立或存在，如果股东会决议本身不成立或不存在，当然无法对其内容作是否违反法律、行政法规的效力判断。依照《公司法》等相关法律规定，有限责任公司的股东会议，应当由符合法律规定的召集人依照法律或公司章程规定的程序，召集全体股东出席，并由符合法律规定的主持人主持会议。股东会议需要对相关事项作出决议时，应由股东依照法律、公司章程规定的议事方式、表决程序进行决议，达到法律、公司章程规定的表决权比例时方可形成股东会决议。

（六）若公司章程相关条款与法律、行政法规的规定未构成实质性冲突，则人民法院不能因此认定根据公司章程形成的决议无效可撤销

【案例来源】

案例名称：河南林都实业有限公司与河南鄢陵花木交易中心有限公司等决议纠纷案

审理法院：河南省高级人民法院

案　　号：（2017）豫民再 226 号

【争议点】

河南林都实业有限公司与河南鄢陵花木交易中心有限公司（以下简称花木公司）等因决议纠纷引发诉讼，该案历经河南省许昌市鄢陵县人民法院一审、河南省许昌市中级人民法院二审以及河南省高级人民法院再审三个阶段。在再审中，当事人就股东会决议是否应当撤销产生争议。

【法院认为】

《公司法》第 40 条规定："有限责任公司设立董事会的，股东会会议由董事会召集，董事长主持；董事长不能履行职务或者不履行职务的，由副董事长主持；副董事长不能履行职务或者不履行职务的，由半数以上董事共同推举一名董事主持。有限责任公司不设董事会的，股东会会议由执行董事召集和主持。董事会或者执行董事不能履行或者不履行召集股东会会议职责的，由监事会或者不设监事会的公司监事召集和主持；监事会或者监事不召集和主持的，代表十分之一以上表决权的股东可以自行召集和主持。"花木公司章程第 17 条规定："股东会会议由董事长召集和主持；董事长不能履行职务或者不履行职务的，由监事召集和主持；监事不召集和主持的，代表十分之一表决权的股东可以自行召集和主持。"《公司法》规定股东会会议的召集人依次为董事会或者执行董事、监事会或者监事、代表十分之一以上表决权的股东；主持人依次为董事长、副董事长、半数以上董事共同推荐的一名董事、监事会或者监事、代表十分之一以上表决权的股东。花木公司章程规定的股东会会议的召集和主持人依次为董事长、监事、代表十分之一表决权的股东。法院在裁判时认为，花木公司章程与《公司法》的相关规定尽管不一致，但并未构成实质性冲突，故花木公司章程及相关条款并不因此而无效。

四、结　语

公司决议效力瑕疵之诉除具备一般诉讼的特征外，也存在着诸多特殊之处。虽然《公司法司法解释（四）》未明确是否可以提起确认决议有效之诉，但从诉的利益以及确认之诉的本质出发，应当将此种类型涵盖于内。在司法实践中，股东在提起决议无效之诉的同时，又提起诉讼请求确认该决议所认定的股东权益归其所有的，由于两个诉的诉讼要素齐全，符合起诉条件，人民法院均应立案受理。具体到诉讼中，公司决议效力瑕疵之诉的适格原告需满足两个条件：一需为股东；二需与决议存在着法律上的直接利害关系。《公司法司法解释（四）》第1条第（5）项作了兜底性规定，法院结合司法实务进行了许多"等"外探索，违反法律对参会人员资格的规定的便是其中之一。在决议无效之诉中，股东会决议已经成立或存在系判断股东会决议有效与否的前提要件。此外，若公司章程与《公司法》相关规定不一致，但并未构成实质性冲突的，公司章程及相关条款并不因此而无效，人民法院亦不能因此认定根据公司章程所形成的决议无效可撤销。

第十节　有限责任公司股权回购之诉

一、导　论

　　股权回购是指在特定的情况下，有限责任公司的原股东全部或部分将其出资收回，公司成为其自己的股东的过程。现行《公司法》第 74 条对异议股东可以请求公司回购其股权的三种情形作出了规定，此外，该条还明确了提起诉讼的前置程序并对起诉的期限进行了限制，由此确立了股权回购诉讼的法律基础。但对其具体适用的问题，实务上还处于进一步探索的阶段，本节期待通过对我国案例的研究来指导司法实践。本节以有限责任公司股权回购之诉的案件裁判文书为研究对象，以 2014 年以来人民法院作出的相关裁判文书为主要范围，归纳、提炼有限责任公司股权回购之诉裁判的理念和趋势。

　　截至 2020 年 2 月，在中国裁判文书网中输入"请求公司收购股份"（民事案由）检索出民事裁判文书 1621 篇，其中，由最高人民法院裁判的有 17 篇，由高级人民法院裁判的有 110 篇，由中级人民法院裁判的有 396 篇，本节选取其中 6 例典型案例梳理其裁判规则。在具体案例的选取上，本节遵循以下"三个优先"原则。第一，优先选择审判层级较高的裁判文书。第二，优先选择中国裁判文书网公布的裁判文书。第三，优先选择审判日期较近的裁判文书。通过形式和内容两个方面的筛选，本节最终选择（2020）最高法民申 1191 号、（2017）浙 0604 民初 2088 号、（2018）黑 01 民终 4958 号、（2014）最高法民申字第 2154 号、（2015）苏商再提字第 00096 号、（2019）桂 10 民终 247 号等 6 篇裁判文书作为本节研究对象，其中，由最高人民法院裁判的 2 篇，由高级人民法院裁判的 1 篇，裁判日期为 2018 年（含）之后的案例有 3 篇。

二、有限责任公司股权回购之诉的基本理论

（一）有限责任公司股权回购的方式

1. 法定条件下的强制要求回购。有限责任公司股权回购方式的设定涉及公司与股东、债权人、股东与股东、债权人之间的利益平衡问题。我国实行法定资本制，需严格以"资本维持"为总指导原则。在该原则的指导之下，仅当法律有明文规定允许回购的情形发生时方能进行回购，且此种回购为单向的，只能由股东向公司请求。我国现行《公司法》第74条规定，即在特定的条件下，异议股东享有股权回购请求权，这主要系出于保护小股东利益的考量，进而达到股东间利益平衡的状态。因此，在立法上，我国有限责任公司股权回购模式属于"法定条件下的强制要求回购"[1]。

2. 法定条件下的协议回购。由于立法上我国对异议股东可以请求公司回购其股权的情形作了完全式列举，且法定条件的设置主要是为了确保股权回购时债权人的利益不受损害，因而在其他合理情况下有限责任公司能否请求回购股权仍然存有较大争议。本文认为，民商法领域实行"法不禁止即自由"的原则，因此有限责任公司可以以其他合法的方式回购自己股权，如通过协议回购。

通过对法定下的协议回购的条件进行法定的设置，能够在一定程度上克服完全不允许约定回购的种种弊端，进而也能更好地兼顾债权人利益与股东的利益诉求，创造出一个更加自由、高效的资本流动环境。

（二）有限责任公司股权回购之诉的事由

根据我国现行《公司法》第74条的规定采用完全列举的方式明确了有限责任公司异议股东请求公司回购股权的情形。主要有三：一为公司连续5年盈利却未分红的；二为公司合并、分立或者转让主要财产的；三为公司根据章程规定该解散但大股东操纵股东会修改章程使公司继续存续的。此三种情形构成了有限责任公司股权回购之诉的法定事由。此外，根据前文所述，在《公司

---

[1]　余宗伟：《现行法律框架下有限责任公司股份回购制度的适用》，华东政法大学2016年硕士学位论文。

法》第74条规定的情形之外，公司和股东还可以通过约定的方式另行确定公司回购股权的其他情形。

（三）有限责任公司股权回购之诉的前置程序

结合我国现行《公司法》第74条之规定，根据文义解释，当出现该条规定的情形时，股东若想通过诉讼的方式请求公司回购其股权，则应当先与公司对此进行充分协商。唯有当公司怠于协商时，股东方可向提起异议股东股权回购诉讼，且必须于决议作出之日起90日之内起诉。可见，协商系有限责任公司股权回购之诉的前置程序。

（四）有限责任公司股权回购之诉的司法估价

股权回购价格的确定可以由异议股东和公司以意思自治理念为指导进行协商，将双方达成合意前提下所确定的价格作为回购价格，此时便无司法估价适用之余地。若双方不能就价格达成一致协议，则在一定的期限内，由法院根据股东或者公司的申请来确定最终的回购价格，此过程便是司法估价的过程，系确定股权回购价格的最后渠道。在有限责任公司股权回购之诉中，股东提起诉讼往往并非由于公司对股东是否具有股权回购请求权存在质疑，进而提起确认之诉，而是因为双方对回购事宜存在分歧，而回购事宜的核心问题便是回购价格的确定。在此意义上，股权回购诉讼便是司法估价诉讼。[1]

我国现行《公司法》第74条并未规定股权回购制度的司法估价，在实践中股东和公司为了自身利益，其提出的价格极有可能超出合理价格的范围，为了解决上述矛盾，本文认为我国应当规定司法估价制度，法官应当在双方辩论的基础之上，以保护小股东为原则，同时兼顾公平与效率，作出自己独立的判断。

---

[1] 吴静：《论股权回购诉讼中的司法估价》，中国政法大学2008年硕士学位论文。

三、关于有限责任公司股权回购之诉的案例及裁判规则

（一）《公司法》第142条可以适用于有限责任公司

【案例来源】

案例名称：新余甄投云联成长投资管理中心与广东运货柜信息技术有限公司新增资本认购纠纷、买卖合同纠纷案

审理法院：最高人民法院

案　　　号：（2020）最高法民申1191号

【争议点】

新余甄投云联成长投资管理中心与广东运货柜信息技术有限公司因新增资本认购纠纷、买卖合同纠纷引发诉讼，该案历经江西省新余市中级人民法院一审、江西省高级人民法院二审以及最高人民法院再审两个阶段。在再审中，当事人就《公司法》第142条是否可以适用于有限责任公司产生争议。

【法院认为】

法院在裁判时认为：关虽然《公司法》第142条规定是在股份有限公司的标题项下，但并未禁止适用于有限责任公司。关于股权回购协议是否有效的司法态度也很明显。《九民会纪要》第5条已明确，"投资方请求目标公司回购股权的，人民法院应当依据公司法第三十五条关于'股东不得抽逃出资'或者第一百四十二条关于股份回购的强制性规定进行审查。经审查，目标公司未完成减资程序的，人民法院应当驳回其诉讼请求"。可以看出《九民会纪要》在总结以往审判经验的基础上也认为《公司法》第142条可以适用于有限责任公司。故原判决适用该条认定《补充协议》的效力并无不当。

（二）股权回购条款是股权转让双方之间的约定，回购条件成就与否应依合同约定及相应客观事实认定，不能以是否经股东会讨论同意并形成决议，继而对公司股东名册、工商登记情况作相应变更作为判断股权回购条款是否有效、股权回购条件是否成就的依据

【案例来源】

案例名称：张某涛与哈尔滨东北泵业有限责任公司请求公司收购股份纠纷案

审理法院：浙江省绍兴市上虞区人民法院

案　　号：（2017）浙 0604 民初 2088 号

【争议点】

浙江龙信股权投资合伙企业（有限合伙）与上海正赛联创业投资有限公司（以下简称正赛联公司）因股权转让纠纷诉讼至浙江省绍兴市上虞区人民法院。在审理过程中，当事人就股权回购条件是否成就产生争议。

【法院认为】

被告正赛联公司另抗辩因尚未召开股东会讨论并形成决议，故股权回购条件未成就。法院在裁判时认为，股权回购条款是股权转让双方之间的约定，回购条件成就与否应依合同约定及相应客观事实认定；是否经股东会讨论同意并形成决议，继而对公司股东名册、工商登记情况作相应变更，是股权回购条款的履行问题，不能以此作为判断股权回购条款是否有效、股权回购条件是否成就的依据，故对被告正赛联公司的该项抗辩意见该院不予采纳。

（三）在有限责任公司股权回购之诉中，股东对于公司经营状况享有知情权，其应当举证证明存在股东请求公司收购其股权的法定情形

【案例来源】

案例名称：张某涛与哈尔滨东北泵业有限责任公司请求公司收购股份纠纷案

审理法院：黑龙江省哈尔滨市中级人民法院

案　　号：（2018）黑 01 民终 4958 号

【争议点】

张某涛与哈尔滨东北泵业有限责任公司（以下简称东北泵业公司）因请求公司收购股份纠纷引发诉讼，该案历经黑龙江省哈尔滨市道外区人民法院一审以及黑龙江省哈尔滨市中级人民法院二审两个阶段。在二审中，当事人就张某涛是否应当承担证明责任产生争议。

【法院认为】

根据《公司法》的规定，公司成立后，股东不得抽逃出资。有下列情形之一的，对股东会该项决议投反对票的股东可以请求公司按照合理的价格收购其股权：（1）公司连续 5 年不向股东分配利润，而公司该 5 年连续盈利，并且符合本法规定的分配利润条件的；（2）公司合并、分立、转让主要财产的；（3）公司章程规定的营业期限届满或者章程规定的其他解散事由出现，股东会

会议通过决议修改章程使公司存续的。该案中，张某涛作为东北泵业公司的股东，并无请求公司返还入股金的权利，且其也不符合《公司法》规定的股东请求公司收购股权的法定情形。张某涛上诉主张其对东北泵业公司的盈利情况没有举证能力，不应由其承担举证责任。法院在裁判时认为，张某涛作为东北泵业公司的股东，其对于公司经营状况有知情权，其应当举证证明存在股东请求公司收购其股权的法定情形，因张某涛未举示证据证明其主张，一审判决驳回其诉讼请求正确。

（四）非因自身过错未能参加股东会的股东，虽未对股东会决议投反对票，但对公司转让主要财产明确提出反对意见的，若其请求公司以公平价格收购其股权，则人民法院应予支持

【案例来源】

案例名称：袁某晖与长江置业（湖南）发展有限公司请求公司收购股份纠纷案

审理法院：最高人民法院

案　　　号：（2014）最高法民申字第 2154 号

【争议点】

袁某晖与长江置业（湖南）发展有限公司（以下简称长江置业公司）因请求公司收购股份纠纷引发诉讼，该案历经湖南省株洲市中级人民法院一审、湖南省高级人民法院二审以及最高人民法院再审三个阶段。在再审中，当事人就袁某晖是否有权请求长江置业公司回购其股权产生争议。

【法院认为】

2010 年 3 月 5 日，长江置业公司形成股东会决议，明确由沈某、钟某光和袁某晖三位股东共同主持工作，确认全部财务收支、经营活动和开支、对外经济行为必须通过申报并经全体股东共同联合批签才可执行，对重大资产转让要求以股东会决议批准方式执行。但是，根据长江置业公司与袁某晖的往来函件，在实行联合审批办公制度之后，长江置业公司对案涉二期资产进行了销售，该资产转让从定价到转让，均未取得股东袁某晖的同意，也未通知其参加股东会。关于袁某晖是否有权请求长江置业公司回购其股权的问题，法院在裁判时认为，根据《公司法》第 74 条之规定，对股东会决议转让公司主要财产投反对票的股东有权请求公司以合理价格回购其股权。该案从形式上看，袁

某晖未参加股东会，未通过投反对票的方式表达对股东会决议的异议。但是，
《公司法》第74条的立法精神在于保护异议股东的合法权益，之所以对投反对
票作出规定，意在要求异议股东将反对意见向其他股东明示。该案中袁某晖未
被通知参加股东会，无从了解股东会决议，并针对股东会决议投反对票，况
且，袁某晖在2010年8月19日申请召开临时股东会时，明确表示反对二期资
产转让，要求立即停止转让上述资产，长江置业公司驳回了袁某晖的申请，并
继续对二期资产进行转让，已经侵犯了袁某晖的股东权益。因此，二审法院依
照《公司法》第74条之规定，认定袁某晖有权请求长江置业公司以公平价格
收购其股权，并无不当。

（五）股东可以自股东会会议决议通过之日起90日内向人民法院起诉，
该90日的期限是股东行使股权回购起诉权的不变期限，不因任何事由而中
止、中断或者延长

【案例来源】

案例名称：李某骏与常州市创联生活用品有限公司请求公司收购股权纠
纷案

审理法院：江苏省高级人民法院

案　　　号：（2015）苏商再提字第00096号

【争议点】

李某骏与常州市创联生活用品有限公司因请求公司收购股权纠纷引发诉
讼，该案历经江苏省常州市钟楼区人民法院一审、江苏省常州市中级人民法院
二审以及江苏省高级人民法院再审三个阶段。在再审中，当事人就李某骏提起
诉讼是否超过法定期限产生争议。

【法院认为】

法院在裁判时认为：第一，根据《公司法》第74条的规定，公司章程规
定的营业期限届满或者章程规定的其他解散事由出现，股东会会议通过决议修
改章程使公司存续的，对股东会该项决议投反对票的股东可以请求公司按照合
理的价格收购其股权；自股东会会议决议通过之日起60日内，股东与公司不
能达成股权收购协议的，股东可以自股东会会议决议通过之日起90日内向人
民法院起诉。根据《最高人民法院关于适用〈中华人民共和国公司法〉若干问
题的规定（一）》第3条规定，股东要求公司回购股权，向人民法院提起诉讼

时，超过《公司法》规定期限的，人民法院不予受理。由此，该90日的期限应是股东行使股权回购起诉权的不变期限，该期限不因任何事由而中止、中断或者延长。

（六）在无法进行评估核实股权价格的情况下，人民法院应当根据公平原则以股权买受之初的价格为基数，同时结合近几年来公司会计年报的资产负债情况，酌定确定股权价格

【案例来源】

案例名称：陈某寿与广西登高（集团）田东水泥有限公司请求公司收购股份纠纷案

审理法院：广西壮族自治区百色市中级人民法院

案　　　号：（2019）桂10民终247号

【争议点】

陈某寿与广西登高（集团）田东水泥有限公司因请求公司收购股份纠纷引发诉讼，该案历经广西壮族自治区百色市田东县人民法院一审以及广西壮族自治区百色市中级人民法院二审两个阶段。在二审中，当事人就股权价格如何认定产生争议。

【法院认为】

上诉人作为出售股权一方，其主张要求被上诉人以合理的价格收购，但上诉人对其股权的价格没有相应证据证实，其所称合理价格的具体数额举证不能。法院在裁判时认为，在双方当事人对股权价格协商无法达成一致意见的情况下，应当通过委托评估机构进行股权价值评估。一审法院就此先后分别两次委托了评估机构启动评估事项，但因双方当事人均未能提供相应资料进行评估而致评估不能，一审法院已穷尽了价格认定程序。在无法进行评估核实股权价格的情况下，一审法院并没有简单地驳回上诉人的诉讼请求，而是根据公平原则以该案股权买受之初的价格为基数，结合被上诉人近几年来会计年报的资产负债情况，酌定以每股3元即原股价3倍的价格确定该案股权价格，较于双方当事人的诉求和抗辩意见公平合理。

四、结　语

在有限责任公司股权回购之诉中，对于股权回购条款的效力认定、证明责任分配、起诉期限、司法估价等问题在司法实践中逐渐形成了诸多可供参考的裁判规则。例如，虽然《公司法》第 142 条规定是在股份有限公司的标题项下，但其可以适用于有限责任公司。股权回购条款是股权转让双方之间的约定，回购条件成就与否应依合同约定及相应客观事实认定，不能以是否经股东会讨论同意并形成决议，继而对公司股东名册、工商登记情况作相应变更作为判断股权回购条款是否有效、股权回购条件是否成就的依据。

在有限责任公司股权回购之诉中，股东对于公司经营状况享有知情权，因此其具备相应的举证能力，应当举证证明存在股东请求公司收购其股权的法定情形。此外，股东可以自股东会会议决议通过之日起 90 日内向人民法院起诉，该 90 日的期限是股东行使股权回购起诉权的不变期限，不因任何事由而中止、中断或者延长。根据《公司法》第 74 条之规定，原则上，只有对股东会决议转让公司主要财产投反对票的股东才有权请求公司以合理价格回购其股权。但是，《公司法》第 74 条的立法精神在于保护异议股东的合法权益，之所以对投反对票作出规定，意在要求异议股东将反对意见向其他股东明示。因此，非因自身过错未能参加股东会的股东，虽未对股东会决议投反对票，但对公司转让主要财产明确提出反对意见的，若其请求公司以公平价格收购其股权，则人民法院应予支持。还需特别注意的是，在无法进行评估核实股权价格的情况下，人民法院应当根据公平原则以股权买受之初的价格为基数，同时结合近几年来公司会计年报的资产负债情况，酌情确定股权价格。

第十一节　公司清算之诉

一、导　论

公司清算是指在公司解散之后依《公司法》启动、开展并区别于公司破产、分立和合并等原因而进行的公司财产与债权债务之结清及核算活动。[1]《公司法》及《公司法司法解释（二）》对公司清算制度作了相关的规定，其中涵盖了公司自行清算、清算义务人、清算组成员的产生方式、清算组成员的职权、清算中公司的法律地位、强制清算、申请强制清算的条件、强制清算的清算期限、法院在此期间的职权、清算报告的确认以及相关的法律责任，等等。上述法律仅却公司清算之诉相关的部分问题作了原则性的规定，司法实务中遇到的一些问题仍缺乏相应的法律依据。比如许多公司在解散之后，清算义务人进行虚假清算、只散不算或未经清算非法注销公司，进而损害利害关系人的合法权益，同时也会引发公司在退出市场过程中的诸多问题。对于公司清单问题，本节期待通过对我国案例的研究来指导司法实践，并希望对此进行一些有益的探讨。本节以公司清算之诉的案件裁判文书为研究对象，以 2007 年以来人民法院作出的相关裁判文书为主要范围，归纳、提炼公司清算之诉裁判的理念和趋势。

截至 2020 年 2 月，在中国裁判文书网中输入"清算责任纠纷"（民事案由）检索出民事裁判文书 4288 篇，其中，由最高人民法院裁判的有 7 篇，由高级人民法院裁判的有 192 篇，由中级人民法院裁判的有 1154 篇，本节选取其中 5 篇典型案例梳理其裁判规则。在具体案例的选取上，本节遵循以下"三个优先"原则。第一，优先选择审判层级较高的裁判文书。第二，优先选择中国裁判文书网公布的裁判文书。第三，优先选择审判日期较近的裁判文书。通过

---

[1]　胡小林：《公司清算之诉研究》，湖南大学 2012 年硕士学位论文。

形式和内容两个方面的筛选，本节最终选择（2010）沪一中民四（商）终字第1302号、（2016）苏04民终87号、（2015）泰中民终字第01282号、（2008）泉民终字第748号、（2007）最高法民二终字第3号等5篇裁判文书作为本节研究对象，其中，由最高人民法院裁判的有1篇，裁判日期为2015年（含）之后的案例有2篇。

二、公司清算之诉的基本理论

（一）公司清算之诉的概念

综合考量并建立于理论界对公司清算之诉概念界定的多种学说之上，同时结合我国《公司法》及《公司法司法解释（二）》对公司清算之诉的相关规定，本文认为公司清算之诉，是指原告向法院起诉，请求法院对公司清算进行司法干预的诉讼。经过审理，法院可作出责令公司或清算义务人在一定期限内启动并组织清算的裁判。当公司或清算义务人拒绝履行该裁判时，法院可应原告或申请人的请求主持或指定清算，法院也可径行判决公司进入清算程序或指定清算人进行强制清算。

（二）公司清算之诉的诉由

1. 公司清算之诉诉由的基本内涵。公司清算之诉的诉由，是指在公司清算之诉中原告据以提起诉讼的理由。我国现行《公司法》第183条与《公司法司法解释（二）》第7条对此作出了规定，主要包括以下三种：一为公司或者清算义务人不履行清算义务，即公司解散后逾期不成立清算组进行清算；二为公司或者清算义务人怠于履行清算义务，即虽然成立清算组但故意拖延清算；三为公司或者清算义务人恶意履行清算义务，即违法清算可能严重损害债权人或者股东利益。上述三种情形构成了公司清算之诉的法定事由，因此当出现任一情形时，原告便可向人民法院寻求救济进而顺利完成公司的清算。对于未经合法清算办理法人注销登记是否可作为诉由？本文认为，只有在未经清算即办理注销登记，原公司仍具有进行清算的客观条件，债权人在选择撤销注销登记的情形下，方可提起公司清算之诉。①

2. 公司解散之诉与公司清算之诉诉由之间的区别和联系。公司解散之诉与公司清算之诉皆系为结束公司所提起的诉讼，旨在使公司顺利退出市场。但二者也存在诸多不同之处。第一，两诉保护的利益不同。公司解散之诉出现在公司无法继续经营或者继续经营违背股东之间由公司章程固定下来的约定，不解散公司有可能损害股东利益或违背公司股东的经营意愿的情形下。当公司出现解散事由却不解散时，虽然可能涉及公司多方利害关系人的权益，但主要遭受损害的为股东的利益。而对于公司清算之诉，其诉由强调公司或清算义务人不履行、怠于履行或者恶意履行清算义务的行为，损害公司股东或债权人的利益，将会或者已经给利害关系人造成了损害，其中主要是损害公司外部债权人的利益。第二，两诉的先后顺序不同。公司解散之诉并非随着公司清算之诉同时存在，只有当执行公司清算之诉的裁判结果后，该公司未能自行进行清算，此时才可能引起公司清算之诉。但二者同时存在时，必然是公司解散之诉在先，而公司清算之诉在后。

（三）公司清算之诉的当事人

1. 公司清算之诉的原告。公司清算之诉的原告需系适格原告。虽然公司清算之诉涉及包括公司、股东和债权人等在内的多方利害关系人，但是除需与案件具有利害关系外，还需符合法律的规定。公司清算的主要目的在于了结相关债权债务以便顺利终止法人的人格，但由于股东的有限责任使债权人的合法权益极有可能在清算过程中受到损害，因此为了降低交易的风险，在平衡股东与债权人利益的基础之上，我国《公司法》第 183 条和《公司法司法解释（二）》第 7 条赋予了债权人在法定的三种情形下提起公司清算之诉的诉权。除债权人具备公司清算之诉的原告资格，《公司法司法解释（二）》还赋予了特定情形下的股东提起公司清算之诉的诉权，即在公司或清算义务人不及时有效地履行清算义务且债权人不提起公司清算之诉的前提下，公司股东可以提起公司清算之诉。

2. 公司清算之诉的被告。公司清算之诉原告的诉讼请求是要求法院责令公司或清算义务人及时履行清算义务或者法院强制公司进入清算程序。因此其被

---

① 胡小林：《公司清算之诉研究》，湖南大学 2012 年硕士学位论文。

告应为公司或清算义务人。关于清算中公司的法律地位，根据我国《公司法》第 186 条第 3 款和第 189 条的规定，公司在清算期间，不得开展与清算无关的经营活动，且公司清算完成以后，需办理注销登记。这一规定表明在清算过程中，公司的法人人格仍然存续，其仍应以自己的名义享有权利、履行义务、承担责任以及参加诉讼活动①，清算组仅仅是代表公司参与民事活动，而并非公司清算之诉的当事人。清算义务人是指在公司解散时对公司负有依法组织清算的义务，并在公司未及时清算给相关权利人造成损害时依法承担相应责任的民事主体。当清算义务人自身的不作为或者恶意作为使原告合法权益遭受损害时，其以自己名义向法院提起诉讼时，清算义务人即应为被告。需要我们特别注意的是，公司清算之诉的诉讼类型为普通共同诉讼，因此其被告并非必须同时参与诉讼的共同被告。

三、关于公司清算之诉的案例及裁判规则

（一）有限责任公司的股东、股份有限公司的董事和控股股东，应当依法在公司被吊销营业执照后履行清算义务，不能以其不是实际控制人或者未实际参加公司经营管理为由免除清算义务

【案例来源】

案例名称：上海存亮贸易有限公司与蒋某东、王某明等买卖合同纠纷案

审理法院：上海市第一中级人民法院

案　　　号：（2010）沪一中民四（商）终字第 1302 号

【争议点】

上海存亮贸易有限公司（以下简称存亮公司）与蒋某东、王某明等因买卖合同纠纷引发诉讼，该案历经上海市松江区人民法院一审以及上海市第一中级人民法院二审两个阶段。在二审中，当事人就公司营业期限如何确定产生争议。

【法院认为】

存亮公司按约供货后，常州拓恒机械设备有限公司（以下简称拓恒公司）

---

① 陈丽丽：《清算中公司的诉讼主体地位及清算组相关法律问题研究》，载《法学论坛》2007 年第 5 期。

未能按约付清货款，应当承担相应的付款责任及违约责任。房某福、蒋某东和王某明作为拓恒公司的股东，应在拓恒公司被吊销营业执照后及时组织清算。因房某福、蒋某东和王某明怠于履行清算义务，导致拓恒公司的主要财产、账册等均已灭失，无法进行清算，房某福、蒋某东和王某明怠于履行清算义务的行为，违反了《公司法》及其司法解释的相关规定，应当对拓恒公司的债务承担连带清偿责任。法院在裁判时认为，拓恒公司作为有限责任公司，其全体股东在法律上应一体成为公司的清算义务人。《公司法》及其相关司法解释并未规定蒋某东、王某明所辩称的例外条款，因此无论蒋某东、王某明在拓恒公司中所占的股份为多少，是否实际参与了公司的经营管理，两人在拓恒公司被吊销营业执照后，都有义务在法定期限内依法对拓恒公司进行清算。

（二）清算义务人与清算组成员是两个不同的概念，债权人起诉要求清算组成员承担损害赔偿责任，清算组成员以其并非清算义务人为由提出抗辩的，人民法院不予支持

【案例来源】

案例名称：无锡宏继伟业金属制品有限公司与胡某明等清算组成员责任纠纷案

审理法院：江苏省常州市中级人民法院

案　　　号：（2016）苏04民终87号

【争议点】

无锡宏继伟业金属制品有限公司与胡某明等因清算组成员责任纠纷引发诉讼，该案历经常州市武进区人民法院一审以及常州市中级人民法院二审两个阶段。在二审中，当事人就王某安是不是适格的清算组成员这一问题产生争议。

【法院认为】

关于上述争议，根据《公司法》第183条规定，有限责任公司的清算组由股东组成，股份有限公司的清算组由董事或者股东大会确定的人员组成。《公司法司法解释（二）》第18条进一步规定，有限责任公司的股东、股份有限公司的董事和控股股东怠于履行清算义务的，应当承担相应民事责任。据此，有限责任公司的全体股东和股份有限公司的董事、控股股东是公司解散后的清算义务人，依法承担启动公司清算程序、组织公司清算的义务。法院在裁判时认为，清算义务人与具体执行公司清算事务、实施清算工作的清算人（清算组

成员）是两个不同的概念，实践中，清算工作往往事务繁杂且专业性较强，公司完全有权自主决定由公司的出资者、经营管理人或者聘请具有专业知识和技能的人员进行清算。事实上，在由法院组织的强制清算程序中，根据司法解释的规定，人民法院可以从公司股东、董事、监事、高级管理人员，依法设立的律师事务所、会计师事务所、破产清算事务所等社会中介机构以及这些机构中具备相关专业知识并取得执业资格的人员中指定清算组成员。在公司自行清算的情况下，清算组成员亦可以由公司董事、股东或其他经公司决定的人员担任。该案中，在常州市跃升机械制造有限公司（以下简称跃升机械公司）决议解散的股东会决议中，明确载明王某安是清算组成员，王某安亦作为清算组成员在公司的清算报告中签字，且其作为跃升机械公司股东会决议中明确指定的注销事项经办人员，实际办理了跃升机械公司注销的事宜。据此，王某安的清算组成员身份是由跃升机械公司通过召开股东会正式确定的，且其已作为清算组成员实际履职，对王某安仅以其并非股东为由否认其清算组成员身份的意见，不予采纳。

（三）在有限责任公司股东未经依法清算，以虚假的清算报告骗取公司登记机关办理法人注销登记损害债权人利益的案件中，应由清算义务人举证证明公司清算注销时的剩余财产

【案例来源】

案例名称：陆某晔与曹某、曹某强公司股东未依法清算损害债权人利益纠纷案

审理法院：江苏省泰州市中级人民法院

案　　号：（2015）泰中民终字第 01282 号

【争议点】

陆某晔与曹某、曹某强因公司股东未依法清算损害债权人利益纠纷引发诉讼，该案历经江苏省靖江市人民法院一审以及江苏省泰州市中级人民法院二审两个阶段。在二审中，当事人就如何确定公司依法清算时应当剩余的财产数额问题产生争议。

【法院认为】

至于曹某上诉称即使陆某晔有损失也应在公司剩余资产范围内确定责任，法院在裁判时认为，清算义务人因欺诈注销造成债权人损失所承担的赔偿责任

的范围，应当根据举证责任来确定。《公司法司法解释（二）》第19条明确了欺诈注销情形下清算义务人需要承担相应的赔偿责任。根据诚实信用原则和股东对公司情况知情的优势地位，应由清算义务人举证证明公司清算注销时的剩余财产。该案中，曹某强、曹某未能举证证明公司依法清算时应当剩余的财产数额，其提供的清算报告因存在虚假情形亦不能准确认定该剩余财产数额，对此，曹某强、曹某应承担举证不能的不利后果，故对曹某的上述主张不予支持。

（四）在审理公司清算责任纠纷案件时，对于未经清算恶意注销公司的情形，人民法院不能适用揭开公司面纱规则

【案例来源】

案例名称：庄某莲与钱某辉公司清算责任纠纷案

审理法院：福建省泉州市中级人民法院

案　　号：（2008）泉民终字第748号

【争议点】

庄某莲与钱某辉因公司清算责任纠纷引发诉讼，该案历经福建省惠安县人民法院一审以及福建省泉州市中级人民法院二审两个阶段。在二审中，当事人就原福建省泉州市吉祥食品有限公司（以下简称吉祥公司）已被注销，一审法院认定股东庄某莲、庄荣平承担连带清偿责任是否正确产生争议。

【法院认为】

对于上述争议，法院在裁判时认为，福建省泉州市吉祥食品有限公司已被工商局核准注销，已不具备诉讼主体资格。一审法院将吉祥公司列为被告系错误的。由于吉祥公司在未经法定清算程序下申请注销，已构成侵权行为。该案不属于揭开公司面纱的情形。原吉祥公司尚欠货款应当由股东庄某莲、庄荣平承担直接偿还责任。

（五）若人民法院判决公司解散，则无须同时判令责任人进行清算

【案例来源】

案例名称：重庆正浩实业（集团）有限公司与重庆国能投资有限公司、重庆正浩机电工业有限公司股东知情权及公司解散纠纷案

审理法院：最高人民法院

案　　号：（2007）最高法民二终字第 3 号

【争议点】

重庆正浩实业（集团）有限公司与重庆国能投资有限公司、重庆正浩机电工业有限公司因股东知情权及公司解散纠纷引发诉讼，该案历经重庆市高级人民法院一审以及最高人民法院二审两个阶段。在一审过程中，当事人就法院判决公司解散后是否应同时判决其进行清算的问题产生争议。

【法院认为】

针对上述争议，即如果判决公司解散，应否同时判令责任人进行清算？法院在裁判时认为，判决解散公司后，对公司进行清算是相关人员的法定义务，该清算是普通清算。义务人不清算的，相关人员可以根据《公司法》第 183 条的规定申请人民法院指定有关人员组成清算组对公司进行清算。在判决解散后又判清算，使本应成为诉讼的清算问题成了执行问题。因此判决公司解散的同时，不应当再判令责任人进行清算。

四、结　语

在有限责任公司股权回购之诉中，对于适格原告的认定、证明责任的分配以及其与公司清算的关系等问题在司法实践中逐渐形成了诸多可供参考的裁判规则。在确定公司清算之诉的适格原告时，作为法定的清算义务人，有限责任公司的股东、股份有限公司的董事和控股股东，应当依法在公司被吊销营业执照后履行清算义务，不能以其不是实际控制人或者未实际参加公司经营管理为由免除清算义务。此外，我们要厘清清算义务人与清算组成员的差别，它们是两个不同的概念，债权人起诉要求清算组成员承担损害赔偿责任，清算组成员以其并非清算义务人为由提出抗辩的，人民法院不予支持。有关公司清算之诉的相关制度设计，在同时保护公司、债权人、股东等各方利益的前提下，应当以优先保护债权人利益为原则，如此更有利于实质公平的实现。如在有限责任公司股东未经依法清算，以虚假的清算报告骗取公司登记机关办理法人注销登记损害债权人利益的案件中，应由清算义务人举证证明公司清算注销时的剩余财产。在审理公司清算责任纠纷案件时，对于未经清算恶意注销公司的情形，人民法院不能简单适用揭开公司面纱规则。同时，还应准确把握公司解散与公司清算的联系与区别，即法院判决解散公司后，对公司进行清算是相关人员的法定义务，该清算是普通清算。义务人不清算的，相关人员可以根据《公司法》第 183 条之规定申请人民法院指定有关人员组成清算组对公司进行清算。因此若人民法院判决公司解散，则无须同时判令责任人进行清算。

第十二节　公司关联交易损害责任之诉

一、导　论

现行《公司法》明确了公司关联交易损害责任的概念，其是指公司的控股股东、实际控制人、董事、监事、高级管理人员利用其关联关系损害公司利益给公司造成损失，进而所应当承担的赔偿责任。由上述赔偿责任所引发的诉讼即为公司关联交易损害责任之诉。此外，于 2019 年 4 月 29 日起正式实施的《最高人民法院关于适用〈中华人民共和国公司法〉若干问题的规定（五）》（以下简称《公司法司法解释（五）》）不仅规定了关联交易的内部赔偿责任，还拓宽了股东代表诉讼的适用范围。但由于《公司法》未提及"关联方"或"关联交易"，且对于"关联关系"的规定也较为单薄，因此在对其具体适用的问题上，司法实务中还处于进一步探索的阶段，比如公司关联交易损害责任之诉的适格当事人、诉讼事由以及人民法院对关联交易的审查等。本节期待通过对我国案例的研究，对此进行一些有益的探讨。本节以公司关联交易损害责任之诉的案件裁判文书为研究对象，以 2015 年以来人民法院作出的相关裁判文书为主要范围，归纳、提炼公司关联交易损害责任之诉裁判的理念和趋势。

截至 2020 年 2 月，在中国裁判文书网中输入"公司关联交易损害责任纠纷"（民事案由）检索出民事裁判文书 156 篇，其中，由最高人民法院裁判的有 10 篇，由高级人民法院裁判的有 19 篇，由中级人民法院裁判的有 52 篇，由基层人民法院审判的有 75 篇，本节选取其中 6 篇典型案例梳理其裁判规则。在具体案例的选取上，本节遵循以下"三个优先"原则。第一，优先选择审判层级较高的裁判文书。第二，优先选择中国裁判文书网公布的裁判文书。第三，优先选择审判日期较近的裁判文书。通过形式和内容两个方面的筛选，本节最终选择（2017）皖 02 民终 810 号、（2015）青民二初字第 0738 号、（2017）苏 1291 民初 288 号、（2016）苏 0591 民初 2340 号、（2015）青民二（商）初字第

1038 号、（2017）最高法民申 2810 号等 6 篇裁判文书作为本节研究对象，其中，由最高人民法院裁判的有 1 篇，由中级人民法院裁判的有 1 篇，裁判日期为 2017 年（含）之后的案例 3 篇。

二、公司关联交易损害责任之诉的基本理论

（一）公司关联交易损害责任之诉的内涵

公司关联交易损害责任之诉是指关联方之间的交易活动侵害了公司或者公司股东的利益，进而影响了公司债权人利益的实现，公司、股东、债权人向侵害人提起的诉讼。[①] 根据诉讼利益理论，当利益遭受直接侵害时，唯有受害人本人才能提起诉讼。因此，在公司关联交易损害责任之诉中，只有公司法人才有提起诉讼的资格。而为了排除此种诉讼障碍使公司小股东的合法权益得到充分保护，股东派生诉讼制度应运而生。在我国的司法实践中，对于因关联交易而产生的纠纷，较股东直接诉讼而言，股东往往会选择提起股东派生诉讼，即股东代表诉讼来维护自身合法权益。本文认为，由于关联交易具有隐蔽性等一些自身的特性，原有的股东直接诉讼与股东派生诉讼制度不足以充分保护与平衡公司与股东的利益，因此十分有必要构建公司关联交易诉讼制度。

（二）公司关联交易损害责任之诉的价值分析

1.意思自治与司法干预的平衡。在法律允许的范围内，公司通常会基于意思自治而作出一定的行为，如作为公司权力机关与执行机关的股东会与董事会所作的决策。此种行为不仅对公司内部具有约束力，其往往也会对与公司有商业来往的第三人产生影响。关联交易行为的发生往往是公司的内部人员利用其工作中获取的公司的信息和职务的便利损害公司的利益，股东提起公司关联交易损害责任之诉的目的是制约失去本应发挥其原有职能的公司董事会和高级管理层。[②] 可以看出，关联交易诉讼制度设置的目的即平衡主体的意思自治与司法干预。

---

① 李晴：《关联交易诉讼制度研究》，海南大学 2018 年硕士学位论文。
② 李晴：《关联交易诉讼制度研究》，海南大学 2018 年硕士学位论文。

2.股东权利与义务的平衡。权利与义务是一个统一体。在公司关联交易损害责任之诉中，为保障股东和有关利害关系人的利益，由于公司董事具有对公司的决策能施加实质影响的权利，那么其同时亦负担着承受诉讼的义务。董事、监事、高级管理人员虽享有管理权与获得报酬权，但同时他们也需要承担在诉讼中接受审查的义务。而于股东而言，其享有财产权、决策权与监督权的同时也负担着风险自负的义务。即便如此，股东享有就公司遭受的损害提起诉讼要求赔偿之权利。

（三）人民法院对关联交易行为的审查

根据我国《公司法》第21条的规定，"利用其关联关系"和"损害公司利益"是判定赔偿责任的两条根本标准。该根本标准具体体现为交易主体、交易动机、交易行为和交易结果四个要件。

1.交易主体。我国《公司法》第216条明确了公司关联交易的交易主体，其中包括公司的控股股东、实际控制人、董事、监事、高级管理人员。关联关系，是指公司控股股东、实际控制人、董事、监事、高级管理人员与其直接或者间接控制的企业之间的关系，以及可能导致公司利益转移的其他关系。但是，国家控股的企业之间不仅因为同受国家控股而具有关联关系。

2.交易动机。关联交易涉及关联人的利益。关联人进行关联交易之时可能为牟取私利而损害公司利益，也有可能利用其掌握公司信息的便利、便捷促成公司的交易，达到关联人与公司利益的双赢。关联交易的目的并非当然不正当。

3.交易行为。《公司法》所规制的关联行为主要是指关联交易中的非常规交易行为，即关联交易主体滥用集中管理、股权分散或者事实上对公司的控制力，从事损害公司利益的关联交易行为。该行为通常表现为关联公司之间就收益、成本、费用与损益的摊计不合理或不公正。现有法律并非完全否定所有的关联交易，只有非公允的、损害公司利益的关联交易才为法律所禁止。而关联交易行为是否损害公司利益，人民法院则应结合交易程序、关联人订立合同的主观意愿及合同的内容、履行情况等因素予以综合评判。

4.交易结果。只有关联交易人的交易行为给公司带来现实的或明显可能发生的损失，公司或相关权利人才能要求关联交易人承担赔偿责任。

三、关于关联交易损害责任之诉的案例及裁判规则

（一）"一致行动人"并非公司关联交易损害责任之诉的适格当事人

【案例来源】

案例名称：芜湖博英药业科技股份有限公司与苏州颐华生物医药技术股份有限公司关联交易损害责任纠纷案

审理法院：安徽省芜湖市中级人民法院

案　　号：（2017）皖02民终810号

【争议点】

芜湖博英药业科技股份有限公司（以下简称博英公司）与苏州颐华生物医药技术股份有限公司（以下简称颐华公司）因公司关联交易损害责任纠纷引发诉讼，该案历经安徽省芜湖经济技术开发区人民法院一审与安徽省芜湖市中级人民法院二审两个阶段。在二审中，当事人就颐华公司是否属于关联交易损害责任纠纷案件的主体产生争议。

【法院认为】

根据《公司法》第21条规定，公司的控股股东、实际控制人、董事、监事、高级管理人员不得利用其关联关系损害公司利益。由上述法律规定可以看出，关联交易损害责任纠纷的主体主要包括控股股东、实际控制人、董事、监事及高级管理人员。《公司法》第216条明确了各主要责任主体的具体含义"（一）高级管理人员，是指公司的经理、副经理、财务负责人，上市公司董事会秘书和公司章程规定的其他人员。（二）控股股东，是指其出资额占有限责任公司资本总额百分之五十以上或者其持有的股份占股份有限公司股本总额百分之五十以上的股东；出资额或者持有股份的比例虽然不足百分之五十，但依其出资额或者持有的股份所享有的表决权已足以对股东会、股东大会的决议产生重大影响的股东。（三）实际控制人，是指虽不是公司的股东，但通过投资关系、协议或者其他安排，能够实际支配公司行为的人。（四）关联关系，是指公司控股股东、实际控制人、董事、监事、高级管理人员与其直接或者间接控制的企业之间的关系，以及可能导致公司利益转移的其他关系。但是，国家控股的企业之间不仅因为同受国家控股而具有关联关系"。上诉人认为颐华公司与案外人王某属于"一致行动人"，根据证监会《上市公司收购管理办法》

第 83 条规定，一致行动人是指通过协议、合作、关联方关系等合法途径扩大其对一个上市公司股份的控制比例，或者巩固其对上市公司的控制地位，在行使上市公司表决权时采取相同意思表示的两个以上的自然人、法人或者其他组织。对于该案，法院在裁判时认为，从上述规定不难看出，所谓一致行动人是指出现在上市公司相关收购交易中，该案中博英公司并非上市公司，当然不适用该条规定。此外，《公司法》明确规定了关联交易损害责任主体仅有上述的四种，并不包括"一致行动人"。

（二）公司的高级管理人员与其他企业股东间存在的身份上的关系属于《公司法》第 216 条第 4 款规定的"可能导致公司利益转移的其他关系"，利用此种关系损害公司利益的，构成公司关联交易损害责任之诉的诉讼事由之一

【案例来源】

案例名称：天津新内田制药有限公司与滕某公司关联交易损害责任纠纷案

审理法院：天津市西青区人民法院

案　　号：（2015）青民二初字第 0738 号

【争议点】

天津新内田制药有限公司与滕某因公司关联交易损害责任纠纷起诉至天津市西青区人民法院。当事人在庭审中就被告的行为是否构成对公司忠实义务的违反产生争议。

【法院认为】

按照《公司法》的原则，具有关联关系的公司之间进行关联交易，必须受法律特别的规制。《公司法》第 216 条所称的关联关系，是指公司控股股东、实际控制人、董事、监事、高级管理人员与其直接或者间接控制的企业之间的关系，以及可能导致公司利益转移的其他关系。但是，国家控股的企业之间不仅因为同受国家控股而具有关联关系。此处所指的"可能导致公司利益转移的其他关系"，在实务中包括公司的高级管理人员与其他企业股东间存在身份上的关系。对于该案，法院在裁判时认为，被告作为高级管理人员担任原告总经理要职，在被告任职期间其批准刘某担任原告市场开发部课长，而刘某与被告之父滕某官合伙成立天津永春大药房，鉴于双方特殊的关系，原告与天津永春大药房当属关联关系，所产生的交易属关联交易。本质

上而言，关联交易仍视为一种商事法律行为，不同是其交易双方的关系决定了它与一般的商事法律行为存在差异。在一般的商事法律关系中，交易主体之间的法律地位是平等的，依据彼此真实的意思表示而为交易，基本上能达到双方认可的公平结果。而关联交易中双方当事人地位不平等，一方对另一方的经营决策能够直接或间接控制，从而会在相对方之间产生利益的不公平、不均衡，因此，法律对关联交易作了特别的规制，要求关联交易在其产生过程中必须履行特殊的程序。具体而言，关联交易的缔约人必须将该项关联关系向公司股东会披露、报告，由股东会批准决定是否进行交易，唯有充分的信息披露，才能保障关联交易公正与公平。该案中，原告与天津永春大药房之间涉及货物买卖的关联交易，无论是否由被告利用职权促成，被告作为公司的总经理，同时又分管公司的市场开发部，当然负有将此项关联关系向公司股东会报告的义务。然而，该案尚无证据证明被告履行了报告义务，因此，被告的行为构成对公司忠实义务的违反。

（三）人民法院对公司关联交易行为的实质审查主要是对关联交易行为的效力进行审查，而对关联交易行为的效力进行审查的关键是判断行为是否符合营业常规

【案例来源】

案例名称：江苏戴格诺思生物技术有限公司与杭州美思达生物技术有限公司、徐某等公司关联交易损害责任纠纷案

审理法院：江苏省泰州市医药高新技术产业开发区人民法院

案　　　号：（2017）苏 1291 民初 288 号

【争议点】

江苏戴格诺思生物技术有限公司与杭州美思达生物技术有限公司、徐某等公司关联交易损害责任纠纷起诉至江苏省泰州市医药高新技术产业开发区人民法院。当事人在庭审中就该案交易行为是否损害戴格诺思公司的利益产生争议。

【法院认为】

《公司法》第 21 条规定："公司的控股股东、实际控制人、董事、监事、高级管理人员不得利用其关联关系损害公司利益。违反前款规定，给公司造成损失的，应当承担赔偿责任。"《公司法》第 148 条规定："董事、高级管理人

员不得有下列行为：（一）挪用公司资金；（二）将公司资金以其个人名义或者以其他个人名义开立账户存储；（三）违反公司章程的规定，未经股东会、股东大会或者董事会同意，将公司资金借贷给他人或者以公司财产为他人提供担保；（四）违反公司章程的规定或者未经股东会、股东大会同意，与本公司订立合同或者进行交易；（五）未经股东会或者股东大会同意，利用职务便利为自己或者他人谋取属于公司的商业机会，自营或者为他人经营与所任职公司同类的业务；（六）接受他人与公司交易的佣金归为己有；（七）擅自披露公司秘密；（八）违反对公司忠实义务的其他行为。董事、高级管理人员违反前款规定所得的收入应当归公司所有。"对于该案，法院在裁判时认为，公司关联交易行为的实质审查，主要是对关联交易行为的效力进行审查，而对关联交易行为的效力进行审查的关键是确定行为是否损害公司或者公司股东及公司债权人合法利益的标准，即判断行为是否符合营业常规。同时还要审查当时合同双方是否遵循了商业原则，即交易价格原则上不偏离市场独立第三方的价格或收费的标准、关联人不得以垄断采购和销售业务渠道等方式干预公司的经营，损害公司利益。

（四）在公司关联交易损害责任之诉中，人民法院不能孤立地看待关联交易本身，而忽视与关联交易相关的其他行为

【案例来源】

案例名称：联建（中国）科技有限公司与胜华科技股份有限公司等公司关联交易损害责任纠纷案

审理法院：江苏省苏州工业园区人民法院

案 号：（2016）苏 0591 民初 2340 号

【争议点】

联建（中国）科技有限公司（以下简称联建中国公司）与胜华科技股份有限公司（以下简称胜华公司）等因公司关联交易损害责任纠纷起诉至江苏省苏州工业园区人民法院。当事人在庭审中就该案交易行为是否损害联建中国公司的利益产生争议。

【法院认为】

法院在裁判时认为：被告的抗辩意见孤立地看待了联建中国公司与胜华公司之间的关联行为，狭隘理解了《公司法》第 21 条的规定。《公司法》

第 21 条规定的是利用关联关系损害公司利益的行为，税务机关调查针对的是联建中国公司与胜华公司的关联销售环节，其适用的完全成本加成率的方法不仅涉及主营业务收入，还涉及主营业务成本、营业费用、管理费用等因素，也即该案中不仅存在《合同法》上的联建中国公司与被告胜华公司之间的销售关联交易，还存在与该关联交易相关联的成本、费用的不当转嫁。《公司法》第 21 条规定的利用"关联关系"不能孤立地看待关联交易本身，而忽视关联交易相关的其他行为，譬如，将其他生产过程中如不良率、产能浪费等风险转嫁至被控企业上。若从微观上看，这些行为确实与关联销售的交易行为本身没有关系，但是从宏观上看，这些将生产风险及成本不当转嫁给原告的行为也是胜华公司利用关联关系所为的行为，这些行为同样不符合公平交易和独立交易的原则，也属于被告胜华公司利用关联关系损害联建中国公司利益的行为，税务机关将之一并予以调整，与《公司法》第 21 条的规制范围并不相悖。相反，被告的抗辩意见孤立地看待了胜华公司的行为，试图仅从营业收入一个方面来判断胜华公司是否侵害了原告利益，而没有从收入、成本及费用端来综合考量被告胜华公司的行为，故江苏省苏州工业园区人民法院对其抗辩意见不予采纳。

（五）另案虽涉及关联交易的认定，但若其与该案的基础法律关系显属不同，则人民法院不能认为两案诉讼标的相同进而认定构成重复起诉

【案例来源】

案例名称：上海垭哲软件开发有限公司、上海环基数码科技有限公司等与上海浩铭物业管理有限公司、倪某琪等公司关联交易损害责任纠纷案

审理法院：上海市青浦区人民法院

案　　号：（2015）青民二（商）初字第 1038 号

【争议点】

上海垭哲软件开发有限公司、上海环基数码科技有限公司等与上海浩铭物业管理有限公司、倪某琪等公司关联交易损害责任纠纷起诉至上海市青浦区人民法院。当事人在庭审中就该案起诉是否构成重复诉讼产生争议。

【法院认为】

"一事不再理"原则是指不能以同一当事人之间的同一诉讼标的再行起诉的原则。构成要件为，前诉和后诉的当事人、诉讼标的、诉讼请求相同，或后

诉的诉讼请求实质上否定前诉裁判结果。法院在裁判时认为，该案中三原告要求三被告承担赔偿责任，将倪某琪、谭某作为被告，与2519号判决、1307号判决的当事人并不一致，故前、后诉的当事人不同；三原告诉请要求三被告将通过诉讼已取得的物业费收入返还给三原告，与2519号判决、1307号判决中的诉讼请求亦不相同；三原告主张承担赔偿的基础在于三被告违反《公司法》中有关董事、高级管理人员不得自我交易的规定，而2519号判决、1307号判决系从物业管理合同效力的角度进行审查，虽涉及关联交易的认定，但与该案的基础法律关系显属不同。据此，该案诉讼并不违反民事诉讼"一事不再理"的原则。

（六）因合同无效起诉返还财产赔偿之诉与公司关联交易损害责任之诉是两个独立的诉，公司对因关联交易造成损害的计算并不必然要求以依据合同无效起诉返还财产赔偿之诉确定具体损害数额为前提

【案例来源】

案例名称：黄山西园置业有限公司与朱某洪公司关联交易损害责任纠纷案

审理法院：最高人民法院

案　　号：（2017）最高法民申2810号

【争议点】

黄山西园置业有限公司（以下简称西园公司）与朱某洪因公司关联交易损害责任纠纷引发诉讼，该案历经安徽省黄山市中级人民法院一审、安徽省高级人民法院二审以及最高人民法院再审三个阶段。在再审中，当事人就西园公司在该案提出起诉时是否已经超过诉讼时效期间产生争议。

【法院认为】

法院在裁判时认为：该案与前案合同无效起诉返还财产赔偿之诉为两个独立的法律关系，两诉被告不同，具体诉讼请求也不同，故提起前诉并不排斥同时提出本诉。本诉为给付之诉，具体请求的赔偿数额能否得到法院支持，应由法院就事实进行审理后认定，而非西园公司主张的，因其不能通过直接起诉朱某洪等人就可以得出西园公司与黄山新街高城发展有限公司（以下简称新街公司）之间的交易给西园公司造成的损失是多少，故要等待前诉确定其与新街公司之间的交易到底有没有损失、有多少损失，确定新街公司是否基于与西园公司的《合作协议》从西园公司取得财产、取得了西园公司多少财产后才能起

诉。即西园公司对因关联交易造成损害的计算并不必然要求以依据合同无效起诉返还财产赔偿之诉确定具体损害数额为前提，西园公司可以以其自行计算因关联交易的损失数额提出诉讼请求。

四、结　语

关于公司关联交易损害责任之诉的适格当事人、诉讼事由以及人民法院对关联交易的审查等问题，在司法实践中逐渐形成了诸多可供参考的裁判规则。我国《公司法》第216条明确了公司关联交易损害责任之诉的责任主体，"一致行动人"并非公司关联交易损害责任之诉的适格当事人。《公司法》第216条所称的关联关系，在实务中包括公司的高级管理人员与其他企业股东间存在身份上的关系，利用此种关系损害公司利益的构成公司关联交易损害责任之诉的诉讼事由之一。此外，人民法院对公司关联交易行为进行审查时，应注意以下两点：一是对公司关联交易行为的实质审查主要是对关联交易行为的效力的审查，对关联交易行为的效力审查的关键是判断行为是否符合营业常规；二是人民法院不能孤立地看待关联交易本身，而忽视与关联交易相关的其他行为。值得我们注意的是，公司关联交易损害责任之诉往往会与其他诉讼有所关联，如另案虽涉及关联交易的认定，但若其与该案的基础法律关系显属不同，则人民法院不能认为两案诉讼标的相同进而认定构成重复起诉；因合同无效起诉返还财产赔偿之诉与公司关联交易损害责任之诉是两个独立的诉，公司对因关联交易造成损害的计算并不必然要求以依据合同无效起诉返还财产赔偿之诉确定具体损害数额为前提。

第四章
公司纠纷疑难法律问题

序　论

公司认缴登记制的出现，在为市场经济的发展注入活力的同时，也为公司纠纷诉讼的审判带来诸多疑难法律问题，这些问题突出表现在：第一，如何厘清公司内外法律关系。公司纠纷案件涉及公司内外两个层面的法律关系，法院在审理公司纠纷案件，应当严格区分公司内外部关系，比如公司诉讼代表人的认定即涉及这一问题。因此，综合把握公司意思自治和坚持商法的外观主义的精神，在司法实践中不可谓不难，此为公司纠纷疑难问题一。第二，如何兼顾股东有限责任原则与公司法人格否认之间的平衡。股东有限责任系现代公司的基石，现代公司制度的有效运营离不开股东有限责任的法律保障，但部分股东利用这一"法律特权"逃避债务，损害公司及其债权人利益。因此，如何正确适用股东有限责任之例外即公司法人格否认制度保护公司及其债权人利益，审慎裁判，在司法实践中不可谓不难，此为公司纠纷疑难问题二。第三，如何准确把握认缴登记制改革的立法本意。公司资本登记制的改革目的之一是为了树立鼓励投资理念，刺激市场经济的发展，但实践中确实出现部分股东利用制度漏洞，恶意破坏公司资本制度，侵害了公司债权人的利益的情形，还有部分公司债权人为了追回债务，滥用提起股东损害公司债权人利益诉讼的诉权等等，在上述情形下，司法裁判作用举足轻重，司法裁判既要保护债权人利益，惩罚破坏改革的公司或者股东，也要维护公司责任的有限性，不可过于偏重债权人利益的保护。因此，如何平衡公司及其相关利益主体的法益保护，在司法裁判中不可谓不难，此为公司纠纷疑难问题三。鉴于上述原因，如何准确把握公司自治与司法介入的关系，是司法实践面临的重大难题之一。因此以人民法院作出的相关裁判文书为基础，归纳、提炼与公司纠纷疑难法律问题有关的裁判规则具有重大的现实意义。

在体例上，本章共十一节，每一节包括导论、基本理论、裁判规则、结语四节；在素材上，本章以最高人民法院、高级人民法院或其下级人民法院作出的裁判文书为主，辅以与此相关的理论；在内容上，本章选取了司法实务中较

为典型的公司纠纷疑难法律问题作为研究标的，共包括公司人格否认、对赌
协议的效力、隐名出资、冒名出资、借款出资、虚假出资、抽逃出资、认缴出
资加速到期、公司诉讼代表人确定、股东损害公司债权人利益责任纠纷以及破
产债权确认纠纷十一部分，每一部分皆以有关理论为基础，对裁判文书进行筛
选、梳理与分析，精准归纳、提炼出相应的实务要点。本章紧扣实务热点，立
足实践、指导实践，相信定将会对公司纠纷疑难法律问题的理论研究与司法实
务界的人士起到参考指导作用。

第一节　公司法人人格否认

一、导　论

现行《公司法》第20条第3款和第63条确认了公司法人人格否认制度，其最初出现于2006年1月1日开始实施的《公司法》。根据文义解释，否认公司法人人格应当满足以下三个要件：第一，不当行为，即公司股东存在滥用公司法人独立地位和股东有限责任的行为。第二，主观要件，即不当行为人的目的是逃避债务。第三，客观结果，即不当行为严重损害了公司债权人的利益。[①]该问题在司法实务中还处于进一步探索的阶段，本节期待通过对我国案例的研究，对此进行一些有益的探讨。本节以公司法人人格否认的案件裁判文书为研究对象，以2009年以来人民法院作出的相关裁判文书为主要范围，归纳、提炼公司法人人格否认裁判的理念和趋势。

截至2019年10月，在中国裁判文书网中输入"公司法人人格否认"（关键词）检索出民事裁判文书941篇，其中，由最高人民法院裁判的有6篇，由高级人民法院裁判的有175篇，本节选取其中6篇典型案例梳理其裁判规则。在具体案例的选取上，本节遵循以下"三个优先"原则。第一，优先选择审判层级较高的裁判文书。第二，优先选择中国裁判文书网公布的裁判文书。第三，优先选择审判日期较近的裁判文书。通过形式和内容两个方面的筛选，本节最终选择（2009）徐民二初字第65号、（2018）最高法民申4021号、（2018）最高法民申656号、（2017）最高法民申4065号、（2018）最高法民申5207号、（2018）最高法民终720号等6篇裁判文书作为本节研究对象，其中，由最高人民法院裁判的有5篇，裁判日期为2018年（含）之后的案例有4篇。

[①]　朱慈蕴：《公司法人格否认：从法条跃入实践》，载《清华法学》2007年第2期。

二、公司法人人格否认的基本理论

（一）公司法人人格否认的概述

1.公司人格的独立性。公司具有独立人格是公司的特征之一。公司具有三大特征，即独立性、社团性和营利性。其中，所谓独立性，指的是公司具有独立的人格，具有三个方面的特征。（1）财产独立，即公司拥有独立的财产。（2）名义独立，即公司能够以自己的名义从事民商事活动。（3）责任独立，即公司以其拥有的全部资产对公司债务承担责任。

2.公司法人人格否认的衡平性。作为衡平性制度，公司法人人格否认在适用上具有补充性，是对公司人格独立原则的必要补充。原则上，公司人格具有独立性，只有在属于《公司法》第20条第3款情形时，才能否认公司人格的独立性。换言之，公司法人人格否认适用于公司股东滥用公司法人独立地位和股东有限责任损害公司债权人利益的情形。据此，公司法人人格否认的概念可表述为：所谓公司法人人格否认，是指公司股东滥用公司法人独立地位和股东有限责任来逃避债务，严重损害公司债权人利益的，债权人可以越过公司的法人资格，直接请求该股东对公司债务承担连带责任。

（二）公司法人人格否认的法理基础

公司法人人格否认被美国的司法判例最早确认为一项重要的法律制度，[①] 在不同的国家有不同的名称。在英国其相应概念为"揭开公司面纱"，在美国叫"刺破公司面纱"，而在德国则称为"直索责任"或"穿透责任"。[②] 有人提出，公司法人人格否认的法理基础包括四个方面。[③]

1.公平正义原则。公司法人制度的基础是有限责任，是在股东与债权人之间存在的一种风险分配机制，本身对于债权人来说就存在交易的风险性，而如果公司股东滥用权利企图逃避债务，必然会使债权人面临更大的风险，而允许否认公司法人人格，则是对债权人的法律保护，体现了公平正义。

---

① 石少侠：《公司法人人格否认制度的司法适用》，载《当代法学》2006年第5期。

② 高旭军：《论"公司法人人格否认制度"中之"法人人格否认"》，载《比较法研究》2012年第6期。

③ 金剑锋：《公司法人人格否认理论及其在我国的实践》，载《中国法学》2005年第2期。

2. 诚实信用原则。诚实信用原则是我国民商事交易应遵守的基本原则，如果公司股东为了逃避债务，滥用公司法人的独立地位或者滥用股东有限责任，这本身就是一种极不诚信的行为。

3. 禁止权利滥用原则。禁止权利滥用原则是民事法律上民事主体行使民事权利所应遵循的一项基本原则。《宪法》第 51 条规定："中华人民共和国公民在行使自由和权利的时候，不得损害国家的、社会的、集体的利益和其他公民的合法的自由和权利。"《公司法》规定股东和公司承担有限责任，系为了降低公司经营失败承担的风险，鼓励市场经济的投资与发展，但如果公司股东滥用这种权利，则违背了立法目的。

（三）一人有限责任公司的法人人格否认

关于如何认识《公司法》第 20 条与第 63 条之间的关系一直是理论界争论不休的问题。一种观点认为，第 20 条的规定不适用于一人公司，对一人有限责任公司（以下简称一人公司）的法人人格否认只能适用第 63 条的专门规定；另一种观点认为，第 63 条规定只适用于一人公司，而不能适用于非一人公司。[①] 本文认为，从《公司法》的章节设置上看，第 20 条属于第一章总则的内容，其应当适用于所有形态的公司，而第 63 条属于第二章有限责任公司的设立和组织机构的内容，因此该条系对一人公司的特殊规定，即除了第 63 条规定的财产混同之外，如果证明人格混同或者管理混同，仍需适用第 20 条才能刺破一人公司的面纱。

有学者经过实证研究发现，截至 2010 年 12 月 31 日，目前所有公司法人人格否认案件都针对股东数量很少的有限责任公司提起，而且股东人数越少，否认率越高，涉及一人公司的否认率高达 100%。[②] 如此之高的否认率不禁令人产生疑问，一人公司在诉讼中败诉率如此之高的根本原因在于什么？本节第三节拟通过对近年内司法裁判文书的研究，梳理人民法院对公司法人人格否认裁判的裁判规则和审判规律。

---

① 石少侠：《公司法人人格否认制度的司法适用》，载《当代法学》2006 年第 5 期。
② 黄辉：《中国公司法人格否认制度实证研究》，载《法学研究》2012 年第 1 期。

三、关于公司法人人格否认的案例及裁判规则

（一）在公司法人人格否认之诉中，若公司股东与公司在人员、业务、财务三个方面存在交叉或者混同，导致各自财产无法区分的，则构成人格混同

【案例来源】

案例名称：徐工集团工程机械股份有限公司与成都川交工贸有限责任公司等买卖合同纠纷案（最高人民法院指导案例 15 号）

审理法院：江苏省徐州市中级人民法院

案　　号：（2009）徐民二初字第 65 号

【争议点】

徐工集团工程机械股份有限公司与成都川交工程机械有限责任公司（以下简称川交机械公司）、四川瑞路建设工程有限公司（以下简称瑞路公司）、成都川交工贸有限责任公司（以下简称川交工贸公司）因买卖合同纠纷起诉至江苏省徐州市中级人民法院。当事人在庭审中就川交机械公司、瑞路公司与川交工贸公司之间是否构成人格混同产生争议。

【法院认为】

法院在裁判时认为：川交工贸公司与川交机械公司、瑞路公司三个公司是否构成人格混同应从以下三个方面认定：第一，三个公司人员混同。三个公司的经理、财务负责人、出纳会计、工商手续经办人均相同，其他管理人员亦存在交叉任职的情形，川交工贸公司的人事任免存在由川交机械公司决定的情形。第二，三个公司业务混同。三个公司实际经营中均涉及工程机械相关业务，经销过程中存在共用销售手册、经销协议的情形；对外进行宣传时信息混同。第三，三个公司财务混同。三个公司使用共同账户，以王某礼的签字作为具体用款依据，对其中的资金及支配无法证明已作区分；三个公司与徐工集团工程机械股份有限公司之间的债权债务、业绩、账务及返利均计算在川交工贸公司名下。因此，该院最终认定上述三个公司之间表征人格的因素（人员、业务、财务等）存在高度混同，导致各自财产无法区分，已丧失独立人格，构成人格混同。

（二）在公司法人人格否认之诉中，人民法院判断公司股东与公司是否构成人员混同，可以从人事管理和办公场所两个方面进行认定

【案例来源】

案例名称：亿置投资有限公司与中国银行股份有限公司江门分行、江门国际金融大厦房屋买卖合同纠纷案

审理法院：最高人民法院

案　　号：（2018）最高法民申 4021 号

【争议点】

亿置投资有限公司（以下简称亿置公司）与中国银行股份有限公司江门分行（以下简称江门中行）、江门国际金融大厦（以下简称金融大厦）因房屋买卖合同纠纷产生诉讼。该案历经广东省江门市中级人民法院一审、广东省高级人民法院二审以及最高人民法院再审三个阶段。在再审中，当事人就江门中行和金融大厦之间是否构成人员混同产生争议。

【法院认为】

法院在裁判时认为：《公司法》第 20 条第 3 款规定为否认公司法人独立人格提供了法律依据。但公司法人独立人格和股东有限责任是现代公司法人制度的核心与基石，对公司法人独立人格否认应慎重适用。该院参照《最高人民法院关于发布第四批指导性案例的通知》（法〔2013〕24 号）指导案例 15 号"徐工集团工程机械股份有限公司诉成都川交工贸有限责任公司等买卖合同纠纷案"，认为亿置公司主张江门中行与金融大厦人员混同不成立：理由一，江门中行因管理需要向金融大厦委派的管理人员并未在江门中行兼职；理由二，江门中行与金融大厦的住所地均在广东省江门市蓬江区港口路 22 号，并不等同两者是使用同一办公场所办公。

（三）在公司法人人格否认之诉中，公司股东与公司构成人员混同不代表公司股东与公司构成人格混同，还应结合二者之间是否构成业务混同和财务混同等因素进行综合认定

【案例来源】

案例名称：山西煤炭运销集团太原有限公司与国电华北电力有限公司、国电华北电力有限公司太原第一热电厂、国电太一发电有限责任公司、太原晋阳

发电有限公司买卖合同纠纷案

审理法院：最高人民法院

案　　号：（2018）最高法民申 656 号

【争议点】

山西煤炭运销集团太原有限公司（以下简称太原公司）与国电华北电力有限公司、国电华北电力有限公司太原第一热电厂（以下简称一电厂）、国电太一发电有限责任公司（以下简称太一公司）、太原晋阳发电有限公司（以下简称晋阳公司）因买卖合同纠纷产生诉讼。该案历经山西省太原市中级人民法院一审、山西省高级人民法院二审以及最高人民法院再审三个阶段。在再审中，当事人就一电厂及太一公司与晋阳公司之间是否构成人格混同产生争议。

【法院认为】

法院在裁判时认为：对公司的法人人格否认问题，应从严把握。山西省高级人民法院（2017）晋民终 214 号民事判决根据查明的交易流程，一电厂、太一公司和晋阳公司三家公司地址相同，以及中国国电集团网站公布的"一电厂和太一公司是一套人马，两块牌子"认定一电厂和太一公司两个公司属于人员混同有一定的依据，但是认定一电厂、太一公司和晋阳公司三个公司构成混同明显依据不足。在此基础上判令一电厂、太一公司对案涉欠款承担责任，属适用法律错误。再审审查中，太原公司认为，贾某生、孟某燕、赵某是太一公司的工作人员，却在晋阳公司任职，晋阳公司委托太一公司人员签订合同，故证明三家公司存在混同。最高人民法院认为，太原公司所主张的一电厂、太一公司和晋阳公司构成人格混同的理由亦不能成立。原因有三：第一，太一公司作为晋阳公司的股东，派员到晋阳公司任职属于正常现象，并不能证明三家公司在人员上存在混同。第二，在公司业务上，虽然三家企业实际经营中涉及电力生产等相关业务，但是三家公司在厂区均有各自的独立发电机组，五期属于一电厂，六期属于太一公司，十六号机组属于晋阳公司，业务上相互独立。第三，在公司财务上，三家公司在结算上相互独立，各自开具结算发票，等等。

（四）在公司法人人格否认之诉中，债权人仅以公司与其法人股东经营范围相同为由主张公司与该法人股东存在业务混同情形的，人民法院不予支持

【案例来源】

案例名称：辽源卓力化工有限责任公司与通钢集团敦化塔东矿业有限责任公司、吉林通钢矿业有限责任公司买卖合同纠纷案

审理法院：最高人民法院

案　　号：（2017）最高法民申 4065 号

【争议点】

辽源卓力化工有限责任公司（以下简称卓力化工公司）与通钢集团敦化塔东矿业有限责任公司（以下简称塔东矿业公司）、吉林通钢矿业有限责任公司（以下简称通钢矿业公司）因买卖合同纠纷产生诉讼。该案历经吉林省辽源市中级人民法院一审、吉林省高级人民法院二审以及最高人民法院再审三个阶段。在再审中，当事人就通钢矿业公司与塔东矿业公司之间是否构成人格混同产生争议。

【法院认为】

法院在裁判时认为：通钢矿业公司与塔东矿业公司之间不构成人格混同。根据《公司法》第 20 条第 3 款之规定，卓力化工公司主张通钢矿业公司利用公司独立法人地位和股东有限责任逃避债务，应就通钢矿业公司与塔东矿业公司存在人员、财产、业务混同，导致塔东矿业公司丧失独立人格的情况承担相应的证明责任。最高人民法院认为，该案中通钢矿业公司与塔东矿业公司之间不构成人格混同。原因有三：第一，根据二审法院查明的事实，通钢矿业公司并非塔东矿业公司的唯一股东，塔东矿业公司董事的任命系根据公司章程委派，塔东矿业公司董事长吴某虽在通钢矿业公司亦担任董事长，但吴某在塔东矿业公司的任职，并非由通钢矿业公司直接任命产生，而是塔东矿业公司根据公司章程的规定，通过股东会表决通过，程序合法。除此之外，卓力化工公司未能提供证据证明通钢矿业公司和塔东矿业公司之间还具有其他员工或股东重合的情形。第二，通钢矿业公司在互联网上公布的营业范围与塔东矿业公司营业范围基本相同，并不等同于塔东矿业公司丧失经营自主权和独立人格，公司经营范围相同并不等于公司业务混同。第三，通钢矿业公司与塔东矿业公司分

别属于独立的法人，卓力化工公司并未举证证明二公司存在财产混同的情况。

（五）在公司法人人格否认之诉中，债权人仅以公司法定代表人与其法人股东法定代表人系同一人为由主张公司与该法人股东存在人格混同情形的，人民法院不予支持

【案例来源】

案例名称：河北美华房地产开发有限公司与昊华北方化工有限公司、昊华中意玻璃钢有限公司企业借贷纠纷案

审理法院：最高人民法院

案　　号：（2018）最高法民申 5207 号

【争议点】

河北美华房地产开发有限公司与昊华北方化工有限公司（以下简称北方公司）、昊华中意玻璃钢有限公司（以下简称中意公司）因企业借贷纠纷产生诉讼。该案历经河北省石家庄市中级人民法院一审、河北省高级人民法院二审以及最高人民法院再审三个阶段。在再审中，当事人就北方公司与中意公司之间是否构成人格混同产生争议。该案再审审查期间，北方公司提交了再审新证据，用以证明中意公司及其股东北方公司并不存在人格混同情形。

【法院认为】

法院在裁判时认为：中意公司及其股东北方公司法定代表人为同一人，并不足以证明两公司存在人格混同情形。北方公司提供北方公司工商登记信息（股东及高管）、中意公司工商登记信息（股东及高管）、中意公司章程及章程修改、北方公司与中意公司高管名录、北方公司实际经营地证明（租赁合同）、中意公司实际经营地证明（租赁合同及租金缴付凭证）等再审新证据可以证明，两公司也不存在经营地点同一、财务混同的情形。因此，最高人民法院认为原审判决认定两公司构成人格混同适用法律确有错误。

（六）在公司法人人格否认之诉中，债权人要求公司对与公司法人人格混同的股东债务承担责任的，人民法院不予支持

【案例来源】

案例名称：杨某聪、党某平与宁夏京盛煤业有限责任公司、于某华股权转

让纠纷案

审理法院：最高人民法院

案　　　号：（2018）最高法民终 720 号

【争议点】

杨某聪、党某平与宁夏京盛煤业有限责任公司（以下简称京盛公司）、于某华因股权转让纠纷产生诉讼。该案历经宁夏回族自治区高级人民法院一审和最高人民法院二审两个阶段。在二审中，当事人就京盛公司应否对与公司法人人格混同的于某华的债务承担责任的问题产生争议。

【法院认为】

法院在裁判时认为：公司对与公司法人人格混同的股东债务不应承担责任。原因有二：第一，案涉《股权转让意向书》系于某华与杨某聪、党某平就京盛公司股权转让事宜签订。虽然按照合同约定由京盛公司接受 1.2 亿元定金，但京盛公司并非合同一方当事人，无须履行合同义务，亦不应承担违约责任。第二，《公司法》第 20 条第 3 款之规定明确了股东存在与公司人格混同等情形时，应就公司债务承担责任的特殊情形，但是其关于公司对股东债务承担责任的情形，《公司法》等相关法律并未作出规定。因此，最高人民法院认为杨某聪、党某平以京盛公司、于某华构成人格混同为由主张京盛公司应对于某华的债务承担责任缺乏事实和法律依据，未予以支持。

四、结　语

公司法人独立人格和股东有限责任是现代公司法人制度的核心与基石，对公司法人人格否认应慎重适用，从严把握。其一，在公司法人人格否认之诉中，若公司股东与公司在人员、业务、财务三个方面存在交叉或者混同，导致各自财产无法区分的，则构成人格混同。其中，关于公司股东与公司是否构成人员混同的判断，可以从人事管理和办公场所两个方面进行认定，但应注意，公司股东与公司仅仅构成人员混同不代表公司股东与公司构成人格混同。其二，在公司法人人格否认之诉中，债权人仅以公司与其法人股东经营范围相同为由主张公司与该法人股东存在业务混同情形的，或者仅以公司法定代表人与其法人股东法定代表人系同一人为由主张公司与该法人股东存在人格混同情形的，不能据此否认公司的独立人格。其三，《公司法》第 20

条第 3 款仅明确了股东存在与公司人格混同等情形时，应就公司债务承担责任的特殊情形，而关于公司对股东债务承担责任的情形，《公司法》等相关法律并未作出规定，债权人不能要求公司对与公司法人人格混同的股东债务承担责任。

第二节　对赌协议效力认定

一、导　论

2012 年，"对赌协议第一案"[①] 经最高人民法院再审判决，该案再审民事判决书中关于区分投资者与股东对赌以及与公司对赌、确认前者有效而后者无效的裁判进路，在学界与实务界都掀起了研究的热潮。在当前司法实践中，对于对赌协议的效力认定尚处于进一步探索的阶段，本节期待通过对我国案例的研究，对此进行一些有益的探讨。本节以关于对赌协议效力认定的案件裁判文书为研究对象，以 2012 年以来人民法院作出的相关裁判文书为主要范围，归纳、提炼对赌协议效力认定裁判的理念和趋势。

截至 2020 年 2 月，在中国裁判文书网中输入"对赌条款"（关键词）检索出民事裁判文书 355 篇，其中，由最高人民法院裁判的有 11 篇，由高级人民法院裁判的有 27 篇，本节选取其中 4 例典型案例梳理其裁判规则。在具体案例的选取上，本节遵循以下"三个优先"原则。第一，优先选择审判层级较高的裁判文书。第二，优先选择中国裁判文书网公布的裁判文书。第三，优先选择审判日期较近的裁判文书。通过形式和内容两个方面的筛选，本节最终选择（2014）沪一中民四（商）终字第 730 号、（2020）最高法民申 1191 号、（2012）最高法民提字第 11 号、（2016）最高法民再 128 号、（2016）最高法民申 474 号等 5 篇裁判文书作为本节研究对象，其中，由最高人民法院裁判的有 4 篇，由高级人民法院裁判的有 1 篇，由中级人民法院裁判的有 1 篇，裁判日期为 2020 年（含）之后的案例有 1 篇。

[①]　该案为苏州工业园区海富投资有限公司与甘肃世恒有色资源再利用有限公司、香港迪亚有限公司、陆某公司增资纠纷案，参见最高人民法院（2012）民提字第 11 号民事判决书。

二、对赌协议效力认定的基本理论

（一）对赌协议的概念和内涵

1. 对赌协议的概念。对赌协议，在英美法系国家被称为企业"估值调整机制（简称 VAM）"，一般是指投资者在对企业进行投资时，为了促进投融资合作，对企业初始估值暂不争议，而通过投融资附属协议或特别条款对未来企业价值的不确定性作出约定：协议约定的条件成就，融资方依约行使一系列权利，以补偿前期企业价值被低估的损失；反之，投资方依约行使一系列的权利，以弥补企业价值高估的损失。[1]简言之，就是投资方要求公司作出承诺，若达不到业绩要求，公司或股东就要返还部分或全部投资款，抑或是公司股东再转让部分股权给投资方。

2. 对赌协议的内涵。关于对赌协议的理解有三种，一是最狭义解释，即对赌协议仅指初始投资的作价调整条款，即针对股权估值困难，双方约定以特定时间后公司实现的业绩作为标准，或者对超额投入的投资者给予补偿，或者要求投入不足的投资者增加出资。二是中间性的解释，即对赌协议不仅包括前述的初始投资作价补偿条款，还包括投资者退出时的股份（股权）回购条款。三是最广义的解释，即将对赌协议含糊地表述为投资方与融资方就"未来不确定的情形"所作的约定，根据未来企业的实际盈利能力，由投资者或者融资者获得一定的权利作为补偿。[2]

（二）对赌协议的法律性质

对赌协议在法律上的合同属性认定是解决其效力认定的前提。关于对赌协议的法律性质，理论界和实务界一直存在争议，主要观点有认为对赌协议为射幸合同、期权合同、附条件合同等。

1. 对赌协议属于射幸合同。持该观点的学者认为，对赌协议与赌博、保险、彩票具有类似性，认为融资企业未来的业绩存在不确定性，对赌双方无法

---

[1] 杨明宇：《私募股权投资中对赌协议性质与合法性探析——兼评海富投资案》，载《证券市场导报》2014 年第 2 期。

[2] 参见刘燕：《对赌协议与公司法资本管制：美国实践及其启示》，载《环球法律评论（京）》2016 年第 3 期。

确定法律行为的效果，双方的约定是不确定事项且对赌双方均存在获取利益或遭受损失的可能，故认定为射幸合同。①

2. 对赌协议属于期权合同。有学者认为对赌协议属于金融期权的某种表现形式。期权是一种选择权。期权合同，又称期权合约，期权合约是指由交易所统一制定的、规定买方有权在合约规定的有效期限内以事先规定的价格买进或卖出相关期货合约的标准化合约。期权合同的履行包括三种情形：一是买卖双方都可以通过对冲的方式实施履约；二是买方可以将期权转换为期货合约的方式履约；三是任何期权到期不用，自动失效。正是基于这种履约的相似性以及投资与可期待性利益等因素的考量，部分人将对赌协议纳入期权合同的范畴。

3. 对赌协议属于附条件合同。有学者认为，对赌协议完全符合附条件合同的基本特征，故将其界定为附条件合同。首先，对赌协议约定融资企业未来的业绩指标为将来发生的事实；其次，对赌协议约定的条件为不确定的客观事实；再次，对赌条件属于双方当事人可以任意选择的事实，并非法定条件；最后，对赌协议约定事项并不违反法律法规，其约定业绩指标的实现是一种合法有效的事实。因此，对赌协议应当属于附条件合同。②

有学者提出，对赌协议的合同属性理解不能脱离《公司法》的强制语境。③笔者赞同这一观点，但还应结合《合同法》视角进行理解。因此，对赌协议效力的认定应放置在《公司法》和《合同法》的双重语境下理解，既要基于《合同法》的视角认定其是否有效，还要考虑对赌协议与公司资本制度及公司利益之间的密切关系，并非所有的对赌协议都是无效的，法院在认定对赌协议效力时，应当结合上述两大视角综合认定。为了探究我国民商事司法实践对对赌协议效力认定的裁判理念，本节第三部分拟通过对近年内司法裁判文书的研究，梳理人民法院对对赌协议效力认定裁判的裁判规则和审判规律。

---

① 参见谢海霞：《对赌协议的法律性质探析》，载《法学杂志》2010 年第 1 期；傅穹：《对赌协议的法律构造与定性观察》，载《政法论丛》2011 年第 6 期。

② 杨明宇：《私募股权投资中对赌协议性质与合法性探析——兼评海富投资案》，载《证券市场导报》2014 年第 2 期。

③ 参见刘燕：《对赌协议与公司法资本管制：美国实践及其启示》，载《环球法律评论》(京) 2016 年第 3 期。

三、关于对赌协议效力认定的案例及裁判规则

（一）对赌协议效力的认定，人民法院应当遵循"鼓励交易、尊重当事人意思自治、维护公共利益、保障商事交易的过程正义"的评判四原则

【案例来源】

案例名称：上海瑞沨股权投资合伙企业（有限合伙）与连云港鼎发投资有限公司、朱某起股权转让合同纠纷案

审理法院：上海市第一中级人民法院

案　　号：（2014）沪一中民四（商）终字第 730 号

【争议点】

上海瑞沨股权投资合伙企业（以下简称瑞沨投资）与连云港鼎发投资有限公司（以下简称鼎发公司）、朱某起因股权转让合同纠纷产生诉讼，该案历经上海市浦东新区人民法院一审和上海市第一中级人民法院二审两个阶段。在二审中，当事人就案涉《乐园新材增资协议的补充协议》（以下简称《补充协议》）中的对赌条款是否有效产生争议。

2011 年 3 月 6 日，瑞沨投资、朱某起、鼎发公司与江苏乐园新材料集团有限公司（以下简称乐园公司）等其他投资人共 11 方签订《乐园新材增资协议》及其《补充协议》，对乐园公司进行增资。《补充协议》第四条对股权回购进行了约定。

【法院认为】

法院在裁判时认为：该股权回购条款为"对赌条款"，但由于"对赌条款"在内容上亦隐含有非正义性的保底性质，容易与现行法律规定的合同无效情形相混淆，且无对应的法律条文予以规范，故人民法院在对此法律行为进行适度评判时，应当遵循"鼓励交易、尊重当事人意思自治、维护公共利益、保障商事交易的过程正义"的原则，来确定"对赌条款"的法律效力。具体到上述案件中，股权回购条款的订立，首先，完全基于签约各方当事人的真实意思表示，属于意思自治范畴，应予充分尊重；其次，该条款亦促成了乐园公司增资行为的依法顺利完成，最大程度维护了原始股东、增资方以及目标公司的基本利益；最后，触发回购的条件亦未严重违背以上评判四原则，故认定股权回购条款有效。

（二）人民法院可以根据《公司法》第 142 条之规定认定有限责任公司作为目标公司参加对赌时的对赌协议之效力

【案例来源】

案例名称：新余甄投云联成长投资管理中心（有限合伙）与广东运货柜信息技术有限公司新增资本认购纠纷、买卖合同纠纷案

审理法院：最高人民法院

案　　　号：（2020）最高法民申 1191 号

【争议点】

新余甄投云联成长投资管理中心（有限合伙）（以下简称甄投中心）与广东运货柜信息技术有限公司（以下简称运货柜公司）因新增资本认购纠纷、买卖合同纠纷案产生诉讼，该案历经江西省新余市中级人民法院一审、江西省高级人民法院二审以及最高人民法院再审三个阶段。在再审中，当事人就案涉《增资协议的补充协议》（以下简称《补充协议》）中约定的对赌条款是否有效产生争议。

【基本案情】

2016 年 4 月 28 日，甄投中心与龙运货柜公司等签订《增资协议》，约定甄投中心向运货柜公司增资 1050 万元。同日，上述《增资协议》各方及案外人任某签订《补充协议》，对运货柜公司承诺回购股权对情形作出具体约定。2017 年 3 月 24 日，甄投中心向运货柜公司发出回购函，运货柜公司未予履行，运货柜公司并表示其不能实现合同承诺的业绩指标，也不能实现公司上市的目标。

【法院认为】

法院在裁判时认为，案涉《补充协议》中的股权回购条款为"对赌条款"，虽然《公司法》第 142 条规定是在股份有限公司的标题项下，但并未禁止适用于有限责任公司，且从《全国法院民商事审判工作会议纪要》（以下简称《九民会纪要》）第 5 条规定亦可看出《九民会纪要》在总结以往审判经验基础上也持相同观点，故原判决适用该条认定《补充协议》的效力并无不当。

（三）若投资者与目标公司之间的对赌条款可以使投资者获得相对固定的收益，脱离目标公司的经营业绩的，则该对赌协议无效；投资者与目标公司股东约定对赌条款，只要双方意思表示真实，不违反法律法规的禁止性规定，不应认定该对赌协议无效

【案例来源】

案例名称：苏州工业园区海富投资有限公司与甘肃世恒有色资源再利用有限公司、香港迪亚有限公司、陆某增资纠纷案[①]

审理法院：最高人民法院

案　　号：（2012）最高法民提字第 11 号

【争议点】

苏州工业园区海富投资有限公司（以下简称海富公司）与甘肃世恒有色资源再利用有限公司（以下简称世恒公司）、香港迪亚有限公司（以下简称迪亚公司）、陆某因增资纠纷产生诉讼，该案历经兰州市中级人民法院一审、甘肃省高级人民法院二审以及最高人民法院再审三个阶段。在再审中，当事人就案涉《甘肃众星锌业有限公司增资协议书》（以下简称《增资协议书》）中的对赌补偿条款是否有效产生争议。

【法院认为】

法院在裁判时认为：上述补偿条款的约定使海富公司的投资可以取得相对固定的收益，该收益脱离了世恒公司的经营业绩，损害了公司利益和公司债权人利益，因此该条款无效。但是《增资协议书》中关于迪亚公司对于海富公司的补偿承诺并不损害公司及公司债权人的利益，不违反法律法规的禁止性规定，是当事人的真实意思表示，应属有效。

---

① 该案为我国"对赌协议第一案"。

（四）同时具备以下两个条件的，目标公司为其股东和投资者的对赌协议承担连带保证责任的约定有效：（1）在程序审查上，担保条款经过目标公司股东会决议；（2）在资金用途上，投资者的投资系用于目标公司的经营发展

【案例来源】

案例名称：强某延与山东瀚霖生物技术有限公司、曹某波股权转让纠纷案

审理法院：最高人民法院

案　　号：（2016）最高法民再 128 号

【争议点】

强某延与山东瀚霖生物技术有限公司（以下简称瀚霖公司）、曹某波因股权转让纠纷产生诉讼，该案历经四川省成都市中级人民法院一审、四川省高级人民法院二审以及最高人民法院再审三个阶段。在再审中，当事人就案涉《补充协议书》所约定担保条款（瀚霖公司为曹某波回购强某延所持瀚霖公司的股权提供连带担保的约定）是否有效产生争议。

【法院认为】

法院在裁判时认为：案涉《补充协议书》所约定担保条款合法有效，瀚霖公司应当依法承担担保责任，理由有二：一是上述担保条款已经瀚霖公司股东会决议，尽到了审慎注意和形式审查义务。二是强某延投资全部用于公司经营发展，有利于瀚霖公司提升持续盈利能力，瀚霖公司本身是最终受益者。因此，认定瀚霖公司承担担保责任，符合一般公平原则。

（五）国有独资公司签订的股权转让合同未按规定履行内外部审批手续的，该合同关于对赌的协议成立但未生效

【案例来源】

案例名称：上海阳亨实业投资有限公司与江苏省盐业集团有限责任公司、李某股权转让纠纷案

审理法院：最高人民法院

案　　号：（2016）最高法民申 474 号

【争议点】

上海阳亨实业投资有限公司（以下简称阳亨公司）与江苏省盐业集团有限

责任公司（以下简称盐业集团）、李某因股权转让纠纷产生诉讼，该案历经江苏省南京市中级人民法院一审、江苏省高级人民法院二审以及最高人民法院再审三个阶段。在再审中，当事人就案涉阳亨公司与盐业集团之间签订的股权转让合同中关于股权回购的对赌条款是否生效产生争议。

【法院认为】

对于案涉股权转让合同中关于股权回购的对赌条款是否有效，法院在裁判时认为，根据《合同法》第44条、《公司法》第66条、《企业国有资产法》第30条、《合同法解释（一）》第9条以及《企业国有资产监督管理暂行条例》第23条之规定，"（4）江苏盐业公司按规定履行股权受让相关程序"的表述应解读为"盐业集团按规定履行股权受让的内外部审批手续"。由于该案股权转让未履行上述审批手续，应认定案涉股权转让合同并未生效，与此对应，案涉股权转让合同中关于股权回购的对赌条款亦未生效。

四、结　语

对赌协议效力的认定应放置在《公司法》和《合同法》的双重语境下理解，既要基于《合同法》的视角认定其是否有效，还要考虑对赌协议与公司资本制度及公司利益之间的密切关系，并非所有的对赌协议都是无效的。其一，法院在认定对赌协议效力时，原则上应当遵循"鼓励交易、尊重当事人意思自治、维护公共利益、保障商事交易的过程正义"的评判四原则认定对赌协议的效力。其二，投资者与目标公司之间的对赌条款是否有效应考察该协议的签订是否可以使投资者获得相对固定的收益，是否脱离目标公司的经营业绩的，如果脱离则应属无效。其三，应注意《公司法》第142条不仅适用于股份有限公司参加对赌时对赌协议的效力认定，有限责任公司同样适用。其四，还需注意，目标公司可以为其股东和投资者的对赌协议承担连带保证责任，但是应同时满足两大条件：一是在程序审查上，担保条款经过目标公司股东会决议；二是在资金用途上，投资者的投资系用于目标公司的经营发展。其四，需特别说明的是，国有独资公司签订的对赌协议需具备审批生效要件，即必须按规定履行内外部审批手续，否则该对赌协议不发生法律效力。

第三节　隐名出资

一、导　论

《公司法司法解释（三）》第 24 条首次在立法层面对隐名出资关系和隐名股东资格的认定标准进行了规定。该条规定分为三个层次：第一，肯定隐名出资协议的效力；第二，在有隐名出资协议的前提下，在实际出资人与名义出资人产生对投资收益的争议时，明确以实际出资为股东资格判断标准；第三，明确隐名股东的显名化需经其他股东过半数认可。但理论界有学者提出，隐名出资在我国远未形成系统理论，《公司法司法解释（三）》的相关规定不乏矛盾甚至错误之处。[①] 隐名出资的法律性质认定及其与《公司法》《合同法》之间的关系直接影响隐名出资在现行立法上的关系，从而影响法官对隐名出资关系的理解和认定。为了探究我国司法实践对隐名出资的裁判理念，本节期待通过对我国案例的研究来指导司法实践，并希望对此进行一些有益的探讨。本节以关于隐名出资的案件裁判文书为研究对象，以 2013 年以来人民法院作出的相关裁判文书为主要范围，归纳、提炼关于隐名出资裁判的理念和趋势。

截至 2020 年 2 月，在中国裁判文书网中输入"隐名出资"（关键词）检索出民事裁判文书 466 篇，其中，由最高人民法院裁判的有 8 篇，由高级人民法院裁判的有 31 篇，本节选取其中 5 篇典型案例梳理其裁判规则。在具体案例的选取上，本节遵循以下"三个优先"原则。第一，优先选择审判层级较高的裁判文书。第二，优先选择中国裁判文书网公布的裁判文书。第三，优先选择审判日期较近的裁判文书。通过形式和内容两个方面的筛选，本节最终选择（2019）最高法民终 568 号、（2016）京 02 民终 2724 号、（2018）桂民申 1773

[①] 参见张双根：《论隐名出资——对〈公司法解释（三）〉相关规定的批判与发展》，载《法学家》2014 年第 2 期。

号、（2013）最高法民申字第 1372 号、（2017）鲁 1102 民初 1034 号等 5 篇裁判文书作为本节研究对象，其中，由最高人民法院裁判的有 2 篇，由高级人民法院裁判的有 1 篇，由中级人民法院裁判的有 1 篇，裁判日期为 2018 年（含）之后的案例有 2 篇。

二、隐名出资的基本理论

（一）隐名出资的概念和性质

1. 隐名出资的概念。对于隐名出资的概念，最高人民法院在《公司法司法解释（三）》第 24 条第 1 款中规定，隐名出资，又称借名出资，是指实际出资人与名义出资人约定，以名义出资人登记为有限责任公司的股东（名义股东），而名义股东名下的出资由实际出资人来担负，同时实际出资人享有该"投资权益"。其中，"以名义出资人为名义股东但由实际出资人出资并依合同享有投资权益、承担投资风险"的约定为隐名出资的主要内容。

2. 隐名出资的性质。有学者经研究认为，隐名出资的性质是"间接参股"，"间接参股"对应的概念为"直接参股"（通过成为公司股东而直接参与公司的投资方式）。该定性系基于实际投资人和名义投资人约定隐名出资关系的根本目的考虑的。实际出资人出资的目的从根本上讲是获得相应的投资权益，使名义股东不为自己之利益或者不仅仅为自己之利益，而是为了或同时为了实际出资人之利益来持有公司的股权，由此，实际出资人以名义股东名下股权作为投资参与的客体，经由名义股东而使其投资进入公司，进而达到"间接参与公司"的投资目的。[①]

（二）隐名出资关系的识别

对于隐名出资的识别标准，多数观点认为，在仅涉及隐名股东与显名股东、隐名股东与公司的内部关系时，认定隐名股东的股东身份应掌握以下几个判断标准：第一，有隐名投资协议的存在。第二，有成为公司股东

---

① 参见张双根：《论隐名出资——对〈公司法解释（三）〉相关规定的批判与发展》，载《法学家》2014 年第 2 期。

的意思表示。第三，有实际出资的事实。第四，有半数以上的其他股东明知隐名投资协议存在，或者隐名股东在公司中以股东的身份行使权利。第五，无规避法律的情形。实践中，如何判断隐名出资关系的存在是确定实际出资人是否具有股东资格的前提，也是本节研究的重点内容。本书认为，隐名出资行为应同时受到《合同法》和《公司法》的双重规制，既要从《合同法》角度认定实际出资人与名义出资人之间隐名出资合意的存在和隐名出资合同的有效性，也要从《公司法》角度认定实际出资人是否履行了实际出资义务，是否具有《公司法》上的股东资格。本节第三部分拟通过对近年内司法裁判文书的研究，梳理人民法院对隐名出资裁判的裁判规则和审判规律。

三、关于隐名出资的案例及裁判规则

（一）对隐名出资的认定，人民法院应当结合时代背景、目标公司性质、出资合同内容以及《公司法》进行综合认定；若隐名股东主张投资权益，则应就其已实际出资和与名义股东达成享有投资权益的合意承担举证责任

【案例来源】

案例名称：吴某庆与哈尔滨现代房地产开发有限公司、张某、哈尔滨市自然资源和规划局等确认合同无效纠纷案

审理法院：最高人民法院

案　　号：（2019）最高法民终 568 号

【争议点】

吴某庆与哈尔滨现代房地产开发有限公司、张某、哈尔滨市自然资源和规划局因确认合同无效纠纷产生诉讼，该案历经黑龙江省高级人民法院一审和最高人民法院二审两个阶段。在二审中，当事人就原告吴某庆出资的 25 万元是否系隐名出资产生争议。

【基本案情】

1988 年，哈尔滨市城乡规划设计研究院（以下简称规划设计院）设立哈尔滨市兴市土地房屋开发公司（以下简称兴市公司，后更名为哈尔滨现代房地产

开发有限公司），工商登记资料中企业性质先为集体所有制（后更改为全民所有制）。因在当时的历史条件下，国家政策不允许个人出资成立公司及开发房地产，故规划设计院与原告吴某庆签订了《承包经营合同》，并约定由公司经营者自行筹集25万元注册资金，吴某庆提供了注册资金，并以承包人的身份负责公司的实际经营。

【法院认为】

黑龙江省高级人民法院一审确认了吴某庆的出资系隐名出资，享有相应比例的投资权益。但最高人民法院二审认为，关于吴某庆出资25万元的性质问题应结合时代背景、企业性质、合同内容以及《公司法》对25万元出资的性质及法律后果予以认定。"隐名股东"，是指虽然对公司进行了出资，并实质占有股份，但在公司章程、股东名册、工商登记等公司注册文件中未记载其姓名或名称的自然人、法人或其他主体。根据《公司法司法解释（三）》第24条的规定，隐名股东若想主张投资权益，除已实际出资外，还应与名义股东达成了享有投资权益的明确合意，但结合该案证据，最高人民法院认为将案涉25万元出资认定为隐名出资，不能确认原告吴某庆的股东身份。其裁判理由有三：其一，原兴市公司性质为集体所有制，不存在吴某庆为公司股东的可能性。其二，吴某庆与规划设计院签订的《承包经营合同》中"注册资金来源"的表述并非"股东权益"，双方亦未私下签订所谓隐名股东合同。据此，仅能证明兴市公司注册资金中有25万元系吴某庆筹集，无法据此认定该25万元的性质为股东权益性质而非承包经营的资格对价。故而，不能证明吴某庆是《公司法》意义上享有股权权益的"隐名股东"。其三，兴市公司的性质后变更为全民所有制，根据当时的政策规定，吴某庆作为自然人亦不能成为企业开办人。综上，最高人民法院二审中撤销了一审法院的判决，未确认吴某庆25万元的出资系隐名出资。

（二）当事人未提供证据证明存在书面隐名出资协议，亦未提供证据证明双方就股权归属、投资风险承担等事项作出过口头约定的，人民法院应从事实合意方面来认定双方是否存在隐名出资关系；对隐名出资事实合意的判断，可以结合工商登记、公司章程、高管任职证明、股东权利行使以及股东义务履行等方面综合认定

【案例来源】

案例名称：杨某青与北京金阳明房地产开发有限公司、第三人董某利股东资格确认纠纷案

审理法院：北京市第二中级人民法院

案　　　号：（2016）京02民终2724号

【争议点】

杨某青与北京金阳明房地产开发有限公司（以下简称金阳明公司）、第三人董某利因股东资格确认纠纷产生诉讼，该案历经北京市丰台区人民法院一审和北京市第二中级人民法院二审两个阶段。在二审中，当事人就原告杨某青与第三人董某利是否存在隐名出资关系产生争议。

【法院认为】

法院在裁判时认为：针对杨某青提出的要求确认董某利仅为名义股东，不享有任何股东权利的诉讼请求，若要确认董某利为名义股东，杨某青需证明其与董志利之间存在隐名出资关系。隐名出资关系的表现形式包括书面合意形式、口头合意形式和事实合意形式。杨某青在未提供证据证明其与董某利签订有隐名出资协议，亦未提供证据证明双方就股权归属、投资风险承担等事项作出过口头约定的情形下，如要确认双方之间是否存在隐名出资关系，便只能从事实合意方面来判定。诉讼中杨某青提供何某证言证明设立金阳明公司系其一人的意思表示，将董某利登记为股东系因公司设立股东人数的要求，董某利则主张设立公司是双方的意思，只是由杨某青出面办理的手续。对此，北京市第二中级人民法院认为，工商档案中《指定（委托）书》的受托人是杨某青，而非何某，故仅凭何某的证言不足以证明杨某青与董某利之间存在隐名出资的合意。杨某青另主张，金阳明公司成立后的后续经营资金全部由其筹措，董某利仅是金阳明公司聘请的职业经理人，公司章程和高管任职证明等文件上的签字虽亦非董某利本人所签。然而，杨某青对其主张未能提供公司给董某利发放工

资、缴纳社会保险费用等证明双方存在劳动关系的证据，且董某利提交证据证明董某利为金阳明公司筹措过部分经营资金。而股东在公司章程、高管任职证明等文件上的签字仅是认定股东资格的形式要件，董某利本人未在上述文件上签字并不足以否定其股东资格。杨某青还主张，其与董某利于 2006 年 7 月 1 日签订的《股权转让协议书》系受董某利胁迫签订，但未提供证据证明。综上，董某利在金阳明公司成立后，既通过取得股权转让对价的形式行使过股东权利，也通过向公司筹措经营资金的形式履行过股东义务，在杨某青不能提供相反证据的情况下，不能认定杨某青与董某利之间存在隐名出资关系。

（三）实际出资人是否实际履行出资义务不能作为隐名出资合同关系的成立要件来认定。实际出资人要求显名的，需同时满足：（1）隐名出资合同中明确约定隐名出资关系解除时名义股东应将股权转给实际出资人；（2）其他股东半数同意且放弃优先购买权。若当事人在隐名出资合同中没有约定隐名出资关系解除时应如何处理名义股东的股权，在解除关系后亦未就股权转让达成补充协议的，实际出资人不得以其隐名出资关系中的合同权利向名义股东或公司请求变更股权，但不影响要求名义股东承担补偿或赔偿责任

【案例来源】

案例名称：南宁市东宇运输有限公司与朱某林、第三人朱某美、刘某雪、南宁市红木棉运输有限责任公司等合同纠纷案

审理法院：广西壮族自治区高级人民法院

案　　　号：（2018）桂民申 1773 号

【争议点】

南宁市东宇运输有限公司与（以下简称东宇公司）朱某林、第三人朱某美、刘某雪、南宁市红木棉运输有限责任公司（以下简称红木棉公司）等因合同纠纷产生诉讼，该案历经南宁市兴宁区人民法院一审、广西壮族自治区南宁市中级人民法院二审以及广西壮族自治区高级人民法院（以下简称广西高院）再审三个阶段。在再审中，当事人就东宇公司与朱某林之间是否存在合法有效的隐名出资合同法律关系（以下简称争议一）和东宇公司能否依据该法律关系主张朱某林在红木棉公司所持有股权的投资权益归东宇公司所有并请求将朱某林名下 11.5% 的股权变更至东宇公司名下（以下简称争议二）产生争议。

【法院认为】

法院在裁判时认为：该案当事人讼争的基础法律关系实质上是隐名出资法律关系。对隐名出资合同效力的判断以《合同法》第52条规定的情形为依据，判断标准是当事人之间是否存在某种形式的合同法律关系。对于争议一，应当认定东宇公司与朱某林之间存在合法有效的隐名出资合同法律关系。理由有三：第一，东宇公司提供初步证据证明了存在隐名出资的表意行为。第二，实际出资人是否实际履行出资义务是隐名出资关系当中合同义务履行问题，其可以佐证合同关系的存在，而不应成为合同关系成立的要件，一审法院以"实际出资人必须实际履行了出资义务"作为判断隐名出资关系存在的法律依据不够准确。至于《公司法司法解释（三）》第24条第2款关于"……实际出资人以其实际履行了出资义务为由向名义股东主张权利的，人民法院应予支持"的规定并非隐名出资关系的成立要件，而是依据隐名出资关系主张权利的前提要件，即实际履行了出资义务，且主张权利也仅限于相关合同权利。第三，该案主要审理东宇公司与朱某林之间的隐名出资关系，名义股东是否取得股东资格或是否履行出资并不影响相关隐名出资关系的认定。该案二审法院通过确认朱某林的股东资格以及出资义务的履行而否定东宇公司依据隐名出资关系主张权利，系适用法律错误。

对于争议二，隐名出资关系的存在并不等同于人民法院应当支持实际出资人确认享有投资权益并应然获取股东资格的主张。理由有二：第一，依据《公司法司法解释（三）》第24条第2款的规定，东宇公司主张投资权益的前提是其实际履行了出资义务，东宇公司对此负有举证证明责任。其在此所负担举证证明义务要重于其仅主张隐名出资关系存在的举证证明义务。在前者情形中，实际出资人要充分证明其已实际履行出资义务，方有权请求名义股东支付投资权益；而在后者情形中，实际出资人证明其履行出资义务的目的仅在于佐证其与名义股东之间存在隐名出资关系。此外，实际出资人还应就名义出资人已基于其股东资格取得了相关投资权益提供证据证明。但该案东宇公司在一审中并未提供充分证据证实其已实际履行出资义务。第二，隐名出资关系并不当然包含实际出资人是否有权或如何成为显名股东的内容，实际出资人如果要成为显名股东，实质上是要形成新的股权转让关系，即由名义股东将其股权转让给实际出资人。若当事人在隐名出资合同中明确约定隐名出资关系解除时名义股东应将股权转给实际出资人，则可视为双方已达成股权转让合意，在实际出资人并非公司股东的情况下，其他股东半数同意且放弃优先购买权的，实际出资人方有权请求成为显名股东。若当事人在隐名出资合同中没有约定隐名出资关系解除时应如何处理名义股东的股权，双方在解除关系后也未就股权转让达成补充协议的，实际出资人不得以其隐名出资关系中的合同权利向名义股东或公司请求变更股权，名义股东仅向实际出资人承担隐名出资合同中的补偿或赔偿责任。该案中，东宇公司与朱某林之间并未约定股权转让的内容及条件或其他股权处理方法，也未就此达成任何补充协议，东宇公司仅以隐名出资关系主张将朱某林名下的股权变更至东宇公司名下没有法律与事实依据。

（四）对隐名股东与名义股东之间股权归属的认定，人民法院应当根据股东的真实意思表示、实际履行出资义务、公司其他股东对隐名股东身份是否认定等情况进行审查；隐名股东可以通过与名义股东签订股权转让合同的方式显明，名义股东要求隐名股东支付股权转让对价的，人民法院不予支持

【案例来源】
案例名称：谭某荣与谭某利股权转让合同纠纷案
审理法院：最高人民法院
案　　号：（2013）最高法民申字第 1372 号

【争议点】
谭某荣与谭某利因股权转让合同纠纷产生诉讼，该案历经新疆维吾尔自治区某中级人民法院一审、新疆维吾尔自治区高级人民法院二审以及最高人民法院再审三个阶段。在再审中，当事人就谭某荣是否为新疆冠豪贸易有限公司（以下简称冠豪公司）名义股东，谭某利是否为冠豪公司隐名股东产生争议。

【法院认为】
法院在裁判时认为：在确定隐名股东与名义股东之间关系以及对股权如何确认时，法院应当根据股东的真实意思表示、实际履行出资义务、公司其他股东对隐名股东身份是否认定等情况进行审查。最高人民法院结合该案证据即谭某荣出具"投资情况的说明"，经过公证的苏某军对谭某利关于冠豪公司出资情况的说明等认定谭某利系冠豪公司的隐名股东，谭某荣与谭某利虽然签订了《股权转让协议》，但谭某荣要求谭某利支付股权转让金的请求缺乏事实及法律依据，不予以支持。

（五）隐名出资纠纷的诉讼主体为显名股东与隐名股东，诉讼标的与股东资格确认之诉的诉讼标的不同，当事人请求合并审理的，人民法院不予支持

【案例来源】

案例名称：王某与陈某兵、陈某君、日照观海苑国际家居广场有限公司股东资格确认纠纷案

审理法院：山东省日照市东港区人民法院

案　　号：（2017）鲁 1102 民初 1034 号

【争议点】

王某与陈某兵、陈某君、日照观海苑国际家居广场有限公司（以下简称观海苑公司）因股东资格确认纠纷起诉至日照市东港区人民法院。原告王某同时主张要求确认股东资格和依据隐名出资关系请求分配公司利润的诉讼请求。

【法院认为】

法院在裁判时认为：王某主张的第一项诉讼请求为股东资格确认之诉，第二项诉讼请求涉及公司盈余分配纠纷及隐名出资协议纠纷，股东资格确认之诉与公司盈余分配之诉的诉讼主体虽为股东与目标公司，但两者的诉讼标的不同。股东资格确认之诉是公司盈余分配之诉的前提，两类诉讼不具备诉的合并条件。隐名出资纠纷系显名股东与隐名股东因履行隐名出资协议而产生的纠纷，其诉讼主体为显名股东与隐名股东，诉讼标的与股东资格确认的诉讼标的也不同，两者更不具备诉的合并条件。遂裁定驳回王某要求观海苑公司、陈某兵、陈某君给付应得的观海苑公司 2014 年、2015 年分红红利 317 500 元的起诉。

四、结　语

对隐名出资关系的认定，应当同时从《合同法》和《公司法》双重视野考虑，而非凭借某一因素任意判断。其一，对隐名出资的认定，法院应当结合时代背景、目标公司性质、出资合同内容以及《公司法》进行综合认定。其二，对隐名出资事实合意的判断，可以结合工商登记、公司章程、高管任职证明、股东权利行使以及股东义务履行等方面综合认定。其三，对隐名股东与名义股东之间股权归属的认定，人民法院应当根据股东的真实意思表示、实际履行出

资义务、公司其他股东对隐名股东身份是否认定等情况进行审查。

具体来说：（1）隐名出资关系的表现形式包括书面合意形式、口头合意形式和事实合意形式，如果当事人未提供证据证明存在书面隐名出资协议，亦未提供证据证明双方就股权归属、投资风险承担等事项作出过口头约定的，此时法院还应从事实合意方面来认定双方是否存在隐名出资关系。（2）需要注意的是，实际出资人是否实际履行出资义务是隐名出资关系中合同义务履行问题，其可以佐证合同关系的存在，而非隐名出资合同关系的成立要件，因为《公司法司法解释（三）》第24条第2款关于"……实际出资人以其实际履行了出资义务为由向名义股东主张权利的，人民法院应予支持"的规定并非当事人主张隐名出资关系成立的要件，而是依据隐名出资关系主张权利的前提要件。（3）至于隐名出资关系的存在与实际出资人是否应然享有股东资格的关系，隐名出资关系并不当然包含实际出资人是否有权或如何成为显名股东的内容，法院不能根据名义股东是否取得股东资格或是否履行出资来认定隐名出资关系的存在。（4）关于隐名股东显明的方式，隐名股东可以通过与名义股东签订股权转让合同的方式进行，而无须支付股权转让对价。如果未签订股权转让合同，则需同时满足：隐名出资合同中明确约定隐名出资关系解除时名义股东应将股权转让给实际出资人；其他股东半数同意且放弃优先购买权等两项要件方可以请求显明。（5）若隐名股东主张投资权益，将承担比证明存在隐名出资关系更大的举证责任，即隐名股东应就其已实际出资和与名义股东达成享有投资权益的合意两项内容承担举证责任。（6）隐名出资纠纷的诉讼主体为显名股东与隐名股东，其诉讼标的与股东资格确认之诉的不同，二者不具备诉的合并要件。

第四节　冒名出资

一、导　论

《公司法司法解释（三）》第 28 条首次在立法层面对冒名出资关系和责任的认定进行了规定。该条规定具体包括两个内容：第一，关于冒名出资的责任承担。冒用他人名义出资并将该他人作为股东在公司登记机关登记的，冒名登记行为人应当承担相应责任。第二，关于出资瑕疵问题。被冒名登记的股东对公司债务不能清偿的部分无须承担补充或者赔偿责任。在理论层面，当前学术界对冒名出资的学理认识已趋于统一。在实践层面，冒名出资涉及的核心问题是股东资格认定，即冒名出资者与被冒名的挂名股东是否具备《公司法》上的股东身份。从本质上讲，关于被冒名的挂名股东身份的认定应当从股东资格确认的形式要件和实质要件两个方面综合认定，但具体到个案，如何综合认定成为司法实践的重大难题之一。为了探究我国司法实践对冒名出资的裁判理念，本节期待通过对我国案例的研究来指导司法实践，并希望对此进行一些有益的探讨。本节以关于冒名出资的案件裁判文书为研究对象，以 2014 年以来人民法院作出的相关裁判文书为主要范围，归纳、提炼关于冒名出资裁判的理念和趋势。

截至 2020 年 2 月，在中国裁判文书网中输入"《最高人民法院关于适用〈中华人民共和国公司法〉若干问题的规定（三）》第二十八条"（法律依据）检索出民事裁判文书 203 篇，其中，由最高人民法院裁判的有 1 篇，由高级人民法院裁判的有 14 篇，本节选取其中 5 篇典型案例梳理其裁判规则。在具体案例的选取上，本节遵循以下"三个优先"原则。第一，优先选择审判层级较高的裁判文书。第二，优先选择中国裁判文书网公布的裁判文书。第三，优先选择审判日期较近的裁判文书。通过形式和内容两个方面的筛选，本节最终选择（2018）辽 02 民终 8231 号、（2019）苏 06 民终 1493 号、（2016）鄂 05 民终 1525 号、（2019）最高法民终 568 号、（2014）徐民终字第 3136 号等 5 篇裁判文书作为本节研究对象，其中，由最高人民法院裁判的有 1 篇，由中级人民法院裁判的有 4 篇，裁判日期为 2018 年（含）之后的案例有 3 篇。

二、冒名出资的基本理论

（一）冒名出资的概述

1.冒名出资的概念。根据《公司法司法解释（三）》第 28 条规定，所谓冒名出资，是指冒用他人名义出资并将该他人作为股东在公司登记机关登记的行为。其中冒名他人名义出资的人称之为冒名登记行为人或者冒名股东。在《公司法》领域，冒名出资行为涉及的核心问题是冒名者和被冒名者是否具备股东资格。

2.冒名股东。所谓冒名股东，是指冒名者以虚拟人的名义，或者盗用真实人的名义向公司出资并注册登记。其主要特征包括客观和主观两个方面，具体来讲，客观方面是指冒名者实际向公司履行出资义务，并实际参与公司的经营管理、享有权利并承担风险；主观方面是指被冒名者没有出资设立公司、参与经营管理、分享利润承担风险的意思表示，也无与公司其他股东设立公司的合意，且根本不知情，这是冒名股东与隐名、挂名股东存在的重大区别。

3.冒名股东与名义股东。冒名股东与名义股东并非同一概念，是否享有股东利益并非区分是否被冒名的唯一标准。一般来说，名义股东，是指在注册机关登记为股东，但实际不享有股东权利和义务的法人或自然人，其对设立公司的事实知情。但冒名股东被冒名者对设立公司的事实并不知情，也没有和其他股东设立公司的合意。[①] 因此，冒名股东在满足一定条件时，可以转化为名义股东即在冒名股东对被冒名者设立公司的事实系知情的情形下，如果其借用自己身份证给他人登记注册使用，将被认定为名义股东。

---

① 参见施舟骏、陈世昌、邢星：《工商登记"李代桃僵"冒名隐患亟待防范》，载《人民法院报》2019 年 12 月 30 日，第 3 版。

（二）冒名出资中股东资格的认定

对于被冒名者是否具备股东身份，首先应从两个方面考虑：第一，如果被冒名者系虚拟人，不能认定被冒名者为股东。第二，如果被冒名者系真实人，因该挂名股东因没有向公司投资，没有成为公司股东的意思表示而不能成为公司股东。那么，冒名股东是否就绝对不能确认为股东呢？关于该问题存在争议，一种观点认为，冒名者不能成为公司股东，因为冒名行为本质上属于规避法律的禁止性规定，如果认定冒名者为股东则违反了法律的基本原则，使公司领域的法律秩序混乱。还有一种观点认为，不能绝对地否认冒名者的股东身份，应当考虑公司和其他股东对假冒他人名义出资的情况是否知情。如果知情，此时虽该假冒行为违法，但并不会因此成为阻挡冒名者请求成为公司真正股东的障碍；但若不知情，鉴于有限责任公司的人合性，若其他股东不同意冒名者成为公司股东，可以通过减资、注销冒名者股份或者其他股东增加出资来解决。①

（三）冒名出资与隐名出资的甄别

冒名出资与隐名出资的甄别在于被登记公示的股东究竟是隐名出资中的名义股东，还是完全不知情的冒名股东。有的意见认为，隐名出资关系建立的前提是双方之间达成了一方登记为股东、另一方负担出资并享有相应投资收益的一致意思表示。如登记股东未作出该意思表示，甚至不知晓登记事宜，出资方虽亦"隐名"，但双方无意思表示一致，不可能建立隐名出资关系，应认定为冒名出资。同时该类意见认为，不能仅通过工商登记签名来判断是否为冒名股东，还应结合其他事实综合判断。②

关于冒名出资的认定，应当回归司法实践寻找相关裁判理念，本节第三部分拟通过对近年内司法裁判文书的研究，梳理人民法院对冒名出资裁判的裁判规则和审判规律。

---

① 福建省泉州市中级人民法院民二庭：《公司诉讼中若干疑难问题研究》，载《人民司法》2010年第3期。

② 江苏省高级人民法院民二庭课题组：《公司设立、治理及终止相关疑难法律问题研究》，载《法律适用》2016年第12期。

三、关于冒名出资的案例及裁判规则

（一）冒名股东的认定，应当从未签署相关文件、实际未出资，不参与公司运营管理、未行使股东权利、未参与分红等特征因素，综合判断被冒名者对其名称被冒用是否知情。是否本人签名并非判断冒名与否的充分条件

【案例来源】

案例名称：臧某勤与大连鑫达汽车客运服务有限公司、第三人魏某荣股东资格确认纠纷案

审理法院：大连市中级人民法院

案　　号：（2018）辽 02 民终 8231 号

【争议点】

臧某勤与大连鑫达汽车客运服务有限公司（以下简称鑫达客运）、第三人魏某荣因股东资格确认纠纷案产生诉讼，该案历经大连市沙河口区人民法院一审和大连市中级人民法院二审两个阶段。在二审中，当事人就"孟某贵是否冒用臧某勤的名字出资"产生争议。

【法院认为】

法院在裁判时认为，依照《公司法司法解释（三）》第 28 条之规定，根据通常理解，冒名股东是指本人不知情，其身份被冒用，被他人作为股东在公司机关登记，导致其成为冒名股东的原因往往都与身份证失控有关，无论是丢失还是外借。冒名股东的被冒名，其法律实质为无出资设立公司、参与经营管理、分享利润及承担风险的意思表示，亦无为自己或他人与公司其他股东设立公司的合意。冒名股东的认定，应当从未签署相关文件、实际未出资，不参与公司运营管理、未行使股东权利、未参与分红等特征因素，综合判断被冒名者对其名称被冒用是否知情。是否本人签名并非判断冒名与否的充分条件。该案中，孟某贵与臧某勤等均是通过"他人垫资的方式"履行了出资义务，故不存在"孟某贵冒用臧某勤出资"的前提，现有证据可以认定臧某勤对"他人垫资知情"，综上，不宜认定臧某勤是"被冒名股东"。

（二）冒用他人名义出资的，应当认定实际出资人或者股份认购人为股东；对于冒名登记和借名登记的认定，人民法院应当结合双方当事人之间的身份关系、参与公司事务情况、公司文件签署情况、受让或者转让股权情况以及是否进行权利救济等综合认定；对是否系被冒名登记股东的认定采用高度盖然性证明标准

【案例来源】

案例名称：毛某雁与南通家纺城大酒店发展有限公司、毛某建等与公司有关的纠纷案

审理法院：江苏省南通市中级人民法院

案　　　号：（2019）苏 06 民终 1493 号

【争议点】

毛某雁与南通家纺城大酒店发展有限公司（以下简称家纺城公司）、毛某建等因与公司有关的纠纷产生诉讼，该案历经江苏省南通市通州区人民法院一审和南通市中级人民法院二审两个阶段。在二审中，当事人就毛某建是否冒用毛某雁的名义受让田某政名下持有的家纺城公司 300 万元股权产生争议。

【法院认为】

南通市通州区人民法院一审认为：股东冒名登记，是指实际出资人自己行使股权，但虚构法律主体或者盗用他人名义并将该主体或他人作为股东进行股权交易并在公司登记机关登记的行为。被冒名者因不知情，且从未作出过持有股权的意思表示、实际不出资、不参与公司管理，而不应被视为法律上的股东。判断冒名还是借名，最主要的法律特征是被冒名者对其名称被冒用是否知情。结合该案查明的事实及证据分析，一审法院认定毛某建系借用毛某雁之名办理股权受让及股东工商登记，双方之间为借名行为，而非冒名行为。

南通市中级人民法院二审观点与一审相同，该院认为：所谓冒名股东，是指实际出资人或者认购股份的人以虚拟人的名义或者盗用他人名义履行出资义务或者认购股份。其中，在盗用他人名义的情况下，应当认定实际出资人或者股份认购人为股东，因为被盗用名义的人本人并不知情，不能享有权利或者承担义务，该案中毛某建系借用毛某雁的名义办理股权受让及股东工商登记手续。理由有四：第一，毛某雁与毛某建系父女关系，毛某雁自认在家纺城公司帮助毛某建处理过一些辅助事务，故不能排除毛某雁与毛某建此前就借名转股

等事宜进行过意思联络。第二，毛某雁作为完全民事行为能力人，应清楚其行为可能带来的法律后果。其曾在 2012 年 7 月 2 日的《股权转让协议》中签名，确认将其名下的家纺城公司 300 万元股权以同等价格转让给蔡某希，表明其不仅知晓自己被登记为股东，更对该项身份表示认同，并同意将其名下的股权进行转让。第三，我国法律对不真实的股东登记有救济渠道，毛某雁完全可以通过诉讼等方式予以否定。但从一审查明事实来看，毛某雁在 2012 年即已知晓其被登记为家纺城公司的股东，但其并未在合理期限内提起股东资格否认或者侵权之诉，而是在时隔 6 年之久才向一审法院提起诉讼，从侧面反映了毛某建借用名义不违反其真实意思。第四，我国《民事诉讼法》对证据认定事实采用高度盖然性规则，所举证据在认定事实中突破真伪不明状态后，主要看哪种事实发生的可能性更大，结合现有证据分析，认定毛某雁与毛某建之间系借名股权交易行为更为合理。

（三）登记股东对他人使用其身份证办理公司注册登记事实知情的，人民法院应认定为借名登记，而非冒名登记，对登记股东的身份应当认定为名义股东；登记股东仅以其不具有成为公司股东的真实意思否认股东身份的，人民法院不予支持

【案例来源】

案例名称：刘某玉与朱某军、刘某、望某蓉、宜昌大运建筑实业有限公司等股东损害公司债权人利益责任纠纷案

审理法院：湖北省宜昌市中级人民法院

案　　　号：（2016）鄂 05 民终 1525 号

【争议点】

刘某玉与朱某军、刘某、望某蓉、宜昌大运建筑实业有限公司等因股东损害公司债权人利益责任纠纷产生诉讼，该案历经宜昌市伍家岗区人民法院一审和宜昌市中级人民法院二审两个阶段。在二审中，当事人就朱某军是否系宜昌新思路名派办公环境艺术有限公司（以下简称新思路公司）被冒名登记股东产生争议。

【法院认为】

法院在裁判时认为：第一，根据该案一审查明的事实，刘某在设立新思路公司时使用朱某军的身份证办理公司注册登记，王某霞用朱某军的身份证办理

银行开户用于向宜昌市工商行政管理局登记注册分局验资专户转账支付新思路公司注册资金。该院认为，基于朱某军与刘某的特殊身份关系、朱某军与刘某共同租房用于经营新思路公司办公文仪用品经营部、工商登记注册与银行开户关于实名制的要求，可以认定朱某军对刘某设立新思路公司是知情并同意的，亦即刘某在办理公司登记注册时不属于冒用朱某军之名，而是借名登记。第二，关于朱某军上诉认为其不具有成为公司股东的真实意思的问题，由于朱某军在工商登记材料被记载为股东，属于以法定形式公示股东身份的事实，在外观上具备了股东特征，善意第三人对此有充分的理由予以信赖，按照商法公示主义与外观主义的原则，应确认朱某军作为新思路公司的股东身份。

（四）若实际出资人处分冒名登记在他人名下的股权的行为未损害被冒名者的股东利益，则该处分行为应认定有效。至于该行为是否损害被冒名者的姓名权，不影响处分行为效力的认定

【案例来源】

案例名称：许某全、许某友与涂某元、舒某、攀枝花市开明房地产开发有限责任公司股权纠纷案

审理法院：最高人民法院

案　　号：（2019）最高法民终 568 号

【争议点】

许某全、许某友与涂某元、舒某、攀枝花市开明房地产开发有限责任公司（以下简称开明房产公司）因股权纠纷产生诉讼，该案历经攀枝花市中级人民法院一审、四川省高级人民法院二审和最高人民法院再审三个阶段。在再审中，当事人就实际出资人涂某元转让冒名股东许某全和许某友名下股权的行为效力如何认定产生争议。

【法院认为】

法院在裁判时认为：结合全案证据，涂某元是公司的实际出资人，因许某全、许某友将身份证复印件借给涂某元时，二人并没有与涂某元共同设立开明房产公司的意思表示，涂某元亦没有与二人共同设立公司的意思表示，因此，涂某元向许某全、许某友隐瞒借用身份证复印件的真实目的，并暗中将开明房产公司的部分股权登记在许某全、许某友名下，系冒名出资行为。但因被冒名的股东名下股权的实际权益人系涂某元，涂某元以自己的意思处分其事前暗中

登记在他人名下的股权，系实际出资人处分自己投资权益的行为，该行为虽可能损害他人姓名权，但没有损害被冒名者的股东权益，故其处分行为应认定有效，受让人舒某的股东资格应予确认。

（五）登记股东主张自己被他人冒名登记的，应当对被登记为股东事实系不知情和其身份证原件丢失、被盗或因其他原因存在被他人冒用的可能的事实承担举证责任

【案例来源】

案例名称：常某华与胡某、胡某云、徐州好美居商业发展有限公司等民间借贷纠纷案

审理法院：江苏省徐州市中级人民法院

案　　号：（2014）徐民终字第 3136 号

【争议点】

常某华与胡某、胡某云、徐州好美居商业发展有限公司（以下简称好美居公司）因民间借贷纠纷产生诉讼，该案历经江苏省丰县人民法院一审和徐州市中级人民法院二审两个阶段。在二审中，当事人就胡某、胡某云是否被冒名登记为好美居公司股东产生争议。

【法院认为】

法院在裁判时认为：关于胡某、胡某云是否被他人冒用名义的问题。根据《公司法司法解释（三）》第 28 条、《民事证据规定》第 2 条的规定，在好美居公司工商登记股东为胡某、胡某云的情况下，胡某、胡某云主张其不是公司股东，系他人冒用上诉人名义登记，二人应对此承担相应的举证责任。第一，根据江苏省徐州市中级人民法院调取的（2013）丰刑初字第 380 号刑事案件卷宗材料证据，该卷宗中王某供述的公司注册成立时，胡某只是在需要签字的时候才到丰县签字，证明胡某对于其被登记为好美居公司股东并非不知情；而胡某彬的供述，胡某与胡某彬之间系兄弟关系，二人就隐名出资达成合意；胡某彬与胡某云之间系父女关系，而且胡某云到丰县为特殊时间点系股权转让时，胡某云无证据证明其对于受让股权之事不知情。第二，因胡某、胡某云无证据证明其对于被登记为股东事宜确系不知情，故，即便工商登记材料及好美居公司章程等材料中载明的胡某、胡某云的签字均非本人所签，其亦无进一步的证据证明他人用胡某、胡某云名义签名系违背二人真实意思。第三，在公司注册以

及股东变更登记时，均需提供股东的身份证原件供工商登记部门核验，胡某、胡某云均未能提供任何证据证实其身份证原件丢失、被盗或因其他原因存在被他人冒用的可能，胡某彬、王某在（2013）丰刑初字第380号刑事案件中的供述也未有违背胡某、胡某云真实意思、冒用或盗用上诉人身份证等内容。此外，胡某、胡某云称二人都在好美居公司工作，但均无证据证明在公安机关对于王某、胡某彬等人在好美居公司注册过程中涉嫌虚报注册资本进行立案侦查直至作出刑事判决，乃至该案一审审理过程中，其曾对于被注册为好美居公司股东提出过任何异议。

四、结　语

对冒名出资关系的认定中，首先应严格区分借名登记和冒名登记，严格认定登记股东属于被冒名登记人还是名义股东。借名登记和冒名登记的区分标准之一在于登记股东对于他人使用其身份证办理公司注册登记事实知情的。若登记股东对他人使用其身份证办理公司注册登记事实知情的，则属于借名登记，而非冒名登记。其一，对于冒名登记和借名登记的认定，人民法院应当结合双方当事人之间的身份关系、参与公司事务情况、公司文件签署情况、受让或者转让股权情况以及是否进行权利救济等综合认定。其二，关于冒名出资中股东的认定，冒用他人名义出资的，应当认定实际出资人或者股份认购人为股东。在关于冒名股东的认定上，人民法院应当从未签署相关文件、实际未出资，不参与公司运营管理、未行使股东权利、未参与分红等特征因素，综合判断被冒名者对其名称被冒用是否知情。是否本人签名并非判断冒名与否的充分条件。但需注意的是，登记股东不能仅以其不具有成为公司股东的真实意思否认股东身份的，还需提供其他证据。具体来讲，若被冒名登记股东未实际出资，未参与公司经营方针或投资计划的决定，亦无成为股东的真实意思表示的，此时则不应认定其为股东。其三，关于冒名出资的证明责任，法院在对是否系被冒名登记股东的认定采用高度盖然性证明标准，如果登记股东主张自己被他人冒名登记的，应当对被登记为股东事实系不知情和其身份证原件丢失、被盗或因其他原因存在被他人冒用的可能的事实承担举证责任。

第五节　借款出资

一、导　论

《公司法》并没有限定股东必须以自有资金出资，一般来说，只要股东按公司章程足额出资，无论股东资金是自有资金还是贷款或是其他合法来源，都是符合法律规定的。但实践中出现的问题是，有部分出资以借款为名义，实则进行的是投资业务，或者以投资为名义，进行个人或者企业拆借行为，在实践中，将前者称为"名为借贷，实为投资"，将后者称为"名为投资，实为借贷"。关于"名为借贷，实为投资"和"名为投资，实为借贷"的认定，是《公司法》与民法交叉的一个内容，即对一笔款项性质的认定，应当从其本质上是属于民间借贷性质还是投资性质。具体来说，民间借贷的本质特征是出借人对约定利息的出借款享有固定收益或者对未约定利益的出借款享有返还本金的权利；投资的本质特征则在于投资人对投资项目享有经营、按投资款比例分配利润以及担负投资风险。因此，对于是否属于借款出资的认定原则应当围绕上述内容展开。为了探究我国司法实践对借款出资的裁判理念，本节期待通过对我国案例的研究来指导司法实践，并希望对此进行一些有益的探讨。本节以关于借款出资的案件裁判文书为研究对象，以 2012 年以来人民法院作出的相关裁判文书为主要范围，归纳、提炼关于借款出资裁判的理念和趋势。

截至 2020 年 2 月，在中国裁判文书网中输入"借款出资"（关键词）检索出民事裁判文书 976 篇，其中，由最高人民法院裁判的有 6 篇，由高级人民法院裁判的有 42 篇，本节选取其中 5 篇典型案例梳理其裁判规则。在具体案例的选取上，本节遵循以下"三个优先"原则。第一，优先选择审判层级较高的裁判文书。第二，优先选择中国裁判文书网公布的裁判文书。第三，优先选择审判日期较近的裁判文书。通过形式和内容两个方面的筛选，本节最终选择（2014）徐商终字第 0235 号、（2012）浙商终字第 36 号、（2014）阜城民初字第 0918 号、（2014）辽民三终字第 75 号、（2015）浙商终字第 113 号等 5 篇裁判文书作为本节研究对象，其中，由高级人民法院裁判的有 3 篇，由中级人民法院裁判的有 1 篇。

二、借款出资的基本理论

（一）借款出资的概念

借款出资，并非《公司法》上的法律概念，严格来说，它指的是股东缴纳出资的一种资金来源，即股东缴纳出资的来源是借款。从金融学上讲，借款出资对应的概念是借贷投资，即投资者没有资本，通过借款来投资，属于自筹投资。从《公司法》上讲，它指向的是市场交易中出现的一种现象——股债交融，即交易双方通过借款的名义从事投资或者以投资名义进行资金拆借，前者称之为"名为借贷，实为投资"，后者称之为"名为投资，实为借贷"，二者涉及《公司法》和民法中的股权与债权的关系。

（二）股债交融

1. 理论上的股债交融。从理论上讲，"名为借贷，实为投资"涉及股权认定问题，"名为投资，实为借贷"涉及债权认定问题，二者的区分比较清楚。第一，就财产属性而言，股权是投资人对企业资产所享有的权利，企业无须就基于股权安排而获得的资金偿还本金和支付利息；债权则是权利人基于资金使用权的让渡而对企业享有的请求返还本金与支付利息的权利。第二，就清偿顺位而言，股权人比债权人承担更多公司失败的风险，在公司清算时，股东劣后于债权人参与公司财产分配。第三，就成员权属性而言，债权主要是财产权利，而股权则包含身份性权利。[1] 简言之，股权是一种复合型权利，出资款的性质为投资款，该投资存在风险，亦可能获取较大收益，属于风险投资；就借款出资来说，债权指向的是借款，在商业交易中，借款可以为出借人带来收益，但是该笔收益属于以本金为基础的保本保息收益。

2. 实践中的股债交融。与理论上的清晰区分相对，交易实践中股债交融的

---

① 许德风：《公司融资语境下股与债的界分》，载《法学研究》2019 年第 2 期。

现象非常普遍，^① 但关于一种资金到底属于投资款还是借款，在具体案件判断中并不像理论上区分的那么简单。而且关于一笔资金属于股还是债还与交易时的社会背景有关。在立法尚未赋予企业之间互相拆借资金的合法性之前，一些企业为了融资，为了规避法律对借贷的限制，不得不以股权的形式实现债权的目的，对于这样的交易由于违反法律强制性规定而归属无效。有的为了规避公司股权变更，通过借款的形式实现参与投资的目的，即为"名为借贷，实为投资"。因此，对于出资款的性质是否为借款，须结合《公司法》和民商法进行综合判断，此为本节研究的重点内容。本节第三部分拟通过对近年内司法裁判文书的研究，梳理人民法院对借款出资裁判的裁判规则和审判规律。

三、关于借款出资的案例及裁判规则

（一）借款出资行为不违反法律法规的效力性规定，除公司章程另有规定外，借款出资的事实不影响股东资格的认定

【案例来源】

案例名称：吴某洋与曹某生、戴某荣、徐州市恒扬化工有限公司股东知情权纠纷案

审理法院：江苏省徐州市中级人民法院

案　　　号：（2014）徐商终字第 0235 号

【争议点】

吴某洋与徐州市恒扬化工有限公司（以下简称恒扬公司）因股东知情权纠纷产生诉讼，该案历经徐州市鼓楼区人民法院一审和徐州市中级人民法院二审两个阶段。在二审中，当事人就原告吴某洋是否为恒扬公司股东产生争议。

【法院认为】

法院在裁判时认为：关于吴某洋是否为恒扬公司股东的问题，应当从形式要件和实质要件两方面综合分析。从形式要件来看，具有对外公示效力的恒扬公司章程及工商登记文件中均载明吴某洋系恒扬公司股东，因此，吴某洋满足作为公司股东的形式要件。从实质要件来看，综合考虑当事人陈述及会计师

---

① 许德风：《公司融资语境下股与债的界分》，载《法学研究》2019 年第 2 期。

事务所验资报告的内容，原徐州气体厂（恒扬公司前身）工作人员借用案外人资金、以吴某洋、曹某生、戴某荣等人名义向验资账户缴纳出资的行为得到了吴某洋的认可，该借款出资行为并不违反法律法规的效力性规定或公司章程规定。吴某洋作为股东的出资行为应认定为已完成。此外，如恒扬公司认为相关验资程序效力存在瑕疵，应依法、依章程通过股东会议决程序、提起诉讼等方式追究该股东的违约责任，不能在该案中藉此否定相关股东的股东身份。如案外人认为其系"实际出资人"或"隐名股东"，应由该案外人依法主张实现其投资利益或要求确认其股东身份等，另行主张权利。故徐州市中级人民法院最终认定吴某洋履行了出资义务，是恒扬公司的股东。

（二）以自有资金还是借款出资只涉及股东所缴出资的来源，借款出资的事实不影响验资报告出具的合法性

【案例来源】

案例名称：桐乡市崇福宏王达裘皮制品厂与嘉兴诚洲联合会计师事务所侵权责任纠纷案

审理法院：浙江省高级人民法院

案　　号：（2012）浙商终字第 36 号

【争议点】

桐乡市崇福宏王达裘皮制品厂（以下简称宏王达厂）与嘉兴诚洲联合会计师事务所（以下简称诚洲所）因侵权责任纠纷产生诉讼，该案历经嘉兴市中级人民法院一审和浙江省高级人民法院二审两个阶段。在二审中，当事人就原告吴某洋是否为恒扬公司股东产生争议。

【法院认为】

一审法院认为，以自有资金还是借款出资只涉及股东所缴出资的来源，借款出资的事实并不影响被告出具验资报告的合法性，诚洲所依据股东已向金巴蕾公司出资账户缴存出资额的事实出具验资报告并无不当。对此，浙江省高级人民法院二审后维持了一审判决，认定了案涉验资报告出具的合法性。

（三）若协议约定资金来源主体享有固定收益的，则应认定为借款协议

【案例来源】

案例名称：夏某伦、夏某与黄某华、江苏科利佳鑫新能源材料有限公司民

间借贷纠纷案

　　审理法院：江苏省阜宁县人民法院

　　案　　号：（2014）阜城民初字第 0918 号

【争议点】

　　夏某伦、夏某与黄某华、江苏科利佳鑫新能源材料有限公司（以下简称科利公司）因民间借贷纠纷向江苏省阜宁县人民法院起诉，在庭审过程中，当事人就夏某伦、夏某与黄某华、科利公司签订的协议系参股投资协议还是民间借贷协议产生争议。

【法院认为】

　　法院在裁判时认为：案涉协议名为参股投资协议，实为民间借贷协议。夏某作为协议签订人，夏某伦作为款项交付人以共同出借人的身份要求黄某华偿还借款的诉讼请求符合法律规定。关于黄某华辩解 200 万元不是借款，而是夏某伦、夏某作为隐名股东的投资款的意见，因案涉协议约定的参股公司并不存在，且黄某华亦未提供有效证据证明符合隐名股东的情形，且案涉协议对红利分配约定了保底利息，属于民间借贷，故该院对黄某华的该点辩解意见未予以采纳。

　　（四）若协议约定利润共享和亏损共担的，则应认定为投资合作协议，至于出资人是否实际经营、劳动，不影响对投资合作性质的认定

【案例来源】

　　案例名称：刘某航与陈某借款合同纠纷案

　　审理法院：辽宁省高级人民法院

　　案　　号：（2014）辽民三终字第 75 号

【争议点】

　　刘某航与陈某因借款合同纠纷产生诉讼。该案历经辽宁省沈阳市中级人民法院一审和辽宁省高级人民法院二审两个阶段。在二审中，当事人就刘某航与陈某之间系合作关系还是借贷关系产生争议。

【法院认为】

　　法院在裁判时认为：根据《民法通则》第 30 条和《最高人民法院关于贯彻执行〈中华人民共和国民法通则〉若干问题的意见（试行）》第 46 条的规定，该案双方当事人在签订的《铁矿合作协议》中约定双方共同开采经营案涉

的矿山及铁选厂，共同出资，并按出资各占40%的股份，产后利润按股份分成，经营生产后，每7天对账结算，矿石及铁粉收款按分账比例直接打入各自账户等内容。双方当事人在该协议中约定的共同出资，并按照各自出资进行利润分配等内容符合法律规定的个人合伙的法律特征，该案双方当事人之间系个人合伙关系。至于该协议在履行中，合伙人是否实际参与合伙经营、劳动，并不影响对合伙性质的认定；同时，双方在《铁矿合作协议》中约定按股份分配产后利润，并非固定利润或固定数额的货币的含义。

（五）若当事人最初以投资为目的交付款项，但被投资公司工商登记股权对价款低于交付款数额，之后双方就交付款项又约定资金来源主体享有固定收益的，人民法院不应简单认定为"名为投资、实为借贷"或"名为借贷、实为投资"的情形，而系基于同一款项先后设立投资和民间借贷两个法律关系

【案例来源】

案例名称：陈某珍与杭州宝坤控股集团有限公司、桐乡世贸中心有限公司民间借贷纠纷案

审理法院：浙江省高级人民法院

案　　　号：（2015）浙商终字第113号

【争议点】

陈某珍与杭州宝坤控股集团有限公司（以下简称宝坤公司）、桐乡世贸中心有限公司（以下简称桐乡世贸公司）因民间借贷纠纷案产生诉讼，该案历经杭州市中级人民法院一审和浙江省高级人民法院二审两个阶段。在二审中，当事人就案涉款项6760万元系借款还是投资款的问题产生争议。

【基本案情】

2011年3月25日，陈某珍（甲方、出借人）和宝坤公司（乙方、借款人）签订《借款合同》，载明借款总金额6500万元（不含股本金）、股本金260万元。借款期限为两年，另约定6500万元款项月息为3%，260万元股本金月息为2.2%。2012年8月21日，宝坤公司与桐乡世贸公司签订《股权转让协议》一份，约定宝坤公司所欠陈某珍上述债权，由宝坤公司与桐乡世贸公司共同承担。后当事人就上述款项的支付产生纠纷，陈某珍主张案涉款项6760万元均为借款；宝坤公司则主张陈某珍与宝坤公司之间为股权投资关系，案涉6760

万元均为投资款。

【法院认为】

　　法院在裁判时认为：民间借贷与投资行为相互区别。民间借贷是指自然人、法人、其他组织之间及其相互之间进行资金融通的行为，属于典型合同或有名合同，受债法的调整。而《物权法》第65条规定中的"投资"一般理解为个人以获得未来收益为目的，投放一定量的货币或实物，以经营某项事业的行为，属于私人合法财产的范畴，受物权法的调整和保护。司法实务中通常按照两个标准区分民间借贷和投资行为。其一，投资是对自己所有物权利的处分，投资权利人仍享有一定的支配权、使用权和处分权。而民间借贷中，货币所有权发生了转移。其二，投资所获取的收益是不确定的。民间借贷如果是有偿的，则收益是确定的。投资的具体规则应当尊重当事人的自主安排。投资的种类和内容一般情况下由法律直接规定，如，将货币或实物直接投于企业生产经营活动的，称为直接投资；将货币用于购买股票、债券等金融资产的，称为间接投资。直接投资又存在股权式的合资、契约式的合作等不同模式。而投资的具体规则的确定，包括投资者管理经营权的行使、风险承担、收益获取和投资退出等，均可以由交易双方在不违反法律强制性规定的情况下作出约定。从尊重当事人契约自由权利和公司自治权利的角度出发，投资具体规则的欠缺，并不必然导致投资法律关系不成立或不生效的法律后果。具体到该案中，虽然陈某珍与宝坤公司之间并未正式签署投资协议，但是，在2011年1月20日的会议纪要中，陈惠珍就宝坤公司O、M地块和C地块项目，表示愿意投入资金。在2011年1月20日至4月25日，陈某珍通过自己账户或委托他人将总金额6760万元的款项汇入宝坤公司。陈某珍在为上述6760万元汇款分别签署相关收据时，亦写明款项内容为"股份投入款"或"股份投资款"。同时结合一审当事人陈述，可以认定陈某珍是为履行投资人出资义务而向宝坤公司汇款6760万元。另一方面，2011年3月25日，陈某珍与宝坤公司又签订案涉《借款合同》，确认6760万元款项中，借款总金额6500万元（不含股本金），股本金260万元。

　　故而，法院认为该案难以简单认定为"名为投资、实为借贷"或"名为借贷、实为投资"的情形，应认定陈某珍与宝坤公司系基于同一款项先后设立了投资和民间借贷两个法律关系。理由为，陈某珍最初是以投资为目的交付款项的，包括陈某珍参加2011年9月16日宝坤公司股东会，签字确认"将投资款集中到桐乡世贸公司等"行为等均可认定陈某珍在一定程度上参与了投资项目的经营管理。但是，从工商部门登记情况看，案涉款项并非全部属于陈某珍取得宝坤公司股份的对价款。况且，无论是宝坤公司还是桐乡世贸公司均不能确切说明陈某珍在 C 地块的投资份额及经营收益（亏损）情况。

四、结　语

对借款出资关系的认定，应当结合民间借贷的特征和投资合作协议、合伙协议的特征综合认定。其一，不能否认的是，我国《公司法》承认借款出资行为的合法性，除公司章程另有规定外，借款出资的事实不影响股东资格的认定，亦不影响验资报告出具的合法性，一方当事人以出资款项来源系借款为由否认出资人的股东资格和验资报告合法性的，一般不会得到支持。其二，关于出资款系借款还是投资款的认定，若协议约定资金来源主体享有固定收益的，则应认定为借款协议；若协议约定利润共享和亏损共担的，则应认定为投资合作协议，至于出资人是否实际经营、劳动，不影响对投资合作性质的认定；然而司法实践中存在个案情形，其既非"名为投资、实为借贷"，亦非"名为借贷、实为投资"，还存在"基于同一款项先后设立投资和民间借贷两个法律关系"这一情形。

第六节　虚假出资

一、导　论

公司认缴登记制的实施，从经济角度来说促进了市场的发展，降低了公司注册的门槛，但从法律角度来讲，也引发了一些股东出资瑕疵的问题，其中最突出的问题就是虚假出资和抽逃出资，对此，我国《公司法》和《刑法》均进行了法律规制。具体来说，第一，《公司法》规定由于股东虚假出资行为损害了公司资本的完整性，且鉴于股东设立公司的出资义务，在公司成立后，虚假出资人应当对虚假出资资本履行补缴义务，如果因其虚假出资导致公司资本不充实而损害公司债权人利益的，当公司不能向债权人履行义务时，虚假出资股东应当以其未实际出资的本息为限对公司债权人承担补充赔偿责任。第二，由于我国企业经营实践中虚假出资或者抽逃出资的现象颇为普遍，因此，我国《公司法》采取核准主义加准则主义的严格法律控制主义的政策，并规定将较为严重虚假出资、抽逃出资行为作为犯罪处理。[1]虚假出资罪和抽逃出资罪系刑法上两大破坏公司资本制度的犯罪，当虚假出资达到了刑法惩罚的标准，虚假出资人除承担民事责任外，还需承担相应刑事责任。本节期待通过对我国案例的研究，对其中的虚假出资行为从民商事诉讼角度探讨其法理基础、诉讼规则以及相关实体法律关系。具体来讲，本节以关于虚假出资的案件裁判文书为研究对象，以 2013 年以来人民法院作出的相关裁判文书为主要范围，归纳、提炼关于虚假出资裁判的理念和趋势。

截至 2020 年 2 月，在中国裁判文书网中输入"虚假出资"（关键词）检索出民事裁判文书 466 篇，其中，由最高人民法院裁判的有 8 篇，由高级人

---

[1]　郭红岩、陈伟伟：《审计实务中应如何理解"虚假出资、抽逃出资"行为的刑法定性》，载《中国审计报》2012 年 10 月 24 日，第 7 版。

民法院裁判的有 31 篇，本节选取其中 5 例典型案例梳理其裁判规则。在具体案例的选取上，本节遵循以下"三个优先"原则。第一，优先选择审判层级较高的裁判文书。第二，优先选择中国裁判文书网公布的裁判文书。第三，优先选择审判日期较近的裁判文书。通过形式和内容两个方面的筛选，本节最终选择（2017）最高法民申 3469 号、（2013）鄂民监三再字第 3 号、（2015）虹民二（商）初字第 1734 号、（2014）最高法民提字第 170 号、（2019）湘 1021 民初 134 号等 5 篇裁判文书作为本节研究对象，其中，由最高人民法院审判的有 2 篇，由高级人民法院审判的有 1 篇，裁判日期为 2018 年（含）之后的案例有 1 篇。

二、虚假出资的基本理论

（一）虚假出资的概念和表现方式

1. 虚假出资的概念。我国《刑法》及《公司法》等对虚假出资均有明确规定，虚假出资属于出资瑕疵的一种，对虚假出资的股东，公司有权要求其承担补足出资责任。所谓虚假出资，是指股东表面上出资而实际未出资，本质特征是股东未支付相应对价而取得公司股权。

2. 虚假出资的表现方式。第一，实际并未出资。在这种情况下，出资人与验资方勾结，或者采取虚假手段骗取验资方的验资报告，在并未转移财产权的情况下，仅仅在账面上体现自己的出资。第二，先出资后抽资。这种方式也是最为常见的虚假出资行为。第三，混搭式出资。在这种方式下，出资人实际转移的出资额度与名义出资额度之间存在明显差额，出资人仅仅转移了一部分资产的所有权，却在名义上转移了比实际数额大得多的数额。第四，实质虚假出资。在某些情况下，出资人虽然以转移实物的方式完成了形式上的出资行为，但实质上并未实际出资。[①]

（二）虚假出资的证明责任

《公司法司法解释（三）》第 20 条规定："当事人之间对是否已履行出资

[①] 参见郭红岩、陈伟伟：《审计实务中应如何理解"虚假出资、抽逃出资"行为的刑法定性》，载《中国审计报》2012 年 10 月 24 日，第 7 版。

义务发生争议，原告提供对股东履行出资义务产生合理怀疑证据的，被告股东应当就其已履行出资义务承担举证责任。"该条规定了虚假出资的举证责任分配。在虚假出资相关诉讼中，立法对公司及其债权人的举证责任要求不宜严苛，只要其能举出能使人对股东出资虚假产生合理怀疑的表面证据或者证据线索，则举证责任即发生转移，即此时被诉虚假出资股东需要对其已履行出资义务而不存在虚假出资的事实承担举证责任。

（三）虚假出资股东或者公司发起人的法律责任

《公司法》第 199 条对虚假出资的股东和公司发起人的法律责任进行了规定，即"公司的发起人、股东虚假出资，未交付或者未按期交付作为出资的货币或者非货币财产的，由公司登记机关责令改正，处以虚假出资金额百分之五以上百分之十五以下的罚款"。

本节第三部分拟通过对近年内司法裁判文书的研究，梳理人民法院对虚假出资裁判的裁判规则和审判规律。

三、关于虚假出资的案例及裁判规则

（一）股东虚假出资且未补缴的，在公司未以股东会决议解除其股东资格的情况下，不影响登记股东的股东身份

【案例来源】

案例名称：国源贸易发展公司与哈尔滨市地下建筑工程公司、哈尔滨市人民防空办公室股东资格确认及股东权利纠纷案

审理法院：最高人民法院

案　　号：（2017）最高法民申 3469 号

【争议点】

国源贸易发展公司（以下简称国源公司）与哈尔滨市地下建筑工程公司（以下简称地建公司）、哈尔滨市人民防空办公室因股东资格确认及股东权利纠纷产生诉讼。该案历经哈尔滨市中级人民法院一审、黑龙江省高级人民法院二审以及最高人民法院再审三个阶段。在再审中，当事人就国源公司的虚假出资行为是否影响其股东资格的问题产生争议。

【法院认为】

法院在裁判时认为：根据原审查明的事实，国源公司与地建公司合作成立国贸城，企业性质为"中外合作经营"，在该案中尚无任何具有法律效力的文件否认国源公司为国贸城港方合作者，且国贸城股东会亦未对国源公司作出除名决定。因此，根据已经查明的案件事实，依据《公司法》及其司法解释等相关规定，尽管国源公司虚假出资且至今未予补缴，但在公司未以股东会决议解除其股东资格的情况下，其只是应依法承担对其他股东的违约责任、对公司注册资本的补缴充实责任和对公司债权人的补充清偿责任等民事责任，其股东资格并不因此而丧失。故而，二审法院认定国源公司具备股东资格的结果正确，适用法律并无不当，最终驳回了国源公司的再审申请。

（二）股东虚假出资虽不影响其股东地位的取得，但在未履行补缴出资并向其他足额出资股东承担违约责任的情况下，虚假出资股东暂不能行使各项股东权利

【案例来源】

案例名称：桂某与陈某洁、陈某、襄樊富业房地产开发有限公司股东知情权纠纷、公司盈余分配纠纷案

审理法院：湖北省高级人民法院

案　　　号：（2013）鄂民监三再字第 3 号

【争议点】

桂某与陈某洁、陈某、襄樊富业房地产开发有限公司（以下简称富业公司）因股东知情权纠纷、公司盈余分配纠纷产生诉讼。该案历经湖北省襄阳市中级人民法院一审和湖北省高级人民法院二审两个阶段。在二审中，当事人就虚假出资股东桂某是否有权行使股东权利产生争议。

【法院认为】

法院在裁判时认为：该案争议焦点在于桂某能否行使股东权利。根据《公司法》第 32 条之规定，在一般情况下，登记于公司股东名册上的股东，应当确认其股东身份并可依法行使股东权利。股东出资不足或抽逃出资的，虽不影响其股东地位的取得，但在其行使股东权利之时，需以充分履行股东各项义务为前提，而违反股东足额出资这一基本法律义务，自不应享有股东的相应权利，这是民商法中权利与义务统一、风险与利益对等原则的具体体现，也符合

《公司法》关于公司成立后禁止股东抽逃出资的立法精神及本意。另外，抽逃出资或出资不足的股东行使股东权利，还必须根据《公司法》第28条第2款关于"股东不按照前款规定缴纳出资的，除应当向公司足额缴纳外，还应当向已按期足额缴纳出资的股东承担违约责任"的规定，向公司补足应缴出资并向诚实履约的其他股东承担违约责任，否则不能行使股东权利。该案中，桂某在设立富业公司时认缴出资50万元，却未能提交证据证明由其实际出资，且从所查明事实看，桂某名下账户中虽曾有50万元存款，但验资后即已抽逃。故综合上述情况，桂某虽具股东身份，但在其未能向富业公司足额补缴出资并向其他足额出资股东承担违约责任的情况下，暂不能行使各项股东权利。尤其是在行使知情权时，桂某仍需根据《公司法》第33条关于股东查阅权之规定向富业公司及人民法院依法循序主张。

（三）股东在公司设立时虚假出资后转让股权的，公司及其债权人请求受让人与虚假出资股东承担连带责任的，人民法院应予支持

【案例来源】

案例名称：湖南桂阳农村商业银行股份有限公司与李某杰、彭某玲、张某国等、第三人深圳中金华南实业有限公司股东损害公司债权人利益责任纠纷案

审理法院：上海市虹口区人民法院

案　　　号：（2015）虹民二（商）初字第1734号

【争议点】

湖南桂阳农村商业银行股份有限公司（以下简称桂阳农商银行）与李某杰、彭某玲、张某国等因股东损害公司债权人利益责任纠纷起诉至桂阳县人民法院。在庭审过程中，当事人就陈某莹、范某山对深圳中金华南实业有限公司（以下简称中金华南公司）股东陈某岭、鲍某川是否存在虚假出资以及股权受让人张某国、罗某旺是否应对中金华南公司虚假出资承担连带清偿责任产生争议。

【法院认为】

法院在裁判时认为：有限责任公司股东应以其认缴的出资额对公司承担责任，有限责任公司股东虚假出资的，应向公司承担补足出资本息的责任，或者在未出资的本息范围内对公司债务不能清偿的部分向公司债权人承担补充赔偿责任，该补充赔偿责任的实质是股东以代公司清偿债务的方式补足对公司的出

资。股东的出资义务属于法定义务，不因股权转让而免除，虚假出资的股东在出让股权后仍应承担责任。原桂阳县农村信用合作联社对何某娟及第三人中金华南公司等合同债权亦已经生效判决书确认，桂阳农商银行具有中金华南公司合法债权人资格，中金华南公司相关股东虚假出资应当承担相应的赔偿责任。第一，关于中金华南公司股东陈某岭、鲍某川是否存在虚假出资的问题。有限责任公司增加注册资本时，股东认缴新增资本的出资，依照《公司法》设立有限责任公司缴纳出资的有关规定执行。2012 年 7 月 3 日变更登记为中金华南公司时，其股东陈某岭、鲍某川分别增资 8991 万元、999 万元，但深圳国信泰会计师事务所证明验资报告不是该所出具的，这说明陈某岭、鲍某川存在虚假出资行为。陈某岭、鲍某川作为中金华南公司的股东，应在未增资本息范围内对中金华南公司不能清偿的债务承担补充赔偿责任。中金华南公司已无可供执行的财产，故原告有权要求陈某岭、鲍某川承担补充赔偿责任。第二，关于张某国、罗某旺是否应对中金华南公司虚假出资承担连带清偿责任的问题。虚假出资的股东对外转让股权的，受让股权的股东因登记在册对外具有公示效力，对信赖工商登记的债权人而言，受让人亦负有担保该部分股权已出资到位的义务，故受让人应对出资承担连带责任。张某国从陈某岭受让中金华南公司 68%股权、罗某旺从陈某岭、鲍某川受让中金华南公司 32% 股权，该部分股权中包含有瑕疵股权 9990 万元。陈某岭、鲍某川的增资均为虚假出资，罗某旺、张某国作为增资 9990 万元瑕疵股权的受让人，应承担弥补瑕疵的连带责任。

（四）虚假出资股东未补缴出资的，公司其他股东（包括未尽出资义务股东）本身即享有诉权，不能通过股东代表诉讼起诉；《公司法》第 151 条第 3 款规定的"他人"应当作狭义解释，即只有在不能通过其他途径获得救济的情况下，才能适用股东代表诉讼获得救济

【案例来源】

案例名称：上海福生豆制食品有限公司、上海市张小宝绿色食品发展有限公司与（株）圃木园控股股东出资纠纷案

审理法院：最高人民法院

案　　号：（2014）最高法民提字第 170 号

【争议点】

上海福生豆制食品有限公司（以下简称福生公司）、上海市张小宝绿色食

品发展有限公司（以下简称张小宝公司）与（株）圃木园控股因股东出资纠纷产生诉讼。该案历经上海市第二中级人民法院一审、上海市高级人民法院二审以及最高人民法院再审三个阶段。在再审中，当事人就福生公司、张小宝公司是否有权就（株）圃木园控股的虚假出资行为提起股东代表诉讼产生争议。

【法院认为】

法院在裁判时认为：该案中福生公司、张小宝公司是以自己名义提起股东代表诉讼的。根据《公司法》（2005 年）第 152 条①之规定，该案股东代表诉讼属于该条第 3 款"他人侵犯公司合法权益，给公司造成损失的，本条第 1 款规定的股东可以依照前两款的规定向人民法院提起诉讼"规定的情形，对于第 3 款"他人"的理解应当作狭义解释，即只有在不能通过其他途径获得救济的情况下，才能适用股东代表诉讼获得救济。股东代表诉讼制度的设置基础在于股东本没有诉权而公司又怠于行使诉权或者因情况紧急可能损害公司利益时，赋予股东代表公司提起诉讼的权利。当股东能够通过自身起诉的途径获得救济时，则不应提起代表诉讼，否则将有悖股东代表诉讼制度的设置意图。具体到该案中，福生公司、张小宝公司作为股东本身即享有诉权，而通过股东代表诉讼起诉的后果，则剥夺了另一方股东（株）圃木园控股反诉福生公司、张小宝公司来履行出资义务的诉讼权利，因为其无法针对合资公司提起反诉，由此造成股东之间诉讼权利的不平等。因此，福生公司、张小宝公司无权提起该案股东代表诉讼，其起诉应予驳回。

（五）虚假出资事实的举证责任分配适用《公司法司法解释（三）》第 20 条之规定

【案例来源】

案例名称：徐州淮海木制品公司与陈某莹、范某山、上海市虹口区国家税务局、上海市地方税务局虹口区分局股东出资纠纷案

审理法院：湖南省桂阳县人民法院

案　　号：（2019）湘 1021 民初 134 号

【争议点】

徐州淮海木制品公司（以下简称淮海木制品公司）与陈某莹、范某山、上

---

① 现为 2018 年修订《公司法》第 151 条。

海市虹口区国家税务局（以下简称虹口区国税局）、上海市地方税务局虹口区分局（以下简称地税局虹口分局）因股东出资纠纷起诉至上海市虹口区人民法院。在庭审过程中，当事人就陈某莹、范某山对案外人上海辛茜亚实业有限公司（以下简称辛茜亚公司）的出资是否系虚假出资产生争议。

【法院认为】

法院在裁判时认为：第一，原告淮海木制品公司仅凭工商资料中没有辛茜亚公司四股东将出资款汇入公司基本账户的相关银行凭证及公司基本账户的相关信息无法达到对范某山、陈某莹未履行出资义务产生合理怀疑的盖然性程度，在其提供的验资证明及资金验证报告证明了范某山、陈某莹已实际出资的情况下，原告认为范某山、陈某莹虚假出资，其应承担相应的举证责任。第二，关于原告认为江苏省铜山县人民法院（以下简称铜山法院）以未出资为由追加案外人上海东方自动化控制工程有限公司（以下简称东方自动化公司）与浙江临安现代通讯器材有限公司（以下简称浙江临安公司）为被执行人，可以证明范某山、陈某莹虚假出资一节。该院认为，虽铜山法院认为东方自动化公司与浙江临安公司工商登记资料未体现对辛茜亚公司的对外投资，东方自动化公司与浙江临安公司提供的相应工商登记资料不排除当年的公司自身做账的需要，而如若因此涉及违反国家财务制度或者税收政策等情形，亦非该案处理范围，且东方自动化公司与浙江临安公司出资与否与范某山、陈某莹是否存在虚假出资不具有必然联系。综上，该院认为，原告以前述理由即怀疑范某山、陈某莹存在虚假出资，依据不足，且未达到合理怀疑的盖然性程度，故对其关于陈某莹、范某山对辛茜亚公司的出资系虚假出资的主张，不予认可。

四、结　语

与虚假出资有关的诉讼不仅涉及《公司法》等实体法领域的相关问题，还涉及《民事诉讼法》等程序法领域的问题。具体说来：其一，从实体法角度来看，股东虚假出资且未补缴的，在公司未以股东会决议解除其股东资格的情况下，不影响登记股东的股东身份。然而，股东虚假出资虽不影响其股东地位的取得，但在未履行补缴出资并向其他足额出资股东承担违约责任的情况下，虚假出资股东暂不能行使各项股东权利。另外，股东在公司设立时虚假出资后转让股权的，此时股权受让人与虚假出资股东需对虚假出资行为承担连带责任。

其二，从程序法角度来说，虚假出资股东未补缴出资的，公司其他股东（包括未尽出资义务股东）本身即享有诉权，不能通过股东代表诉讼起诉，因为只有在不能通过其他途径获得救济的情况下，才能适用股东代表诉讼获得救济。关于虚假出资事实的举证责任分配，则应当适用《公司法司法解释（三）》第20条之规定。

第七节　抽逃出资

一、导　论

为了确保公司注册资本的真实、有效，传统公司法理论确立了公司资本"三大原则"，即资本确定、资本维持与资本不变，而抽逃出资是对公司资本制度的重大破坏。2013 年，我国对公司资本制度进行了重大改革，由资本实缴制变更为资本认缴制，再次引发学界对《公司法》抽逃出资规则的质疑。从立法层面上讲，抽逃出资涉及诸多法律问题，其中最主要的问题是抽逃出资的认定及其法律责任（包括民事责任、行政责任和刑事责任），在司法实践中，其中最为困难的问题是抽逃出资的认定，即抽逃出资的界限在哪里，该问题无论在理论界还是在实务界均处于持续研究阶段，同时，该困惑并非我国独有，在域外也普遍，是《公司法》中最古老但历久弥新的主题。当然，不得不提的是，当前司法实践还存在对抽逃出资任意认定的情形，在《刑法》上表现为抽逃出资罪的滥用，在《公司法》上表现为降低抽逃出资的证明标准，把存在怀疑而无充分证据证明的资本流转行为定性为抽逃出资。考虑到抽逃出资认定的严重法律后果，应当严格根据证据规则认定是否属于抽逃出资，谨慎裁判。为了探究我国司法实践对抽逃出资的裁判理念，本节期待通过对我国案例的研究，进行一些有益的探讨。本节以关于抽逃出资的案件裁判文书为研究对象，以 2014 年以来人民法院作出的相关裁判文书为主要范围，归纳、提炼关于抽逃出资裁判的理念和趋势。

截至 2020 年 2 月，在中国裁判文书网中输入"抽逃出资"（关键词）检索出民事裁判文书 23 889 篇，其中，由最高人民法院裁判的有 271 篇，由高级人民法院裁判的有 1902 篇，本节选取其中 6 篇典型案例梳理其裁判规则。在具体案例的选取上，本节遵循以下"三个优先"原则。第一，优先选择审判层级较高的裁判文书。第二，优先选择中国裁判文书网公布的裁判文书。第三，优先选择审判日期较近的裁判文书。通过形式和内容两个方面的筛选，本节最终选择（2017）浙民再 58 号、（2014）最高法执申字第 9 号、（2019）最高法民终 1149 号、（2019）最高法民申 3343 号、（2019）最高法民申 1477 号、（2018）最高法民再 366 号等 6 篇裁判文书作为本节研究对象，其中，由最高人民法院裁判的有 5 篇，由高级人民法院裁判的有 1 篇，裁判日期为 2018 年（含）之后的案例有 4 篇。

二、抽逃出资的基本理论

（一）抽逃出资的概念和表现方式

1. 抽逃出资的概念。抽逃出资，是指在公司成立且股东缴付出资后，公司违反法律规定向股东返还出资，或者股东违反法律规定从公司无偿取得或超出合理对价取得利益并导致公司资本（或股本）减少的行为或交易。[①]根据该定义，抽逃出资体现在三个行为，在违反法律规定的情况下，公司向股东返还出资的行为；股东从公司无偿取得利益；股东超出合理对价取得利益。但需要说明的是，无论是何种行为，必须满足该抽逃出资行为损害了公司权益这一条件。

2. 抽逃出资的表现方式。根据《公司法司法解释（三）》第 12 条的规定，抽逃出资有如下表现方式：第一，制作虚假财务会计报表虚增利润进行分配。第二，通过虚构债权债务关系将其出资转出。第三，利用关联交易将出资转出。第四，其他未经法定程序将出资抽回的行为。

（二）禁止抽逃出资的原因

根据《公司法》第 35 条规定，公司成立后，禁止股东抽逃出资。禁止抽逃出资的法理基础在于：第一，系为了实现保护公司债权人利益之目的。第二，系为了对抗股东之间的过度分配，以维系公司正常经营的开展。

---

① 刘燕：《重构"禁止抽逃出资"的公司法理基础》，载《中国法学》2015 年第 4 期。

（三）抽逃出资的认定

关于抽逃出资的争议主要集中于实践操作层面——抽逃出资的认定，特别是如何厘清抽逃出资与股东、公司间正常的资金或财产转移之间的界限。它涉及两个方面：一是抽逃出资行为外观，二是抽逃出资的本质特征。[①] 前者是指某种行为具备抽逃出资的外观表现特征，后者是指不具备抽逃出资的外观特征，但从根本上达到了减少公司资本（除公司减资外），损害公司资本利益和债权人利益的程度，即股东或者公司是否将出资非法转出。

（四）抽逃出资的法律责任

1. 抽逃出资的民事责任。《公司法司法解释（三）》第 14 条、第 17 条第 1 款规定了抽逃出资的民事责任。第一，股东抽逃出资的，应承担向公司返还出资本息的责任，而协助抽逃出资的其他股东、董事、高级管理人员或者实际控制人对此承担连带责任。第二，抽逃出资的股东应当在抽逃出资本息范围内对公司债务不能清偿的部分承担补充赔偿责任，协助抽逃出资的其他股东、董事、高级管理人员或者实际控制人对此承担连带责任。第三，有限责任公司的股东抽逃全部出资，经公司催告缴纳或者返还，其在合理期间内仍未缴纳或者返还出资，公司有权以股东会决议解除该股东的股东资格。

2. 抽逃出资的行政责任。《公司法》第 200 条规定了抽逃出资的行政责任，即"公司的发起人、股东在公司成立后，抽逃其出资的，由公司登记机关责令改正，处以所抽逃出资金额百分之五以上百分之十五以下的罚款"。

3. 抽逃出资的刑事责任。《刑法》第 159 条规定了抽逃出资罪，即"公司发起人、股东违反公司法的规定在公司成立后又抽逃其出资，数额巨大、后果严重或者有其他严重情节的，处五年以下有期徒刑或者拘役，并处或者单处虚假出资金额或者抽逃出资金额百分之二以上百分之十以下罚金。单位犯该罪的，对单位判处罚金，并对其直接负责的主管人员和其他直接责任人员，处五年以下有期徒刑或者拘役"。

司法实践中关于抽逃出资的难点在于抽逃出资的认定，虽然《公司法司法解释（三）》第 12 条规定了抽逃出资的四种表现方式，但实践中的抽逃出资行

---

① 刘燕：《重构"禁止抽逃出资"的公司法理基础》，载《中国法学》2015 年第 4 期。

为花样百出，此时需要法官结合抽逃出资的外观表象和本质特征对是否属于抽逃出资进行综合认定。本节第三部分拟通过对近年内司法裁判文书的研究，主要针对"抽逃出资的认定"这一内容梳理人民法院对抽逃出资裁判的裁判规则和审判规律。

三、关于抽逃出资的案例及裁判规则

（一）同时满足以下四要件的，人民法院应认定构成抽逃出资：（1）主体为股东；（2）主观方面表现为故意；（3）所侵犯客体为公司的合法权益和公司资本制度；（4）"抽逃"客观方面表现为在出资财产自公司发生转移时，股东并未向公司交付等值的资产或权益

【案例来源】
案例名称：张某生与宁波中缝精机缝纫机有限公司股东出资纠纷案
审理法院：浙江省高级人民法院
案　　　号：（2017）浙民再 58 号
【争议点】
张某生与宁波中缝精机缝纫机有限公司（以下简称宁波中缝公司）因股东出资纠纷案（以下简称采购批发公司）产生诉讼。该案历经宁波市北仑区人民法院一审、宁波市中级人民法院二审以及浙江省高级人民法院再审三个阶段。在再审中，当事人就张章生通过其个体经营的长谊缝纫机店和其参股的乐清市中缝伟业缝纫机有限公司（以下简称乐清伟业公司）"借离"注册资本 14 016 510 元是否构成抽逃出资产生争议。
【法院认为】
法院在裁判时认为，在实缴资本制下，股东抽逃出资的构成要件为：一是主体为股东；二是主观方面为故意；三是股东抽逃出资所侵犯的客体是公司的合法权益和我国的公司资本制度；四是抽逃不同于一般的交易，一般的交易是有公正、合理的对价，但"抽逃"是指股东出资资金或者相应的资产从公司转移给股东时，股东并未向公司支付了公正、合理的对价，即未向公司交付等值的资产或权益。这也是认定抽逃出资行为的关键所在。具体到该案中，经查明乐清伟业公司与宁波中缝公司存在买卖合同关系，已挂账的预付款在账面上也

在乐清伟业公司与宁波中缝公司的实际交易中逐渐减少。且乐清伟业公司的股东（张某生 51%、周某瑛 49%）也均予以认可的情况下，张某生向宁波中缝公司借款的行为结合乐清伟业公司向宁波中缝公司供货，并未使公司利益受到实质性损害，不符合股东抽逃出资的公司权益受损的客观要件。

（二）仅满足抽逃出资的形式要件，但不符合"损害公司权益"的实质要件，不应认定为抽逃出资

【案例来源】

案例名称：北京昌鑫建设投资有限公司（原北京昌鑫国有资产投资经营有限公司、北京昌鑫国有资产投资经营公司）等与北京弘大汽车空调散热器有限公司买卖合同纠纷案

审理法院：最高人民法院

案　　号：（2014）最高法执申字第 9 号

【争议点】

北京昌鑫建设投资有限公司（原北京昌鑫国有资产投资经营有限公司、北京昌鑫国有资产投资经营公司，以下简称昌鑫公司）等与北京弘大汽车空调散热器有限公司（以下简称弘大公司）因买卖合同纠纷产生诉讼。昌鑫公司不服山东省高级人民法院（2013）鲁执复议字第 59 号执行裁定、潍坊市中级人民法院（2012）潍执变字第 15 号执行裁定和（2012）潍执异字第 27 号执行裁定，向最高人民法院申诉。在庭审过程中，当事人就昌鑫公司是否构成抽逃出资产生争议。

【法院认为】

法院在裁判时认为：昌鑫公司不构成抽逃出资。主要理由如下：第一，昌鑫公司对弘大公司存在合法的在先债权。抽逃出资一般是指不存在合法真实的债权债务关系，而将出资转出的行为。在该案中，对于昌鑫公司在 2004 年即通过债权受让的方式取得对于弘大公司债权的事实，山东两级法院与各方当事人并无分歧。第二，未损害弘大公司及相关权利人的合法权益。法律之所以禁止抽逃出资行为，是因为该行为非法减少了公司的责任财产，降低了公司的偿债能力，不仅损害了公司与其他股东的权益，更损害了公司债权人等相关权利人的权益。而该案并不存在这种情况，昌鑫公司对于弘大公司享有债权在先，投入注册资金在后。在整个增资扩股并偿还债务过程中，昌鑫公司除将其债权

转变为投资权益之外，没有从弘大公司拿走任何财产，也未变更弘大公司的责任财产与偿债能力。第三，不违反相关司法解释的规定。该案中，山东两级法院认定昌鑫公司构成抽逃出资适用的法释条文有两个即《最高人民法院关于适用〈中华人民共和国民事诉讼法〉执行程序若干问题的解释》（以下简称《执行规定》）第80条和《公司法司法解释（三）》第12条。《执行规定》第80条只是规定在执行程序中可以追加抽逃注册资金的股东为被执行人，但是并未规定构成抽逃注册资金的构成要件。《公司法司法解释（三）》第12条具体规定了抽逃出资的构成要件，可以作为执行程序中认定是否构成抽逃注册资金的参照。该条文规定的要件有两个：一个是形式要件，具体表现为该条罗列的"将出资款转入公司账户验资后又转出""通过虚构债权债务关系将其出资转出"等具体情形。另一个是实质要件，即"损害公司权益"。该案虽然符合了该法条规定的形式要件，但是如上所述，实质要件难以认定。所以无法按照上述两个条文的规定认定昌鑫公司构成抽逃注册资金，在执行程序中追加昌鑫公司为被执行人证据不足。

（三）在存在借款合同的情况下，若没有其他证据证明有符合抽逃出资构成要件的，则不能认定为抽逃出资

【案例来源】

案例名称：武汉冷储物流管理有限公司与昆明食品（集团）冷冻冷藏有限公司、昆明食品（集团）民联工贸有限公司、昆明食品（集团）采购批发有限公司股东资格确认纠纷案

审理法院：最高人民法院

案　　　号：（2019）最高法民终 1149 号

【争议点】

武汉冷储物流管理有限公司（以下简称武汉冷储公司）与昆明食品（集团）冷冻冷藏有限公司（以下简称冷冻冷藏公司）、昆明食品（集团）民联工贸有限公司（以下简称民联工贸公司）、昆明食品（集团）采购批发有限公司（以下简称采购批发公司）因股东出资纠纷产生诉讼。该案历经云南省高级人民法院一审和最高人民法院二审两个阶段。在二审中，当事人就武汉冷储公司向民联工贸公司的借款 800 万元是否应视为抽逃出资产生争议。

【法院认为】

法院在裁判时认为：武汉冷储公司向民联工贸公司的借款800万元是否应视为抽逃出资的问题，由于该笔借款双方签订了借款合同，在没有其他证据证明有符合上述规定的情况下，不能仅仅以存在借款关系认定为抽逃出资。其余借款关系均非该案的当事人之间一一对应的借款，不能仅凭股东的交叉关系而随意地否定公司的法人资格，将其民事行为归结于一方进行归责。因此，武汉冷储公司不存在抽逃出资行为。

（四）公司或者股东以存在借款关系为由抗辩不构成抽逃出资的，应当提供借款合同或者举出证据证明存在借款利息和偿还期限的约定，仅提交转款凭证且转款用途亦未载明系出借或者归还借款的，应认定为构成抽逃出资

【案例来源】

案例名称：李某厚、李某生与上海泽芸环境科技工程有限公司、第三人江苏涵正环境工程有限公司（原江苏斯普莱环境工程有限公司）执行异议之诉案

审理法院：最高人民法院

案　　号：（2019）最高法民申3343号

【争议点】

李某厚、李某生与上海泽芸环境科技工程有限公司、第三人江苏涵正环境工程有限公司（原江苏斯普莱环境工程有限公司，以下简称涵正公司）因执行异议之诉产生诉讼。该案历经扬州市中级人民法院一审、江苏省高级人民法院二审以及最高人民法院再审三个阶段。在再审中，当事人就李某厚、李某生是否构成抽逃出资产生争议。

【法院认为】

法院在裁判时认为：关于李某厚、李某生是否构成抽逃出资，李某厚、李某生、涵正公司主张涵正公司与江苏泽宇高新材料有限公司（以下简称泽宇公司）之间是借贷关系，泽宇公司已经偿还涵正公司859万元，李某厚和李某生不符合抽逃出资情形。但李某厚、李某生、涵正公司既未提交涵正公司与泽宇公司之间签订的借款合同，亦未举示证据证明存在借款利息和偿还期限的约定，仅提交泽宇公司向涵正公司的银行转款凭证，转款用途也未载明是归还借款。根据二审法院认定的事实，泽宇公司转给涵正公司的绝大部分钱款也于转

款当日立即转出，故李某厚、李某生、涵正公司主张涵正公司与泽宇公司之间是借贷关系不能成立。该案李某厚和李某生在向涵正公司缴纳出资款的当日即将全部出资额转移至李某生担任股东、法定代表人的泽宇公司，造成公司资本缺失，降低了公司的履约能力和偿债能力。根据《公司法司法解释（三）》第12条的规定，该案李某厚、李某生转移全部出资的行为，符合该条规定的抽逃出资情形，应认定为抽逃出资行为。

（五）股东将其个人账户与公司账户混用的，应认定构成抽逃出资

【案例来源】

案例名称：赵某江与抚顺市金永建材有限公司、抚顺市嘉禾实业有限责任公司、第三人山东新天宇建设安装有限公司执行异议之诉案

审理法院：最高人民法院

案　　　号：（2019）最高法民申1477号

【争议点】

赵某江与抚顺市金永建材有限公司（以下简称金永公司）、抚顺市嘉禾实业有限责任公司、第三人山东新天宇建设安装有限公司（以下简称新天宇公司）因执行异议之诉产生诉讼。该案历经辽宁省抚顺市中级人民法院一审、辽宁省高级人民法院二审以及最高人民法院再审三个阶段。在再审中，当事人就赵某江将其个人账户与公司账户混用的行为是否构成抽逃出资产生争议。

【法院认为】

法院在裁判时认为：新天宇公司的营业执照记载其成立日期为2010年5月19日，赵某江作为新天宇公司股东，在公司注册登记后，分别于2010年6月10日、2011年9月30日将公司注册资金共计650万元转入其个人账户。虽然新天宇公司认为赵某江仅系将其个人账户与公司账户混用，并未损害公司利益，但实际上赵某江的该行为已经损害了不特定债权人的利益，构成抽逃出资。

（六）《公司法司法解释（三）》第14条规定的"协助抽逃出资的……董事"中的"协助"应作广义解释，包括董事的积极作为和消极不作为

【案例来源】

案例名称：斯曼特微显示科技（深圳）有限公司与胡某生、薄某明、史某文、贺某明、王某波、李某滨损害公司利益责任纠纷案

审理法院：最高人民法院

案　　号：（2018）最高法民再 366 号

【争议点】

斯曼特微显示科技（深圳）有限公司（以下简称深圳斯曼特公司）与胡某生、薄某明、史某文、贺某明、王某波、李某滨（以下简称胡某生等六名董事）因损害公司利益责任纠纷案产生诉讼。该案历经广东省深圳市中级人民法院一审、广东省高级人民法院二审以及最高人民法院再审三个阶段。在再审中，当事人就胡某生等六名董事是否应对深圳斯曼特公司股东所欠出资承担赔偿责任产生争议。

【法院认为】

广东省深圳市中级人民法院一审认为：在股东未全面履行出资义务时，董事或因协助股东抽逃出资、或因负有监督职责而未履行、或因对增资未尽忠实勤勉义务等情形而承担相应责任，但不应将股东未全面履行出资义务的责任一概归因于公司董事。如果董事仅仅是怠于向未全面履行出资义务的股东催缴出资，以消极不作为的方式未尽忠实勤勉义务，而该不作为与公司所受损失之间没有直接因果关系，那么要求董事对股东未履行全面出资义务承担责任，则缺乏事实和法律依据。

对此，最高人民法院有不同观点：其认为胡某生等六名董事以消极不作为的方式构成了对董事勤勉义务的违反，放任了股东 SOUTHMOUNTTAINTECHNOLOGIES, LTD.（中文译名"斯曼特微显示科技有限公司"，以下简称开曼斯曼特公司）未缴清出资的行为的实际损害的持续，胡某生等六名董事未履行向股东催缴出资义务的行为与深圳斯曼特公司所受损失之间存在法律上的因果关系。具体理由如下：

第一，根据《公司法》第 147 条第 1 款的规定，董事、监事、高级管理人员应当遵守法律、行政法规和公司章程，对公司负有忠实义务和勤勉义务。上述规定并没有列举董事勤勉义务的具体情形，但是董事负有向未履行或未全面履行出资义务的股东催缴出资的义务；这是由董事的职能定位和公司资本的重要作用决定的。根据董事会的职能定位，董事会负责公司业务经营和事务管理，董事会由董事组成，董事是公司的业务执行者和事务管理者。股东全面履行出资是公司正常经营的基础，董事监督股东履行出资是保障公司正常经营的需要。第二，《公司法司法解释（三）》第 13 条第 4 款规定的目的是赋予董

事、高级管理人员对股东增资的监管、督促义务，从而保证股东全面履行出资
义务、保障公司资本充实。在公司注册资本认缴制下，公司设立时认缴出资的
股东负有的出资义务与公司增资时是相同的，董事、高级管理人员负有的督促
股东出资的义务也不应有所差别。该案深圳斯曼特公司是外商独资企业，实行
注册资本认缴制。参照《公司法司法解释（三）》第13条第4款的规定，在
公司注册资本认缴制下，股东未履行或未全面履行出资义务，董事、高级管理
人员负有向股东催缴出资的义务。第三，根据《公司法》第149条的规定，董
事、监事、高级管理人员执行公司职务时违反法律、行政法规或者公司章程的
规定，给公司造成损失的，应当承担赔偿责任。根据已查明事实，深圳斯曼特
公司股东开曼斯曼特公司仍欠缴出资4 912 376.06美元，胡某生等六名董事作
为深圳斯曼特公司的董事，同时又是开曼斯曼特公司的董事，对开曼斯曼特公
司的资产情况、公司运营状况均应了解，具备监督开曼斯曼特公司履行出资义
务的便利条件。胡某生等六名董事未能提交证据证明其在股东出资期限届满
即2006年3月16日之后向股东履行催缴出资的义务，以消极不作为的方式构
成了对董事勤勉义务的违反。由于开曼斯曼特公司未缴清出资的行为实际损害
了深圳斯曼特公司的利益，故某生等六名董事消极不作为放任了实际损害的持
续，其未履行向股东催缴出资义务的行为与深圳斯曼特公司所受损失之间存在
法律上的因果关系。

四、结　语

对抽逃出资的认定，应当严格按照抽逃出资的形式要件和实质要件来认
定，形式要件即存在抽逃出资的外观行为，实质要件即损害了公司或者债权人
的利益。如果只有抽逃出资的形式要件，但不符合"损害公司权益"的实质要
件，不应认定为抽逃出资。实践中经常出现以借款行为掩盖抽逃出资，在对其
是否属于抽逃出资进行认定时，应严格根据证据规则认定。其一，如果在存在
借款合同的情况下，若没有其他证据证明有符合抽逃出资构成要件的，则不能
认定为抽逃出资，但公司或者股东既不能提供借款合同，也不能举示证据证明
存在借款利息和偿还期限的约定，仅提交转款凭证且转款用途亦未载明系出借
或者归还借款的，应认定为构成抽逃出资。其二，关于其他形式的抽逃出资
行为，司法在认定时也应注意，如股东将其个人账户与公司账户混用的，则

属于抽逃出资。其三，在法律适用上，《公司法司法解释（三）》第14条规定的"协助抽逃出资的……董事"中的"协助"应作广义解释，包括董事的积极作为和消极不作为，因为董事消极不作为放任了抽逃出资实际损害的持续，董事未履行向股东催缴出资义务的行为与公司所受损失之间存在法律上的因果关系，故而应当对抽逃出资承担法律责任。

第八节　认缴出资加速到期

一、导　论

公司认缴登记制的实施不仅使资本弱化，而且更加强调资产信用问题。资本认缴制下也出现了一些问题，因此我国《公司法》及其司法解释开始强调公司以及发起人、股东瑕疵出资的民事责任。近年来，为了保护公司及其债权人利益，在满足一定条件时，将强制要求未届出资期限的股东在未出资范围内补足出资或者对公司债权承担清偿责任，这在《公司法》上称为"认缴出资加速到期"或者"股东出资加速到期"，也是本节要讨论的对象。关于认缴出资加速，理论和实践中均存在较大争议，以公司是否达到破产清算的标准划分，认缴出资加速到期可以划分为"破产加速"和"非破产加速"，对于"破产加速"，目前理论上看法和实践做法基本达成一致，但是对于"非破产加速"存在重大分歧，就司法实践层面来说，出现了诸多观点相左的裁判观点，由于立法上尚未就该问题作出明确规定，因此，成为《公司法》领域重大疑难问题之一。具体来讲，本节以关于认缴出资加速到期的案件裁判文书为研究对象，以2016年以来人民法院作出的相关裁判文书为主要范围，归纳、提炼关于认缴出资加速到期裁判的理念和趋势。

截至2020年2月，在中国裁判文书网中输入"出资加速到期"（关键词）检索出民事裁判文书576篇，其中，由最高人民法院裁判的有1篇，由高级人民法院裁判的有9篇，本节选取其中5篇典型案例梳理其裁判规则。在具体案例的选取上，本节遵循以下"三个优先"原则。第一，优先选择审判层级较高的裁判文书。第二，优先选择中国裁判文书网公布的裁判文书。第三，优先选择审判日期较近的裁判文书。通过形式和内容两个方面的筛选，本节最终选择（2019）粤0604执异469号、（2019）豫0191执异270号、（2019）京民终531号、（2019）苏0505执异16号、（2019）最高法民终230号等5篇裁判文书作为本节研究对象，其中，由最高人民法院裁判的有 1 篇，由高级人民法院裁判的有 1 篇，裁判日期为 2018 年（含）之后的案例有 5 篇。

二、认缴出资加速到期的基本理论

（一）认缴出资加速到期的概念

所谓认缴出资加速到期，是指股东认缴出资的出资期限尚未届满，公司债权人请求未届出资期限的股东在未出资范围内对公司不能清偿的债务承担补充赔偿责任。

（二）破产加速到期

1. 立法关于"破产加速到期"的规定。《企业破产法》第 35 条规定："人民法院受理破产申请后，债务人的出资人尚未完全履行出资义务的，管理人应当要求该出资人缴纳所认缴的出资，而不受出资期限的限制。"该条是关于破产加速到期的法律依据。

2. 破产阶段方可加速到期的理由。有学者经研究发现，主张破产阶段方可加速到期（简称"破产加速"）的理由主要有：（1）《企业破产法》对"破产加速"有明确规定；可以借此"倒逼"我国目前尚待全面展开的企业破产实践。（2）破产加速可以借助《企业破产法》的公平还债机制，实现对全体债权人的公平清偿。①（3）认为若企业若处于非破产阶段，仅凭执行公司财产就可实现债权人债务之偿还，故无须对股东未届期之出资义务进行加速到期，破

---

① 司法实践中多采纳这一理由，如石狮市人民法院（2018）闽 0581 民初 3716 号民事判决书："对在公司解散或公司破产时，股东出资应加速到期的立法旨意在于公司股东未到期的出资款属公司应有财产，在公司解散或破产时，为保护全体债权人利益，股东未到期出资款应提前到位作为公司财产一并予以清算，故在公司解散或破产时，公司股东理应提前履行其所有的出资义务。在公司财产不足以清偿债务，但公司尚未进入清算或破产，为对个别债权人进行清偿而加速股东出资到期，反而易损害公司其他债权人的利益，无法平等保护全体债权人的利益，对公司其他债权人造成不公平。因此，分期缴纳出资系股东依法享有的期限利益，受法律保护，除法律有另外特别规定，否则，不得随意要求股东出资加速到期。"

坏"契约严守"。①

（三）非破产加速到期

关于认缴出资加速到期适用的分歧在于，非破产阶段，股东出资义务不能加速到期（以下简称"非破产加速"），如果能够适用，应设置何种适用条件。第一，对于认缴出资加速到期能否适用非破产阶段。一种观点认为，在非破产阶段，股东出资义务不能加速到期，理由如下："（1）加速到期缺乏法律依据。根据现行公司资本制度，股东自行决定缴纳出资期限是法定权利，且只有在破产程序中才被限制。（2）缺乏请求权基础。既不符合代位权制度中债权到期的要求，又缺乏侵权制度中主观过错等相关要件。（3）存在司法操作障碍。通常情况下，公司能否清偿到期债务需通过执行程序判断。审理中，除非债务人自认，否则法官缺乏判断依据。若确定不清偿后，要求加速到期又与破产制度产生矛盾。（4）可能导致鼓励万众创业之立法目的落空、未尽注意义务的债权人转嫁风险等消极影响。（5）司法可以相对积极地发掘法人人格否认等其他制度的功能，以抵消改革给债权人保护可能带来的冲击。"② 另一种观点认为，在非破产阶段，股东出资义务可以加速到期。其理由在于：（1）我国《合同法》《公司法》等立法对"非破产加速"之解释有明确的依据。支持"非破产加速"有助于形成"理性的股东认缴秩序"及"理性的公司偿债秩序"。（2）"非破产加速"也是交易成本更小的"加速到期方法"，且与"破产加速到期"并不矛盾，各有其适用条件和情形，应优先得以适用。③

2019 年 11 月 8 日，最高人民法院民事审判第二庭发布了《全国法院民商事审判工作会议纪要》，其中涉及股东出资能否加速到期的内容。对此，该纪要的意见是对人民法院对破产加速到期的诉讼请求应当予以支持，原则上对"非破产加速到期"的诉讼请求不予支持，但是在满足如下情形时，可以适用"非破产加速到期"：（1）公司作为被执行人的案件，人民法院穷尽执行措施无

---

① 参见蒋大兴：《论股东出资义务之"加速到期"——认可"非破产加速"之功能价值》，载《社会科学》2019 年第 2 期。

② 参见夏正芳等：《破解审判难题统一司法尺度——江苏高院关于公司纠纷案件的调研报告》，载《人民法院报》2016 年 7 月 7 日，第 8 版。

③ 参见蒋大兴：《论股东出资义务之"加速到期"——认可"非破产加速"之功能价值》，载《社会科学》2019 年第 2 期。

财产可供执行，已具备破产原因，但不申请破产的。（2）在公司债务产生后，公司股东（大）会决议或以其他方式延长股东出资期限的。

除此之外，《全国法院民商事审判工作会议纪要》还涉及股东认缴的出资未届履行期限，对未缴纳部分的出资是否享有以及如何行使表决权等问题，对此，该纪要认为应当根据公司章程来确定。公司章程没有规定的，应当按照认缴出资的比例确定。如果股东（大）会作出不按认缴出资比例而按实际出资比例或者其他标准确定表决权的决议，股东请求确认决议无效的，人民法院应当审查该决议是否符合修改公司章程所要求的表决程序，即必须经代表三分之二以上表决权的股东通过。符合的，人民法院不予支持；反之，则依法予以支持。

认缴出资加速到期涉及股东认缴出资的期限权益，但不排除部分股东以此为由掩盖恶意拖延出资、损害公司及其债权人利益的可能，因此，该问题在司法裁判时应当同认定公司法人人格否认一样谨慎裁判。本节第三部分拟通过对近年内司法裁判文书的研究，梳理人民法院对认缴出资加速到期裁判的裁判规则和审判规律。

三、关于认缴出资加速到期的案例及裁判规则

（一）在执行阶段，若穷尽执行措施仍未发现被执行人有财产可供执行的，申请执行人作为债权人以公司不能清偿到期债务为由，请求认定被执行人股东认缴出资加速到期的，可认定被执行人已具备破产原因，人民法院应予支持

【案例来源】

案例名称：广东珠江电线电缆有限公司申请执行珠江电缆科技有限公司侵害商标权及不正当竞争纠纷案

审理法院：佛山市禅城区区人民法院

案　　号：（2019）粤 0604 执异 469 号

【争议点】

广东珠江电线电缆有限公司（以下简称电线电缆公司）与珠江电缆科技有限公司（以下简称电缆科技公司）因侵害商标权及不正当竞争纠纷案因股东损

害公司债权人利益责任纠纷起诉至北京市房山区人民法院产生诉讼。在执行程序中，电线电缆公司申请追加电缆科技公司股东杨某斌、巫某旭、侯某龙三人为被执行人，在执行异议审查中，当事人就执行中作为认定认缴出资加速到期以清偿公司债务的问题产生争议。

【法院认为】

法院在裁判时认为：在执行过程中法院穷尽执行措施仍未发现被执行人电缆科技公司有财产可供执行，并作出裁定终结执行，据此可以认定电缆科技公司具备破产原因。在其具备破产原因后，电缆科技公司未向法院申请破产保护，现其债权人即该案申请执行人也不申请破产清算而申请其股东认缴出资加速到期，则鉴于电缆科技公司不能清偿到期债务，具备破产原因，法院穷尽执行措施后仍执行不到财产，申请人作为债权人主张电缆科技公司现股东认缴出资加速到期以清偿公司债务，有事实及法律依据。

（二）在执行阶段，若穷尽执行措施仍未发现被执行人有财产可供执行的，若被执行人发起股东未履行出资义务即转让股权，申请执行人以应认定继受股东认缴出资加速到期为由申请追加为被执行人的，人民法院不予支持，但主张发起股东在未出资范围内对公司债务承担清偿责任的，人民法院应予支持

【案例来源】

案例名称：陈某申请执行河南优谷智能科技有限公司合同纠纷案

审理法院：郑州高新技术产业开发区人民法院

案　　号：（2019）豫 0191 执异 270 号

【争议点】

陈某与河南优谷智能科技有限公司（以下简称优谷智能科技）因合同纠纷产生诉讼。在执行程序中，陈某申请追加第三人李某涛、马某磊、吴某艳、郑州琦祥商贸有限公司（以下简称琦祥商贸）、河南聚联实业有限公司（以下简称聚联实业）为该案被执行人。在执行异议审查中，当事人就李某涛、马某磊、吴某艳、郑州琦祥商贸有限公司、河南聚联实业有限公司应否在清偿公司债权人债务问题产生争议。

【法院认为】

法院在裁判时认为：第一，综合申请执行人陈某提交的被执行公司的工商

登记档案，吴某艳、李某涛、琦祥商贸并非设立优谷智能科技的发起股东，均是通过股权转让继受成股东，而原股东与继受股东之间系股权转让之法律关系，继受股东只需向原股东支付对价。吴某艳、李某涛、琦祥商贸受让股权后，优谷智能科技的注册资本并未发生变化，故上述继受股东并不具有向被执行公司继续缴纳出资的义务，不应在执行程序中追加其为被执行人。至于继受股东应否承担连带责任，属于实体争议，申请执行人可通过诉讼方式向继受股东主张权利。第二，有限责任公司增加注册资本时，股东对其认缴的新增资本负有向该有限责任公司缴纳出资的义务。该案中，优谷智能科技作为（2019）豫 0191 执 3327 号执行案件的被执行人，已因无财产可供执行被执行实施机构裁定终结。综合申请执行人陈某提交的工商登记档案，截至 2019 年 6 月 11 日，优谷智能科技的注册资本仍为 500 万元，且实收资本为 0 万元，即可认定股东马某磊、聚联实业未履行出资义务即转让股权，且优谷智能科技已因与陈某之间的合同纠纷进入强制执行程序，故马某磊、聚联实业作为被执行公司股东应当提前履行出资义务。申请执行人陈某追加马某磊、聚联实业的请求符合上述法律规定。

（三）股东恶意延长出资期限以逃避履行出资义务的，债权人请求未届出资期限的股东在未出资范围内对公司不能清偿的债务承担补充赔偿责任的，人民法院应予支持

【案例来源】

案例名称：李某与深圳前海信鼎财富资产管理有限公司、中青汇力资产管理（北京）有限公司执行异议之诉案

审理法院：北京市高级人民法院

案　　　号：（2019）京民终 531 号

【争议点】

李某与深圳前海信鼎财富资产管理有限公司（以下简称前海信鼎公司）、中青汇力资产管理（北京）有限公司（以下简称中青汇力公司）因申请执行人执行异议之诉产生诉讼。该案历经北京市第一中级人民法院一审和北京市高级人民法院二审两个阶段。在二审中，当事人就李某主张追加出资义务未到期的前海信鼎公司为（2017）京 01 执 529 号案件的被执行人并在其认缴出资的范围内承担补充赔偿责任的诉讼请求有无法律依据产生争议。

【法院认为】

对此，北京市第一中级人民法院一审认为，在相关规范性法律文件未对股东出资加速到期进行明确规定的情况下，前海信鼎公司作为中青汇力公司的股东不应提前履行出资义务，故李某主张追加前海信鼎公司为（2017）京01执529号案件的被执行人并在其认缴出资的范围内承担补充赔偿责任的诉讼请求，于法无据。北京市高级人民法院二审撤销了一审法院上述认定，改判追加前海信鼎公司为（2017）京01执529号执行案件的被执行人。其裁判理由如下：北京市高级人民法院认为，根据已查明事实，李某与中青汇力公司于2015年11月23日签订《合伙协议书》，根据当时公示的2014年中青汇力公司年报信息显示天佑（北京）文化传媒有限公司（以下简称天佑公司）的认缴期限为2015年5月19日。2015年12月18日前海信鼎公司受让天佑公司持有的中青汇力公司的股权，并将出资认缴时间确定为2015年12月31日。2016年12月1日中青汇力公司与李某基于《合伙协议书》所产生的债务到期。而根据2016年年报信息显示，前海信鼎公司认缴出资期限延长至2044年1月11日。作为公司及其股东，在公司债务发生后理应对公司的清偿能力有所判断，在公司发生到期债务且不能履行的情况下，前海信鼎公司延长出资认缴期限，系规避到期债务，应当属于《最高人民法院关于民事执行中变更、追加当事人若干问题的规定》第17条规定的情形。该案中，李某上诉请求追加前海信鼎公司为被执行人，在前海信鼎公司未缴纳出资范围内对中青汇力公司在《合伙协议书》所涉债务承担责任具有事实依据。

（四）在非破产阶段，若满足以下四个要件的，则应当认定股东出资义务加速到期：（1）公司债务已届清偿期；（2）股东未履行或者未全面履行出资义务；（3）"公司不能清偿债务"已在执行程序中予以认定；（4）人民法院认为案件不宜启动破产清算程序。

【案例来源】

案例名称：苏州市托普机电有限公司与上海俱谐梦商贸有限公司买卖合同纠纷案

审理法院：江苏省苏州市虎丘区人民法院

案　　号：（2019）苏0505执异16号

【争议点】

苏州市托普机电有限公司（以下简称托普机电公司）与上海俱谐梦商贸有限公司（以下简称上海俱谐梦公司）因买卖合同纠纷起诉至苏州市虎丘区人民法院。在庭审过程中，申请人托普机电公司提出追加王某长、郭某梅、王某爽为该案被执行人，当事人就上海俱谐梦公司的发起人（原股东）王某长、郭某梅出资义务是否应加速到期产生争议。

【法院认为】

法院在裁判时认为：该案中托普机电公司要求上海俱谐梦公司的各股东在未出资范围内承担补充清偿责任，应确定上海俱谐梦公司的各股东的出资责任加速到期。该案已满足债权人对未届期股东出资加速到期责任请求权的成立的四个要件：第一，苏州市托普机电有限公司与上海俱谐梦公司买卖合同纠纷一案，该院于 2018 年 2 月 9 日作出（2017）苏 0505 民初 1549 号民事判决，但上海俱谐梦公司未履行到期债务。第二，上海俱谐梦公司的原股东王某长、郭某梅及现股东王某爽、王某长均未向公司缴纳完毕全部出资。第三，该案纠纷经该院立案强制执行，已穷尽执行措施无效果，并已裁定终结本次执行程序，"公司不能清偿债务"已在执行程序中予以认定，此时未出资股东已无先诉抗辩权，应当以其认缴出资额为限对公司债务承担清偿责任。第四，该案不宜要求债权人托普机电公司提起破产清算程序。该案执行标的仅为 78 887.40 元，而被执行人上海俱谐梦公司的股东认缴出资额达 3 000 000 元，足以符合债权人对交易风险的合理预期。司法活动应遵循效率原则，提起破产程序烦琐、成本巨大，法律应当允许当事人选择更为经济简略的司法救济途径；法律不保护躺在权利上睡觉的人，应当鼓励权利人积极诉讼实现权利，不能以平等保护所有债权人的名义而把强迫积极债权人将申请被执行人破产作为首要和唯一的救济途径。此时令股东承担出资加速到期责任，不但能够节约司法资源，而且将促使公司筹集资本，补偿债权人，避免公司陷入解散或破产的窘境。

（五）出资期限未届满的股东尚未完全缴纳其出资份额不属于《公司法司法解释（三）》第 13 条第 2 款规定的"未履行或者未全面履行出资义务"

【案例来源】

案例名称：曾某与冯某、冯某坤、甘肃华慧能数字科技有限公司股权转让纠纷案

审理法院：最高人民法院

案　　　号：（2019）最高法民终 230 号

【争议点】

曾某与冯某、冯某坤、甘肃华慧能数字科技有限公司（以下简称甘肃华慧能公司）因股权转让纠纷产生诉讼。该案历经甘肃省高级人民法院一审和最高人民法院二审两个阶段。在二审中，当事人就曾某主张冯某、冯某坤在未出资本息范围内对甘肃华慧能公司债务不能清偿的部分承担补充赔偿责任的上诉请求是否具有法律依据产生争议。

【法院认为】

法院在裁判时认为：曾某主张冯某、冯某坤二人在未出资本息范围内对甘肃华慧能公司债务不能清偿的部分承担补充赔偿责任的实质是主张冯某、冯某坤的出资加速到期，其涉及《公司法司法解释（三）》第13条第2款规定的"未履行或者未全面履行出资义务"中的"出资"是否包括出资期限未届满的出资。该案中，甘肃华慧能公司原股东冯某、冯某坤的认缴出资期限截至2025年12月31日。《公司法》第28条规定：股东应当按期足额缴纳公司章程中规定的各自所认缴的出资额。股东享有出资的"期限利益"，公司债权人在与公司进行交易时有机会在审查公司股东出资时间等信用信息的基础上综合考察是否与公司进行交易，债权人决定交易即应受股东出资时间的约束。《公司法司法解释（三）》第13条第2款规定的"未履行或者未全面履行出资义务"应当理解为"未缴纳或未足额缴纳出资"，出资期限未届满的股东尚未完全缴纳其出资份额不应认定为"未履行或者未全面履行出资义务"。该案中，冯某、冯某坤二人转让全部股权时，所认缴股权的出资期限尚未届满，不构成《公司法司法解释（三）》第13条第2款、第18条规定的"未履行或者未全面履行出资义务即转让股权"的情形，且曾某并未举证证明其基于冯某、冯某坤的意思表示或实际行为并对上述股东的特定出资期限产生确认或信赖，又基于上述确认或信赖与甘肃华慧能公司产生债权债务关系，因此对于曾某主张冯某、冯某坤二人在未出资本息范围内对甘肃华慧能公司债务不能清偿的部分承担补充赔偿责任的上诉请求没有法律依据。

四、结　语

《企业破产法》明确规定股东出资义务加速到期仅适用于公司解散、破产阶段。但实践中出现了部分公司股东利用认缴出资制不限制出资期限的规定，恶意规避公司债务的情形，因此开始出现认定非破产阶段的公司股东出资义务加速到期的做法。具体来说：其一，在执行阶段，若穷尽执行措施仍未发现被执行人有财产可供执行的，可以认定被执行人股东认缴出资加速到期的；若被执行人发起股东未履行出资义务即转让股权，申请执行人以应认定继受股东认缴出资加速到期为由申请追加为被执行人的，则不予支持，但主张发起股东在未出资范围内对公司债务承担清偿责任的，应予支持。其二，在非破产阶段，股东恶意延长出资期限以逃避履行出资义务的除外。或者同时满足以下四个要件的，人民法院应当裁判股东出资义务加速到期：（1）公司债务已届清偿期；（2）股东未履行或者未全面履行出资义务；（3）"公司不能清偿债务"已在执行程序中予以认定；（4）人民法院认为案件不宜启动破产清算程序。其三，在关于《公司法司法解释（三）》第13条第2款规定的"未履行或者未全面履行出资义务"的理解问题上，最高人民法院认为其不包括出资期限未届满的股东尚未完全缴纳其出资份额。

第九节　公司诉讼代表人确定

一、导　论

《民事诉讼法》第 48 条第 2 款规定，"法人由其法定代表人进行诉讼"，该法条确立了法定代表人是最基础的公司意志代表机关，是法人当然的诉讼意志代表主体。但是实践中，并非所有的法定代表人是公司印章的实际控制人，或者法定代表人仅仅是公司登记的外观显示状态，其实践的法定代表人已经由公司内部作出决议予以变更。在上述两种情形下，如何认定公司诉讼意志的真正代表人是公司进行诉讼的首要前提，其涉及民事诉讼上诉讼主体资格的认定，属于程序性事项，必须先于解决才能进行公司诉讼的实体审理阶段。为了探究我国司法实践对公司诉讼代表人确定的裁判理念，本节期待通过对我国案例的研究，进行一些有益的探讨。本节以关于公司诉讼代表人确定的案件裁判文书为研究对象，以 2014 年以来人民法院作出的相关裁判文书为主要范围，归纳、提炼关于公司诉讼代表人确定裁判的理念和趋势。

截至 2020 年 2 月，在中国裁判文书网中输入"法定代表人意志"（关键词）检索出民事裁判文书 47 篇，其中，由最高人民法院裁判的有 2 篇，由高级人民法院裁判的有 4 篇，本节选取其中 5 篇典型案例梳理其裁判规则。在具体案例的选取上，本节遵循以下"三个优先"原则。第一，优先选择审判层级较高的裁判文书。第二，优先选择中国裁判文书网公布的裁判文书。第三，优先选择审判日期较近的裁判文书。通过形式和内容两个方面的筛选，本节最终选择（2014）最高法民四终字第 20 号、（2015）二中民终字第 02402 号、（2019）粤 01 民终 3219 号、（2016）京 02 民终 8037 号、（2019）赣民终 412 号等 5 篇裁判文书作为本节研究对象，其中，由最高人民法院裁判的有 1 篇，由高级人民法院裁判的有 1 篇，由中级人民法院裁判的有 3 篇，裁判日期为 2018 年（含）之后的案例有 2 篇。

二、公司诉讼代表人确定的基本理论

公司诉讼代表人，是指在处理公司纠纷时，谁能够代表公司意志起诉或者应诉，涉及的是公司意志代表权问题。原则上，根据《民事诉讼法》第48条第2款"法人由其法定代表人进行诉讼"的规定，法定代表人作为最基础的公司意志代表机关，是法人当然的诉讼意志代表主体，法定代表人以公司名义作出的诉讼行为，在无否定性证据情况下，一般即应视为公司的诉讼行为。但在实践中，在特殊情形下，公司诉讼代表人的确定显得比较复杂，其主要指的是以下两种情形。

（一）人章分离状态下公司诉讼代表人的确定

所谓"人章分离"，是指公司法定代表人和公章控制人或持有人非同一人时，谁是公司诉讼代表人。有的意见认为，人章分离仅是内部纠纷，对外应以公章为准。有意见认为，法定代表人与公章对外均有权代表公司，诉讼中只要保持前后一致，司法无须过多介入公司内部纠纷。还有意见认为，关于该问题，原则上应以法定代表人为诉讼代表人。理由有三：第一，从代表权来源看，法定代表人代表公司对外作出意思表示的权限法定，但公章持有人以加盖公章形式代表公司对外作出意思表示的权限则来自授权。第二，从识别唯一性上看，公章持有人可变，而法定代表人唯一。虽然实践中有些公司意思以加盖公章的形式对外作出，但是法律并未赋予公章持有人与法定代表人相同的代表权限，产生争议时应考量公章持有人的授权。第三，对公司而言，诉讼属于外部纠纷，根据内外有别原则，法院在确定公司诉讼代表人时，推定法定代表人有权作为诉讼代表人。公章持有人对法定代表人的诉讼代表权限提出异议的，应承担法定代表人已丧失对外代表权限的举证责任。①

（二）法定代表人变更下公司诉讼代表人的确定

在公司内部作出股东（会）决议变更法定代表人，但尚未对工商登记法定代表人事项作出变更的，此时公司内部决议变更后的法定代表人（以下简称新

---

① 参见夏正芳等：《公司设立、治理及终止相关疑难法律问题研究》，载《法律适用》2016年第12期。

法定代表人）与工商登记的法定代表人（以下简称原法定代表人）何者为公司诉讼代表人。该问题实践中存在争议，也是本节第三节梳理相关裁判规则时重点探讨对象，本节第三部分拟通过对近年内司法裁判文书的研究，梳理人民法院对公司诉讼代表人确定裁判的裁判规则和审判规律。

三、关于公司诉讼代表人确定的案例及裁判规则

（一）诉讼涉及公司内部纠纷时，公司意志以股东会（股东）决议为准，股东会（股东）决议新产生的法定代表人是公司诉讼代表人

【案例来源】

案例名称：大拇指环保科技集团（福建）有限公司与中华环保科技集团有限公司股东出资纠纷案

审理法院：最高人民法院

案　　　号：（2014）最高法民四终字第 20 号

【争议点】

大拇指环保科技集团（福建）有限公司（以下简称大拇指公司）与中华环保科技集团有限公司（以下简称环保科技公司）因股东出资纠纷产生诉讼。该案历经福建省高级人民法院一审和最高人民法院二审两个阶段。在二审中，当事人就大拇指公司起诉的意思表示是否真实产生争议。

【法院认为】

法院在裁判时认为：该案为涉外股东出资纠纷。根据《涉外民事关系法律适用法》第 14 条第 1 款的规定，大拇指公司提起该案诉讼的意思表示是否真实的事项应当适用中国法律。该案中，大拇指公司系中国法人，其起诉状及其委托律师参加诉讼的授权委托书均加盖了该公司的公章，环保科技公司对大拇指公司公章的真实性没有提出异议，仅以环保科技公司作为唯一股东已经就大拇指公司包括法定代表人、董事在内的管理层进行更换，新任的大拇指公司"法定代表人"向法庭作出撤诉的意思表示，因大拇指公司实际控制人拒不交出公章，导致新法定代表人无法就撤诉申请盖章等为由，否定大拇指公司提起该案诉讼的意思表示。

关于大拇指公司提起该案诉讼的意思表示是否真实的问题，大拇指公司是

环保科技公司在中国境内设立的外商独资企业，且为一人公司，其内部组织机构包括董事和法定代表人的任免权均由其唯一股东环保科技公司享有。环保科技公司进入司法管理程序后，司法管理人作出了变更大拇指公司董事及法定代表人的任免决议。根据新加坡公司法227G的相关规定，在司法管理期间，公司董事基于《公司法》及公司章程而获得的权力及职责均由司法管理人行使及履行。因此，该案中应当对环保科技公司的司法管理人作出的上述决议予以认可。根据《公司法》第46条第（2）项的规定，公司董事会作为股东会的执行机关，有义务执行股东会或公司唯一股东的决议。大拇指公司董事会应当根据其唯一股东环保科技公司的决议，办理董事及法定代表人的变更登记。由于大拇指公司董事会未执行股东决议，造成了工商登记的法定代表人与股东任命的法定代表人不一致的情形，进而引发了争议。根据《公司法》第13条规定，公司法定代表人变更应当办理变更登记。法院在裁判时认为，法律规定对法定代表人变更事项进行登记，其意义在于向社会公示公司意志代表权的基本状态。工商登记的法定代表人对外具有公示效力，如果涉及公司以外的第三人因公司代表权而产生的外部争议，应以工商登记为准。而对于公司与股东之间因法定代表人任免产生的内部争议，则应以有效的股东会任免决议为准，并在公司内部产生法定代表人变更的法律效果。因此，环保科技公司作为大拇指公司的唯一股东，其作出的任命大拇指公司法定代表人的决议对大拇指公司具有拘束力。该案起诉时，环保科技公司已经对大拇指公司的法定代表人进行了更换，其新任命的大拇指公司法定代表人明确表示反对大拇指公司提起该案诉讼。因此，该案起诉不能代表大拇指公司的真实意思。

（二）诉讼涉及非纯粹的公司内部纠纷时，公司诉讼代表人应当根据工商登记确定

【案例来源】

案例名称：北京中加集成智能系统工程有限公司与北京中电甲子科技有限公司建设工程施工合同纠纷案

审理法院：北京市第二中级人民法院

案　　号：（2015）二中民终字第02402号

【争议点】

北京中加集成智能系统工程有限公司（以下简称中加公司）与北京中电甲

子科技有限公司（以下简称中电公司）因建设工程施工合同纠纷产生诉讼。该案历经北京市西城区人民法院一审和北京市第二中级人民法院二审两个阶段。在二审中，当事人就邓某华能否代表中电公司为具体的诉讼行为产生争议。

【法院认为】

北京市西城区人民法院一审认为：公司意志代表权问题有必要区分诉讼争议属于公司内部纠纷还是外部纠纷，该案并非纯粹的公司内部纠纷，而是涉及公司以外善意第三人的外部争议，应以工商登记为准。现工商登记的法定代表人为邓某华，根据《民事诉讼法》第48条第2款规定，法人由其法定代表人进行诉讼，因此，该案应以工商登记的法定代表人邓某华代表中电公司为具体的诉讼行为。

中加公司不服提起上诉，北京市第二中级人民法院二审维持了一审判决。

（三）法定代表人和公章控制人非同一人的，法定代表人是法人当然的诉讼代表人，在无否定性证据情况下，一般应视为有权代表公司诉讼；若持章人能提供公司明确所持公章才能代表公司意志的有效授权证据，或者其他足以否定法定代表人为公司意志诉讼代表的证据，则应当认定持章人为公司诉讼代表人

【案例来源】

案例名称：天津江风科行文化传播有限公司与孙某照合同纠纷案

审理法院：广州市中级人民法院

案　　　号：（2019）粤01民终3219号

【争议点】

天津江风科行文化传播有限公司（以下简称江风科行公司）与孙某照因合同纠纷产生诉讼。该案历经广州市荔湾区人民法院一审和广州市中级人民法院二审两个阶段。在二审中，当事人就"人章争夺"情况下公司诉讼代表人的确定产生争议。

【法院认为】

广州市荔湾区人民法院一审认为："人章争夺"是指公司法定代表人和公章控制人非同一人，两者争夺公司诉讼代表权，应如何处理。对此，该院认为，第一，公章在我国是公司对外作出意思表示的重要外在表现形式，但法律并没有直接规定公章本身能够直接代表公司意志，持有公章是一种客观状态，

某人持有公章的事实，只是反映该人可能有权代表公司意志的一种表象，至于其是否依授权真正能够代表公司意志，仍需要进行审查。第二，根据公司法原理和《民事诉讼法》第48条第2款的规定，法人由其法定代表人进行诉讼。法定代表人作为最基础的公司意志代表机关，是法人当然的诉讼意志代表主体，法定代表人以公司名义作出的诉讼行为，在无否定性证据情况下，一般即应视为公司的诉讼行为。第三，"人章冲突"意味着公司内部意志发生了分离，在此情况下，若公司对究竟是法定代表人还是持章人代表公司意志作出过明确有效授权的证据，应是公司意思自治的范畴，按公司意思认定，如果持章人能提供公司明确所持公章才能代表公司意志的有效授权证据，足以否定法定代表人为公司诉讼意志代表的，方可认定持章人为公司诉讼代表人，否则，法定代表人为公司诉讼代表人。

广州市中级人民法院在二审中维持了一审上述认定，该院根据《公司法》第13条的规定，认为法定代表人是公司对外经营活动的代表，其行为代表公司的意志。截至该案二审时，江风科行公司工商注册登记信息中记载法定代表人仍为韩某江，故韩某江在该案中作出的意思表示仍应视为江风科行公司的意思表示。

（四）在公司公章缺位时，法定代表人可以签字形式代表公司意志提起诉讼

【案例来源】

案例名称：于某新与北京有朋同创科技发展有限公司公司证照返还纠纷案

审理法院：北京市第二中级人民法院

案　　　号：（2016）京02民终8037号

【争议点】

于某新与北京有朋同创科技发展有限公司（以下简称有朋公司）因公司证照返还纠纷案起诉至三亚市城郊人民法院产生诉讼。。该案历经北京市大兴区人民法院一审和北京市第二中级人民法院二审两个阶段。在二审中，当事人就有朋公司登记在案的法定代表人冯某是否有权代表公司提起诉讼的问题产生争议。

【法院认为】

法院在裁判时认为：根据法院已查明事实，即于某新持有有朋公司公章等

资料，冯某系有朋公司工商登记法定代表人，根据《中华人民共和国民法通则》第117条和《中华人民共和国物权法》第34条之规定，有朋公司作为独立民事权利主体，对公司的公章、发票专用章、营业执照副本、税务登记证副本、社保登记证副本、财务账簿及财务原始凭证依法享有保管、使用的权利，并且在上述权利受到侵害时，有权请求返还相关证照。该案中，有朋公司登记在案的法定代表人为冯某，故冯某代表公司提起该案诉讼不违反法律规定，并无不当，在公司公章缺位时，法定代表人的签字可以代表公司意志。

（五）股东会决议已变更法定代表人的，在工商登记尚未进行变更登记的情况下，新法定代表人无权代表公司对外提起诉讼

【案例来源】

案例名称：江西省汉威建设工程集团有限公司与南昌永恒实业有限公司、陈某平、熊某保、陈某发股东资格确认纠纷案

审理法院：江西省高级人民法院

案　　号：（2019）赣民终412号

【争议点】

江西省汉威建设工程集团有限公司（以下简称汉威公司）与南昌永恒实业有限公司（以下简称永恒公司）、陈某平、熊某保、陈某发因股东资格确认纠纷产生诉讼。该案历经南昌市中级人民法院一审和江西省高级人民法院二审两个阶段。在二审中，当事人就新法定代表人刘某安能否代表汉威公司对外提起诉讼产生争议。

【法院认为】

法院在裁判时认为：依据《公司法》第13条的规定，公司法定代表人依照公司章程的规定，由董事长、执行董事或者经理担任，并依法登记。公司法定代表人变更，应当办理变更登记。经查，代表汉威公司提起该案诉讼的是刘某安，刘某安提交了相关股东会会议纪要以及董事会任命文件以证明其系汉威公司的新法定代表人，但陈某平对刘某安等人提供的用于证明其系汉威公司新法定代表人的证据不予认可，并且目前汉威公司工商登记营业执照上的法定代表人仍然是陈某平。由于该案系汉威公司以永恒公司、陈某平、熊某保、陈某发为被告提起的确认汉威公司系永恒公司享有100%的股权的股东，并要求被告办理股东变更登记的股东资格确认纠纷，因此究竟谁才有权代表汉威公司对外提

起诉讼决定了该案是否应当受理。江西省高级人民法院认为，由于工商登记对外具有公示效力，在工商登记未变更的情况下，刘某安无权以其为汉威公司的新法定代表人为由主张代表汉威公司对外提起诉讼。

四、结　语

公司诉讼代表人涉及在针对公司外部事物或者针对公司内外部事物时谁有权代表公司意志起诉、应诉。其一，对于公司内部来说，公司意志以股东会（股东）决议为准，股东会（股东）决议新产生的法定代表人是公司诉讼代表人。但若诉讼涉及非纯粹的公司内部纠纷时，公司意志代表人应当根据工商登记确定。其二，特殊情况下，如在人章分离场合中，如果法定代表人和公章控制人非同一人的，法定代表人是法人当然的诉讼代表人，在无否定性证据情况下，一般应视为有权代表公司诉讼，但如果持章人能提供公司明确所持公章才能代表公司意志的有效授权证据，或者其他足以否定法定代表人为公司意志诉讼代表的证据，则应当认定持章人为公司诉讼代表人。其三，若公司公章缺位，则法定代表人可以签字形式代表公司意志提起诉讼要求。其四，公司内部已经决议变更新法定代表人，但尚未进行工商登记变更，原法定代表人依然是公司诉讼代表人。

第十节　股东损害公司债权人利益责任纠纷

一、导　论

2011 年"股东损害公司债权人利益责任纠纷"被列入《民事案件案由规定》，但是股东损害公司债权人利益诉讼的司法实践并不完全统一，突出表现在司法实践对股东损害公司债权人利益的性质、股东损害公司债权人利益责任纠纷的边界、股东损害公司债权人利益责任诉讼管辖的确定以及股东损害公司债权人利益的认定等问题上。根据立法对股东损害公司债权人利益责任纠纷的定义，股东对公司债权人对外承担公司债务的前提是股东滥用权利，但关于"滥用权利"如何理解，需要结合公司资本、股东权利、公司法人人格独立等多方面把握股东行为是否构成滥用权利，该滥用权利的行为是否导致公司债权人的利益受损，二者之间是否有法律上的因果关系。为了探究我国司法实践对股东损害公司债权人利益责任纠纷的裁判理念，本节期待通过对我国案例的研究，进行一些有益的探讨。本节以关于股东损害公司债权人利益责任纠纷的案件裁判文书为研究对象，以 2017 年以来人民法院作出的相关裁判文书为主要范围，归纳、提炼关于股东损害公司债权人利益责任纠纷裁判的理念和趋势。

截至 2020 年 2 月，在中国裁判文书网中输入"股东损害公司债权人利益责任纠纷"（案由）检索出民事裁判文书 10 983 篇，其中，由最高人民法院裁判的有 26 篇，由高级人民法院裁判的有 476 篇，本节选取其中 5 篇典型案例梳理其裁判规则。在具体案例的选取上，本节遵循以下"三个优先"原则。第一，优先选择审判层级较高的裁判文书。第二，优先选择中国裁判文书网公布的裁判文书。第三，优先选择审判日期较近的裁判文书。通过形式和内容两个方面的筛选，本节最终选择（2017）粤 03 民终 14490 号、（2017）沪 0107 民初 21571 号、（2018）最高法民申 2137 号、（2018）最高法民辖 162 号、（2017）京 0107 民初 12951 号等 5 篇裁判文书作为本节研究对象，其中，由最高人民法院裁判的有 2 篇，由中级人民法院裁判的有 1 篇，裁判日期为 2018 年（含）之后的案例有 2 篇。

二、股东损害公司债权人利益责任纠纷的基本理论

（一）股东损害公司债权人利益责任纠纷概述

1.案由释义。股东损害公司债权人利益责任纠纷是我国民事案由之一，股东损害公司债权人利益纠纷，是指公司股东因滥用公司法人独立地位和股东有限责任，逃避债务，严重损害公司债权人利益，对公司债务承担责任的民事纠纷。处理股东损害公司债权人利益责任纠纷的法律依据主要是《公司法》第 20 条的规定。

2.股东损害公司债权人利益责任纠纷诉讼的疑难问题。司法实践中关于股东损害公司债权人利益责任纠纷诉讼（以下简称股东损害公司债权人利益诉讼）突出表现在司法实践对股东损害公司债权人利益的性质、股东损害公司债权人利益责任纠纷的边界、股东损害公司债权人利益责任诉讼管辖的确定以及股东损害公司债权人利益的认定等问题上。

（二）股东损害公司债权人利益的情形

在实践中，公司债权人主张股东对公司债权承担连带责任的情形主要适用于：第一，股东未履行或未完全履行出资义务。第二，股东出资后抽逃出资。第三，股东怠于履行清算义务导致公司主要财产、账册、重要文件等灭失而无法进行清算。第四，减资程序不合法或者存在其他瑕疵。第五，构成公司法人人格否认。第六，股东恶意转让股权或者恶意转移公司资产。

（三）股东损害公司债权人利益的认定

公司债权人主张股东损害其债权利益的，应当举示证据予以证明，根据债权人主张的理由不同，其可能承担的证明责任大小也不同。在关于股东损害公司债权人利益认定的问题上，应结合债权人主张事由进行认定，如债权人主张股东因怠于履行清算义务导致公司主要财产、账册、重要文件等灭失而无法进行清算的，此时应当根据以下三个要件进行综合认定：第一，股东有怠于履行

清算义务的不作为行为。第二，公司已经产生了无法清算的后果。第三，股东怠于履行清算义务与无法清算的后果之间存在因果关系。本节第三部分拟通过对近年内司法裁判文书的研究，梳理人民法院对股东损害公司债权人利益责任纠纷裁判的裁判规则和审判规律。

三、关于股东损害公司债权人利益责任纠纷的案例及裁判规则

（一）关于股东因怠于履行清算义务的清算赔偿责任的认定，应当根据侵权一般原理，依据《公司法》及其司法解释，结合个案综合考虑股东的主观过错性质、影响公司债权人及公司的程度、导致公司未能依法清算的情形、公司财产损失的范围等因素综合判断

【案例来源】

案例名称：深圳勃格变压器有限公司与山东省金曼克电气集团股份有限公司、第三人深圳市金曼克电气有限公司股东损害公司债权人利益责任纠纷案

审理法院：广东省深圳市中级人民法院

案　　　号：（2017）粤03民终14490号

【争议点】

深圳勃格变压器有限公司（以下简称勃格公司）与山东省金曼克电气集团股份有限公司（以下简称山东金曼克公司）、第三人深圳市金曼克电气有限公司（以下简称深圳金曼克公司）因股东损害公司债权人利益责任纠纷产生诉讼。该案历经深圳市福田区人民法院一审和深圳市中级人民法院二审两个阶段。在二审中，当事人就山东金曼克公司是否构成怠于履行清算义务产生争议。

【法院认为】

法院在裁判时认为：该案系股东损害公司债权人利益责任纠纷。从理论上看，公司作为独立的民事主体，应对自己的行为独立承担责任，公司的股东以其认缴的出资额或认购的股份为限对公司承担责任，这是公司制度的根本所在，是现代公司制度的基石，其他因股东不履行或不适当履行公司清算义务或其他义务，造成公司相对人权益受损或债权人利益受损，而在有限责任之外承担的清算赔偿责任或连带清偿责任，只能作为公司股东有限责任制度的例外和

补充。《公司法司法解释（二）》第18条第2款规定的理论依据是公司"法人人格否认制度"，法律依据是《公司法》第20条的规定。其立法宗旨是通过事后救济的方式，明确和强化清算义务人的清算责任与民事责任，督促、引导公司股东等清算义务人依法组织清算，规范法人退出机制，保护债权人的应有利益。但是，如前所述，法人人格否认制度只是公司股东有限责任原则的例外和补充，有其严格的适用要件，在实践中主要适用于公司资本显著不足（股东出资不实或抽逃出资），利用公司人格回避合同和侵权债务（股东享有权益，公司承担风险），利用公司人格回避法律义务（如纳税义务）以及公司人格形骸化（股东与公司人格混同）的情况。同理，涉及有限责任公司股东因怠于履行清算义务的清算赔偿责任及公司债务连带清偿责任的适用，也应根据前述法律和司法解释的具体规定及侵权的一般原理，结合具体案件的事实，综合考虑公司股东的主观过错的性质、影响公司债权人及公司的程度、导致公司未能依法清算的情形、公司财产损失的范围等因素加以认定，而非一刀切地机械适用。

具体到该案，第一，从该案债务形成历史看，勃格公司、深圳金曼克公司、山东金曼克公司从20世纪90年代初成立之后，多次进行了股权转让，随着股东变更，相应各公司董事和法定代表人也频繁变动，各公司及公司股东之间交叉持股，存在密切的关联关系。该案债务全部发生在勃格公司与深圳金曼克公司高度关联和密切合作期间，并无证据证明山东金曼克公司之前或其后转移了深圳金曼克公司的主要财产或获取了不当利益。第二，该案不能认定深圳金曼克公司的会计账册遗失是山东金曼克公司怠于履行清算义务所致。深圳金曼克公司会计账册的遗失发生在公司营业期届满之前，即发生清算事由之前，与山东金曼克公司是否怠于履行清算义务没有因果关系。第三，关于山东金曼克公司是否怠于履行清算义务。虽然深圳金曼克公司于2012年1月2日经营期限届满后，山东金曼克公司作为控股股东，未按照《公司法》的相关规定在法定期限内成立清算组开始清算，而是迟至2014年12月19日，才备案成立清算组着手清算工作。但是，在此之前，山东金曼克公司及深圳金曼克公司通过向公安机关报案、提起诉讼等方式，一直在向实际保管掌握深圳金曼克公司财务账册的赵某某等人追讨。在清算组成立之后，履行了公告债权申报、备案等法定程序，继续采用报警等方式追讨深圳金曼克公司财务账册，上述行为可以视为其迟延成立清算组对深圳金曼克公司进行清算的补救措施。综上所述，深圳金曼克公司因为财务账册遗失，导致实际无法清算，并非山东金曼克公司怠于履行清算义务所导致，勃格公司请求其对深圳金曼克公司的涉案债务承担连带清偿责任，事实和法律依据不足。①

（二）公司债权人基于《合同法》规定的债权代位权以股东怠于履行出资义务为由，要求股东怠于行使要求股东代为清偿公司债务的，人民法院不予支持

【案例来源】

案例名称：上海银行股份有限公司与上海坤泰有色金属有限公司、上海普民实业有限公司、西安迈科金属国际集团有限公司、第三人上海华通有色金属现货中心批发市场有限公司股东损害公司债权人利益责任纠纷案

审理法院：上海市普陀区人民法院

案　　号：（2017）沪 0107 民初 21571 号

【争议点】

上海银行股份有限公司（以下简称上海银行）与上海坤泰有色金属有限公司（以下简称坤泰公司）、上海普民实业有限公司（以下简称普民公司）、西安迈科金属国际集团有限公司（以下简称迈科公司）、第三人上海华通有色金属现货中心批发市场有限公司（以下简称华通公司）因股东损害公司债权人利益责任纠纷起诉至上海市普陀区人民法院。在庭审过程中，当事人就上海银行是否可基于债权人代位主张坤泰公司、普民公司和迈科公司清偿华通公司的系争债务产生争议。

【法院认为】

法院在裁判时认为：债权人的代位权，是指债务人怠于行使自己的到期债权，因此对债权人造成损害时，债权人为保全自己的债权，可以诉请法院以自己的名义行使债务人对第三人享有的债权。该院确认上海银行主张的系争债权已经生效。但是，上海银行作为华通公司债权人是否有权代位公司向其股东主张补足出资（增资），应明确两种权利属性异同。两者虽在权利表象上体现为债权债务关系，却存在本质差别。

第一，债权基本属性不同。《合同法》意义上的可代位债权系一般公司对外经营过程中与交易相对方所生之债。在代位权诉讼中，次债务人对债务人的

---

① 深圳市中级人民法院（2017）粤 03 民终 14490 号民事判决书。

抗辩，可以向债权人主张。股东的出资（增资）义务系其取得或具有股东资格的基本义务，应当章程所载期限缴付，应属法定之债。公司股东未履行或者未全面履行出资义务，公司请求其向公司全面履行出资义务或者返还出资，被告股东以诉讼时效为由进行抗辩的，法院不予支持。第二，客体范围不同。根据《合同法》第73条、《合同法解释（一）》第13条的规定，债权人代位债权的客体范围应限定为"具有金钱给付内容的到期债权"。而公司股东对于出资义务除货币外，也可为实物、知识产权、土地使用权等可以用货币估价并可依法转让的非货币财产作价，并依法办理其财产权的转移手续。换言之，公司对违反出资义务的股东所享有的权利也可能是请求办理财产权的转移手续的债权。由此可知，股东所负出资（增资）义务的对象应为公司本身，债权人对公司享有的代位权不应及于前述义务。即使该案华通公司怠于行使要求股东补足出资（增资）权利，亦不应由股东向上海银行直接进行清偿。

（三）股东损害公司债权人利益责任纠纷案件中，公司债权人以股东清算赔偿责任为请求权基础，诉请公司股东承担债务清偿责任的，其诉的性质是独立的侵权之诉，不适用公司债权的诉讼时效

【案例来源】

案例名称：厦门卓信成投资有限责任公司与东京物产株式会社、天津国际大厦有限公司股东损害公司债权人利益责任纠纷案

审理法院：最高人民法院

案　　号：（2018）最高法民申2137号

【争议点】

厦门卓信成投资有限责任公司（以下简称卓信成公司）与东京物产株式会社（以下简称东京物产会社）、天津国际大厦有限公司（以下简称国际大厦公司）因股东损害公司债权人利益责任纠纷产生诉讼。该案历经天津市第一中级人民法院一审、天津市高级人民法院二审以及最高人民法院再审三个阶段。在再审中，当事人就追究股东清算责任是否受诉讼时效的限制及应当受何限制产生争议。

【法院认为】

法院在裁判时认为：该案卓信成公司并不是以债权人身份向债务人天津食为天食品发展有限公司（以下简称食为天公司）主张债权，而是诉请作为食为

天公司股东的东京物产会社与国际大厦公司对食为天公司债务承担连带清偿责任，其请求权基础是股东清算赔偿责任，即公司股东怠于清算致使公司债权人债权受损的侵权责任。因此，该案诉的性质是独立的侵权之诉，诉的主体及诉讼标的均不同于中国银行天津和平支行诉食为天公司借款合同纠纷案，所涉的诉讼请求也不同于借款合同纠纷案生效判决的审理对象。卓信成公司以该案所涉债权为已诉债权为由主张该案不适用诉讼时效，该项申请再审理由不能成立。

（四）因股东损害公司债权人利益责任纠纷提起的诉讼，可由原告住所地人民法院管辖

【案例来源】

案例名称：科伦比亚户外传媒广告（北京）有限公司与朱某东、李某元股东损害公司债权人利益责任纠纷案

审理法院：最高人民法院

案　　号：（2018）最高法民辖162号

【争议点】

科伦比亚户外传媒广告（北京）有限公司（以下简称科伦比亚公司）与朱某东、李某元因股东损害公司债权人利益责任纠纷起诉至北京市通州区人民法院。在庭审过程中，当事人就该案管辖权产生争议。

【法院认为】

北京市通州区人民法院认为：该案系股东损害公司债权人利益责任纠纷，公司住所地不能成为侵权行为地，应以被告住所地确定管辖人民法院，朱某东、李某元住所地均位于天津市滨海新区，因此应由天津市滨海新区人民法院管辖。故作出（2017）京0112民初894号民事裁定，将该案移送天津市滨海新区人民法院处理。但天津市滨海新区人民法院认为上述裁定错误，遂逐级层报天津市高级人民法院。

天津市高级人民法院认为，根据科伦比亚公司的诉讼请求，该案应为侵权纠纷案件。依照《民事诉讼法》第28条的规定，该案应由被告住所地或者侵权行为地人民法院管辖。因诉称的二被告朱某东、李某元不清算行为，首先侵害了案外人北京壹品元和国际文化传媒有限公司的利益，该公司在北京市注册，故侵权结果地应为北京市，北京市通州区人民法院对该案有管辖权。后天

津市高级人民法院经与北京市高级人民法院协商，未能达成一致意见，天津市高级人民法院报请最高人民法院指定管辖。

最高人民法院在裁判时认为，根据《公司法司法解释（二）》第18条第1款的规定，该案中，科伦比亚公司以朱某东、李某元为被告提起诉讼，属于上述司法解释规定的股东损害公司债权人利益责任之诉。根据《民事诉讼法》第28条关于"因侵权行为提起的诉讼，由侵权行为地或者被告住所地人民法院管辖"的规定，和《民诉法解释》第24条关于"民事诉讼法第28条规定的侵权行为地，包括侵权行为实施地、侵权结果发生地"的规定，该案侵权结果发生地即科伦比亚公司住所地和被告朱某东、李某元住所地，均可以作为确定案件管辖法院的连接点。

（五）因股东损害公司债权人利益责任纠纷提起的诉讼，可由公司住所地人民法院管辖

【案例来源】

案例名称：北京实兴腾飞置业发展公司与徐某庆、潘某新、杨某、刘某杰股东损害公司债权人利益责任纠纷案

审理法院：北京市石景山区人民法院

案　　　号：（2017）京0107民初12951号

【争议点】

北京实兴腾飞置业发展公司（以下简称实兴腾飞公司）与被告徐某庆、潘某新、杨某、刘某杰因股东损害公司债权人利益责任纠纷起诉至北京市石景山区人民法院。在庭审过程中，当事人就实兴腾飞公司是否有权在北京顶好生活商贸有限公司（以下简称顶好公司）公司住所地法院提起股东损害公司债权人利益诉讼产生争议。

【法院认为】

法院在裁判时认为：徐某庆、潘某新、杨某、刘某杰等人对该案管辖权提出异议。该院认为，该案系股东损害公司债权人利益责任纠纷，公司所在地系确定该案管辖权时应综合考量的因素，顶好公司住所地位于北京市石景山区，且徐某庆、潘某新、杨某、刘某杰等人在答辩期内并未就管辖权提出异议，故对于徐某庆、潘某新、杨某、刘某杰等人管辖权异议答辩意见，该院不予采信。

四、结　语

在关于股东损害公司债权人利益诉讼中，司法实践已经积累了较丰富的实践经验，在关于该诉讼的诉讼时效确定、股东损害公司债权人利益责任纠纷的性质认定、股东损害公司债权人利益的认定以及诉讼管辖方面，有了比较成熟的判断。具体体现在：其一，关于股东因怠于履行清算义务的清算赔偿责任的认定，应当根据侵权一般原理，依据《公司法》及其司法解释，结合个案综合考虑股东的主观过错性质、影响公司债权人及公司的程度、导致公司未能依法清算的情形、公司财产损失的范围等因素综合判断。其二，如果公司债权人基于《合同法》规定的债权代位权以股东怠于履行出资义务为由，要求股东怠于行使要求股东代为清偿公司债务的，人民法院不予支持。其三，在诉讼时效上，由于股东损害公司债权人利益之诉的性质是独立的侵权之诉，不适用公司债权的诉讼时效。其四，关于诉讼管辖，有的法院认为因股东损害公司债权人利益责任纠纷提起的诉讼，可由原告住所地或者公司住所地人民法院管辖。

第十一节　破产债权确认纠纷

一、导　论

现行《企业破产法》第 58 条规定了破产债权确认的制度，根据该条规定，破产债权的确认需经三个阶段。破产债权，是指基于破产宣告前的原因发生，依法申报确认并由破产财产中获得公平清偿、且可强制执行的财产请求权。但在司法实践中，对其具体适用的问题，还处于进一步探索的阶段，本节期待通过对我国案例的研究，进行一些有益的探讨。本节以破产债权确认纠纷案件裁判文书为研究对象，以 2012 年以来人民法院作出的相关裁判文书为主要范围，归纳、提炼公司破产债权确认纠纷裁判的理念和趋势。

截至 2020 年 2 月，在中国裁判文书网中输入"破产债权确认"（关键词）检索出民事裁判文书 23 881 篇，其中，由最高人民法院审判的有 94 篇，由高级人民法院审判的有 1059 篇，本节选取其中 5 篇典型案例梳理其裁判规则。在具体案例的选取上，本节遵循以下"三个优先"原则。第一，优先选择审判层级较高的裁判文书。第二，优先选择中国裁判文书网公布的裁判文书。第三，优先选择审判日期较近的裁判文书。通过形式和内容两个方面的筛选，本节最终选择（2012）最高法民申字第 386 号、（2019）最高法民申 265 号、（2015）粤高法民终字第 52 号、（2016）浙 05 民终 1608 号、（2018）最高法民再 25 号等 5 篇裁判文书作为本节研究对象，其中，由最高人民法院裁判的有 3 篇，裁判日期为 2018 年（含）之后的案例有 2 篇。

二、破产债权确认纠纷的基本理论

（一）破产债权的概念及特征

破产制度是为了使债权人相互间得到平等满足债权的制度。破产制度在于使债权人分担损失，使全体债权人的债权得到公平的满足。破产债权，是指在破产程序开始前成立的，经依法申请并获得确认，可从破产财产中获得清偿的可强制执行的财产请求权。[①]

破产债权作为一种特殊的债权，具有以下法律特征：（1）须为基于破产程序前的原因成立。在对破产债权进行确定的时候，一个重要问题就是划定统计破产债权的基准时间，以此作为债权存在与否的临界线。[②]（2）须为财产上的请求权。在破产企业的债务中，不作为的债务和劳务等其他形式的债务已经不可能实际履行，只能以货币形式对债权人给予清偿，因此破产债权须为财产上的请求权。（3）须为依法强制执行的债权。破产程序本身具有强烈的强制性的特征，破产程序通过法制手段强制性地保障债权人在破产财产中分配到相应财产。（4）须为经依法申报并经审查确认，有权在破产财产中受偿的债权。债务人事实上的债权人，在破产程序开始后必须依照法定期限向人民法院申报债权，经管理人审查、债权人会议核查、人民法院裁定确认后成为破产债权。

（二）破产债权确认诉讼

1. 破产债权确认。破产债权确认，是指在完成债权申报和债权审查后，由法定机关对申报的债权进行认定的权利。债权人自行申报的债权必须经过法定的程序进行审查确认后，才能真正分辨债权的真实性，才能在破产程序中公平地获得清偿。《企业破产法》改变了旧法将破产债权的审查权赋予债权人会议、法院对实体争议一裁终局的不合理做法，规定债务人、债权人对管理人审核编制的债权表所记载的债权有异议的，可以通过民事诉讼的方式解决，即创设了破产债权确认诉讼制度。该诉讼制度是我国新破产法的最大创新和亮点之一，其意义和作用重大。

---

① 范健、王建文：《破产法》，法律出版社 2009 年版，第 172 页。
② 李国光主编：《新企业破产法条文释义》，人民法院出版社 2006 年版，第 287 页。

2.破产债权确认诉讼。所谓破产债权确认诉讼，是指债务人、债权人对破产管理人审核记载的债权有异议的，可以向法院提起民事诉讼，由法院以实体判决的形式审查确认有争议的债权。我国破产债权确认诉讼的特征是[①]：

（1）破产债权确认诉讼以提出异议作为前置程序。破产债权确认诉讼的提起，必须具备法律规定的前置程序，即破产程序利益相关人对破产管理人所制作的债权清单或者债权权益表存在某种或多种异议，但是破产管理人未认同该当事人的主张，此时才可以提起破产债权确认诉讼。破产债权确认诉讼的对象应是债权清单或权益表所登记的债权内容。

（2）破产债权确认诉讼的性质为确认之诉。理由如下：其一，当事人提起破产债权确认诉讼的目的是希望法院确认破产债权的实际状态，以消除其不稳定性，使后续破产程序顺利进行，这完全符合确认之诉的基本要求。其二，在人民法院受理破产企业的破产申请后，此时要求债务人付清债务从客观来说已经难以实现了，因此这种诉讼不是破产给付之诉；另外，破产债权确认诉讼为的是确认债权，从而能够确定其可否参加以后的财产分配受偿，并非消灭异议，所以也不是形成之诉，应当是标准的确认之诉。

（3）破产债权确认诉讼属于破产受理法院管辖。《企业破产法》第3条和第21条明确规定了债务人进入破产程序后的诉讼案件应由债务人住所地管辖。不仅破产案件属于债务人住所地法院受理，而且以后有关同一债务人的诉讼，也统一由债务人住所地的法院受理，这当然也包括破产债权确认诉讼案件。

（4）破产债权确认诉讼的原告是债权人或债务人及其职工，被告为破产管理人。债权人和债务人都有权作为原告提起破产债权确认诉讼，并且作为债务人的破产企业的职工也是破产债权确认诉讼的当事人。破产管理人具有编制债权表的权利与义务，是破产债权确认诉讼的适格被告。

（5）法院对于破产债权确认诉讼的处理以判决的形式作出。债权人或债务人对有异议债权进行诉讼就是为了确认债权，让法院确认破产债权的性质和债权的金额。请求法院确认破产诉讼当事人有争议的债权，解决的是当事人之间的实体争议，因此裁判应当以判决的方式作出。

---

① 张芳芳、林敏聪：《论我国破产债权确认诉讼制度》，载《政法学刊》2017年第6期。

3. 提起破产债权确认诉讼的条件。①

（1）债权人应依法申报其债权，否则不得行使诉讼权利，法律规定无须申报的特殊债权除外。根据《企业破产法》第 48 条第 1 款、第 56 条规定，债权人应当在人民法院确定的债权申报期限内向管理人申报债权；债权人未依照破产法规定申报债权的，不得依照该法规定的程序行使提起债权确认诉讼的权利。法律规定无须申报的特殊债权，主要是指《企业破产法》第 48 条第 2 款规定的职工劳动债权和公法意义上的税收债权。

（2）管理人对债权人申报的债权已完成审查程序，并编制了债权表，或者对法律规定不用申报的特殊债权完成了调查公示程序。根据企业破产法立法，法律赋予了管理人对债权的审查和调查核实的职权，所有债权必须先由管理人审查核实后才能予以确认或不确认。在管理人未完成债权审查核实和公示程序之前，任何人不得提起债权确认之诉。

（3）对管理人审查编制并予公示的债权清单或债权表所记载的债权有异议，而管理人不予认可的才能提起诉讼，诉讼的对象限于对管理人记载的债权的异议事项。因为根据《企业破产法》第 48 条第 2 款、第 58 条规定，如债务人、债权人对债权表记载的债权无异议的，则由人民法院直接行使债权确认权，裁定予以确认。对人民法院裁定确认的债权，已发生如同确定判决一样的法律效力，对债务人和全体债权人均有约束力，任何人不得再提起诉讼。只有债务人、债权人对债权表记载的债权有异议的，存在实体争议的时候才能提起诉讼程序。

（4）应当依法缴纳诉讼费用。依照《民事诉讼法》第 118 条规定，当事人提起民事诉讼的，应当按照有关规定缴纳案件受理费及其他诉讼费用。债权确认诉讼属于独立于破产案件的财产争议诉讼案件，故依法应缴纳诉讼费用。

---

① 刘子平：《破产债权确认诉讼制度研究》，载《法律适用》2007 年第 10 期。

三、关于破产债权确认纠纷的案例及裁判规则

（一）人民法院受理破产申请后，股东应补缴出资属于破产债权，股东以此清偿个别债权人的债务的行为无效

【案例来源】

案例名称：深圳市佩奇进出口贸易有限公司与湖北银行股份有限公司宜昌南湖支行、华诚投资管理有限公司破产债权确认纠纷案

审理法院：最高人民法院

案　　　号：（2012）最高法民申字第 386 号

【争议点】

深圳市佩奇进出口贸易有限公司（以下简称佩奇公司）与湖北银行股份有限公司宜昌南湖支行（以下简称南湖支行）、华诚投资管理有限公司（以下简称华诚公司）因破产债权确认纠纷产生诉讼，该案历经基层人民法院一审、北京市高级人民法院二审以及最高人民法院再审三个阶段。在再审中，当事人就案涉 1400 万元破产债权的归属问题产生争议。

【法院认为】

法院在裁判时认为，南湖支行关于二审判决认定华诚公司管理人不应确认南湖支行的债权，实际上剥夺了南湖支行申报债权的权利，以及二审判决适用法律错误等申请理由均不能成立。根据宜昌市中级人民法院作出的（2000）宜中经初字第 6 号民事判决以及（2000）宜中法执字第 110-4 号民事裁定（以下简称 110-4 号裁定），华诚公司应在其出资不足的范围内向南湖支行承担责任，但该执行程序在人民法院受理破产案件后尚未执行完毕。由于破产程序是对债务人全部财产进行的概况执行，注重对所有债权的公平受偿，具有对一般债务清偿程序的排他性。因此，在佩奇公司、华诚公司先后被裁定宣告破产后，对华诚公司财产已采取保全措施和执行措施的，包括依据 110-4 号裁定所采取执行措施的，都属于未执行财产，均应当依法中止执行。破产财产应在破产清算程序中一并公平分配。注册资本系公司对所有债权人承担民事责任的财产保障。在股东出资不到位的情况下，如公司被裁定宣告进入破产程序，根据《企业破产法》第 35 条"人民法院受理破产申请后，债务人的出资人尚未完全履行出资义务的，管理人应当要求该出资人缴纳所认缴的出资，而不受出资期限

的限制"的规定,作为股东的华诚公司应首先向佩奇公司补缴出资。依据《企业破产法》第30条的规定,该补缴的出资应属于佩奇公司破产财产的组成部分,只能用于向佩奇公司所有债权人进行公平清偿,而不能向个别债权人清偿,否则就与《企业破产法》第16条"人民法院受理破产申请后,债务人对个别债权人的债务清偿无效"规定相悖,侵害了佩奇公司其他债权人的合法利益。故二审判决将讼争破产债权确认归佩奇公司享有符合《企业破产法》的规定精神,南湖支行可向佩奇公司申报自己的破产债权并参与分配。

（二）多家企业合并破产清算的,孳息债权计算统一截止至先破产企业破产裁定受理之日

【案例来源】

案例名称：郑某锋、湖州镭宝投资有限公司普通破产债权确认纠纷案

审理法院：最高人民法院

案　　号：（2019）最高法民申265号

【争议点】

郑某锋、湖州镭宝投资有限公司（以下简称镭宝公司）因普通破产债权确认纠纷产生诉讼,该案历经湖州市中级人民法院一审、浙江省高级人民法院二审以及最高人民法院再审三个阶段。在再审中,当事人就案涉普通债权清偿率问题产生争议。

【法院认为】

法院在裁判时认为：镭宝公司、湖州天外绿色包装印刷有限公司（以下简称天外公司）等七家关联公司资金使用和收益难以按各个企业进行区分,人财物高度混同,无法准确界定各企业资产、债权债务的对应性,构成法人人格高度混同,符合关联企业实质合并的要件。七家企业均不能清偿到期债务,该案进行合并破产清算,统一各个合并破产企业的普通债权清偿率,有利于保障债权人等各方当事人之间的实质公平,也有利于厘清各公司债权债务,提高破产清算效率。原判决有关"孳息债权计算统一截止至先破产企业镭宝机械破产裁定受理日"的做法符合《企业破产法》第1条"公平清理债权债务,保护债权人和债务人的合法权益,维护社会主义市场经济秩序"的立法目的,也不违反该法第四十六条"附利息的债权自破产申请受理时起停止计息"的规定,并且充分保障了全体债权人能公平有序受偿的立法目的。而且原判决已经释明,该

案所涉债务，主债务人为唐某松、胡某琴，镭宝公司、天外公司仅为担保人，对担保人停止计息，并不影响郑某锋向主债务人唐某松、胡某琴继续主张清偿剩余孳息债权的权利。

（三）已经为生效裁判确认的职工工资、补偿金等债权，在破产程序中，破产企业的董事、监事和高级管理人员的工资不受《企业破产法》第113条第3款的调整

【案例来源】

案例名称：茂名万商腈纶有限公司与张某恒破产债权确认纠纷案

审理法院：广东省高级人民法院

案　　号：（2015）粤高法民终字第52号

【争议点】

茂名万商腈纶有限公司（以下简称万商公司）与张某恒因破产债权确认纠纷产生诉讼，该案历经广东省茂名市中级人民法院一审、广东省高级人民法院二审两个阶段。在二审中，当事人就案涉张某恒向管理人申报的工资及经济补偿金等债权是否应依照《企业破产法》第113条第3款的规定以公司职员的平均工资予以调整产生争议。

【法院认为】

法院在裁判时认为：万商公司根据上述条文第3款的规定上诉称，张某恒属于万商公司的高级管理人员，其申报的工资债权应按照该企业职工的平均工资予以调整。由于张某恒的工资债权金额已经生效判决确认，而张某恒从总裁职位离职时距离万商公司被裁定破产已有两年之久，其后任已另有两人，故张某恒的工资额不适用《企业破产法》第113条第3款的规定，其申报的工资额不应作为破产企业的高级管理人员的工资按照该企业职工的平均工资调整计算。原审法院对万商公司管理人对张某恒的工资及经济补偿金的调整不予支持正确，应予以维持。

（四）《企业破产法》赋予债权人会议核查债权的职权不包括允许债权人会议对债权金额及性质进行自由表决

【案例来源】

案例名称：汤某喜与浙江诸安建设集团有限公司普通破产债权确认纠纷案

审理法院：浙江省湖州市中级人民法院

案　　　号：（2016）浙 05 民终 1608 号

【争议点】

汤某喜与浙江诸安建设集团有限公司（以下简称诸安公司）因普通破产债权确认纠纷产生诉讼，该案历经浙江省安吉县人民法院一审、湖州市中级人民法院二审两个阶段。在二审阶段，当事人就案涉诸安公司是否享有工程价款优先受偿权发生争议。

【法院认为】

法院在裁判时认为：《最高人民法院关于审理建设工程施工合同纠纷案件适用法律问题的解释》第 26 条规定分包人和实际施工人完成其与总包人或转包人之间合同约定的施工义务且工程质量合格的，在总包人或者转包人不主张或者怠于主张工程价款优先受偿权的情况下，分包人或者实际施工人就其承建的工程部分在发包人欠付的工程款范围内有权向发包人主张工程价款优先受偿权。根据已查明的事实及当事人陈述，浙江钱能燃油有限公司（以下简称钱能公司）管理人确认案涉工程总包方中国第四冶金建设有限公司仅就土建部分申报债权，未包含诸安公司分包部分，诸安公司作为案涉工程分包人，依法享有工程价款优先受偿权。有关优先权的行使期限，结合当事人内部承包合同约定、危化项目验收程序要求及试生产延期等客观原因，一审认定应自工程价款到期之日起算，系属正确。同时，因钱能公司已进入破产清算程序，根据《企业破产法》第 46 条的规定，未到期的债权在破产申请受理时视为到期，故诸安公司于 2015 年 1 月申报债权并主张优先权，未超过行使期限。汤某喜上诉主张诸安公司不享有工程价款优先受偿权的各理由均不能成立。对汤某喜就钱能公司破产债权审核程序提出的异议，钱能公司管理人对债权申报材料进行审查并编制债权表，系其履行管理人职责，符合《企业破产法》规定，并无不妥。债权人会议作为全体债权人的意思表示机构，是全体债权人的自治性组织，《企业破产法》仅赋予债权人会议核查债权的职权，若允许债权人会议对债权金额及性质进行自由表决，不仅有悖破产法规定，更易致债权处于不确定状态。若债权人对债权表记载的债权有异议，应当依据《企业破产法》第 58 条的规定提起确认之诉，该案即为此诉讼。与之相对的，若债权人对债权人会议的决议有异议，则应当依据《企业破产法》第 64 条的规定提起撤销之诉。汤某喜对破产债权审核程序所提异议，系对《企业破产法》规定的错误理解。

（五）已生效裁判未明确债权利息的计算方式的，迟延履行期间的加倍部分债务利息应确认为普通债权

【案例来源】

案例名称：合肥高新技术产业开发区社会化服务公司、江西赛维 LDK 太阳能高科技有限公司破产债权确认纠纷案

审理法院：最高人民法院

案　　　号：（2018）最高法民再 25 号

【争议点】

合肥高新技术产业开发区社会化服务公司（以下简称合肥高新）、江西赛维 LDK 太阳能高科技有限公司（以下简称江西赛维）因破产债权确认纠纷产生诉讼，该案历经江西省新余市中级人民法院一审、江西省高级人民法院二审以及最高人民法院再审三个阶段。在再审中，当事人就案涉合肥高新申报的债权是否应予认定产生争议。

【法院认为】

法院在裁判时认为：根据《民事诉讼法》第 253 条和《最高人民法院关于执行程序中计算迟延履行期间的债务利息适用法律若干问题的解释》第 1 条、第 2 条之规定，虽然民事调解书并未约定债务利息的计算方法，合肥高新依法有权要求安徽赛维、江西赛维、彭某峰等向其支付自 2014 年 10 月 15 日债务履行期限届满之日开始起算的加倍部分的迟延履行期间的利息。另查明，2015 年 11 月 17 日，江西省新余市中级人民法院裁定江西赛维进入破产重整程序。根据《企业破产法》第 46 条第 2 款之规定，该加倍部分的迟延履行期间的利息应当自 2015 年 11 月 17 日停止计算。因该案中并无证据证明安徽赛维、江西赛维、彭某峰在 2015 年 11 月 17 日之前已经实际部分或全部清偿了该 930 164 221.03 元的债务，申请人合肥高新关于其所申报的调解书项下未履行的 930 164 221.03 元的债务本金为计算基数，以日万分之一点七五的标准，自 2014 年 10 月 15 日至 2015 年 11 月 17 日的加倍部分债务利息合计 64 785 937.99 元应予确认为普通债权的申请理由，事实和法律依据充分，应予以支持。被申请人江西赛维关于加倍支付的迟延履行期间的利息不适用于非执行程序的诉讼理由，并无相应的事实和法律依据，不予支持。原审判决以调解书未对利息作出约定、合肥市中级人民法院已经查封了彭某峰房产为由对该部

分债权不予认定不当，应予以纠正。

四、结　语

由于破产法律制度是程序法与实体法的统一体，因此破产债权需要有形式和内容的有机统一才算完整。其一，从程序的角度看，破产债权是债权人依破产程序申报和确认并由破产财产清偿的债权，也称形式意义上的破产债权。其二，从实体的角度看，破产债权是在破产宣告前成立的对债务人享有的金钱债权或可以用金钱衡量的债权，也称实质意义上的破产债权。实质意义上的破产债权是形式意义上的破产债权的基础，实质意义上的破产债权只有转化为形式意义上的破产债权才有破产法律上的意义，从而真正实现破产债权的权利。需要注意的是，人民法院受理破产申请后，股东应补缴出资属于破产债权，股东以此清偿个别债权人的债务的行为无效。同时，在破产债权确认纠纷案件中，即使已生效调解书中未明确债权利息的计算方式，迟延履行期间的加倍部分债务利息仍应确认为普通债权。多家企业合并破产清算的，孳息债权计算统一截止至先破产企业破产裁定受理之日。

后 记

　　中国司法案例研究中心微信公众号——"判例研究（Chinese Case）"于2015年开始推送有关裁判规则，目前已经推送各类裁判规则600余篇，阅读量达到1 500 000余人次。推送出的诸多裁判规则不仅被国内一些有影响的微信公众号转发，而且成为法官、检察官、律师、法学学者和法科学生喜闻乐见的"快餐读品"。如何将这些裁判规则由"线上"走向"线下"，实现"线上"与"线下"的互动与交融，不仅是本中心追求的方向，而且是本中心推出大数据与裁判规则系列丛书的初衷。

　　司法的最终呈现载体为裁判，而裁判中的精华为裁判规则与裁判思路。裁判规则与思路承载着法官对法律适用和案件事实实践的经验智慧。案件的不可"完全相同性"决定了每一裁判的不可"复制性"，但是裁判规则中蕴含的法官经验智慧则是可"复制"与可"模仿"的实践经验，这些经验智慧可以成为后来相似案件裁判的指引方向。而如何从中国裁判文书网上"海量"案件中检索出相似案件，特别是如何从这些相似案例中再提炼和归纳出承载法官裁判智慧的规则并非易事。最高人民法院胡夏冰博士、河南省高级人民法院的王韶华副院长、河南省高级人民法院研究室马献钊主任、郑州大学法学院沈开举教授、河南警察学院田凯教授、河南良达律师事务所王金垒主任等，在案件如何检索特别是裁判规则如何提取等方面给予了有益指导，在此表示衷心地感谢！

　　本中心的微信公众号在推送裁判规则以及其他案例过程中，得到了河南天欣律师事务所和河南正臻律师事务所的大力支持，在此表示感谢！

　　《公司纠纷裁判精要与裁判规则》一书所收录的已经被微信公众号——"判例研究（Chinese Case）"所推送以及尚未推送的大量裁判规则之所以能够从中国裁判文书网"海量"案件中被提炼和归纳，得力于郑州大学法学院的硕士生——裴净净、韩婷婷、安帅奇、靳楠、杜瑶瑶等同学无数次地讨论如何提炼和归纳裁判规则的方法与路径，以及夜以继日地不断尝试和努力，进而最终完成了这项工作。对同学们的辛勤付出表示感谢！最后还要特别感谢人民法院出版社的陈建德副总编辑、李安尼编辑、巩雪编辑在选题和出版等方面给予的大力支持和帮助！本书的具体分工和写作如下：

张嘉军（郑州大学法学院教授）：前言，后记，第一章第二节、第三节，第二章第九节、第十节

马磊（河南省高级人民法院四级高级法官）：第一章第一节，第二章第一节、第二节，第三章第七节

郑金玉（河南大学法学院教授）：第三章第一节、第八节

李世宇（河南财经政法大学讲师）：第一章第七节、第八节、第九节

马斌（河南天欣律师事务所主任）：第二章第三节、第四节、第五节、第六节

裴净净（郑州大学法学院诉讼法硕士研究生）：第一章至第四章序论，第三章第六节，第四章第一节、第二节、第八节、第九节

韩婷婷（郑州大学法学院诉讼法硕士研究生）：第一章第十节，第三章第九节、第十节、第十一节、第十二节，第四章第十一节

安帅奇（郑州大学法学院诉讼法硕士研究生）：第一章第四节、第五节、第六节、第十一节，第四章第三节、第四节

靳楠（郑州大学法学院诉讼法硕士研究生）：第二章第七节、第八节、第十一节、第十二节，第四章第五节、第六节

杜瑶瑶（郑州大学法学院法律法学硕士研究生）：第三章第二节、第三节、第四节、第五节，第四章第七节、第十节

《公司纠纷裁判精要与裁判规则》一书是中国司法案例研究中心推出的大数据与裁判规则系列丛书的第三部专题化的图书，今后将会推出更多"裁判规则"方面的书籍。希望我们今后的工作能够一如既往地得到各界朋友的大力支持！也希望各界朋友特别是法学理论界和实务界的朋友对大数据与裁判规则系列丛书多提宝贵意见，以便我们能够推出更贴近司法实践现实和学界需求的"裁判规则"。

"路漫漫其修远兮，吾将上下而求索。"

编者

二〇二〇年六月二十日